UNE

FILLE DU RÉGENT

PARIS. — IMPRIMERIE FERD. IMBERT, 7, RUE DES CANETTES.

UNE

FILLE DU RÉGENT

PAR

ALEXANDRE DUMAS

ÉDITION ILLUSTRÉE PAR J.-A. BEAUCE, ETC.

PARIS

CALMANN LEVY, EDITEUR

ANCIENNE MAISON MICHEL LÉVY FRÈRES

3, RUE AUBER, 3

1890

UNE FILLE DU RÉGENT

PAR

ALEXANDRE DUMAS

I

UNE ABBESSE AU DIX-HUITIÈME SIÈCLE.

Le 8 février 1719, une chaise armoriée des trois fleurs de lis de France, avec le lambel d'Orléans au chef, entrait, précédée de deux piqueurs et d'un page, sous le porche roman de l'abbaye de Chelles, au moment où dix heures sonnaient.

Arrivée sous le péristyle, la chaise s'arrêta, le page avait déjà mis pied à terre, la portière fut donc ouverte sans retard, et les deux voyageurs qu'elle contenait descendirent.

Celui qui en sortit le premier était un homme de quarante-cinq à quarante-six ans, de petite taille, assez replet, haut en couleur, bien dégagé dans ses mouvements, et ayant, dans tous ses gestes, un certain air de supériorité et de commandement.

L'autre, qui descendit lentement et un à un les trois degrés du marchepied, était petit aussi, mais maigre et cassé; sa figure, sans être précisément laide, offrait, malgré l'esprit qui étincelait dans ses yeux et l'expression de malice qui relevait le coin de ses lèvres, quelque chose de désagréable; il paraissait très-sensible au froid, qui, en effet, piquait assez vivement, et suivait son compagnon tout en grelotant sous un vaste manteau.

Le premier de ces deux hommes s'élança rapidement vers l'escalier et en escalada les marches en personne qui connaît les localités, passa dans une vaste antichambre en saluant plusieurs religieuses qui s'inclinèrent jusqu'à terre, et courut plutôt qu'il ne marcha vers un salon de réception situé aux entresols, et dans lequel, il faut le dire, on ne remarquait aucune trace de cette austérité qui est, d'ordinaire, la première condition de l'intérieur d'un cloître.

Le second, qui avait monté l'escalier lentement, passa par les mêmes pièces, salua les mêmes religieuses, qui s'inclinèrent presque aussi bas qu'elles l'avaient fait pour son compagnon, qu'il finit par rejoindre au salon, mais sans autrement se presser.

— Et maintenant, dit le premier des deux hommes, attends-moi ici en te réchauffant, j'entre chez elle, et, en dix minutes, j'en finis avec tous les abus que tu m'as signalés; si elle nie et que j'aie besoin de preuves, je t'appelle.

— Dix minutes! monseigneur, répondit l'homme au manteau, il se passera plus de deux heures avant que Votre Altesse ait seulement abordé le sujet de la visite. Oh! madame l'abbesse de Chelles est un grand clerc; l'ignorez-vous, par hasard?

Et, en disant ces mots, il s'étendit sans façon dans un fauteuil qu'il avait tiré près du feu, et allongea ses jambes maigres sur les chenets.

— Eh! mon Dieu, non, reprit avec impatience celui que l'on qualifiait du titre d'Altesse, et, si je pouvais l'oublier, tu te chargerais de me le rappeler, Dieu merci! assez souvent. Diable d'homme, va! pourquoi m'as-tu fait venir ici aujourd'hui, par ce vent et par cette neige?

— Parce que vous n'avez pas voulu y venir hier, monseigneur.

— Hier, c'était impossible, j'avais rendez-vous justement à cinq heures avec milord Staer.

— Dans une petite maison de la rue des Bons-Enfants. Milord ne demeure donc plus à l'hôtel de l'Ambassade d'Angleterre?

— Monsieur l'abbé, je vous ai déjà défendu de me faire suivre.

— Monseigneur, mon devoir est de vous désobéir.

— Eh bien! désobéissez-moi, mais laissez-moi mentir à mon aise, sans avoir l'impertinence, pour me prouver que votre police est bien faite, de me faire remarquer que vous vous apercevez que je mens.

— Monseigneur peut être tranquille, je croirai désormais tout ce qu'il me dira.

— Je ne m'engage pas à vous rendre la pareille, monsieur l'abbé: car ici, justement, vous me paraissez avoir commis quelque erreur.

— Monseigneur, je sais ce que j'ai dit, et non-seulement je répète ce que j'ai dit, mais je l'affirme.

— Mais regarde donc, pas de bruit, pas de lumière, une paix de cloître; tes rapports sont mal faits, mon cher; on voit que nous sommes en retard avec nos agents.

— Hier, monseigneur, il y avait ici, où vous êtes, un orchestre de cinquante musiciens; là bas, où s'agenouille si dévotement cette jeune sœur converse, il y avait un buffet; ce qu'il y avait sur ce buffet, je ne vous le dis pas, mais je le sais; et, dans cette galerie, là, à gauche, où un modeste souper de lentilles et de fromage à la crème se prépare pour les saintes filles du Seigneur, on dansait, on buvait et l'on faisait...

— Eh bien! que faisait-on?

— Ma foi, monseigneur, on faisait l'amour à deux cents personnes.

— Diable! diable! et tu es bien sûr de ce que tu me dis là?

— Un peu plus sûr que si je l'avais vu de mes propres yeux; voilà pourquoi vous faites bien de venir aujourd'hui, et pourquoi vous eussiez mieux fait encore de venir hier. Ce genre de vie là ne convient réellement pas à des abbesses, monseigneur.

— Non, n'est-ce pas, c'est bon pour des abbés, l'abbé.

— Je suis un homme politique, monseigneur.

— Eh bien! ma fille est une abbesse politique, voilà tout.

— Oh! qu'à cela ne tienne, monseigneur, laissons faire, si cela vous convient; je ne suis pas chatouilleux en morale, moi, vous le savez mieux que personne. Demain on me chansonnera, soit; mais on m'a chansonné hier et on me chansonnera après-demain. Qu'est-ce qu'une chanson de plus? *La belle abbesse, d'où viens-tu?* fera un pendant très-convenable à : *Monsieur l'abbé, où allez-vous?*

— Allons, allons, c'est bien, attends-moi ici, je vais gronder.

— Croyez-moi, monseigneur, si vous voulez faire de la bonne besogne, grondez ici, grondez devant moi, je serai plus sûr de mon affaire; si vous manquez de raisonnement ou de mémoire, faites moi signe et je viendrai à votre aide, soyez tranquille.

— Oui, tu as raison, dit le personnage qui s'était chargé du rôle de redresseur de torts, et dans lequel, nous l'espérons bien, le lecteur a reconnu le régent Philippe d'Orléans. Oui, il faut que le scandale cesse... un peu au moins; il faut que l'abbesse de Chelles, désormais, ne reçoive plus que deux fois la semaine; qu'on ne souffre plus cette cohue et ces danses, et que les clôtures soient rétablies, afin que le premier venu n'entre plus dans ce couvent comme un piqueur dans une forêt. Mademoiselle d'Orléans est passée de la dissipation aux idées religieuses; elle a quitté le Palais-Royal pour Chelles, et cela malgré moi, qui ai fait tout ce que j'ai pu pour l'empêcher. Eh bien! que, pendant cinq jours de la semaine, elle fasse l'abbesse, il lui restera encore deux jours pour faire la grande dame, il me semble que c'est bien assez.

— Très-bien, monseigneur, très-bien! vous commencez à envisager la chose sous son véritable point de vue.

— N'est-ce pas ce que tu veux, dis?

— C'est ce qu'il faut; il me semble qu'une abbesse qui a trente valets de pied, quinze laquais, dix cuisiniers, huit piqueurs, une meute, qui fait des armes, qui joue de la basse, qui sonne du cor, qui saigne, qui purge, qui fait des perruques, qui tourne des pieds de fauteuil, qui tire des coups de pistolet et des feux d'artifice; il me semble, monseigneur, qu'une abbesse comme celle-là ne doit pas trop s'ennuyer d'être religieuse.

— Ah çà! mais, dit le duc à une vieille religieuse qui traversait le salon un trousseau de clefs à la main, n'a-t-on donc pas fait prévenir ma fille de mon arrivée? Je désirerais savoir si je dois passer chez elle ou l'attendre ici.

— Madame vient, monseigneur, répondit respectueusement la sœur en s'inclinant.

— C'est bien heureux! murmura le régent qui commençait à trouver que la digne abbesse en agissait avec lui un peu bien légèrement, et comme fille et comme sujette.

— Allons, monseigneur, rappelez-vous la fameuse parabole de Jésus chassant les marchands du temple; vous la savez, vous l'avez sue, ou vous deviez la savoir, car je vous l'ai apprise avec bien d'autres choses dans le temps que j'étais votre précepteur; chassez-moi un peu ces musiciens, ces pharisiens, ces comédiens et ces anatomistes, trois seulement de chaque profession, et cela nous fera une assez jolie escorte, je vous en réponds, pour nous accompagner au retour.

— N'aie pas peur, je me sens en verve de prêcher.

— Alors, répondit Dubois en se levant, cela tombe à merveille, car la voici.

En effet, en ce moment même, une porte donnant dans l'intérieur du couvent venait de s'ouvrir, et la personne si impatiemment attendue apparaissait sur le seuil.

Disons, en deux mots, quelle était cette digne personne, qui était parvenue, à force de folies, à soulever la colère de Philippe d'Orléans, c'est-à-dire de l'homme le plus débonnaire et du père le plus indulgent de France et de Navarre.

Mademoiselle de Chartres, Louise-Adélaïde d'Orléans, était la seconde et la plus jolie des trois filles du régent; elle avait une belle peau, un teint superbe, de beaux yeux, une belle taille et des mains délicates; ses dents surtout étaient magnifiques, et la princesse palatine, sa grand'-mère, les compare à un collier de perles dans un écrin de corail.

De plus, elle dansait bien, chantait mieux encore, lisait la musique à livre ouvert et accompagnait admirablement : elle avait eu pour maître de musique Cauchereau, l'un des premiers artistes de l'Opéra, avec lequel elle avait fait de plus rapides progrès que n'en font ordinairement les femmes et surtout les princesses; il est vrai que mademoiselle d'Orléans mettait une grande assiduité dans ses leçons; bientôt peut-être le secret de cette assiduité sera-t-il révélé au lecteur, comme il le fut à la duchesse sa mère.

Au reste, tous ses goûts étaient ceux d'un homme, et elle semblait avoir changé de sexe et de caractère avec son frère Louis; elle aimait les chiens, les chevaux et les cavalcades; toute la journée, elle maniait des fleurets, tirait le pistolet ou la carabine, faisait des feux d'artifice, n'aimant rien au monde de ce qui plaît aux femmes, et s'occupant à peine de sa figure, qui, ainsi que nous l'avons dit, en valait la peine.

Cependant, au milieu de tout cela, le talent que préférait mademoiselle de Chartres était la musique; elle portait sa prédilection pour cet art jusqu'au fanatisme : rarement elle manquait une des représentations de l'Opéra, où jouait son maître Cauchereau, donnant à l'artiste des preuves de sa sympathie en applaudissant comme une simple femme, et, un soir que cet artiste s'était surpassé dans un grand air, elle alla même jusqu'à s'écrier : « Ah! bravo, bravo! mon cher Cauchereau. »

La duchesse d'Orléans trouva non-seulement l'encouragement un peu vif, mais encore l'exclamation hasardée pour une princesse du sang. Elle décida que mademoiselle de Chartres savait assez de musique comme cela, et Cauchereau, bien payé de ses leçons, reçut l'avis que, l'éducation musicale de son élève étant terminée, il n'avait plus besoin de se présenter au Palais-Royal.

De plus, la duchesse invita sa fille à aller passer une quinzaine de jours au couvent de Chelles, dont l'abbesse, sœur du maréchal de Villars, était une de ses amies.

Sans doute, ce fut pendant cette retraite que mademoiselle de Chartres, qui faisait tout par sauts et par bonds, dit Saint-Simon, prit la résolution de renoncer au monde. Quoi qu'il en soit, vers la semaine sainte de 1718, elle avait demandé à son père, qui le lui avait accordé, d'aller faire ses pâques à l'abbaye de Chelles; mais cette fois, les pâques faites, au lieu de revenir prendre au palais sa place de princesse du sang, elle demanda à rester à Chelles comme simple religieuse.

Le duc, qui trouvait qu'il avait déjà bien assez d'un moine dans sa famille, c'est ainsi qu'il appelait son fils légitime Louis, sans compter un de ses fils naturels qui était abbé de Saint-Albin, fit tout ce qu'il put pour s'opposer à cette étrange vocation; mais, sans doute parce qu'elle rencontrait cette opposition, mademoiselle de Chartres s'entêta. Il fallut céder; et le 25 avril 1718 elle prononça ses vœux.

Alors le duc d'Orléans, pensant que sa fille, pour être religieuse, n'en était pas moins princesse du sang, traita avec mademoiselle de Villars de son abbaye. Douze mille livres de rentes, qu'on assura à la sœur du maréchal, firent l'affaire, et mademoiselle de Chartres, en son lieu et place, fut nommée abbesse de Chelles, et elle occupait depuis un an ce poste élevé de si étrange façon, qu'elle avait, comme on l'a vu, soulevé les susceptibilités du régent et de son premier ministre.

C'était donc cette abbesse de Chelles, si longtemps attendue, qui arrivait, se rendant enfin aux ordres de son père, non plus entourée de cette cour élégante et profane, qui avait disparu avec les premiers rayons du jour; mais suivie, au contraire, d'un cortége de six religieuses vêtues de noir et portant des cierges allumés, ce qui fit penser au régent que sa fille se soumettait d'avance à ses désirs. Plus d'air de fête, plus de frivolité, plus de dévergondage; mais, au contraire, des mines austères et le plus sombre appareil.

Cependant le régent pensa que le temps pendant lequel on l'avait fait attendre avait bien pu être employé à préparer cette lugubre cérémonie.

— Je n'aime pas les hypocrisies, dit-il d'un ton bref, et je pardonne facilement les vices qu'on n'essaye pas de me cacher sous des vertus. Tous ces cierges d'aujourd'hui m'ont bien l'air, madame, du reste des bougies d'hier. Voyons, avez-vous, cette nuit, fané toutes vos fleurs et fatigué tous vos convives, que vous ne puissiez aujourd'hui me montrer ni un seul bouquet ni un seul baladin?

— Monsieur, dit l'abbesse d'un ton grave, vous arrivez mal si vous venez chercher ici les distractions et les fêtes.

— Oui, je le vois, dit le régent en jetant un coup d'œil sur les spectres dont sa fille était accompagnée, et je vois aussi que, si vous avez fait mardi-gras hier, vous l'enterrez aujourd'hui.

— Étiez-vous venu, monsieur, pour me faire subir un interrogatoire? En tout cas, ce que vous voyez doit répondre aux accusations que l'on aura portées contre moi près de Votre Altesse.

— Je venais vous dire, madame, reprit le régent, qui commençait à s'impatienter à l'idée qu'on voulait le prendre pour dupe; je venais vous dire que le genre de vie que vous menez me déplaît: vos déportements d'hier vont mal à une religieuse; vos austérités d'aujourd'hui sont exagérées pour une princesse du sang. Choisissez, une bonne fois pour toutes, d'être abbesse ou altesse royale. On commence à fort mal parler de vous dans le monde, et j'ai bien assez de mes ennemis, sans que, du fond de votre couvent, vous me lâchiez aussi les vôtres.

— Hélas! monsieur, reprit l'abbesse d'un ton résigné, en donnant des festins, des bals et des concerts qu'on citait comme les plus beaux de Paris, je ne suis pas arrivée à plaire à ces ennemis, ni à vous plaire à vous, ni à me plaire à moi-même, à plus forte raison, quand je vis re-

Le cocher reçut l'ordre de toucher au Luxembourg. — Page 7.

cluse et retirée. Hier était mon dernier rapport avec le monde; ce matin, j'ai rompu définitivement avec lui; et, aujourd'hui, ignorant votre visite, j'avais pris un parti sur lequel je suis décidée à ne pas revenir.

— Et lequel? demanda le régent, se doutant qu'il était question de quelques-unes de ces nouvelles folies, si familières à sa fille.

— Approchez-vous de la fenêtre et regardez, dit l'abbesse.

Le régent, sur cette invitation, s'approcha en effet de la fenêtre, et il vit une cour au milieu de laquelle brûlait un grand feu. En même temps, Dubois, curieux comme s'il eût été un véritable abbé, se glissait près de lui.

Devant ce feu passaient et repassaient des gens empressés qui jetaient dans les flammes des objets de forme singulière.

— Qu'est-ce que cela? demanda le régent à Dubois, qui paraissait aussi surpris que lui.

— Ce qui brûle dans ce moment? demanda l'abbé.

— Oui, reprit le régent.

— Ma foi, monseigneur, ça m'a tout l'air d'une basse.

— C'en est une en effet, dit l'abbesse, c'est la mienne, une excellente basse de Valeri.

— Et vous la brûlez? s'écria le régent.

— Tous ces instruments sont des sources de perdition, dit l'abbesse d'un ton de componction qui indiquait le plus profond repentir.

— Eh! mais, voilà un clavecin, interrompit le duc.

— Mon clavecin, monsieur; il était si parfait, qu'il m'entraînait à des idées mondaines. Depuis ce matin je l'ai condamné.

— Et qu'est-ce que tous ces cahiers de papier avec lesquels on entretient le feu? demanda Dubois, que ce spectacle paraissait intéresser au dernier point.

— Ma musique, que je fais brûler.

— Votre musique? demanda le régent.

— Oui, et même la vôtre, dit l'abbesse. Regardez bien, et vous verrez passer à son tour votre opéra de *Panthée*. Vous comprenez que, mon parti une fois pris, l'exécution devait être générale.

— Ah çà! mais, pour cette fois, vous êtes folle, madame; allumer son feu avec de la musique, l'entretenir avec des basses et des clavecins, c'est véritablement un trop grand luxe.

— Je fais pénitence, monsieur.

— Hum! dites plutôt que vous renouvelez votre maison, et que tout cela est pour vous un moyen d'acheter de nouveaux meubles, dégoûtée que vous êtes sans doute des anciens.

— Non, monseigneur, ce n'est rien de tout cela.

— Eh bien! qu'est-ce donc? parlez-moi franchement.

— Eh bien! c'est que je m'ennuie de m'amuser, et qu'effectivement je songe à faire autre chose.

— Et qu'allez-vous faire?

— Je vais, de ce pas, visiter, avec mes religieuses, le caveau qui doit recevoir mon corps, et la place que j'occuperai dans ce caveau.

— Le diable m'emporte! dit l'abbé; pour cette fois, monseigneur, la tête lui tourne.

— Ce sera fort édifiant, n'est-ce pas, monsieur, continua gravement l'abbesse.

— Certes, et je ne doute même pas que, si cela se fait, reprit le duc, on n'en rie beaucoup plus que de vos soupers.

— Venez-vous, messieurs? continua l'abbesse; je vais me placer quelques instants dans ma bière : c'est une fantaisie que j'ai depuis fort longtemps.

— Eh! vous avez bien le temps d'y être, madame, dit le régent. D'ailleurs, vous n'avez pas inventé ce divertissement; et Charles-Quint, qui s'était fait moine, comme vous vous êtes faite religieuse, sans trop savoir pourquoi, y avait pensé avant vous.

— Ainsi vous ne m'accompagnez pas, monseigneur? dit l'abbesse en s'adressant à son père.

— Moi! dit le duc, qui n'avait pas la moindre sympathie pour les idées sombres; moi, aller voir des caveaux mortuaires; moi, aller entendre un *De profundis!*... Non, pardieu! et la seule chose qui me console de ne pouvoir échapper un jour au *De profundis* et au caveau, c'est que j'espère, au moins, que, ce jour-là, je n'entendrai l'un ni ne verrai l'autre.

— Ah! monsieur, dit l'abbesse d'un air scandalisé, vous ne croyez donc pas à l'immortalité de l'âme!

— Je crois que vous êtes folle à lier, ma fille. Diable d'abbé, va! qui me promet une orgie, et qui m'amène à un enterrement.

— Ma foi, monseigneur, dit Dubois, je crois que j'aimais encore mieux les extravagances d'hier, c'était plus rose.

L'abbesse salua et fit quelques pas vers la porte. Le duc et l'abbé se regardaient, ne sachant s'ils devaient rire ou pleurer.

— Un mot encore, dit le duc à sa fille. Vous êtes-vous bien décidée pour cette fois, voyons; ou n'est-ce qu'une fièvre que vous a communiquée votre confesseur? Si vous êtes bien décidée, je n'ai rien à dire; mais, si ce n'est qu'une fièvre, je veux qu'on vous guérisse, morbleu! J'ai Moreau et Chirac, que je paye pour me traiter moi et les miens.

— Monseigneur, reprit l'abbesse, vous oubliez que je sais assez de médecine pour que j'entreprenne de me guérir moi-même si je me croyais malade. Je puis donc vous assurer que je ne suis pas malade; je suis janséniste, voilà tout.

— Ah! s'écria le duc, voici encore de la besogne du père le Doux; exécrable bénédictin, va!... Au moins, celui-là, je sais un régime qui le guérira.

— Et lequel? demanda l'abbesse.

— La Bastille! répondit le duc.

Et il sortit furieux, suivi de Dubois, qui riait de toutes ses forces.

— Tu vois, lui dit-il après un long silence et lorsqu'on approcha de Paris, que tes rapports sont absurdes... J'avais bonne grâce à sermonner; c'est moi qui ai attrapé le sermon.

— Eh bien! vous êtes un heureux père, voilà tout. Je vous fais mon compliment sur les réformes de votre fille cadette, mademoiselle de Chartres; malheureusement, votre fille aînée, madame la duchesse de Berry...

— Oh! celle-ci, ne m'en parle pas, Dubois; c'est mon ulcère. Aussi, pendant que je suis de mauvaise humeur...

— Eh bien?

— J'ai bonne envie d'en profiter, pour finir avec elle d'un seul coup.

— Elle est au Luxembourg?

— Je le crois.

— Allons donc au Luxembourg, monseigneur.

— Tu viens avec moi?

— Je ne vous quitte pas de la nuit.

— Bah!

— J'ai des projets sur vous.

— Sur moi!

— Je vous mène à un souper.

— A un souper de femmes?

— Oui.

— Combien y en aura-t-il?

— Deux.

— Et combien d'hommes?

— Deux.

— C'est donc une partie carrée? demanda le prince.

— Justement.

— Et je m'y amuserai?

— Je le crois.

— Prends garde, Dubois; tu te charges là d'une grande responsabilité.

— Monseigneur aime le nouveau?

— Oui.

— L'inattendu?

— Oui.

— Eh bien! il en verra; voilà tout ce que je peux lui dire.

— Soit, répondit le régent, au Luxembourg d'abord... et puis après?...

— Et puis après faubourg Saint-Antoine.

Et, sur cette détermination nouvelle, le cocher reçut l'ordre de toucher au Luxembourg au lieu de toucher au Palais-Royal.

II

DÉCIDÉMENT LA FAMILLE SE RANGE.

Madame la duchesse de Berry, chez laquelle se rendait le régent, était, quoi qu'il en eût dit, la fille bien-aimée de son cœur. Prise, à l'âge de sept ans, d'une maladie que les médecins avaient jugée mortelle et abandonnée par eux, elle était retombée entre les mains de son père, qui faisait un peu de médecine, comme on le sait, et qui, en la traitant à sa manière, était parvenu à la sauver. Dès lors, cet amour paternel du régent pour elle était devenu de la faiblesse. A partir de cet âge, il avait laissé faire à cette enfant volontaire et hautaine tout ce qu'elle avait voulu. Son éducation, fort négligée, s'était ressentie de cet abandon à sa propre volonté; ce qui n'avait pas empêché que Louis XIV ne la choisît pour devenir la femme de son petit-fils le duc de Berry.

On sait comment la mort fondit tout à coup sur la triple postérité royale, et comment moururent, en quelques années, le grand dauphin, le duc et la duchesse de Bourgogne et le duc de Berry.

Restée veuve à vingt ans, aimant son père d'une tendresse presque égale à celle qu'il lui avait vouée, ayant à choisir entre la société de Versailles et celle du Palais-Royal, la duchesse de Berry, belle, jeune, ardente au plaisir, n'avait pas hésité. Elle avait partagé les fêtes, les plaisirs et même quelquefois les orgies du duc; et soudain d'étranges calomnies, sortant à la fois de Saint-Cyr et de Sceaux, venant de madame de Maintenon et de madame du Maine, s'étaient répandues sur les relations du père et de la fille. Le duc d'Orléans, avec son insouciance ordinaire, avait laissé ces bruits devenir ce qu'ils pouvaient, et ces bruits étaient devenus et sont restés de belles et bonnes accusations d'inceste, qui, pour n'avoir aucun caractère historique aux yeux des hommes qui connaissent à fond cette époque, n'en sont pas moins une arme aux mains des gens qui ont intérêt à noircir la conduite de l'homme privé pour diminuer la grandeur de l'homme politique.

Ce n'était pas tout. Par sa faiblesse sans cesse croissante, le duc d'Orléans avait encore accrédité ces bruits. Il avait donné à sa fille, qui avait déjà six cent mille livres de rente, quatre

Le chevalier de Riom.

cent mille francs sur sa propre fortune, ce qui portait son revenu à un million. Il lui avait, en outre, abandonné le Luxembourg; il avait attaché une compagnie de gardes à sa personne; enfin, ce qui avait exaspéré les prôneurs de la vieille étiquette, il n'avait fait que hausser les épaules lorsque la duchesse de Berry avait traversé Paris précédée de cymbales et de trompettes, ce qui avait scandalisé tous les honnêtes gens, et que rire lorsqu'elle avait reçu l'ambassadeur vénitien sur un trône élevé de trois marches, ce qui avait manqué nous brouiller avec la république de Venise.

Il y avait plus : il était sur le point de lui accorder une autre demande non moins exorbitante, qui, certainement, eût amené un soulèvement dans la noblesse : c'était un dais à l'Opéra, lorsque, heureusement pour la tranquillité publique et malheureusement pour le bonheur du régent, la duchesse de Berry s'était prise d'amour pour le chevalier de Riom.

Le chevalier de Riom était un cadet d'Auvergne, neveu ou petit-neveu du duc de Lauzun, qui était venu, en 1715, à Paris pour chercher fortune, et qui l'avait trouvée au Luxembourg. Introduit près de la princesse par madame de Mouchy, dont il était l'amant, il n'avait pas tardé à exercer sur elle cette influence de famille que son oncle, le duc de Lauzun, avait, cinquante ans auparavant, exercée sur la grande Mademoiselle, et bientôt il avait été déclaré amant en titre, malgré l'opposition de son prédécesseur Lahaie, qu'on avait alors envoyé comme attaché à l'ambassade de Danemark.

La duchesse de Berry n'avait donc eu, de compte fait, que deux amants, ce qui, on en conviendra, était presque de la vertu pour une princesse de ce temps-là : Lahaie, qu'elle n'avait jamais avoué, et Riom, qu'elle proclamait tout haut. Ce n'était donc véritablement point une cause suffisante à l'acharnement avec lequel on poursuivait la pauvre princesse. Mais il ne faut point oublier que cet acharnement avait une autre cause, que nous trouvons consignée, non-seulement dans Saint-Simon, mais encore dans toutes les histoires de l'époque : c'est cette fatale promenade dans Paris avec cymbales et clairons, ce malheureux trône à trois marches sur lequel elle avait reçu l'ambassadeur de Venise; enfin cette exorbitante prétention, ayant déjà une compagnie de gardes, d'avoir encore un dais à l'Opéra.

Mais ce n'était pas cette indignation générale, soulevée par la princesse, qui avait fort ému contre sa fille le duc d'Orléans, c'était l'empire qu'elle avait laissé prendre à son amant : Riom, élève de ce même duc de Lauzun, qui écrasait le matin la main de la princesse de Monaco avec le talon des bottes qu'il se faisait tirer le soir par la fille de Gaston d'Orléans, et qui avait, à l'endroit des princesses, donné à son neveu de terribles instructions que celui-ci avait suivies à la lettre : « Les filles de France, avait-il dit à Riom, veulent être menées le *bâton haut;* » et Riom, plein de confiance dans l'expérience de son oncle, avait en effet si bien dressé la duchesse de Berry, que celle-ci n'osait plus donner une fête sans son avis, paraître à l'Opéra sans sa permission, et mettre une robe sans son conseil.

Il en était résulté que le duc, qui aimait fort sa fille, s'était pris pour Riom, qui l'éloignait de lui, d'une haine aussi forte que celle que son caractère insoucieux lui permettait de ressentir. Sous prétexte de servir les vues de la duchesse, il avait donné un régiment à Riom, puis le gouvernement de la ville de Cognac, puis enfin l'ordre de se rendre dans son gouvernement; ce qui commençait, pour toutes les personnes qui y voyaient un peu clair, à changer sa faveur en disgrâce.

Aussi la duchesse ne s'y était pas trompée; elle était accourue au Palais-Royal, quoique relevant de couches, et là, elle avait prié et supplié son père, mais inutilement; puis alors elle l'avait boudé, grondé, menacé, mais inutilement encore. Enfin, elle était partie, menaçant le duc de toute sa colère, et lui affirmant que, malgré son ordre, Riom ne partirait pas.

Le duc, le lendemain matin, avait, pour toute réponse, réitéré à Riom l'ordre de partir, et Riom lui avait respectueusement fait dire qu'il obéissait à l'instant même.

En effet, le même jour, qui était la veille de celui où nous sommes arrivés, Riom avait ostensiblement quitté le Luxembourg, et le duc d'Orléans avait été prévenu par Dubois lui-même que le nouveau gouverneur, suivi de ses équipages, était parti à neuf heures du matin pour Cognac.

Tout cela s'était passé sans que le duc d'Orléans revît sa fille; aussi, lorsqu'il parlait de profiter de sa colère pour aller en finir avec elle, c'était bien plutôt un pardon qu'il allait lui demander qu'une querelle qu'il allait lui faire.

Dubois, qui le connaissait, n'avait point été la dupe de cette prétendue résolution; mais Riom était parti pour Cognac, c'était tout ce que demandait Dubois. Il espérait, pendant l'absence, glisser quelque nouveau secrétaire de cabinet ou quelque autre lieutenant des gardes, qui effacerait le souvenir de Riom dans le cœur de la princesse. Alors Riom recevrait l'ordre de rejoindre, en Espagne, l'armée du maréchal de Berwick, et il n'en serait plus davantage question qu'il n'était de Lahaie en Danemark.

Tout cela n'était peut-être pas un projet bien moral; mais au moins c'était un plan fort logique.

Nous ne savons pas si le ministre avait mis son maître de moitié dans ce plan.

Le carrosse s'arrêta devant le Luxembourg, qui était éclairé comme d'habitude. Le duc descendit et monta le perron avec sa vivacité ordinaire. Quant à Dubois, que la duchesse exécrait, il resta pelotonné dans un coin de la voiture.

Au bout d'un instant, le duc reparut à la portière le visage tout désappointé.

— Ah! ah! monseigneur, dit Dubois, est-ce que Votre Altesse serait consignée, par hasard?

— Non; mais la duchesse n'est point au Luxembourg.

— Et où est-elle, aux Carmélites?

— Elle est à Meudon.

— A Meudon! au mois de février, et par un temps comme celui-ci! Monseigneur, cet amour de campagne me paraît suspect.

— Et à moi aussi, je te l'avoue; que diable peut-elle faire à Meudon?

— C'est facile à savoir.

— Comment cela?

— Allons à Meudon.

— Cocher, à Meudon! dit le régent en sautant dans la voiture. Vous avez vingt-cinq minutes pour y arriver.

— Je ferai observer à monseigneur, dit humblement le cocher, que ses chevaux ont déjà fait dix lieues.

— Crevez-les; mais soyez à Meudon dans vingt-cinq minutes.

Il n'y avait rien à répondre à un ordre si explicite.

Le cocher enveloppa son attelage d'un énergique coup de fouet, et les nobles bêtes, étonnées que l'on crût avoir besoin de recourir vis-à-vis d'elles à une pareille extrémité, repartirent d'un trot aussi rapide que si elles sortaient de l'écurie.

Pendant toute la route, Dubois fut muet, et le régent préoccupé; de temps en temps, l'un ou l'autre jetait un regard investigateur sur le chemin; mais le chemin n'offrait aucune chose qui fût digne d'attirer l'attention du régent et de son ministre; et l'on arriva à Meudon sans que rien pût guider le duc dans le dédale de pensées contradictoires où il était plongé.

Cette fois, tous deux descendirent : l'explication entre le père et la fille pouvait être longue, et Dubois désirait en attendre la fin dans un endroit plus commode qu'une voiture.

Sous le perron, ils trouvèrent le suisse en grande livrée. Comme le duc était enveloppé de sa redingote fourrée, et Dubois de son manteau, il les arrêta. Le duc alors se fit reconnaître.

— Pardon, dit le suisse, mais j'ignorais qu'on attendît monseigneur,

— C'est bien, dit le duc; attendu ou non, j'arrive. Faites prévenir la princesse par un valet de pied.

— Monseigneur est donc de la cérémonie? demanda le suisse, qui paraissait visiblement embarrassé, enfermé qu'il était, sans doute, dans une consigne sévère.

— Eh! sans doute, que monseigneur est de la cérémonie, répondit Dubois coupant la parole au duc d'Orléans, qui allait demander de quelle cérémonie il était question; et moi aussi, j'en suis.

— Alors je vais faire conduire monseigneur directement à la chapelle?

Dubois et le duc se regardèrent en hommes qui n'y comprennent plus rien.

— A la chapelle? demanda le duc.

— Oui, monseigneur; car la cérémonie est commencée depuis près de vingt minutes.

— Ah çà! dit le régent en se penchant vers l'oreille de Dubois, est-ce que celle-ci aussi se fait religieuse?

— Monseigneur, dit Dubois, gageons bien plutôt qu'elle se marie?

— Mille dieux! s'écria le régent, il ne manquerait plus que cela.

Et il s'élança sur l'escalier, suivi de Dubois.

— Monseigneur ne veut donc pas que je le fasse conduire? dit le suisse.

— C'est inutile, cria le régent, déjà en haut de l'escalier, je connais le chemin.

Effectivement, avec cette agilité, si étonnante dans un homme de sa corpulence, le régent traversait chambres et corridors, suivi de Dubois, qui, cette fois, prenait à l'aventure ce diabolique intérêt de la curiosité, qui faisait de lui le Méphistophélès de cet autre chercheur de l'inconnu, qu'on appelait, non pas Faust, mais Philippe d'Orléans.

Ils arrivèrent ainsi à la porte de la chapelle, qui paraissait fermée, mais qui s'ouvrit au premier effort qu'ils firent pour la pousser.

Dubois ne s'était pas trompé dans ses conjectures.

Riom, revenu en cachette, après être parti ostensiblement, était avec la princesse à genoux devant l'aumônier particulier de madame la duchesse de Berry; tandis que M. de Pons, parent de Riom, et le marquis de la Rochefoucault, capitaine des gardes de la princesse, tenaient le poêle sur leur tête; MM. de Mouchy et de Lauzun se tenaient, l'un à la gauche de la duchesse, l'autre à la droite de Riom.

— Décidément la fortune est contre nous, monseigneur, dit Dubois; nous sommes arrivés trop tard de deux minutes.

— Mordieu! s'écria le duc exaspéré en faisant un pas vers le chœur, c'est ce que nous verrons.

— Chut! monseigneur, dit Dubois, en ma qualité d'abbé, c'est à moi de vous empêcher de commettre un sacrilége. Ah! s'il était utile, je ne dis pas; mais celui-ci serait en pure perte.

— Ah çà! mais ils sont donc mariés? demanda

le duc, se reculant, sous l'action de Dubois, à l'ombre d'une colonne.

— Tout ce qu'il y a de plus mariés, monseigneur, et maintenant le diable lui-même ne les démarierait pas sans l'assistance du saint-père.

— Eh bien! j'écrirai à Rome, dit le duc.

— Gardez-vous-en bien, monseigneur! s'écria Dubois; n'usez pas votre crédit pour une pareille chose, vous en aurez besoin quand il sera question de me faire nommer cardinal.

— Mais, dit le régent, une pareille mésalliance est intolérable.

— Les mésalliances sont fort à la mode, dit Dubois, et l'on n'entend parler que de cela aujourd'hui : Sa Majesté Louis XIV s'est mésalliée en épousant madame de Maintenon, à laquelle vous faites encore une pension comme à sa veuve. La grande Mademoiselle s'est mésalliée en épousant M. de Lauzun. Vous vous êtes mésallié en épousant mademoiselle de Blois, et à telle enseigne que, lorsque vous avez annoncé ce mariage à la princesse palatine votre mère, elle vous a répondu par un soufflet. Enfin, moi-même, monseigneur, ne m'étais-je pas mésallié en épousant la fille du maître d'école de mon village? Vous voyez bien, monseigneur, qu'après tant d'augustes exemples la princesse, votre fille, peut bien se mésallier à son tour.

— Tais-toi, démon, dit le régent.

— D'ailleurs, continua Dubois, voyez-vous, monseigneur, les amours de madame la duchesse de Berry commençaient à faire, grâce aux criailleries de l'abbé de Saint-Sulpice, plus de bruit qu'il ne convient; c'était un scandale public, que ce mariage secret, qui sera connu demain de tout Paris, va faire cesser; personne n'aura plus rien à dire, ni vous non plus. Décidément, monseigneur, votre famille se range.

Le duc d'Orléans fit entendre une imprécation terrible, à laquelle Dubois répondit par un de ces ricanements que Méphistophélès lui eût enviés.

— Silence là-bas! cria le suisse, qui ignorait qui faisait ce bruit, et qui voulait que les époux ne perdissent pas un mot de la pieuse exhortation que leur faisait l'aumônier.

— Silence donc, monseigneur, répéta Dubois, vous voyez bien que vous troublez la cérémonie!

— Tu vas voir, reprit le duc, que, si nous ne nous taisons pas, elle va nous faire mettre à la porte.

— Silence donc! répéta le suisse en frappant la dalle du chœur de sa hallebarde, tandis que la duchesse de Berry envoyait M. de Mouchy savoir qui causait ce scandale.

M. de Mouchy obéit aux ordres de la princesse, et, apercevant dans l'ombre deux personnes qui semblaient se cacher, il s'approcha des interrupteurs, la tête haute, d'un pas hardi.

— Qui donc fait ce bruit? dit-il, et qui vous a permis, messieurs, d'entrer dans la chapelle?

— Celui qui aurait bonne envie de vous en faire sortir tous par la fenêtre, répondit le régent, mais qui se contente, pour le moment, de vous charger de donner l'ordre à M. de Riom de repartir à l'instant même pour Cognac, et d'intimer à la duchesse de Berry la défense de se représenter jamais au Palais-Royal.

Et, à ces mots, le régent sortit en faisant signe à Dubois de le suivre, et en laissant le duc de Mouchy et son gros ventre atterrés de cette apparition.

— Au Palais-Royal! dit le prince en s'élançant dans sa voiture.

— Au Palais-Royal? reprit vivement Dubois; non pas, monseigneur, vous oubliez nos conventions; je vous ai suivi, à la condition que vous me suivriez à votre tour. Cocher, au faubourg Saint-Antoine.

— Va-t'en au diable! je n'ai pas faim.

— Soit, Votre Altesse ne mangera pas.

— Je ne suis pas en train de m'amuser?

— Soit, Votre Altesse ne s'amusera pas.

— Et que ferai-je alors, si je ne mange ni ne m'amuse.

— Votre Altesse verra manger et s'amuser les autres, voilà tout.

— Que veux-tu dire?

— Je veux dire que Dieu est en train de faire des miracles pour vous, monseigneur; et que, comme la chose ne lui arrive pas tous les jours, il ne faut pas abandonner la partie en si beau chemin; nous en avons déjà vu deux ce soir : nous allons assister à un troisième.

— A un troisième?

— Oui, *numero Deus impare gaudet;* le nombre impair plaît à Dieu. J'espère que vous n'avez pas oublié votre latin, monseigneur?

— Explique-toi, voyons, dit le régent dont l'humeur n'était pas, pour le moment, tournée le moins du monde à la plaisanterie; tu es assez laid, certainement, pour te poser en sphinx; mais moi je ne suis pas assez jeune pour jouer le rôle d'Œdipe.

— Eh bien! je disais donc, monseigneur,

qu'après avoir vu vos deux filles, qui étaient trop folles, faire leur premier pas vers la sagesse, vous allez voir votre fils, qui était trop sage, faire son premier pas vers la folie.

— Mon fils Louis?

— Votre fils Louis en personne; il se dégourdit cette nuit même, monseigneur, et c'est à ce spectacle, si flatteur pour l'orgueil d'un père, que je vous ai convié.

Le duc secoua la tête d'un air de doute.

— Oh! secouez la tête tant que vous voudrez, monseigneur, cela est ainsi, dit Dubois.

— Et de quelle façon se dégourdit-il? demanda le régent.

— De toutes les façons, monseigneur; et c'est le chevalier de M*** que j'ai chargé de lui faire faire ses premières armes; il soupe à cette heure en partie carrée avec lui et deux femmes.

— Et quelles sont les femmes? demanda le régent.

— Je n'en connais qu'une, le chevalier s'est chargé d'amener l'autre.

— Et il y a consenti!

— A belles baise-mains.

— Sur mon âme! Dubois, dit le duc, je crois que, si tu avais vécu du temps du roi Saint-Louis, tu aurais fini par le mener chez la Fillon de l'époque.

Un sourire de triomphe passa sur la figure de singe de Dubois.

— Voilà, monseigneur, continua-t-il; vous vouliez que monsieur Louis tirât une fois l'épée, comme vous le faisiez autrefois, et comme vous avez encore la rage de le faire aujourd'hui. Mes précautions sont prises pour cela.

— Vraiment?

— Oui, le chevalier de M*** lui cherchera, en soupant, une bonne petite querelle d'Allemand, rapportez-vous-en à lui pour cela. Vous vouliez que M. Louis courût quelque bonne chance amoureuse : s'il résiste à la sirène que je lui ai lâchée, c'est un saint Antoine.

— C'est toi qui l'as choisie?

— Comment donc, monseigneur, quand il s'agit de l'honneur de votre famille, Votre Altesse sait que je ne m'en rapporte qu'à moi. A cette nuit donc l'orgie, à demain le duel. Et demain soir, au moins, notre néophyte pourra signer Louis d'Orléans, sans compromettre la réputation de son auguste mère : car on verra que le jeune homme est de votre sang, ce dont, le diable m'emporte! à la singulière conduite qu'il mène, on serait tenté de douter.

— Dubois, tu es un misérable! dit le duc en riant pour la première fois depuis qu'il avait quitté Chelles, et tu vas perdre le fils comme tu as perdu le père.

— Tant que vous voudrez, monseigneur, répondit Dubois; il faut qu'il soit prince, oui ou non; qu'il soit homme ou qu'il soit moine; qu'il se décide à l'un ou l'autre parti, il en est temps. Vous n'avez qu'un fils, monseigneur, un fils qui a bientôt seize ans, un fils que vous n'envoyez pas à la guerre, sous prétexte qu'il est votre fils unique, et, en réalité, parce que vous ne savez pas comment il s'y conduirait...

— Dubois! dit le régent.

— Eh bien! demain, monseigneur, nous serons fixés.

— Pardieu! la belle affaire, dit le régent.

— Ainsi, reprit Dubois, vous croyez qu'il s'en tirera à son honneur?

— Ah çà! maraud, sais-tu bien que tu finis par m'insulter. Il semble que ce soit une chose véritablement impossible que de rendre amoureux un homme de mon sang, et un miracle bien extraordinaire que de faire mettre l'épée à la main à un prince de mon nom. Dubois, mon ami, tu es né abbé et tu mourras abbé.

— Non pas, non pas, monseigneur! s'écria Dubois; peste! je prétends à mieux que cela.

Le régent se mit à rire.

— Au moins tu as une ambition, toi : ce n'est pas comme cet imbécile de Louis qui ne désire rien; et cette ambition me divertit plus que tu ne peux te l'imaginer.

— Vraiment! dit Dubois; je ne croyais pas cependant être si bouffon.

— Eh bien! c'était de la modestie, car tu es la plus amusante créature de la terre, quand tu n'en es pas la plus perverse; aussi je te jure que le jour où tu seras archevêque...

— Cardinal! monseigneur.

— Ah! c'est cardinal que tu veux être?

— En attendant que je sois pape.

— Bon, eh bien! ce jour-là, je te le jure...

— Le jour où je serai pape.

— Non; le jour où tu seras cardinal, on rira bien au Palais-Royal, je te jure.

— On rira bien autrement dans Paris, allez, monseigneur; mais, comme vous l'avez dit, je suis parfois bouffon et je veux faire rire, voilà pourquoi je tiens à être cardinal.

Et, comme Dubois manifestait cette prétention le carosse cessa de rouler.

III

LE RAT ET LA SOURIS.

Le carrosse s'était arrêté dans le faubourg Saint-Antoine, devant une maison masquée par un grand mur derrière lequel montaient plusieurs peupliers, comme pour cacher cette maison aux murs eux-mêmes.

— Tiens! dit le régent, c'est de ce côté, ce me semble, que se trouve la petite maison de Nocé.

— Justement; monseigneur a bonne mémoire. Je la lui ai empruntée pour cette nuit.

— Et as-tu bien fait les choses, au moins, Dubois? le souper est-il digne d'un prince du sang?

— Je l'ai commandé moi-même. Ah! monsieur Louis ne manquera de rien : il est servi par les laquais de son père, il est traité par le cuisinier de son père, il fait l'amour à la...

— A la quoi?...

— Vous le verrez vous-même, il faut bien que je vous laisse une surprise, que diable!

— Et les vins?

— Des vins de votre propre cave, monseigneur; j'espère que ces liqueurs de famille empêcheront le sang de mentir, car il ment depuis trop longtemps déjà.

— Tu n'as pas eu tant de peine à faire parler le mien, n'est-ce pas, corrupteur.

— Je suis éloquent, monseigneur; mais il faut convenir que vous étiez tendre. Entrons.

— Tu as donc la clef?

— Pardieu!

Et Dubois tira de sa poche une clef qu'il fourra discrètement dans la serrure; la porte tourna sans bruit sur ses gonds, et se referma sur le duc et sur son ministre sans avoir poussé le moindre cri; c'était une véritable porte de petite maison, connaissant son devoir vis-à-vis des grands seigneurs qui lui faisaient l'honneur de franchir son seuil.

On vit aux persiennes fermées quelques reflets de lumière, et les laquais en sentinelle dans le vestibule apprirent aux illustres visiteurs que la fête était commencée.

— Tu triomphes, l'abbé! dit le régent.

— Plaçons-nous vite, monseigneur, répondit Dubois, j'avoue que j'ai hâte de voir comment monsieur Louis s'en tire.

— Et moi aussi, dit le régent.

— Alors suivez-moi, et pas un mot.

Le régent suivit en silence Dubois dans un cabinet qui, par une grande ouverture cintrée, communiquait avec la salle à manger : cette ouverture était remplie de fleurs, à travers les tiges desquelles on pouvait parfaitement voir et entendre les convives.

— Ah! ah! dit le régent en reconnaissant le cabinet, je suis en pays de connaissance.

— Plus que vous ne croyez, monseigneur; mais n'oubliez pas que, quelque chose que vous voyiez ou que vous entendiez, il faut vous taire, ou du moins parler bas.

— Sois tranquille.

Tous deux s'approchèrent de l'ouverture qui donnait sur la salle du festin, s'agenouillèrent sur un canapé et écartèrent les fleurs pour ne rien perdre de ce qui allait se passer.

Le fils du régent, âgé de quinze ans et demi, était assis dans un fauteuil et faisait justement face à son père; de l'autre côté de la table, et tournant le dos aux deux curieux, était le chevalier de M.... Deux femmes, d'une parure plus éblouissante que réservée, complétaient la partie carrée promise par Dubois au régent : l'une était assise à côté du jeune prince, l'autre à côté du chevalier.

L'amphitryon, qui ne buvait pas, pérorait; la femme qui était près de lui faisait la moue, et quand elle ne faisait pas la moue bâillait.

— Ah çà! dit en essayant de reconnaître la femme placée en face de lui (le duc était myope), il me semble que je connais cette figure-là.

Et il lorgna la femme avec plus d'attention encore. Dubois riait sous cape.

— Mais, voyons donc, continua le régent, une femme brune avec des yeux bleus!

— Une femme brune avec des yeux bleus, reprit Dubois. Allez, monseigneur.

— Cette taille ravissante, ces mains effilées.

— Allez toujours.

— Ce petit museau rose.

— Encore, allez.

— Mais, corbleu! je ne me trompe pas, c'est la Souris!

— Allons donc!

— Comment, scélérat, tu as été justement choisir la Souris!

— Une fille des plus ravissantes, monseigneur, une nymphe d'Opéra; il m'a semblé que c'était ce qu'il y avait de mieux pour dégourdir un jeune homme.

— C'était donc là la surprise que tu me ménageais, quand tu m'as dit qu'il était servi par les laquais de son père, qu'il buvait les vins de son père et qu'il faisait l'amour à la...

— A la maîtresse de son père, oui, monseigneur, c'est bien cela.

— Mais, malheureux! s'écria le duc, c'est presque un inceste que tu as fait là!

— Bah! dit Dubois, puisqu'on le lance...

— Et la drôlesse accepte de ces parties-là?

— C'est son état, monseigneur.

— Et avec qui croit-elle être?

— Avec un gentilhomme de province qui vient manger sa légitime à Paris.

— Quelle est sa compagne?

— Ah! quant à cela, je n'en sais absolument rien. Le chevalier de M... s'est chargé de compléter la partie.

En ce moment, la femme qui était assise près du chevalier, croyant entendre chuchoter derrière elle, se retourna.

— Eh! mais, s'écria Dubois stupéfait à son tour, je ne me trompe pas!

— Quoi?

— L'autre femme...

— Eh bien! l'autre femme?... demanda le duc.

La jolie convive se retourna de nouveau.

— C'est Julie! s'écria Dubois. La malheureuse!

— Ah! pardieu! dit le duc, voilà qui rend la chose tout à fait complète: ta maîtresse et la mienne! Parole d'honneur, je donnerais bien des choses pour pouvoir rire à mon aise.

— Attendez, monseigneur, attendez.

— Eh bien! es-tu fou? Que diable vas-tu faire, Dubois? Je t'ordonne de rester. Je suis curieux de voir comment tout cela finira.

— Je vous obéis, monseigneur, dit Dubois; mais je vous déclare une chose.

— Laquelle?

— C'est que je ne crois plus à la vertu des femmes!

— Dubois, dit le régent en se renversant sur le canapé pendant que Dubois en faisait autant, tu es adorable, ma parole d'honneur! laisse-moi rire ou j'étouffe.

— Ma foi, monseigneur, rions, dit Dubois, mais rions doucement; vous avez raison, il faut voir comment cela finira.

Et tous deux rirent le plus silencieusement qu'ils purent, après quoi ils reprirent, à leur observatoire, la place qu'ils avaient un instant abandonnée.

La pauvre Souris bâillait à se démonter la mâchoire.

— Savez-vous, monseigneur, dit Dubois, que monsieur Louis n'a pas l'air étourdi du tout?

— C'est-à-dire que l'on croirait qu'il n'a pas bu.

— Et ces bouteilles vides que nous voyons là-bas, est-ce que vous croyez qu'elles ont fui toutes seules?

— Tu as raison; mais néanmoins il est bien grave, le gentilhomme!

— Ayez donc patience! tenez, il s'anime; écoutez, il va parler.

En effet, le jeune duc se levant de son fauteuil, repoussa de la main la bouteille que lui tendait la Souris.

— J'ai voulu voir, dit-il sentencieusement, ce que c'est qu'une orgie; je l'ai vu, et me déclare tant soit peu satisfait. Un sage l'a dit: *Ebrietas omne vitium deliquit.*

— Que diable chante-t-il là? dit le duc.

— Cela va mal, murmura Dubois.

— Comment! monsieur, s'écria la voisine du jeune duc avec un sourire qui fit briller une rangée de dents plus jolies que des perles, comment, vous n'aimez pas à souper?

— Je n'aime plus manger ni boire, répondit monsieur Louis, quand je n'ai plus ni faim ni soif.

— Le sot! murmura le régent.

Et il se retourna vers Dubois, qui se mordait les lèvres.

Le compagnon de monsieur Louis se mit à rire et lui dit:

— Vous exceptez, je l'espère, de cette société nos charmantes convives?

— Que voulez-vous dire, monsieur?

— Ah! ah! il se fâche, dit le régent; bon!

— Bon! reprit Dubois.

— Je veux dire, monsieur, répondit le chevalier, que vous ne ferez pas l'injure à ces dames de leur témoigner votre peu d'empressement à jouir de leur compagnie, en vous retirant ainsi.

— Il se fait tard, monsieur, dit Louis d'Orléans.

— Bah! reprit le chevalier, il n'est pas encore minuit.

— Et puis, reprit le duc cherchant une excuse, et puis... je suis fiancé à quelqu'un.

Les dames éclatèrent de rire.

— Quel animal! murmura Dubois.

— Eh bien! fit le régent.

— Ah! c'est vrai, j'oubliais; pardon, Monseigneur.

— Mon cher, dit le chevalier, vous êtes province à faire frémir.

— Ah çà! demanda le régent, comment diable ce jeune homme parle-t-il ainsi à un prince du sang?

— Il est censé ne pas savoir qui il est, et le croire un simple gentilhomme; d'ailleurs, je lui ai dit de le pousser.

— Pardon! monsieur, reprit le jeune prince, vous parlez, je crois? et comme madame me parlait en même temps, je n'ai pas entendu ce que vous me disiez.

— Et vous voulez que je répète ce que j'ai dit? répondit en ricanant le jeune homme.

— Vous me ferez plaisir.

— Eh bien! je disais que vous étiez province à faire frémir.

— Je m'en applaudis, monsieur, si cela doit me distinguer de certains airs parisiens de ma connaissance, répondit monsieur Louis.

— Allons, allons, pas mal riposté, dit le duc.

— Peuh!... fit Dubois.

— Si c'est pour moi que vous dites cela, monsieur, je vous répondrai que vous n'êtes pas poli: ce qui ne serait encore rien vis-à-vis de moi, à qui vous pouvez rendre raison de votre impolitesse, mais ce qui n'a point d'excuse près de ces dames.

— Ton provocateur va trop loin, l'abbé, dit le régent inquiet; et, tout à l'heure, ils vont se couper la gorge.

— Eh bien! nous les arrêterons, reprit Dubois.

Le jeune prince ne sourcilla point; mais, se levant et faisant le tour de la table, il s'approcha de son compagnon de débauche, et lui parla à demi-voix.

— Vois-tu? dit à Dubois le régent ému; prenons garde, l'abbé; que diable! je ne veux pas qu'on me le tue.

Mais Louis se contenta de dire au jeune homme:

— La main sur la conscience, monsieur, est-ce que vous vous amusez ici? Quant à moi, je vous déclare que je m'ennuie horriblement. Si nous étions seuls, je vous parlerais d'une question assez importante qui m'occupe en ce moment: c'est sur le sixième chapitre des *Confessions de saint Augustin*.

— Comment! monsieur, dit le chevalier avec un air de stupéfaction, qui, pour cette fois, n'était aucunement joué, vous vous occupez de religion? c'est tôt, ce me semble...

— Monsieur, dit doctoralement le prince, il n'est jamais trop tôt pour songer à son salut.

Le régent poussa un profond soupir; Dubois se gratta le bout du nez.

— Foi de gentilhomme! dit le prince, c'est déshonorant pour la race; les femmes vont s'endormir.

— Attendons, dit Dubois; peut-être, si elles s'endorment, s'enhardira-t-il.

— Ventrebleu! dit le régent, s'il avait dû s'enhardir, ce serait déjà fait; elle lui a lancé des œillades à ressusciter un mort... Et tiens, regarde, renversée comme elle l'est sur ce fauteuil, n'est-elle pas charmante?

— Tenez, dit Louis, il faut que je vous consulte là-dessus: saint Jérôme prétend que la grâce n'est réellement efficace que lorsqu'elle arrive par la contrition.

— Le diable vous emporte! s'écria le gentilhomme, si vous aviez bu, je dirais que vous avez le vin mauvais.

— Cette fois-ci, monsieur, reprit le jeune prince, ce sera mon tour de vous faire observer que c'est vous qui êtes impoli, et je vous répondrais sur le même ton, si ce n'était pécher que de prêter l'oreille aux injures; mais, Dieu merci, je suis meilleur chrétien que vous.

— Quand on soupe dans une petite maison, reprit le chevalier, il ne s'agit pas d'être bon chrétien, mais bon convive. Foin de votre société! j'aimerais mieux saint Augustin lui-même, fût-ce après sa conversion.

Le jeune duc sonna, un laquais se présenta.

— Reconduisez et éclairez monsieur, dit-il d'un air de prince; quant à moi, je partirai dans un quart d'heure. Chevalier, avez-vous votre voiture?

— Non, ma foi.

— En ce cas-là, disposez de la mienne, dit le jeune duc; désespéré de ne pouvoir cultiver votre connaissance, mais, je vous l'ai dit, vos goûts ne sont pas les miens; d'ailleurs, je retourne dans ma province.

— Pardieu! dit Dubois, il serait curieux qu'il renvoyât son convive pour rester seul avec les deux femmes.

— Oui, dit le duc, cela serait curieux; mais cela n'est pas.

En effet, pendant que le duc et Dubois échangeaient quelques mots, le chevalier s'était retiré, et Louis d'Orléans, resté seul avec les deux femmes, véritablement endormies, ayant tiré de la poche de son habit un rouleau de papier, et de celle de sa veste un petit crayon de vermeil, se mit à faire des annotations en marge avec une ardeur toute théologique, au milieu des plats encore fumants et des bouteilles à moitié vides.

— Si ce prince-là fait jamais ombrage à la branche aînée, dit le régent, j'aurai bien du malheur. Qu'on dise maintenant que j'élève mes enfants dans l'espoir du trône!

— Monseigneur, dit Dubois, je vous jure que j'en suis malade.

— Ah! Dubois! ma fille cadette janséniste, ma fille aînée philosophe, mon fils unique théologien; je suis endiablé, Dubois! Ma parole d'honneur, si je ne me retenais, je ferai brûler tous ces êtres malfaisants.

— Prenez garde, monseigneur, si vous les faites brûler, on dira que vous continuez le grand roi et la Maintenon.

— Qu'ils vivent donc! mais comprends-tu, Dubois? ce niais qui écrit déjà des in-folio, c'est à en perdre la tête. Tu verras que, quand je serai mort, il fera brûler mes gravures de Daphnis et de Chloé par le bourreau.

Pendant dix minutes à peu près, Louis d'Orléans continua ses annotations; puis, lorsqu'il eut fini, il remit précieusement le manuscrit dans la poche de son habit, se versa un grand verre d'eau, trempa dedans une croûte de pain, fit dévotieusement sa petite prière, et savoura avec une espèce de volupté ce souper d'anachorète.

— Des macérations! murmura le régent au désespoir; mais je te le demande, Dubois, qui diable lui a donc appris cela?

— Ce n'est pas moi, monseigneur, dit Dubois; quant à cela, je vous en réponds.

Le prince se leva et sonna de nouveau.

— La voiture est-elle de retour? demanda-t-il au laquais.

— Oui, monseigneur.

— C'est bien, je m'en vais; quant à ces dames, vous voyez qu'elles dorment. Quand elles s'éveilleront, vous vous mettrez à leurs ordres.

Le laquais s'inclina, et le prince sortit du pas d'un archevêque qui donne sa bénédiction.

— La peste t'étouffe de m'avoir fait assister à un pareil spectacle! dit le régent au désespoir.

— Heureux père, répondit Dubois, trois fois heureux père que vous êtes, monseigneur! vos enfants se font canoniser d'instinct, et l'on calomnie cette sainte famille! Par mon chapeau de cardinal, je voudrais que les princes légitimés fussent ici!

— Eh bien! dit le régent, je leur montrerais comment un père répare les torts de son fils... Viens, Dubois.

— Je ne vous comprends pas, monseigneur.

— Dubois, le diable m'emporte, la contagion te gagne.

— Moi?

— Oui, toi!... Il y a là un souper dressé à manger... il y a là du vin débouché à boire... il y a là deux femmes endormies à réveiller... et tu ne comprends pas! Dubois, j'ai faim; Dubois, j'ai soif; entrons et reprenons les choses où cet imbécile-là les a laissées. Comprends-tu, maintenant?

— Ma foi, c'est une idée cela, dit Dubois en se frottant les mains; et vous êtes le seul homme, monseigneur, qui soyez toujours à la hauteur de votre réputation.

Les deux femmes dormaient toujours. Dubois et le régent quittèrent leur cachette, et entrèrent dans la salle à manger. Le prince alla s'asseoir à la place de son fils, et Dubois à celle du chevalier.

Le régent coupa les fils d'une bouteille de vin de Champagne, et le bruit, que fit le bouchon en sautant, réveilla les dormeuses.

— Ah! vous vous décidez donc à boire? dit la Souris.

— Et toi à te réveiller, répondit le duc.

Cette voix frappa l'oreille de la pauvre femme comme eût fait une secousse électrique; elle se frotta les yeux comme si elle n'eût pas été bien sûre d'être éveillée, se leva à demi, et, reconnaissant le régent, retomba sur son fauteuil en prononçant deux fois le nom de Julie.

Quant à celle-ci, elle était comme fascinée par le regard railleur et la tête grimaçante de Dubois.

— Allons, allons, la Souris, dit le duc, je vois que tu es bonne fille : tu m'as donné la préférence; je t'ai fait inviter par Dubois à souper; tu avais mille affaires à droite et à gauche, et cependant tu as accepté

La compagne de la Souris, plus effarouchée qu'elle encore, regardait Dubois, le prince et son amie, rougissait et perdait contenance.

— Qu'avez-vous donc, mademoiselle Julie? demanda Dubois; est-ce que monseigneur se tromperait, et seriez-vous, par hasard, venues pour d'autres que pour nous?

— Je ne dis pas cela, répondit mademoiselle Julie.

La Souris se mit à rire.

— Si c'est monseigneur, dit-elle, qui nous a

fait venir, il le sait bien, et n'a pas de questions à faire; si ce n'est pas lui, il est indiscret, et alors je ne réponds pas.

— Eh bien! quand je te le disais, l'abbé, s'écria le duc en riant comme par secousse, quand je te le disais, que c'était une fille d'esprit!

— Et moi, monseigneur, dit Dubois en versant à boire à ces demoiselles et en effleurant un verre de vin de Champagne de ses lèvres, quand je vous disais que le vin était excellent!

— Voyons, la Souris, dit le régent, est-ce que tu ne le reconnais pas, ce vin?

— Ma foi, monseigneur, dit la danseuse, il en est du vin comme des amants.

— Oui, je comprends, tu ne peux pas avoir la mémoire assez large. Décidément, Souris, tu es non-seulement la plus brave, mais encore la plus honnête fille que je connaisse. Ah! tu n'es pas hypocrite, toi! continua le duc en poussant un soupir.

— Eh bien! monseigneur, reprit la Souris, puisque vous le prenez comme cela...

— Eh bien! quoi?

— C'est moi qui vais vous interroger.

— Interroge, je répondrai.

— Vous connaissez-vous en rêves, monseigneur?

— Je suis devin.

— Alors, vous pouvez m'expliquer le mien?

— Mieux que personne, Souris. D'ailleurs, si je restais court dans mon explication, voilà l'abbé, qui me compte deux millions par an pour certaines dépenses particulières qui ont pour but de connaître les bons et les mauvais rêves que l'on fait dans mon royaume.

— Eh bien?

— Eh bien! si je restais court, l'abbé achèverait. Dis donc ton rêve.

— Monseigneur, vous savez que, lasses de vous attendre, Julie et moi, nous nous étions endormies?

— Oui, je sais cela, vous vous en donniez même à cœur joie quand nous sommes entrés.

— Eh bien! monseigneur, non-seulement je dormais, mais encore je rêvais.

— Vraiment!

— Oui, monseigneur. Je ne sais pas si Julie rêvait ou ne rêvait pas; mais, quant à moi, voilà ce que je croyais voir...

— Ecoute, Dubois, cela m'a l'air de devenir intéressant?

— A la place où est M. l'abbé, se trouvait un officier dont je ne m'occupais pas; il me semblait qu'il était là pour Julie.

— Vous entendez, mademoiselle, dit Dubois; voilà une terrible accusation que l'on porte contre vous.

Julie, qui n'était pas forte, et que, par opposition à la Souris, dont elle partageait ordinairement les excursions amoureuses, on avait nommée le Rat, au lieu de répondre se contenta de rougir.

— Et, à ma place, demanda le duc, qu'y avait-il? voyons.

— Ah! voilà justement où j'en voulais venir, dit la Souris; à la place où est monseigneur, il y avait, dans mon rêve toujours...

— Parbleu! dit le duc, c'est entendu!

— Il y avait un beau jeune homme de quinze à seize ans; mais si singulier, qu'on eût dit une jeune fille, si ce n'est qu'il parlait latin.

— Ah! ma pauvre Souris, s'écria le duc, que me dis-tu là?

— Enfin, après une heure de conversations théologiques, de dissertations des plus intéressantes sur saint Jérôme et saint Augustin, d'aperçus extrêmement lumineux sur Jansénius, ma foi, monseigneur, je l'avoue, il me sembla, dans mon rêve toujours, que je m'endormais.

— De sorte que, dans ce moment-ci, reprit le duc, tu rêves que tu rêves?

— Oui, et cela me paraît si compliqué, que, ma foi, curieuse d'avoir une explication, ne pouvant arriver à me la donner à moi-même, jugeant qu'il est inutile de la demander à Julie, je m'adresse à vous, monseigneur, qui êtes un grand devin, vous me l'avez dit vous-même, pour obtenir cette explication...

— Souris, dit le duc en versant de nouveau à boire à sa voisine, goûte sérieusement le vin; je crois que tu as calomnié ton palais.

— En effet, monseigneur, reprit la Souris après avoir vidé son verre, ce vin me rappelle certain vin que je n'avais encore bu...

— Qu'au Palais-Royal?

— Ma foi, oui?

— Eh bien! si tu n'as bu de ce vin qu'au Palais-Royal, c'est qu'il n'y en a que là, n'est-ce pas? Tu es assez répandue dans le monde pour rendre cette justice à ma cave.

— Oh! je la lui rends hautement et de grand cœur.

— Or, s'il n'y a de ce vin-là qu'au Palais-Royal, c'est donc moi qui ai envoyé ce vin-là ici.

— Vous, monseigneur?

— Moi ou Dubois, enfin; tu sais bien qu'outre la clef de la bourse il a encore la clef de la cave.

— La clef de la cave, cela se peut, dit mademoiselle Julie, qui se décidait enfin à hasarder une parole; mais celle de la bourse, on ne s'en douterait guère.

— Entends-tu, Dubois? s'écria le régent.

— Monseigneur, dit l'abbé, comme Votre Altesse a pu le remarquer, l'enfant ne parle pas souvent; mais, quand elle parle par hasard, c'est comme saint Jean Bouche-d'Or, par sentences.

— Et, si j'ai envoyé ce vin-là ici, ce ne peut être que pour un duc d'Orléans!

— Mais il y en a deux, dit la Souris.

— Oui-da! fit le régent.

— Le fils et le père : Louis d'Orléans, Philippe d'Orléans.

— Tu brûles, la Souris, tu brûles!

— Comment! s'écria la danseuse, en se renversant sur son fauteuil et en éclatant de rire, comment, ce jeune homme, cette jeune fille, ce théologien, ce janséniste?...

— Va donc.

— Que je voyais dans mon rêve?

— Oui.

— Là, à votre place?

— A l'endroit même où me voilà.

— C'est monseigneur Louis d'Orléans?

— En personne.

— Ah! monseigneur, reprit la Souris, que votre fils ne vous ressemble guère, et que je suis bien aise de m'être réveillée!

— Ce n'est pas comme moi, dit Julie.

— Eh bien! quand je vous le disais, monseigneur, s'écria Dubois. Julie, mon enfant, continua l'abbé, tu vaux ton pesant d'or.

— Alors, dit le régent, tu m'aimes donc toujours, Souris?

— Le fait est que j'ai un faible pour vous, monseigneur.

— Malgré tes rêves?

— Oui, monseigneur, et même quelquefois à cause de mes rêves.

— Ce n'est pas bien flatteur, si tous tes rêves ressemblent à celui de ce soir.

— Ah! je prie Votre Altesse de croire que je n'ai pas le cauchemar toutes les nuits.

Et sur cette réponse, qui confirma encore son Altesse Royale dans son opinion, que la Souris était décidément une fille d'esprit, le souper interrompu recommença de plus belle, et dura jusqu'à trois heures du matin.

A laquelle heure, le régent ramena la Souris au Palais-Royal, dans le carrosse de son fils, tandis que Dubois reconduisait Julie chez elle dans la voiture de monseigneur.

Mais, avant de se coucher, le régent, qui n'avait que difficilement vaincu la tristesse que, toute la soirée, il avait essayé de combattre, écrivit une lettre, et sonna son valet de chambre.

— Tenez, lui dit-il, veillez à ce que cette lettre parte ce matin même par un courrier extraordinaire et ne soit remise qu'en main propre.

Cette lettre était adressée à madame *Ursule, supérieure des Ursulines de Clisson.*

IV

CE QUI SE PASSAIT TROIS NUITS APRÈS A CENT LIEUES DU PALAIS-ROYAL.

Trois nuits après cette nuit, où, pour y chercher des désappointements successifs, nous avons vu le régent se rendre de Paris à Chelles, de Chelles à Meudon, et de Meudon au faubourg Saint-Antoine, il se passait dans les environs de Nantes une scène dont nous ne pouvons omettre les moindres détails sans nuire à l'intelligence de cette histoire: nous allons donc, en vertu de notre privilége de romancier, transporter le lecteur avec nous sur le lieu de cette scène.

Sur la route de Clisson, à deux ou trois lieues de Nantes, près de ce couvent fameux par le séjour d'Abailard, s'élevait une noire et longue maison entourée de ces arbres trapus et sombres dont la Bretagne est couverte; des haies sur la route, des haies autour de l'enclos; outre les murs, des haies partout, des haies touffues, épaisses, impénétrables même au regard, et coupées et interrompues seulement par une haute grille de bois surmontée d'une croix et qui servait de porte. Tel était l'aspect extérieur que cette maison, si bien gardée, présentait; encore cette grille unique ne donnait-elle entrée que sur un jardin, au fond duquel on voyait un mur, percé, à son tour, d'une petite porte étroite, massive et toujours fermée : de loin, cette demeure, grave et triste, semblait une prison pleine de sombres douleurs; de près, c'était un couvent peuplé de jeunes augustines assujetties à une règle assez peu sévère, eu égard aux mœurs de la province; mais rigide, comparée aux mœurs de Versailles et de Paris.

La maison était donc inaccessible sur trois de ses faces; mais la quatrième, et c'était la façade opposée à la route, dont, au reste, au-dessus des murs et des arbres, on ne pouvait apercevoir que les toits, était appuyée à une large pièce d'eau qui baignait le bas de la muraille; à dix pieds au-dessus de la surface liquide et mouvante, étaient les fenêtres du réfectoire.

Ce petit lac, comme tout le reste du couvent, semblait soigneusement gardé; il était entouré par de hautes palissades de bois qui disparaissaient, à l'extrémité de la pièce d'eau, derrière des roseaux immenses dominant de larges feuilles de nymphéa flottant à fleur d'eau, et dans les intervalles desquelles s'épanouissaient de frais et suaves calices blancs et jaunes, qui semblaient des lis en miniature. Le soir, des volées d'oiseaux, et surtout de sansonnets, s'abattaient dans ces roseaux, et babillaient joyeusement jusqu'à ce que le soleil fût couché; alors, avec les premières ombres de la nuit, le silence se répandait, et semblait pénétrer du dehors au dedans : une légère vapeur s'amassait sur le petit lac, pareille à une fumée, et montait, comme un blanc fantôme, dans l'obscurité, que troublait seulement, de temps en temps, le coassement prolongé d'une grenouille, le cri aigu d'une chouette ou le houhoulement prolongé du hibou.

Une seule grille de fer donnait sur le lac, et livrait en même temps passage aux eaux d'une petite rivière qui alimentait la petite pièce d'eau, et qui, du côté opposé, sortait par une grille pareille, mais solide, et ne s'ouvrant pas : quant à se glisser par-dessous la grille en descendant le cours de la rivière ou en le remontant, c'était chose parfaitement impossible, attendu que les barreaux s'enfonçaient bien avant dans son lit.

L'été, on voyait dormir entre les iris et les glayeuls une petite barque de pêcheur qui s'amarrait à cette même grille, toute tapissée de clochettes d'eau et de liserons, qui dissimulaient, sous leur verte enveloppe, la rouille que l'humidité de la situation avait amassée sur le fer.

Cette barque était celle du jardinier, qui s'en servait de temps en temps pour aller jeter la ligne ou l'épervier dans les parties les plus poissonneuses de l'étang, et qui alors donnait aux pauvres recluses ennuyées le spectacle de la pêche.

Mais quelquefois aussi, l'été toujours, mais seulement par les nuits les plus sombres, la grille de la rivière s'ouvrait mystérieusement; un homme, silencieux et enveloppé d'un manteau, descendait dans la petite barque, qui semblait se détacher toute seule du barreau où elle était amarrée, et qui, glissant alors sans bruit, sans secousse et comme poussée par un souffle invisible, allait s'arrêter contre la muraille du couvent, juste au-dessous d'une des fenêtres grillées du réfectoire. Alors un petit signal se faisait entendre, imitant ou le coassement de la grenouille, ou le cri de la chouette, ou le houhoulement du chat-huant, et une jeune fille apparaissait à cette fenêtre, assez largement grillée pour que sa blonde et charmante tête y passât, mais trop élevée pour que le jeune homme au manteau, malgré les efforts réitérés qu'il avait faits, eût jamais pu atteindre jusqu'à sa main.

Il fallait donc se contenter d'une conversation bien timide et bien tendre, dont le bruissement de l'eau ou le frémissement de la brise emportaient encore la moitié. Puis, après une heure passée ainsi, commençaient les adieux, qui duraient une autre heure; puis enfin, lorsque les jeunes gens étaient convenus d'une autre nuit et d'un signal différent, la barque s'éloignait, reprenant le chemin qu'elle avait suivi pour venir; la grille se refermait avec le même silence qu'elle s'était ouverte, et le jeune homme s'éloignait en envoyant un baiser vers la fenêtre, que la jeune fille repoussait avec un soupir.

Mais il ne s'agit plus maintenant de l'été; nous sommes, comme nous l'avons dit, au commencement du mois de février du terrible hiver de 1719. Les beaux arbres touffus sont poudrés de givre; les roseaux sont dépeuplés de leurs hôtes joyeux, qui ont été chercher, les uns un climat plus tempéré, les autres un abri plus chaud. Les glayeuls et les nymphéas croupissent, noircis et abattus, sur les glaces verdâtres saupoudrées de neige. Quant à la maison noire, elle paraît plus funéraire encore, enveloppée qu'elle est de ce manteau blanc qui la couvre comme un linceul, depuis ses toits éblouissants de givre jusqu'à ses perrons ouatés de neige. On ne saurait donc plus traverser l'étang en bateau, car la glace en couvre la surface.

Et cependant, malgré cette nuit sombre, malgré ce froid piquant, malgré cette absence complète d'étoiles au ciel, un cavalier, seul, sans laquais, sortait par la grande porte de Nantes et s'aventurait dans la campagne, suivant, non pas même la grande route qui conduit de Nantes à Clisson, mais un chemin de traverse qui venait aboutir à cette même route, à une centaine de pas des fossés. A peine sur ce chemin, il laissa tomber la bride sur le cou de sa monture, excellent cheval de race, qui, au lieu de courir étourdîment, comme eût fait un destrier moins bien dressé, se contenta de prendre un trot assez modéré pour lui laisser le loisir de poser ses pieds avec précaution et sécurité dans ce chemin, qui semblait uni comme un tapis de billard, mais qui était tout semé d'ornières et de quartiers de rochers, que recouvrait traîtreusement la neige. Pendant un quart d'heure à peu près, tout alla bien ; la bise, sans pouvoir s'opposer à la course du cavalier, faisait flotter les plis de son manteau ; les arbres, squelettes noirs, fuyaient à droite et à gauche comme des fantômes, tandis que la réverbération de la neige, seule lumière qui guidât la marche aventureuse du cavalier, éclairait tout juste assez le chemin pour qu'il pût le suivre ; mais bientôt, malgré les précautions instinctives prises par le cheval, la pauvre bête butta contre un caillou et manqua de s'abattre. Cependant ce mouvement eut la durée d'un éclair à peine : au premier sentiment qu'il eut de la bride, le cheval se releva ; mais son cavalier, quelle que fût sa préoccupation, s'aperçut qu'il commençait à boiter. D'abord il ne s'en inquiéta point et continua sa route ; mais bientôt la claudication devint plus marquée, et le jeune homme, pensant que quelque éclat de caillou était resté dans le sabot de sa monture et la blessait, descendit et examina le pied, qui lui parut non-seulement déferré, mais même saignant. En effet, en regardant sur la neige, il vit une trace rougeâtre qui ne lui laissa aucun doute : son cheval était blessé.

Le jeune homme paraissait vivement contrarié de cet accident, et réfléchissait évidemment aux moyens d'y aviser, lorsqu'il crut, malgré le tapis de neige qui recouvrait le chemin, entendre le bruit d'une cavalcade. Il prêta l'oreille un instant pour s'assurer s'il ne se trompait point ; puis, convaincu sans doute que plusieurs hommes à cheval faisaient même route que lui, et sentant que, si ces hommes étaient par hasard à sa poursuite, ils ne pouvaient manquer de le rejoindre, il prit son parti à l'instant même, remonta vivement sur son cheval, lui fit faire dix pas hors du chemin, se rangea avec lui derrière quelques arbres renversés, mit son épée nue sous son bras, tira un pistolet de ses fontes et attendit. En effet, des cavaliers arrivaient à bride, et l'on distinguait, malgré l'obscurité, leurs manteaux sombres et le cheval blanc de l'un d'eux. Ils étaient quatre et marchaient sans parler. De son côté, l'inconnu retenait son haleine, et le cheval, comme s'il eût compris le danger que courait son maître, demeurait immobile et silencieux comme lui. N'entendant aucun bruit, la cavalcade dépassa donc le groupe d'arbres qui cachait monture et cavalier ; et ce dernier se croyait déjà débarrassé de ces importuns, quels qu'ils fussent, lorsque tout à coup la cavalcade s'arrêta. Celui qui en paraissait le chef descendit, tira une lanterne sourde des plis de son manteau, et, faisant de la lumière, éclaira la route. Or, comme la route cessait d'offrir la trace qu'ils avaient suivie jusque-là, ils jugèrent qu'ils l'avaient dépassée, revinrent sur leurs pas, reconnurent l'endroit où le cheval et le cavalier avaient fait un écart, et, faisant alors quelques pas en avant, celui qui portait la lanterne la dirigea vers le groupe d'arbres au milieu duquel il fut facile à la petite troupe de distinguer alors, malgré leur silence et leur immobilité, un cavalier et son cheval.

Aussitôt le bruit de plusieurs pistolets qu'on armait se fit entendre.

— Holà ! messieurs, dit alors le cavalier au cheval blessé, prenant le premier la parole, qui êtes-vous et que voulez-vous ?

— C'est bien lui, murmurèrent deux ou trois voix, nous ne nous étions pas trompés.

Alors l'homme à la lanterne continua de s'avancer dans la direction du cavalier inconnu.

— Un pas de plus, et je vous tue, monsieur, dit le cavalier ; nommez-vous donc, et à l'instant même, que je sache à qui j'ai affaire.

— Ne tuez personne, monsieur de Chanlay, répondit l'homme à la lanterne d'une voix calme, et remettez, croyez-moi, vos pistolets dans vos fontes.

— Ah ! c'est vous, marquis de Pontcalec ? répondit celui à qui on avait donné le nom de Chanlay.

— Oui, monsieur, c'est moi.

— Et que venez-vous faire ici, je vous prie ?

— Vous demander quelques explications sur votre conduite. Approchez donc et répondez, s'il vous plaît.

— L'invitation est faite d'une singulière façon, marquis. Ne pourriez-vous, si vous désirez que j'y réponde, la faire en d'autres termes, et lui donner une autre forme?

— Approchez, Gaston, dit une autre voix; nous avons réellement à vous parler, mon cher.

— A la bonne heure, dit Chanlay, je reconnais votre façon de faire, Montlouis; mais j'avoue que je ne suis pas encore habitué aux manières de M. de Pontcalec.

— Mes manières sont celles d'un franc et rude Breton, qui n'a rien à cacher à ses amis, monsieur, répondit le marquis, et qui ne s'oppose pas à ce qu'on l'interroge aussi franchement qu'il interroge les autres.

— Je me joins à Montlouis, dit une autre voix, pour prier Gaston de s'expliquer à l'amiable. Notre premier intérêt, ce me semble, est de ne point nous faire la guerre entre nous.

— Merci, du Coëdic, dit le cavalier; c'est mon avis aussi. En conséquence, me voici.

En effet, à ces paroles plus pacifiques, le jeune homme, remettant son pistolet dans sa fonte et son épée dans le fourreau, se rapprocha du groupe qui se tenait au milieu de la route, et attendait l'issue du pourparler.

— Monsieur de Talhouët, dit le marquis de Pontcalec du ton d'un homme qui a acquis ou à qui on a concédé le droit de donner des ordres, veillez sur nous; que personne n'approche sans que nous soyons prévenus.

M. de Talhouët obéit aussitôt, et commença de faire décrire à son cheval un grand cercle tout autour du groupe, ne cessant pas un seul instant d'avoir l'œil et l'oreille au guet, comme il en avait reçu l'invitation.

— Et maintenant, dit le marquis de Pontcalec en remontant à cheval, éteignons notre lanterne, puisque nous avons trouvé notre homme.

— Messieurs, dit alors le chevalier de Chanlay, permettez-moi de vous dire que tout ce qui se passe en ce moment me semble étrange. C'est moi que vous suiviez réellement, à ce qu'il paraît; c'est moi que vous cherchiez, dites-vous; vous m'avez trouvé, et vous pouvez éteindre votre lanterne. Voyons, que signifie tout cela? Si c'est une plaisanterie, l'heure et le lieu, je vous l'avoue, me paraissent mal choisis.

— Non, monsieur, répondit le marquis de Pontcalec de son ton dur et bref, ce n'est point une plaisanterie, c'est un interrogatoire.

— Un interrogatoire? dit le chevalier de Chanlay en fronçant le sourcil.

— C'est-à-dire une explication, dit Montlouis.

— Interrogatoire ou explication, reprit Pontcalec, peu importe; la circonstance est trop grave pour jouer sur le sens ou ergoter sur les mots. Interrogatoire ou explication, je le répète, répondez donc à nos questions, monsieur de Chanlay.

— Vous commandez durement, marquis, reprit le chevalier de Chanlay.

— Si je commande, c'est que j'en ai le droit. Suis-je votre chef ou ne le suis-je pas?

— Si fait, vous l'êtes; mais ce n'est pas une raison pour oublier les égards qu'on se doit entre gentilshommes.

— Monsieur de Chanlay! monsieur de Chanlay! toutes ces difficultés ressemblent fort à des échappatoires; vous avez fait serment d'obéir, obéissez!

— J'ai fait serment d'obéir, monsieur, répondit le chevalier, mais non pas comme un laquais.

— Vous avez fait serment d'obéir comme un esclave; obéissez donc, ou subissez les résultats de votre désobéissance

— Monsieur le marquis!

— Voyons, mon cher Gaston, dit Montlouis, parle, je t'en prie; le plus tôt sera le mieux. D'un mot, tu peux nous ôter tout soupçon de l'esprit.

— Tout soupçon! s'écria Gaston, pâle et frémissant de colère; vous me soupçonnez donc?...

— Mais sans doute, que nous vous soupçonnons, reprit Pontcalec avec sa rude franchise. Croyez-vous, si nous ne vous soupçonnions pas, que nous nous serions amusés à nous mettre à vos trousses par un temps pareil?

— Oh! alors, c'est différent, marquis, répondit froidement Gaston; si vous me soupçonnez, dites vos soupçons, j'écoute.

— Chevalier, rappelez-vous les faits. Nous conspirions tous les quatre ensemble; nous ne réclamions pas votre appui, vous êtes venu nous l'offrir, disant qu'outre le bien général que vous vouliez nous aider à faire vous aviez, vous, un offense particulière à venger. Vous êtes-vous présenté ainsi?

— C'est vrai.

— Alors nous vous avons reçu, accueilli parmi nous comme un ami, comme un frère; nous vous avons dit toutes nos espérances, confié tous nos projets; bien plus, vous avez été élu par le sort pour frapper le coup le plus utile et le plus glorieux. Chacun de nous vous a offert alors de prendre votre place, et vous avez refusé. Est-ce vrai?

— Vous ne dites pas un mot qui ne soit l'exacte vérité, marquis.

— C'est ce matin que nous avons tiré au sort... ce soir vous deviez être sur la route de Paris... Où vous trouvons-nous au lieu de cela? Sur celle de Clisson, où logent les plus mortels ennemis de l'indépendance bretonne, où loge le maréchal de Montesquiou, notre ennemi.

— Ah! monsieur, fit dédaigneusement Gaston.

— Répondez par des paroles franches et non par de méprisants sourires; répondez, monsieur de Chanlay, je vous l'ordonne, répondez.

— De grâce, Gaston, ajoutèrent à la fois du Couëdic et Montlouis, de grâce, répondez.

— Et sur quoi voulez-vous que je réponde?

— Sur vos absences fréquentes depuis deux mois, sur le mystère dont vous enveloppez votre vie, refusant une ou deux fois par semaine de vous mêler à nos réunions nocturnes. Eh bien! Gaston, nous vous l'avouons franchement, toutes ces absences, tous ces mystères, nous ont inquiétés. Eh bien! un mot, Gaston, et nous serons rassurés.

— Vous voyez bien que vous étiez coupable, monsieur, puisque vous vous cachiez, au lieu de poursuivre votre route.

— Je ne poursuivais pas ma route, parce que mon cheval s'est blessé; vous pouvez bien le voir au sang qui tache la neige.

— Mais pourquoi vous cachiez-vous?

— Parce que je voulais savoir, avant toute chose, quels étaient les gens qui me poursuivaient... N'ai-je donc pas à craindre d'être arrêté aussi bien que vous?

— Enfin, où alliez-vous?

— Si vous aviez poursuivi votre route et que vous m'eussiez suivi à la trace, comme vous l'avez fait jusqu'ici, vous auriez vu que ce n'était point à Clisson.

— Ce n'est pas à Paris non plus?

— Messieurs, ayez, je vous prie, confiance en moi et ménagez mon secret... C'est un secret de jeune homme; un secret où non-seulement mon honneur, mais encore celui d'une autre personne, est engagé. Peut-être ne savez-vous pas combien ma délicatesse est extrême, exagérée peut-être sur ce point-là.

— Alors, c'est donc un secret d'amour? dit Montlouis.

— Oui, messieurs, et même un secret de premier amour, répondit Gaston.

— Défaites que tout cela! s'écria Pontcalec.

— Marquis! répéta Gaston avec hauteur

— C'est trop peu dire, mon ami, reprit du Couëdic. Comment croire que tu vas à un rendez-vous par ce temps abominable, et que ce rendez-vous n'est pas à Clisson, quand, excepté le couvent des Augustines, il n'y a pas une seule maison bourgeoise à deux lieues à la ronde?

— Monsieur de Chanlay, dit le marquis de Pontcalec fort agité, vous avez fait le serment de m'obéir comme à votre chef et de vous dévouer corps et âme à notre sainte cause. Monsieur de Chanlay, la partie que nous avons entreprise est grave; nous y jouons nos biens, notre liberté, notre tête, et, plus que tout cela, notre honneur. Voulez-vous répondre catégoriquement et clairement aux questions que je vais vous adresser au nom de tous, répondre de manière à ne nous laisser aucun doute? Sinon, monsieur de Chanlay, foi de gentilhomme, en vertu du droit de vie et de mort que vous m'avez donné librement et de votre propre volonté sur vous-même; foi de gentilhomme, je vous le répète, je vous casse la tête d'un coup de pistolet.

Un morne et profond silence accueillit ces paroles; pas une voix ne s'éleva pour défendre Gaston. Il fixa ses yeux tour à tour sur chacun de ses amis, et chacun de ses amis détourna ses yeux des siens.

— Marquis, dit alors le chevalier d'une voix émue, non-seulement vous m'insultez en me soupçonnant, mais encore vous me percez le cœur en m'affirmant que je ne puis détruire ces soupçons qu'en vous initiant à mon secret. Tenez, ajouta-t-il en tirant un portefeuille de sa poche, en écrivant dessus quelques mots à la hâte avec un crayon et en déchirant la feuille sur laquelle ces mots étaient écrits; tenez, voici ce secret que vous voulez savoir; je le tiens d'une main et, de l'autre, je prends un pistolet, que j'arme. Voulez-vous me faire réparation de l'outrage dont vous venez de me couvrir? ou, à mon tour, je vous donne ma foi de gentilhomme que je me fais sauter la cervelle. Moi mort, vous ouvrirez ma main et vous lirez ce billet; vous verrez alors si je méritais un soupçon pareil!

Et Gaston approcha le pistolet de sa tempe

avec cette froide résolution qui indique que les effets vont suivre les paroles.

— Gaston! Gaston! s'écria Montlouis tandis que du Couëdic lui saisissait le bras, arrête, au nom du ciel! Marquis, il le ferait comme il le dit; pardonnez-lui, et il vous dira tout. N'est-ce pas, Gaston, que tu n'auras point de secret point tes frères, quand, au nom de leurs femmes et de leurs enfants, tes frères te supplieront de tout leur dire?

— Mais, certainement, dit le marquis, certainement que je lui pardonne, et, bien plus, que je l'aime; il le sait bien, pardieu! Qu'il nous prouve son innocence seulement, et aussitôt je lui fais toutes les réparations qui lui sont dues; mais avant, rien. Il est jeune, il est seul au monde, il n'a pas, comme nous, des femmes, des mères et des enfants dont il expose le bonheur et la fortune; il ne risque que sa vie, et il en fait le cas que l'on en fait à vingt ans; mais avec sa vie, il joue les nôtres; et cependant qu'il dise un mot, un seul mot, qu'il nous présente une justification probable, et le premier je lui ouvre mes bras.

— Eh bien! marquis, dit Gaston après quelques secondes de silence, suivez-moi donc, et vous serez satisfait.

— Et nous? demandèrent Montlouis et du Couëdic.

— Venez aussi, messieurs; vous êtes tous gentilshommes : je ne risque pas plus en confiant mon secret à quatre qu'à un seul.

Le marquis appela Talhouët, qui, pendant tout ce temps, avait fait bonne garde, et qui vint se réunir au groupe et suivit le chevalier sans faire une seule question sur ce qui s'était passé.

Alors les cinq hommes continuèrent leur chemin, mais plus lentement, car le cheval de Gaston boitait tout bas; le chevalier, qui leur servait de guide, les conduisit vers le couvent que nous connaissons déjà; au bout d'une demi-heure, ils arrivèrent sur les bords de la petite rivière. A dix pas de la grille, Gaston s'arrêta :

— C'est ici, dit-il.

— Ici?

— A ce couvent d'Augustines?

— Ici même, messieurs; il y a dans ce couvent une jeune fille que j'aime depuis un an, pour l'avoir vue à la procession de la Fête-Dieu, à Nantes; elle m'a remarqué aussi, je l'ai suivie, je l'ai épiée et je lui ai fait tenir une lettre.

— Mais comment la voyez-vous? demanda le marquis.

— Cent louis ont mis le jardinier dans mes intérêts; il m'a donné une double clef de cette grille. L'été, j'arrive en bateau jusqu'au bas des murs du couvent; à dix pieds de la surface de l'eau, est une petite fenêtre où elle m'attend. S'il faisait plus clair, vous pourriez la distinguer d'ici, et, malgré l'obscurité, moi, je la vois.

— Oui, je comprends bien comment vous faites l'été, reprit le marquis, mais le bateau ne peut plus naviguer.

— C'est vrai, messieurs; mais, à défaut du bateau, il y a ce soir une croûte de glace; j'irai donc à elle sur la glace, ce soir : peut-être se brisera-t-elle sur mes pieds et m'engloutirai-je; tant mieux, car alors, je l'espère, vos soupçons me suivront et s'engloutiront avec moi.

— J'ai un poids énorme de moins sur la poitrine, dit Montlouis; ah! mon pauvre Gaston, que tu me rends heureux : car, ne l'oublie pas, c'est moi et du Couëdic qui avons répondu de toi.

— Ah! chevalier, s'écria le marquis, pardonnez-nous, embrassez-moi!

— Volontiers, marquis; mais vous avez détruit une partie de mon bonheur.

— Comment cela?

— Hélas! je voulais être seul à savoir que j'aimais, j'ai tant besoin d'illusion et de courage! ne vais-je pas la quitter ce soir pour ne plus la revoir jamais?

— Qui sait, chevalier? il me semble que vous envisagez l'avenir bien tristement.

— Je sais ce que je dis, Montlouis.

— Si vous réussissez, et, avec votre courage, votre résolution et votre sang-froid, vous devez réussir, chevalier; alors la France est libre; alors la France vous doit sa liberté, et vous serez maître de tout ce qu'il vous plaira.

— Ah! marquis, si je réussis, ce sera pour vous; quant à moi, mon sort est fixé.

— Allons donc, chevalier, du courage! mais, en attendant, permettez que nous vous voyions agir un peu dans vos entreprises amoureuses.

— Encore de la défiance, marquis!

— Toujours, mon cher Gaston; je me défie même de moi, et, c'est bien naturel, après l'honneur que vous m'avez tous fait de me nommer votre chef; c'est sur moi que pèse toute la responsabilité, je dois donc veiller sur vous malgré vous.

— En tous cas, marquis, regardez, je suis aussi pressé d'arriver au pied de ce mur que vous de m'y voir arriver; je ne vous ferai donc pas plus longtemps attendre.

Gaston attacha son cheval à un arbre; grâce à une planche jetée sur la petite rivière et formant un pont, il ouvrit la grille, et, ayant suivi quelque temps les palissades, afin de s'éloigner de l'endroit où le cours de la rivière empêchait l'eau de prendre, il posa son pied sur la glace, qui fit entendre tout d'abord un craquement sourd et prolongé.

— Au nom du ciel! s'écria Montlouis en tempérant cependant sa voix, Gaston, pas d'imprudence.

— A la grâce de Dieu! regardez, marquis.

— Gaston, dit Pontcalec, je vous crois, je vous crois.

— Eh bien! voilà qui redouble mon courage, dit le chevalier.

— Et, maintenant, Gaston, un seul mot. Quand partirez-vous?

— Demain à pareille heure, marquis, j'aurai déjà, selon toute probabilité, fait vingt-cinq ou trente lieues sur la route de Paris.

— Alors revenez, que nous vous embrassions et que nous vous disions adieu. Venez, Gaston.

— Avec grand plaisir.

Et le chevalier revint sur ses pas, et fut tour à tour serré cordialement dans les bras des quatre cavaliers, qui attendirent, pour s'éloigner, qu'il fût arrivé au terme de sa course périlleuse, se tenant prêts à lui porter secours s'il lui arrivait malheur pendant le trajet.

V

COMMENT LE HASARD ARRANGE QUELQUEFOIS LES CHOSES DE MANIÈRE A FAIRE HONTE A LA PROVIDENCE.

Malgré les craquements de la glace, Gaston poursuivit hardiment son chemin; car, à mesure qu'il approchait, il s'apercevait d'une chose qui lui faisait battre le cœur : c'est que les pluies de l'hiver avaient fait hausser l'eau du petit lac, et qu'arrivé au pied de la muraille il allait sans doute pouvoir atteindre à cette fenêtre.

Il ne se trompait pas : arrivé au terme de son chemin, il rapprocha ses mains l'une de l'autre, imita le cri du chat-huant, et la fenêtre s'ouvrit.

Aussitôt, douce récompense du danger qu'il avait couru, il vit apparaître, presque à la hauteur de la sienne, la charmante tête de sa bien-aimée, tandis qu'une main douce et tiède cherchait et rencontrait sa main; c'était la première fois : Gaston saisit cette main avec transport et la couvrit de baisers.

— Gaston, vous voilà venu, malgré le froid et sans bateau, sur la glace, n'est-ce pas? Je vous l'avais cependant bien défendu dans ma lettre : à peine est-elle prise.

— Avec votre lettre sur mon cœur, Hélène, il me semblait ne courir aucun danger. Mais qu'aviez-vous donc de si triste et de si sérieux à me dire? Vous avez pleuré.

— Hélas! mon ami, depuis ce matin je ne fais pas autre chose.

— Depuis ce matin, murmura Gaston avec un triste sourire, c'est étrange! et moi aussi je pleurerais depuis ce matin si je n'étais pas un homme.

— Que dites-vous, Gaston?

— Rien, mon amie. Voyons, revenons à vous, quels sont vos chagrins, Hélène? dites-moi cela.

— Hélas! vous le savez, je ne m'appartiens pas; je suis une pauvre orpheline élevée ici, n'ayant d'autre patrie, d'autre monde, d'autre univers que ce couvent; je n'ai jamais vu personne à qui je puisse appliquer le nom de père et de mère; je crois ma mère morte, et l'on m'a toujours dit mon père absent; je dépends donc d'une puissance invisible qui s'est révélée à notre supérieure seulement : ce matin, notre bonne mère m'a fait venir, et, les larmes aux yeux, m'a annoncé mon départ.

— Votre départ, Hélène? vous quittez ce couvent?

— Oui, ma famille me réclame, Gaston.

— Votre famille, mon Dieu! que nous veut encore ce nouveau malheur?

— Oh! oui, c'en est un, Gaston, quoique d'abord notre bonne mère m'en ait félicité comme d'une joie. Mais, moi, j'étais heureuse dans ce couvent, je ne demandais pas davantage au Seigneur que d'y rester jusqu'au moment où je deviendrais votre femme. Le Seigneur dispose de moi autrement : que vais-je devenir?

— Et cet ordre qui vous enlève à votre couvent...

— N'admet ni discussion ni retard, Gaston. Hélas! il paraît que j'appartiens à une famille puissante; il paraît que je suis la fille d'un très-grand seigneur; quand ma bonne mère m'a annoncé qu'il fallait la quitter, j'ai fondu en larmes,

Gaston rentra dans sa chambre tout pensif. — PAGE 28.

je me suis jetée à ses genoux, je lui ai dit que je ne demandais qu'une chose, c'était de ne la quitter jamais ; alors elle s'est doutée qu'il y avait un autre motif que celui que je lui donnais, elle m'a pressée, interrogée. Pardonnez-moi, Gaston, j'avais besoin de confier mon secret à quelqu'un; j'avais besoin d'être plainte et consolée; je lui ai tout dit, Gaston : que je vous aimais et que vous m'aimiez, excepté la manière dont nous nous voyons là ; j'avais peur, si je disais cela, qu'on ne m'empêchât de vous voir une dernière fois, et je voulais cependant bien vous dire adieu.

— Mais n'avez-vous pas dit, Hélène, quels étaient mes projets sur vous, que, lié moi-même à une association qui dispose de moi pour six mois, pour un an peut-être encore, le temps écoulé, le jour où je redevenais libre enfin, mon nom, ma main, ma fortune, toute ma vie enfin vous appartenait?

— Je l'ai dit, Gaston, et voilà ce qui m'a fait penser que j'étais la fille de quelque grand seigneur, car alors la mère Ursule m'a répondu : « Il faut oublier le chevalier, ma fille; car qui sait si votre nouvelle famille consentirait à cette union ? »

— Mais ne suis-je pas d'une des plus vieilles

familles de la Bretagne? et, sans que je sois riche, ma fortune n'est-elle pas indépendante? Lui avez-vous fait cette observation, Hélène?

— Oh! je lui ai dit : « Gaston me prenait orpheline, sans nom, sans fortune ; on peut me séparer de Gaston, ma mère, mais ce serait une cruelle ingratitude à moi de l'oublier, je ne l'oublierai jamais. »

— Hélène, vous êtes un ange! Et vous ne soupçonnez pas quels peuvent être les parents qui vous réclament, ce sort inconnu auquel vous êtes destinée?

— Non, il paraît que c'est un secret profond, inviolable, d'où dépend tout mon bonheur à venir; seulement, je vous le dis, Gaston, j'ai peur que ces parents ne soient de bien grands seigneurs, car il m'a semblé, je me trompais sans doute, que notre supérieure elle-même me parlait, je ne sais comment vous dire, Gaston, me parlait avec respect.

— A vous, Hélène?

— Oui.

— Allons, tant mieux, dit Gaston en poussant un soupir.

— Comment, tant mieux! s'écria Hélène, Gaston, vous réjouiriez-vous de notre séparation?

— Non, Hélène, mais je me réjouis de ce que vous trouvez une famille, au moment où vous alliez peut-être perdre un ami.

— Perdre un ami, Gaston! mais je n'ai que vous d'ami, allais-je donc vous perdre?

— J'allais du moins être forcé de vous quitter pour quelque temps, Hélène.

— Que voulez-vous dire?

— Je veux dire que le destin a mis à tâche de nous faire semblables en tout, et que vous n'êtes pas la seule à ignorer ce que vous garde le lendemain.

— Gaston, Gaston, que signifie ce langage étrange?

— Que moi aussi, Hélène, je suis poussé par une fatalité à laquelle il faut que j'obéisse; que moi aussi je suis soumis à une puissance supérieure et irrésistible.

— Vous? ô mon Dieu!

— A une puissance qui me condamnera peut-être à vous abandonner dans huit jours, dans quinze jours, dans un mois; non-seulement à vous abandonner, vous, mais encore à quitter la France.

— Ah! que me dites-vous là, Gaston!

— Ce que dans mon amour, ou plutôt dans mon égoïsme, je n'avais pas osé vous dire encore; j'allais au-devant de l'heure où nous sommes arrivés, les yeux fermés; ce matin mes yeux se sont ouverts : il faut que je vous quitte, Hélène.

— Mais pourquoi faire? qu'avez-vous entrepris? qu'allez-vous devenir?

— Hélas! nous avons chacun notre secret, Hélène, dit le chevalier en secouant tristement la tête; que le vôtre ne soit pas aussi terrible que le mien, c'est tout ce que je demande à Dieu.

— Gaston!

— N'avez-vous pas dit la première qu'il fallait nous séparer, Hélène? la première n'avez-vous pas eu le courage de renoncer à moi? eh bien, soyez bénie pour ce courage qui me donne l'exemple, car moi, oh! moi, tenez, je ne l'avais pas.

Et, à ces mots, le jeune homme appuya de nouveau ses lèvres sur la belle main qu'on n'avait pas songé à retirer un instant des siennes; et, malgré les efforts qu'il fit sur lui-même, Hélène s'aperçut qu'il pleurait amèrement.

— Oh! mon Dieu! mon Dieu! murmura-t-elle, qu'avons-nous donc fait au ciel pour être si malheureux?

A cette exclamation, Gaston releva la tête.

— Voyons, dit-il, comme se parlant à lui-même ; voyons, du courage. Il y a dans la vie de ces nécessités contre lesquelles il est inutile de se roidir ; obéissons donc chacun de notre côté, Hélène, obéissons sans lutte, sans murmure : peut-être désarmerons-nous le sort à force de résignation. Pourrai-je vous revoir encore avant votre départ?

— Je ne le crois pas, je pars demain.

— Et quelle route prenez-vous?

— Celle de Paris.

— Comment! vous allez donc?...

— Je vais à Paris.

— Grand dieu! s'écria Gaston, et moi aussi!

— Et vous aussi, Gaston?

— Et moi aussi! et moi aussi, il faut que je parte, Hélène; nous nous trompions, nous ne nous quittons pas.

— Oh! mon Dieu, mon Dieu! que me dites-vous là, Gaston?

— Que nous avions tort d'accuser la Providence, et qu'elle se venge en nous accordant plus que nous n'eussions osé lui demander. Non-seulement nous pourrons nous voir tout le long de la route, mais encore à Paris; eh bien, à Paris, nous ne serons pas entièrement séparés. — Comment partez-vous?

— Mais dans le carrosse du couvent, je crois,

lequel doit voyager par la poste ; mais à petites journées, pour ne point me fatiguer.

— Avec qui partez-vous ?

— Avec une religieuse que l'on me donne pour m'accompagner, et qui reviendra au couvent lorsqu'elle m'aura remise aux mains des personnes qui m'attendent.

— Alors tout va pour le mieux, Hélène; moi, je suis à cheval, comme un voyageur étranger, inconnu ; chaque soir je vous parle, et, quand je ne parviens pas à vous parler, je vous vois du moins, Hélène; nous ne sommes séparés qu'à moitié.

Et les deux jeunes gens, avec cette impérissable confiance de leur âge dans l'avenir, après s'être abordés les larmes dans les yeux et le trouble dans l'esprit, se quittèrent le sourire sur les lèvres et l'espérance dans le cœur.

Gaston traversa une seconde fois, et avec le même bonheur que la première, l'étang glacé, et s'achemina vers l'arbre où était attachée sa monture; mais, au lieu de son cheval blessé, il trouva celui de Montlouis, et, grâce à cette attention de son ami, il fut de retour à Nantes en moins de trois quarts d'heure, sans avoir fait aucune mauvaise rencontre.

VI

LE VOYAGE.

Pendant le reste de la nuit, Gaston écrivit son testament, qu'il déposa le lendemain chez un notaire de Nantes.

Il léguait tous ses biens à Hélène de Chaverny; il la suppliait, s'il venait à mourir, de ne point renoncer au monde pour cela, mais de laisser aller sa jeune et belle existence au cours qui lui était réservé ; seulement, comme il était le dernier de sa famille, il la priait, en souvenir de lui, de donner le nom de Gaston à son premier fils.

Puis il alla voir une dernière fois ses amis, et surtout Montlouis, celui de tous avec lequel il était le plus lié, et qui, la veille, était celui des quatre qui l'avait le plus soutenu ; leur exprima toute la confiance qu'il avait dans le succès de l'entreprise, reçut de Pontcalec la moitié d'une pièce d'or et une lettre qu'il devait remettre à un certain capitaine La Jonquière, correspondant des conjurés à Paris, lequel devait mettre Gaston en relation avec les personnages importants qu'il allait chercher dans la capitale; prit dans sa valise tout ce qu'il avait pu recueillir d'argent comptant, et, accompagné seulement d'un domestique, nommé Oven, qu'il avait depuis trois ans et auquel il croyait pouvoir se fier, il partit de Nantes, ses quatre compagnons ayant jugé à propos de ne lui faire aucune compagnie, de peur d'éveiller les soupçons.

Il était midi. La route était belle ; un magnifique soleil d'hiver s'était levé sur les champs éblouissants de neige; des gouttes d'eau glacée pendant aux branches reflétaient les rayons du jour comme des stalactites de diamants ; et cependant la longue route était à peu près déserte. Rien devant ni derrière Gaston ne ressemblait à ce carrosse du couvent vert et noir, et si bien connu de lui, dans lequel les bonnes augustines de Clisson envoyaient chercher ou ramenaient les pensionnaires à leurs familles. Gaston, suivi de son laquais, continuait son chemin, manifestant sur son visage cette gaieté mêlée d'angoisses qui étreint le cœur de l'homme à la vue des beautés de la nature, qu'un événement fatal et inévitable peut bientôt lui faire perdre à jamais.

L'ordre des relais avait été arrêté jusqu'au Mans, avant de partir de Nantes, entre Gaston et ses amis ; mais bien des raisons poussaient le jeune homme à intervertir cet ordre : d'abord la gelée, qui avait fait la route étincelante comme un miroir, obstacle insurmontable, et que Gaston eût regardé comme tel quand bien même il eût pu le surmonter, car il avait besoin, on se le rappelle, de ne pas aller trop vite. Seulement, pour son laquais, il feignit de se presser beaucoup; mais, son cheval, à la première lancée, ayant fait deux écarts, et celui d'Oven s'étant abattu tout à fait, ce lui fut une occasion toute naturelle de continuer sa route au pas.

Quant au laquais, dès le moment du départ, il parut beaucoup plus pressé que son maître. Il était vrai qu'il était de cette classe de gens qui désirent toujours arriver vite, vu que, n'ayant d'un voyage que les ennuis et les peines, ils veulent abréger les voyages le plus possible. Il adorait d'ailleurs Paris en perspective. Il ne l'avait jamais vu, c'est vrai; mais on lui en avait fait des rapports merveilleux, disait-il; et, s'il avait pu attacher des ailes aux pieds des deux chevaux, quoiqu'il fût assez mauvais cavalier, la distance eût été franchie en quelques heures.

Gaston alla donc fort posément jusqu'à Oudon; mais, si posément qu'il eût marché, le carrosse des augustines de Clisson avait marché moins vite encore. En ce temps-là, la poste des grandes routes, excepté pour ceux qui pouvaient faire marcher, non pas les chevaux, mais les postillons, le fouet à la main, ressemblait au roulage d'aujourd'hui, et des moins accélérés encore, surtout lorsqu'il s'agissait de voitures de dames.

Le chevalier fit halte à Oudon. Il y choisit l'auberge du *Char couronné*, laquelle avait, sur la rue, deux fenêtres en saillie qui commandaient tout le chemin. D'ailleurs, il s'était informé et avait appris que cette auberge, illustre entre toutes les auberges de la ville, était le rendez-vous habituel de presque tous les coches.

Pendant qu'on préparait son dîner, — il pouvait être deux heures de l'après-midi à peu près, — Gaston, malgré le froid, en sentinelle sur son balcon, ne perdit pas de vue un seul instant la route; mais il ne vit, aussi loin que la route pouvait s'étendre, que lourds fourgons et coches gorgés de monde. Quant à cette voiture verte et noire tant attendue, il n'en était pas le moins du monde question.

Alors, dans son impatience, Gaston pensa qu'Hélène l'avait précédé et se trouvait peut-être déjà dans l'auberge. En conséquence, il passa brusquement des fenêtres du devant à une fenêtre de derrière, donnant sur la cour, et de laquelle il pouvait facilement faire l'inspection des voitures placées sous les remises. La voiture du couvent était absente; mais il ne s'en arrêta pas moins quelque temps à son observatoire, car il vit son laquais parler activement à un homme vêtu de gris et qui s'enveloppait d'un manteau taillé sur la forme des manteaux militaires. Cet homme, après sa conversation avec Oven, enfourcha un bon cheval de poste, et, malgré la neige et la glace, il partit en cavalier qui a ses raisons de marcher vite, dût-il, en marchant vite, risquer de se rompre le cou. Seulement il ne glissa ni ne tomba, et, au bruit que fit le cheval en s'éloignant, Gaston devina qu'il se dirigeait vers Paris.

En ce moment, le laquais leva les yeux et vit son maître qui le regardait. Il devint fort rouge, et, comme un homme surpris en faute, essaya de prendre un maintien en brossant les parements de son habit et en secouant la neige qu'il avait aux pieds. Gaston lui fit signe de venir au-dessous de la fenêtre, et, quoique cet ordre lui fût évidemment désagréable, il obéit.

— A qui parlais-tu donc là, Oven? demanda le chevalier.

— A un homme, monsieur Gaston, répondit celui-ci de cet air de niaiserie mêlé de malice particulier à nos paysans.

— Fort bien!... mais quel est cet homme?

— Un voyageur, un soldat qui me demandait sa route, monsieur le chevalier.

— Sa route, pour aller où?

— Pour aller à Rennes.

— Mais tu ne la sais pas, puisque tu n'es pas d'Oudon.

— Aussi j'ai été la demander à l'hôte, monsieur Gaston.

— Que ne la lui demandait-il lui-même?

— Il avait eu une dispute avec lui à propos du prix de son dîner, et il ne lui voulait plus adresser la parole.

— Hum! fit Gaston.

Rien n'était plus naturel que tout cela. Cependant Gaston rentra dans sa chambre tout pensif. Cet homme, qui l'avait toujours servi fidèlement, c'est vrai, était le neveu du premier valet de chambre de M. de Montaran, ancien gouverneur de Bretagne, que les plaintes de la province avaient fait remplacer par M. de Montesquiou. C'était cet oncle qui avait fait à Oven le brillant tableau de Paris qui lui avait fait naître au fond du cœur un si grand désir de voir la capitale, désir qui, contre toute probabilité, allait se réaliser.

Mais bientôt, en y réfléchissant, les doutes que Gaston avait conçus sur Oven se dissipèrent, et Gaston se demanda si, en avançant dans une voie où cependant il avait besoin de tout son courage, il ne devenait pas de plus en plus timide. Cependant le nuage qui avait subitement couvert son front en voyant Oven causer avec l'homme en gris ne s'effaça point entièrement. D'ailleurs, il avait beau regarder, la voiture verte et noire n'arrivait pas.

Il pensa un moment, — les cœurs les plus purs ont parfois de ces idées honteuses, — qu'Hélène avait choisi un détour pour se séparer de lui sans bruit et sans querelle; mais bientôt il réfléchit qu'en voyage tout devient accident, et, par conséquent, retard. Il se remit à table,

C'était un véritable coup du ciel. — PAGE 31.

quoique, depuis longtemps déjà, il eût achevé son repas; et, comme Oven, qui venait d'entrer pour desservir, le regardait étonné :

— Du vin, — demanda Gaston, — sentant à son tour la nécessité de se donner un maintien, comme Oven l'avait senti lui-même un quart d'heure auparavant.

Oven avait déjà eu le soin d'enlever la bouteille à peine entamée et qui lui appartenait de droit. Aussi, regardant son maître, qui ordinairement était fort sobre, d'un air stupéfait :

— Du vin? répéta-t-il.

— Eh! oui, dit Gaston impatient, du vin! je veux boire... Qu'y a-t-il d'étonnant à cela?

— Rien, monsieur, répondit Oven.

Et il alla jusqu'à la porte transmettre l'ordre de son maître à un garçon, qui apporta une seconde bouteille.

Gaston se versa un verre de vin, le but, et s'en versa un second.

Oven ouvrait de grands yeux ébahis.

Enfin, pensant qu'il était de son devoir et de

son intérêt en même temps, puisque cette seconde bouteille lui appartenait comme la première, d'arrêter son maître sur la pente funeste où celui-ci paraissait s'aventurer :

— Monsieur, lui dit-il, j'ai ouï raconter que boire par le froid saisit beaucoup un cavalier; vous oubliez que nous avons encore une longue route à faire, et que, plus nous attendrons, plus il fera froid; sans compter que, si nous tardions encore beaucoup, nous pourrions bien ne plus trouver de chevaux à la poste.

Gaston était plongé dans ses pensées, et ne répondit point le moindre mot à cette observation, si juste qu'elle fût.

— Je ferai observer à monsieur, continua Oven, qu'il est trois heures bientôt, et que la nuit vient à quatre heures et demie.

Cette persistance de son laquais étonna Gaston.

— Tu es bien pressé, Oven, lui dit-il; aurais-tu rendez-vous avec ce voyageur qui t'a demandé son chemin?

— Monsieur sait bien que cela est impossible, répondit Oven sans se déconcerter, puisque ce voyageur allait à Rennes, et que nous allons, nous, à Paris.

Cependant, sous le regard fixe de son maître, Oven ne put s'empêcher de rougir, et Gaston ouvrait la bouche pour lui faire une autre question, lorsque le bruit d'une voiture venant de Nantes se fit entendre. Gaston courut à la fenêtre : c'était la voiture verte et noire.

A cette vue, Gaston oublia tout, et, laissant Oven se remettre tout à son aise, il s'élança hors de l'appartement.

Alors ce fut le tour d'Oven d'aller voir à la fenêtre quel important objet avait pu causer cette diversion dans l'esprit de son maître. Il courut au balcon et vit la voiture verte et noire qui s'arrêtait. Un homme couvert d'une grosse cape descendit d'abord du siége et ouvrit la portière; puis il vit descendre une jeune femme enveloppée d'une mante noire; puis une sœur augustine. Les deux dames, en annonçant qu'elles partiraient après le repas, demandèrent une chambre particulière.

Mais, pour arriver à cette chambre particulière, il leur fallait traverser la salle publique où Gaston, indifférent en apparence, se tenait debout près du poêle. Un coup d'œil rapide mais significatif fut échangé entre Hélène et le chevalier: et, à la grande satisfaction de Gaston, dans l'homme à la grosse cape qui était descendu du siége, il reconnut le jardinier du couvent, celui-là même dont il tenait la clef de la grille. C'était, dans les circonstances où l'on se trouvait, un heureux et puissant auxiliaire.

Cependant Gaston, avec un calme qui faisait honneur à sa puissance sur lui-même, laissa repasser le jardinier sans l'arrêter au passage; mais, comme celui-ci traversait la cour et entrait dans l'écurie, il le suivit, car il avait hâte de l'interroger. Une dernière crainte lui restait : c'est que le jardinier fût venu jusqu'à Oudon seulement et s'apprêtât à retourner immédiatement au couvent.

Mais, aux premiers mots, Gaston fut rassuré : le jardinier accompagnait les deux femmes jusqu'à Rambouillet, terme momentané du voyage d'Hélène; puis il ramenait au couvent de Clisson la sœur Thérèse, c'était le nom de l'augustine, que la supérieure n'avait pas voulu laisser exposée seule aux dangers d'une si longue route.

A la fin de cette conversation, qui avait eu lieu sur le seuil de la porte de l'écurie, Gaston leva les yeux et vit, à son tour, Oven qui le regardait. Cette curiosité de son laquais lui déplut

— Que faites-vous donc là? demanda le chevalier.

— J'attends les ordres de monsieur, dit Oven.

Il n'y avait rien d'étonnant à ce qu'un laquais désœuvré regardât par une fenêtre. Gaston se contenta donc de froncer le sourcil.

— Connaissez-vous ce garçon! demanda Gaston au jardinier.

— Monsieur Oven, votre domestique? répondit celui-ci, étonné de la question; sans doute, je le connais, puisque nous sommes du même pays.

— Tant pis! murmura Gaston.

— Oh! c'est un brave garçon que monsieur Oven, reprit le jardinier.

— N'importe! dit Gaston; pas un mot d'Hélène, je vous prie.

Le jardinier le lui promit. D'ailleurs, il était, plus que personne, intéressé à garder le secret sur ses relations avec le chevalier. La découverte du prêt de la clef eût immédiatement été suivie de la perte de sa place; et c'est une place excellente pour un homme qui sait la faire valoir, que la place de jardinier d'un couvent d'augustines.

Gaston rentra alors dans la salle commune, où il trouva Oven qui l'attendait. Il fallait l'éloigner de là : il lui ordonna de seller les chevaux.

Le jardinier avait, pendant ce temps, pressé les postillons, et l'on n'avait fait que dételer et ratteler. La voiture était donc prête à partir et n'attendait plus que les voyageuses, qui, après un court et frugal repas, car on était en un jour d'abstinence, traversèrent de nouveau la salle. A la porte, les deux dames trouvèrent Gaston, la tête découverte, se tenant prêt à leur offrir la main. Ces politesses de la part des jeunes seigneurs étaient fort de mise, à cette époque, à l'égard des jeunes filles ; d'ailleurs, même pour l'augustine, Chanlay n'était pas tout à fait inconnu. Elle reçut donc ses soins sans trop faire la duègne, et le remercia même par un gracieux sourire. Il va sans dire qu'après avoir offert la main à la sœur Thérèse, Gaston eut le droit de l'offrir à Hélène. C'était là, comme on comprend bien, où il avait voulu en arriver.

— Monsieur, dit Oven derrière le chevalier, les chevaux sont prêts.

— C'est bien! répondit Gaston, je prends un verre de vin et je pars.

Gaston salua une dernière fois les deux dames; le coche partit, tandis que Gaston remontait dans sa chambre, et, au grand étonnement de son laquais, se faisait apporter une troisième bouteille, car la seconde avait disparu comme la première. Il est vrai que, du contenu des trois bouteilles, Gaston n'avait pas bu, en tout, un verre et demi de vin.

Cette nouvelle station à sa table fit encore gagner à Gaston un quart d'heure; après quoi, n'ayant plus aucun motif de demeurer à Oudon, et presque aussi pressé maintenant qu'Oven de se remettre en route, il remonta à cheval et partit.

Ils n'avaient pas fait un quart de lieue, qu'au détour du chemin et à cinquante pas devant eux, ils virent la voiture verte et noire, qui, ayant rompu la glace qui la couvrait, était si profondément enfoncée dans une ornière, que, malgré les efforts du jardinier, qui soulevait la roue, et les exhortations accompagnées de coups de fouet que le postillon adressait aux chevaux, la voiture restait stationnaire.

C'était un véritable coup du ciel que cet accident. Gaston ne pouvait laisser deux femmes dans un pareil embarras, surtout lorsque le jardinier, reconnaissant son pays Oven, qui ne l'avait pas reconnu sous son capuchon, fit un appel à son obligeance. Les deux cavaliers mirent donc pied à terre; et, comme la bonne sœur augustine avait grand'peur, on ouvrit la portière : les deux femmes descendirent sur la route, et alors, avec le secours puissant de Gaston et d'Oven, la voiture sortit du mauvais pas où elle s'était mise. Les deux dames reprirent leur route, et l'on continua le chemin.

Seulement la connaissance était faite, et elle commençait par un service rendu, ce qui mettait le chevalier en excellente position; la nuit s'avançait, et sœur Thérèse s'était timidement informée au chevalier s'il croyait la route sûre. La pauvre augustine, qui n'était jamais sortie de son couvent, croyait les grandes routes infestées de voleurs. Gaston s'était bien gardé de la rassurer tout à fait; à cet endroit seulement, il lui avait dit que, comme il faisait la même route qu'elle, et comme elle devait même s'arrêter à Ancenis, lui et son domestique escorteraient la voiture d'ici-là. Cette offre, qu'elle avait regardée comme on ne peut plus galante, et qu'elle avait acceptée sans hésitation aucune, avait tout à fait rassuré la bonne sœur Thérèse.

Pendant toute cette petite comédie, Hélène avait joué admirablement son rôle, ce qui prouve qu'une jeune fille, si simple et si naïve qu'elle soit, porte en elle-même son instinct de dissimulation, qui n'attend que le moment favorable pour se développer.

On avait aussitôt continué la route vers Ancenis; or, comme la route était étroite, raboteuse et glissante, que, de plus, la nuit était promptement venue, Gaston avait continué son chemin en se tenant près de la portière, ce qui avait donné toute facilité à sœur Thérèse de lui adresser quelques questions. Elle avait alors appris que le jeune homme s'appelait le chevalier de Livry, était frère d'une des pensionnaires les plus chéries des augustines, laquelle, depuis trois ans, avait épousé Montlouis, et, forte de cette connaissance, sœur Thérèse ne voyait plus aucun inconvénient à accepter l'escorte du chevalier, opinion sur laquelle Hélène se garda bien de la faire revenir.

On s'arrêta à Ancenis, comme la chose avait été convenue d'avance. Gaston, toujours avec la même politesse, et aussi la même retenue, offrit la main aux deux femmes pour les aider à descendre de voiture. Le jardinier avait confirmé tout ce que Gaston avait dit de sa parenté avec mademoiselle de Livry, de sorte que la sœur Thérèse n'avait aucun soupçon; elle trouvait même ce gentilhomme fort convenable et fort

Lafare, capitaine des gardes. — Page 44.

poli, parce qu'il ne s'approchait et ne s'éloignait qu'avec de profondes révérences.

Aussi, le lendemain, fut-elle fort joyeuse, lorsqu'au moment de monter en voiture elle le trouva déjà en selle, avec son laquais, dans la cour de l'auberge. Il va sans dire que le chevalier mit aussitôt pied à terre, et, avec les révérences accoutumées, offrit la main aux deux dames pour monter en voiture. En accomplissant cet acte, Hélène sentit que son amant lui glissait dans la main un petit billet; un coup d'œil de la jeune fille lui annonça qu'il aurait le soir même la réponse.

La route était encore plus mauvaise que la veille, aussi, comme par cette circonstance le besoin d'aide était devenu encore plus grand, Gaston ne quittait pas d'un seul instant la voiture; à chaque instant la roue s'enfonçait dans une ornière : tantôt il fallait prêter main-forte au postillon et au jardinier, tantôt c'était une montée qui était trop rude, et il fallait que les dames descendissent; aussi la pauvre augustine ne savait comment remercier Gaston.

— Mon Dieu! disait-elle à chaque instant à Hélène, que serions-nous devenues, si Dieu n'avait envoyé à notre secours ce bon et excellent gentilhomme?

Le soir, un peu avant d'arriver à Angers, Gaston demanda à ces dames quelle était l'auberge à laquelle elles comptaient descendre. L'augustine consulta un petit carnet sur lequel étaient écrites d'avance les différentes étapes qu'elles devaient faire, et répondit qu'elle s'arrêteraient à la *Herse d'Or*. C'était par hasard aussi dans cet hôtel que logeait le chevalier; aussi envoya-t-il d'avance Oven pour retenir les logements.

En arrivant, Gaston eut son petit billet, qu'Hélène avait écrit pendant le dîner, et qu'elle lui remit en descendant de carrosse. Hélas! les pauvres enfants avaient déjà oublié tout ce qui avait été dit de part et d'autre pendant la nuit de l'entrevue à la fenêtre; ils parlaient de leur amour comme s'il devait durer sans cesse, et de leur bonheur comme s'il n'avait pas pour terme le terme même du voyage.

Quant à Gaston, il lut ce billet avec une profonde tristesse; lui ne se faisait pas illusion; lui voyait l'avenir comme il était réellement, c'est-à-dire désespéré. Lié comme il l'était par son serment à une conjuration, envoyé à Paris pour accomplir une mission terrible, il prenait la joie qui lui arrivait comme un sursis au malheur; mais le malheur était toujours là au bout de cette joie, menaçant et terrible.

Cependant il y avait des moments de la journée où tout cela s'oubliait, c'étaient ceux où Gaston côtoyait la voiture ou donnait le bras à Hélène pour gravir quelque côte; c'étaient alors des regards si tendres échangés par les deux amants, que le cœur leur en fondait de bonheur; c'étaient des mots compris d'eux seulement, et qui étaient des promesses d'amour éternel; c'étaient des sourires célestes, qui, pour un instant, ouvraient le ciel au pauvre chevalier. A chaque instant, la jeune fille passait sa charmante tête par la portière, comme pour admirer la montagne ou la vallée; mais Gaston savait bien que c'était lui seul que son amie regardait, et que les montagnes et les vallées, si pittoresques qu'elles fussent, n'eussent point donné à ses yeux une si adorable langueur.

La connaissance arrivée au point où elle en était, Gaston avait mille motifs pour ne pas quitter la voiture, et il en profita largement; c'étaient, pour ce malheureux, à la fois les premières et les dernières belles lueurs de sa vie. Il admirait, avec un sentiment d'amère révolte contre son destin, comment, en goûtant pour la première fois le bonheur, il allait en être à jamais privé; il oubliait que c'était lui-même qui s'était lancé dans cette conspiration, qui maintenant l'enveloppait, l'étreignait de tous côtés, le forçait de suivre un chemin qui le conduirait à l'exil ou à l'échafaud, tandis que, s'embranchant avec ce chemin, il en découvrait un autre riant et joyeux, qui l'eût mené tout droit et sans secousse au bonheur. Il est vrai que, lorsqu'il s'était jeté dans cette conjuration fatale, il ne connaissait pas Hélène, et se croyait seul et isolé dans le monde. Le pauvre insensé, à vingt-deux ans, il avait cru que ce monde lui avait à tout jamais refusé ses joies, et l'avait impitoyablement déshérité de ses plaisirs! Un jour, il avait rencontré Hélène, et, de ce moment, le monde lui était apparu comme il était véritablement, c'est-à-dire plein de promesses pour qui sait attendre, plein de récompenses pour qui sait les mériter; mais il était trop tard, Gaston était déjà entré dans une voie qui ne lui laissait pas la possibilité du retour : il fallait aller en avant sans cesse, et atteindre, quel qu'il fût, le but heureux ou fatal, mais à coup sûr sanglant, vers lequel il marchait.

Aussi, dans ces derniers instants qui lui étaient donnés, rien n'échappait au pauvre chevalier, ni un serrement de main, ni un mot des lèvres, ni un soupir du cœur, ni le contact des pieds sous la table de l'auberge, ni le frôlement de la robe de laine, qui effleurait son visage lorsque Hélène montait en voiture, ni la douce pression de son corps lorsqu'elle en descendait.

Dans tout ceci, comme on le pense bien, Oven était oublié, et les soupçons qui étaient venus à l'esprit de Gaston dans une mauvaise disposition d'humeur s'étaient envolés comme ces sombres oiseaux de la nuit qui disparaissent quand vient le soleil. Gaston n'avait donc pas vu que, d'Oudon au Mans, Oven avait causé encore avec deux autres cavaliers pareils à celui qu'il avait vus partir le premier soir, et qui, comme celui-ci, reprenaient tous la route de Paris.

Mais Oven, qui n'était pas amoureux, ne perdait rien, lui, de ce qui se passait entre Gaston et Hélène.

Cependant, à mesure qu'ils avançaient, Gaston devenait plus sombre, car ce n'était plus par jour qu'il comptait, mais par heure; déjà, depuis une semaine, on était en chemin, et, si lentement qu'on eût marché, il fallait toujours finir par arriver. Aussi, lorsqu'en arrivant à Chartres, l'aubergiste, interrogé par sœur Thérèse, répondit de sa bonne grosse voix indifférente : « Demain, en vous pressant un peu, vous pourrez atteindre Rambouillet; » il sembla à Gaston que c'était comme s'il eût dit : « Demain vous serez séparés pour toujours. »

Hélène vit l'impression profonde que ces quelques mots firent sur Gaston; il devint si pâle, qu'elle fit un pas vers lui en demandant s'il se trouvait indisposé; mais Gaston la rassura avec un sourire, et tout fut dit.

Cependant Hélène avait ses doutes au fond du cœur. Hélas! la pauvre enfant aimait comme aiment les femmes quand elles aiment, c'est-à-dire avec la force ou plutôt avec la faiblesse de tout sacrifier à leur amour; elle ne comprenait pas comment le chevalier, qui était un homme, ne trouvait pas quelque moyen de combattre cette injuste volonté du destin qui les séparait. Si bien que fussent fermées les portes du couvent à ces livres, pervertisseurs de la jeunesse, qu'on appelle des romans, il s'était bien glissé jusqu'à elle quelques volumes dépareillés de la *Clélie* ou du *Grand Cyrus*, et elle avait vu comment les chevaliers et les demoiselles de l'ancien temps se tiraient d'affaires en pareil cas, c'est-à-dire en fuyant leurs persécuteurs, et en cherchant quelque vénérable ermite qui les mariait bel et bien devant une croix de bois et un autel de pierre; encore fallait-il souvent, pour arracher la jeune fille aux persécuteurs, séduire des gardiens, renverser des murailles, pourfendre des enchanteurs ou des génies, ce qui n'était pas chose facile et qui cependant s'accomplissait toujours à la plus grande gloire de l'amant aimé. Or, rien de tout cela n'était à faire, ni gardiens à séduire, que la pauvre sœur; nulle muraille à renverser, puisqu'on n'avait qu'une portière à ouvrir, aucun enchanteur ni géant à pourfendre, excepté le jardinier, qui ne paraissait pas bien redoutable, et qui, d'ailleurs, s'il fallait en croire l'histoire de la clef de la grille, était d'avance dans les intérêts du chevalier.

Hélène ne comprenait donc pas cette soumission passive aux décrets de la Providence, et elle s'avouait à elle-même qu'elle eût voulu voir faire quelque chose au chevalier pour lutter contre eux.

Mais Hélène était injuste envers Gaston : les mêmes idées, à lui aussi, lui passaient par la tête, et, il faut l'avouer, le tourmentaient cruellement. Il devinait, aux regards de la jeune fille, qu'il n'avait qu'un mot à dire pour qu'elle le suivît au bout du monde; il avait de l'or plein sa valise : un soir, au lieu de se coucher, Hélène pourrait descendre; tous deux alors n'avaient qu'à monter dans une vraie chaise traînée par de vrais chevaux de poste, et marcher comme on a marché de tout temps en payant bien : en deux jours, ils étaient au delà de la frontière, hors de toute poursuite, libres et heureux, non pas pour une heure, pour un mois, pour un an, mais pour toujours.

Oui, mais il y avait un mot qui s'opposait à tout cela, un simple assemblage de lettres, représentant un sens aux yeux de certains hommes, n'ayant aucune valeur auprès de certains autres; ce mot, c'était le mot *honneur*.

Gaston avait engagé sa parole vis-à-vis de quatre hommes d'honneur comme lui: ces hommes s'appelaient : de Pontcalec, de Montlouis, du Couëdic et Talhouët; il était déshonoré s'il ne la tenait pas.

Aussi le chevalier était-il bien décidé à subir son malheur dans toute son étendue, mais à tenir sa parole; il est vrai qu'à chaque fois qu'il remportait cette victoire sur lui-même une douleur poignante lui déchirait le cœur.

C'était pendant un de ces combats qu'Hélène avait jeté sur lui un regard, et c'est au moment où il venait de remporter une de ces victoires qu'il pâlit si fort qu'elle crut qu'il allait mourir.

Aussi s'attendait-elle bien positivement à ce que, le soir, Gaston agirait, ou du moins parlerait, car cette soirée était la dernière; mais, à son grand étonnement, Gaston ne parla ni n'agit; aussi Hélène se coucha-t-elle le cœur serré et les larmes aux yeux, convaincue qu'elle n'était point aimée comme elle aimait.

Elle se trompait fort, car cette nuit-là Gaston ne se coucha pas du tout, et le jour le retrouva plus pâle et plus désespéré que jamais.

De Chartres, où la nuit, comme nous l'avons dit, s'était passée lugubre et pleine de larmes pour les deux amants, on partit le matin pour Rambouillet, route de Gaston, destination d'Hélène. A Chartres, Oven avait encore causé avec un de ces cavaliers vêtus de gris, qui semblaient des sentinelles posées sur la route, et, plus joyeux que jamais de se trouver si proche de Paris, qu'il désirait tant voir, il hâtait la marche du cortége.

On déjeuna dans un village; le déjeuner fut silencieux. L'augustine songeait que le soir elle reprendrait la route de son cher couvent; Hélène songeait que, Gaston se décidât-il maintenant, il était trop tard pour agir; Gaston songeait que, le soir même, il allait abandonner la douce compagnie de cette femme aimée pour la terrible société d'hommes mystérieux et inconnus auxquels une œuvre fatale devait le lier à jamais.

Vers trois heures de l'après-midi, on arriva à une montée si rapide qu'il fallut mettre pied à terre; Gaston offrit son bras à Hélène, l'augustine prit celui du jardinier, et l'on gravit la pente. Les deux amants marchaient donc côte à côte; leurs cœurs débordaient; Hélène, silencieuse, sentait les larmes couler le long de ses joues, Gaston sentait sa poitrine chargée d'un poids énorme, car lui ne pleurait pas, non que l'envie lui en manquât, mais parce que, sous prétexte qu'il était un homme, il n'osait pleurer.

Ils arrivèrent au haut de la montée les premiers, et bien avant la vieille augustine; et là, tout à coup, devant eux, à l'horizon, ils virent se dresser un clocher, et, autour de ce clocher, bon nombre de maisons qui se groupaient comme font des brebis autour de leur berger.

C'était Rambouillet; personne ne le leur dit, et cependant, en même temps et du même coup, tous deux le devinèrent.

Gaston, quoique le plus oppressé, rompit le premier le silence.

— Là-bas, dit-il en étendant la main vers ces clochers et ces maisons, là-bas nos destinées vont se séparer peut-être pour jamais; oh! je vous en conjure, Hélène, conservez ma mémoire, et, quelque événement qui arrive, ne la maudissez jamais.

— Vous ne me parlez jamais que de choses désespérées, mon ami, dit Hélène; j'ai besoin de courage, et, au lieu de m'en donner, vous me brisez le cœur. N'avez-vous donc rien à me dire, mon Dieu! qui me fasse enfin un peu de joie? Le présent est terrible, je le sais bien; mais l'avenir est donc aussi terrible que le présent? Enfin, l'avenir, c'est beaucoup d'années pour nous, et, par conséquent, beaucoup d'espoir. Nous sommes jeunes, nous nous aimons; n'y a-t-il donc pas moyen de lutter contre la mauvaise destinée du moment? Oh! tenez, Gaston, je sens en moi une force immense, et si vous me disiez... Mais, tenez, je suis insensée; c'est moi qui souffre et c'est moi qui console.

— Je vous comprends, Hélène répondit Gaston en secouant la tête, vous me demandez une promesse, rien qu'une promesse, n'est-ce pas? Eh bien voyez si je suis malheureux : je ne puis promettre! Vous me demandez d'espérer, je désespère. Si j'avais seulement, je ne dirai pas vingt ans, dix ans, mais une année à moi, je vous l'offrirais, Hélène, et me regarderais comme un homme heureux; mais il n'en est pas ainsi : du moment où je vous quitte, vous me perdez et je vous perds; à partir de demain matin, je ne m'appartiens plus.

— Malheureuse! s'écria Hélène prenant les mots à la lettre; m'auriez-vous trompée en me disant que vous m'aimiez? Seriez-vous fiancé à une autre femme?

— Pauvre amie, dit Gaston, sur ce point, au moins, je puis vous rassurer; je n'ai pas d'autre amour que vous, je n'ai pas d'autre fiancée que vous.

— Eh bien! mais alors nous pouvons donc être encore heureux, Gaston; si j'obtenais de ma nouvelle famille qu'elle vous regardât comme mon mari?

— Hélène, ne voyez-vous pas que chacune de vos paroles me brise le cœur?

— Mais, au moins, dites-moi quelque chose.

— Hélène, il est des devoirs auxquels on ne peut se soustraire, des liens qu'on ne peut rompre!

— Je n'en connais pas! s'écria la jeune fille. On me promet une famille, de la richesse, un nom; eh bien, dites un mot, Gaston, dites-le, et je vous préfère à tout. Pourquoi donc vous, de votre côté, n'en feriez-vous pas autant?

Gaston baissa la tête et ne répondit point. En ce moment l'augustine les rejoignit. La nuit commençait à tomber, aussi ne vit-elle pas le visage bouleversé des deux jeunes gens.

Les femmes remontèrent en voiture, le jardinier se hissa sur son siége, et Gaston et Oven se remirent en selle; puis on continua la route vers Rambouillet.

A une lieue de la ville, l'augustine appela elle-même Gaston, lequel se rapprocha davantage encore de la portière.

C'était pour lui faire observer que peut-être on viendrait au-devant d'Hélène, et que des visages étrangers, surtout des visages d'hommes, seraient déplacés dans cette entrevue. Gaston avait aussi songé à cette circonstance, mais il n'avait pas eu le courage d'en parler. Il s'approcha donc encore d'un pas. Hélène attendait et espérait. Qu'attendait-elle et qu'espérait-elle? elle l'ignorait elle-même.

Que la douleur porterait Gaston à quelque extrémité; mais Gaston se contenta de s'incliner profondément, remercia les dames d'avoir permis qu'il leur fît compagnie, et fit mine de s'éloigner.

Hélène n'était pas une femme ordinaire; elle vit, à l'air de Gaston, qu'il partait la mort dans le cœur.

— Est-ce adieu, ou est-ce au revoir? dit-elle hardiment.

Le jeune homme se rapprocha tout palpitant.

— Au revoir! dit-il, si vous me faites cet honneur.

Et il s'éloigna au grand trot.

VII

UNE CHAMBRE DE L'HÔTEL DU TIGRE ROYAL A RAMBOUILLET.

Gaston s'était éloigné sans dire un seul mot sur l'adresse où l'on se reverrait, ni sur les moyens de se revoir; mais Hélène pensa bien que c'était l'affaire d'un homme de s'occuper de tout cela; elle le suivit seulement des yeux jusqu'à ce qu'il eût disparu dans la nuit; un quart d'heure après, elle entra dans Rambouillet.

Alors l'augustine tira un papier de sa large poche, et lut, à la lueur du falot placé près de la portière, l'adresse suivante:

« Madame Desroches, hôtel du *Tigre royal.* »

L'augustine transmit aussitôt les renseignements au postillon, et, dix minutes après, la voiture s'arrêtait à l'adresse désignée.

Aussitôt une femme qui attendait dans un chambre de l'hôtel qui s'ouvrait sous la grande porte, sortit avec précipitation, s'avança vers la voiture, et, avec une révérence respectueuse, aida les dames à sortir de leur chaise; elle les guida ensuite pendant quelques pas dans une allée sombre, précédée d'un valet qui portait deux lanternes peintes.

Uue porte s'ouvrit sur un vestibule de belle apparence, madame Desroches s'effaça, fit monter devant elle Hélène et sœur Thérèse, et les deux voyageuses, au bout de cinq minutes, se trouvèrent assises sur un sofa moelleux en face d'un feu clair et petillant.

La chambre dans laquelle on se trouvait était belle, grande et meublée avec recherche: le goût de l'époque, encore assez sévère, car on n'avait pas atteint le temps capricieux que nous avons baptisé du nom de rococo, s'y faisait sentir de tous côtés; quant à l'architecture, elle appartenait au style triste et majestueux du grand règne; d'immenses glaces, avec leurs cadres dorés, s'élevaient au-dessus et en face de la cheminée, un lustre à girandoles dorées pendait au plafond, et des lions dorés servaient de garde-feu.

Dans ce salon, il y avait quatre portes.

La première était celle par laquelle on était entré.

La seconde conduisait à la salle à manger, qui se trouvait toute éclairée, toute chauffée et toute servie.

La troisième donnait dans une chambre à coucher, fort décemment garnie.

La quatrième était fermée, et ne s'ouvrit point.

Hélène admirait, sans s'étonner, toutes les magnificences, comme aussi le silence des valets, leur air calme et respectueux, si différent des joyeuses faces des hôteliers empressés qu'on avait vus sur la route; quant à l'augustine, elle marmottait son *Benedicite* en convoitant le souper fumant sur la table, se félicitant tout bas que l'on ne fût pas dans un jour maigre.

Au bout d'un instant, madame Desroches, qui avait accompagné les deux voyageuses dans le salon, et qui ensuite les avait laissées seules, rentra une seconde fois, et, s'approchant de l'augustine, lui remit une lettre que celle-ci ouvrit avec le plus grand empressement.

La lettre contenait l'avis suivant:

« La sœur Thérèse pourra passer la nuit à Rambouillet, ou repartir ce soir même à son gré; elle recevra deux cents louis, gratification offerte par Hélène à son cher couvent, et abandonnera sa pensionnaire aux soins de madame Desroches, honorée de la confiance des parents d'Hélène. »

Au bas de cette lettre et en place de signature, était un chiffre que la sœur rapprocha d'un cachet imprimé sur une lettre qu'elle apportait de Clisson. Lorsque l'identité fut constatée:

— Allons, dit-elle, chère enfant, nous allons nous quitter après le souper.

— Comment, déjà ! s'écria Hélène, qui se rattachait par sœur Thérèse seulement à sa vie passée.

— Oui, mon enfant ; on m'offre bien, il est vrai, de coucher ici ; mais j'aime mieux, je vous le dis, repartir ce soir même, car j'ai grande hâte de rejoindre notre bonne maison de Bretagne, où j'ai toutes mes habitudes et où rien ne manquera à ma joie, sinon que vous n'y serez plus, ma chère enfant.

Hélène jeta, en pleurant, ses bras au cou de la bonne sœur : elle se rappelait sa jeunesse passée si doucement au milieu de ces compagnes toutes dévouées à elle, soit que le respect leur eût été recommandé par la supérieure, soit qu'elle-même eût su se faire chérir, par un de ces miracles de la pensée que la science n'expliquera jamais ; les vieilles charmilles, le beau lac, les cloches augustines, lui revinrent à la mémoire, et toute cette existence, qu'elle regardait déjà comme un rêve perdu, repassa joyeuse et vivante devant ses yeux fermés.

La bonne sœur Thérèse, de son côté, pleurait à chaudes larmes, et cet événement inattendu lui avait si bien coupé l'appétit, qu'elle se relevait déjà pour partir sans avoir mangé, lorsque madame Desroches rappela aux deux femmes que le souper était servi, et fit observer à sœur Thérèse que, si elle voyageait, comme c'était son intention, toute la nuit, elle ne trouverait aucune auberge ouverte, et, par conséquent, rien à manger jusqu'au lendemain matin ; elle l'invitait donc à prendre quelque chose, ou tout au moins à faire ses provisions.

Sœur Thérèse, convaincue par ce raisonnement plein de logique, se décida enfin à se mettre à table, et pria tant Hélène de lui tenir compagnie, que celle-ci s'assit devant elle, mais sans qu'elle pût se décider à rien prendre. Quant à la religieuse, elle mangea à la hâte quelques fruits et but un demi verre de vin d'Espagne, puis elle se leva et embrassa encore une fois Hélène, qui voulait l'accompagner au moins jusqu'à sa voiture, mais à laquelle madame Desroches fit observer que, l'auberge du *Tigre royal* étant pleine d'étrangers, il serait inconvenant qu'elle quittât sa chambre et s'exposât à être vue.

Hélène, alors, demanda à revoir le jardinier qui leur avait servi d'escorte ; le pauvre homme avait sollicité la faveur de dire adieu à la pensionnaire, mais il va sans dire qu'on s'était peu préoccupé de ses sentimentales réclamations. Cependant, à peine madame Desroches entendit-elle Hélène exprimer un désir en harmonie avec le sien, qu'elle le fit monter à son tour, et qu'il lui fut permis de voir encore une fois celle dont il croyait bien se séparer pour toujours.

Dans les moments suprêmes, et Hélène était arrivée à un de ces moments, tous les objets ou toutes les personnes que l'on quitte grandissent et se rattachent au cœur ; aussi cette religieuse et ce pauvre jardinier étaient-ils devenus des amis pour elle : elle eut donc toutes les peines du monde à les quitter, les rappelant au moment où ils allaient sortir, recommandant à l'une ses amies et à l'autre ses fleurs ; puis, au milieu de tout cela, lui jetant quelques regards de remercîment qui avaient rapport à la clef de la grille.

Puis, comme madame Desroches vit qu'Hélène cherchait, mais inutilement, dans sa poche, car le peu d'argent qu'elle avait était enfermé au fond de sa malle :

— Mademoiselle, lui demanda-t-elle, aurait-elle besoin de quelque chose ?

— Oui, dit Hélène, j'aurais voulu laisser un souvenir à ce brave homme.

Alors madame Desroches remit vingt-cinq louis à Hélène, qui, sans les compter, les glissa dans la main du jardinier, dont, à cette marque de générosité inattendue, les cris et les larmes redoublèrent.

Enfin il fallut se quitter ; la porte se referma sur eux. Hélène courut à la fenêtre : les volets étaient fermés, et l'on ne pouvait voir dans la rue ; Hélène écouta : un instant après elle entendit le roulement d'une voiture ; ce roulement s'éloigna peu à peu et s'éteignit. En cessant de l'entendre, Hélène tomba dans un fauteuil.

Alors madame Desroches s'approcha et fit observer à la jeune fille qu'elle s'était bien assise à table, mais qu'elle n'avait rien pris. Hélène consentit à souper, non pas qu'elle eût faim, mais espérant avoir, le soir même, des nouvelles de Gaston, elle chercha à gagner du temps.

Elle se mit donc à table, invitant madame Desroches à en faire autant ; mais ce ne fut que sur les prières réitérées d'Hélène que sa nouvelle dame de compagnie y consentit. Cependant, quelles que fussent les instances de la jeune fille, elle ne voulut point manger et se contenta de la servir.

Le souper terminé, madame Desroches marcha devant Hélène, et, lui montrant sa chambre à coucher, lui dit :

— Maintenant, mademoiselle, vous sonnerez, quand il vous plaira, pour appeler une femme de chambre qui se tient à vos ordres, car vous saurez que, ce soir même, vous recevrez probablement une visite.

— Une visite! s'écria Hélène en interrompant madame Desroches.

— Oui, mademoiselle, reprit celle-ci, une visite de l'un de vos parents.

— Et le parent est-il celui qui veille sur moi?

— Depuis votre naissance, mademoiselle.

— Oh! mon Dieu! s'écria Hélène en mettant la main sur son cœur; et vous dites qu'il va venir?

— Je le crois, car il a grande hâte de vous connaître.

— Oh! murmura Hélène; oh! il me semble que je vais me trouver mal.

Madame Desroches courut à elle, et la soutint entre ses bras.

— Éprouvez-vous donc tant de frayeur, lui dit-elle, à vous trouver près de quelqu'un qui vous aime?

— Ce n'est pas de la frayeur, dit Hélène, c'est du saisissement; je n'étais pas prévenue que ce serait ce soir, et cette nouvelle si importante, et que cependant vous m'avez transmise sans ménagement, m'a tout étourdie.

— Mais ce n'est pas le tout, continua madame Desroches, cette personne est forcée de s'entourer du plus grand mystère.

— Et pourquoi cela?

— Il m'est défendu de répondre à cette question, mademoiselle.

— Mon Dieu! mais que signifient donc de pareilles précautions vis-à-vis d'une pauvre orpheline comme moi?

— Elles sont nécessaires, croyez-le bien.

— Mais enfin, en quoi consistent-elles?

— D'abord vous ne pouvez voir le visage de cette personne : car, si par hasard vous la rencontriez plus tard, elle ne doit pas être reconnue de vous.

— Alors cette personne viendra donc masquée?

— Non, mademoiselle; mais on éteindra toutes les lumières.

— Et alors nous serons dans l'obscurité?

— Oui.

— Mais vous resterez avec moi, n'est-ce pas, madame Desroches?

— Non, mademoiselle, cela m'est expressément défendu.

— Par qui?

— Par la personne qui doit vous venir voir.

— Mais cette personne, vous lui devez donc l'obéissance absolue?

— Je lui dois plus que cela, mademoiselle: je lui dois le plus profond respect.

— La personne qui viendra est donc de qualité?

— C'est un des plus grands seigneurs de France.

— Et ce grand seigneur est mon parent?

— Le plus proche.

— Au nom du ciel, madame Desroches, ne me laissez pas dans cette incertitude sur ce point.

— J'ai déjà eu l'honneur de vous dire, mademoiselle, qu'il y avait certaines questions auxquelles il m'était expressément défendu de répondre.

Et madame Desroches fit un pas pour se retirer.

— Vous me quittez? s'écria Hélène.

— Je vous laisse à votre toilette.

— Mais, madame...

Madame Desroches fit alors une profonde révérence pleine de cérémonie et de respect, et sortit, à reculons, en fermant la porte de la chambre après elle.

VIII

UN PIQUEUR A LA LIVRÉE DE S. A. R. MONSEIGNEUR LE DUC D'ORLÉANS.

Pendant que les choses que nous venons de raconter se passaient dans le pavillon de l'hôtel du *Tigre royal*, dans une chambre de l'hôtel même, un homme assis près d'un grand feu secouait ses bottes couvertes de neige et détachait les cordons d'un large portefeuille.

Cet homme était vêtu d'un costume de piqueur, à la livrée de chasse de la maison d'Orléans : habit rouge et argenté, culottes de peau, longues bottes, chapeau à trois cornes galonné d'argent ; l'œil vif, le nez long, pointu et bourgeonnant; le front bombé et plein d'une franchise que démentaient ses lèvres minces et serrées. Il feuilletait avec soin, sur une table posée devant lui, les papiers dont le portefeuille était gonflé.

Cet homme, par une habitude qui lui était particulière, parlait tout seul, ou plutôt marmottait entre ses dents des phrases qu'il interrompait par des exclamations et des jurements qui semblaient moins appartenir au sens des paroles qu'il prononçait qu'à d'autres pensées qui lui traversaient instantanément l'esprit.

— Allons, allons, disait-il, monsieur de Montaran ne m'a point trompé, et voilà mes Bretons à la besogne. Mais comment diable est-il venu à si petites journées? Parti le 11, à midi ; arrivé le 21, à six heures du soir, seulement. Hum! cela me cache probablement quelque nouveau mystère que va m'éclaircir le garçon que m'a recommandé monsieur de Montaran, et avec lequel mes gens se sont mis en rapport tout le long de la route. — Holà! quelqu'un.

Et, en même temps, l'homme à l'habit rouge agita une sonnette d'argent : un de ses coureurs, vêtus de gris, que nous avons remarqués sur la route de Nantes, parut et salua.

— Ah! c'est vous, Tapin, dit l'homme à l'habit rouge.

— Oui, monseigneur; l'affaire étant importante, j'ai voulu venir en personne.

— Vous avez interrogé les hommes que vous aviez placés sur la route?

— Oui, monseigneur; mais ils ne savent rien, que les différentes étapes qui ont été successivement faites par notre conspirateur; c'est, au reste, tout ce qu'on les avait chargés d'apprendre.

— Oui, je vais tâcher d'en savoir davantage par le domestique. Quel homme est-ce?

— Mais, un de ces niais malins, moitié Normand, moitié Breton; une mauvaise pratique, en somme.

— Que fait-il en ce moment?

— Il sert le souper de son maître.

— Qu'on a placé, comme je l'ai dit, dans une chambre au rez-de-chaussée?

— Oui, monseigneur.

— Dans une chambre sans rideaux?

— Oui, monseigneur.

— Et vous avez fait un trou au contre-vent?

— Oui, monseigneur.

— Bien; envoyez-moi ce valet, et tenez-vous toujours prêt à portée de la main.

— Je suis là.

— A merveille.

L'homme à l'habit rouge tira de son gousset une montre de prix qu'il consulta.

— Huit heures et demie, dit-il; à cette heure, monseigneur est de retour de Saint-Germain et demande Dubois. Or, comme on lui dit que Dubois n'y est pas, il se frotte les mains et s'apprête à faire quelque folie. Frottez-vous les mains, monseigneur, et faites votre escapade à loisir. Ce n'est pas à Paris qu'est le danger, c'est ici. Ah! nous verrons si cette fois vous vous moquerez encore de ma police secrète. Ah! voici notre homme.

En effet, en ce moment, M. Tapin introduisit Oven.

— Voici la personne demandée, dit-il.

Et, fermant la porte, il se retira aussitôt.

Oven resta debout et tremblant à la porte, tandis que Dubois, enveloppé dans un grand manteau qui ne laissait voir que le haut de sa tête, fixait sur lui ses yeux de chat-tigre.

— Approche, mon ami, dit Dubois.

Malgré la cordialité de cette invitation, elle était faite d'une voix si stridente, qu'Oven eût fort désiré être, pour le moment, à cent lieues de cet homme, qui le regardait d'une si étrange façon.

— Eh bien, dit Dubois, voyant qu'il ne bougeait non plus qu'une souche, ne m'as-tu pas entendu, maraud?

— Si fait, monseigneur, dit Oven.

— Alors, pourquoi n'obéis-tu pas?

— Je ne croyais pas que c'était à moi que vous faisiez cet honneur, de me dire de m'approcher.

Et Oven fit quelques pas vers la table.

— Tu as reçu cinquante louis pour me dire la vérité? continua Dubois.

— Pardon, monseigneur, répondit Oven, à qui cette interrogation presque affirmative rendit une partie de sa hardiesse, je ne les ai pas reçus... on me les a promis.

Dubois tira une poignée d'or de sa poche, compta cinquante louis, et en fit une pile qu'il posa sur la table, où elle demeura tremblante et inclinée.

Oven regarda cette pile d'or avec une expression qu'on eût cru étrangère à ce regard terne et voilé.

— Bon! dit Dubois, il est avare.

C'est qu'en effet ces cinquante louis avaient toujours paru à Oven féeriques et invraisemblables; il avait trahi son maître sans les espérer, rien qu'en les désirant; et, cependant, les cinquante louis promis étaient là, devant ses yeux.

— Est-ce que je puis les prendre? demanda Oven en étendant la main vers la pile d'or.

— Un instant, dit Dubois, qui s'amusait à exciter cette cupidité que l'homme des villes eût cachée sans doute, mais que le paysan montrait à découvert un instant; nous allons faire un marché.

— Lequel? dit Oven.

— Voilà les cinquante louis promis.

— Je les vois bien, dit Oven en passant sa langue sur ses lèvres comme fait un chien alléché.

— A chaque réponse que tu feras à mes questions, si la réponse est importante, j'ajoute dix louis, si elle est ridicule et stupide, j'en ôte dix.

Oven ouvrit de grands yeux; le marché lui paraissait évidemment arbitraire.

— Maintenant causons, dit Dubois; d'où viens-tu?

— De Nantes, en droite ligne.

— Avec qui?

— Avec M. le chevalier Gaston de Chanlay.

Cet interrogatoire se composant évidemment de questions préparatoires, la pile restait la même.

— Attention! dit Dubois en allongeant sa main maigre à la portée des louis.

— J'écoute de toutes mes oreilles, répondit Oven.

— Ton maître voyage-t-il sous son nom?

— Il est parti sous son nom, mais il en a pris un autre en route.

— Lequel?

— Le nom de M. de Livry.

Dubois ajouta dix louis; mais, comme ils ne pouvaient tenir sur la pile déjà trop haute, il en forma une seconde qu'il plaça près de la première.

Oven jeta un cri de joie.

— Oh! oh! dit Dubois, ne te réjouis pas encore, nous ne sommes pas au bout. Attention. Y a-t-il un M. de Livry, à Nantes?

— Non, monseigneur; mais il y a une demoiselle de Livry.

— Qu'est-ce que cette demoiselle?

— La femme de M. de Montlouis, un ami intime de mon maître.

— Bon! dit Dubois en ajoutant dix louis; et que faisait ton maître à Nantes?

— Il faisait ce que font les jeunes seigneurs: il chassait, il faisait des armes, il allait au bal.

Dubois retira dix louis. Oven sentit un frisson qui lui courait par tout le corps.

— Attendez donc, attendez donc! dit-il; il faisait encore autre chose.

— Ah! voyons, dit Dubois, que faisait-il?

— Il sortait la nuit une ou deux fois par semaine, quittant la maison à huit heures du soir, et ne rentrant d'habitude qu'à trois ou quatre heures du matin.

— Bon! fit Dubois; et où allait-il?

— Ça, je n'en sais rien, répondit Oven.

Dubois garda les dix louis dans sa main.

— Et depuis son départ, continua Dubois, qu'a-t-il fait?

— Il a passé par Oudon, par Ancenis, par le Mans, par Nogent et par Chartres.

Dubois allongea la main, et, de ses doigts pointus, pinça dix autres louis.

Oven poussa un cri de sourde douleur.

— Et, en route, demanda Dubois, n'a-t-il fait connaissance avec personne?

— Avec une jeune pensionnaire des augustines de Clisson, laquelle voyageait avec une sœur du couvent, nommée sœur Thérèse.

— Et comment appelait-on cette pensionnaire?

— Mademoiselle Hélène de Chaverny.

— Hélène! le nom promet; et, sans doute, cette belle Hélène est la maîtresse de ton maître?

— Dame! moi, je n'en sais rien, répondit Oven; vous comprenez qu'il ne me l'a pas dit.

— Il est plein d'esprit! dit Dubois en attaquant la pile, et en retranchant dix louis des cinquante.

Une sueur froide coulait sur le front d'Oven. Quatre réponses comme celle-là, et il avait trahi son maître pour rien.

— Et ces dames vont à Paris avec lui? continua Dubois.

— Non, monsieur, elles s'arrêtent à Rambouillet.

— Ah! fit Dubois.

L'exclamation parut de bonne augure à Oven.

— Et même, continua-t-il, la bonne sœur Thérèse est déjà repartie.

— Allons, dit Dubois, tout ceci n'est pas d'une grande importance; mais il ne faut pas décourager les commençants.

Et il ajouta dix louis à la pile.

— De sorte, reprit Dubois, que la jeune fille est restée seule?

— Non pas, dit Oven.

— Comment! non pas?

— Une dame de Paris l'attendait.

— Une dame de Paris?

— Oui.

— Sais-tu son nom?

— J'ai entendu sœur Thérèse l'appeler madame Desroches.

— Madame Desroches! s'écria Dubois; et il recommença une autre pile de louis; tu dis madame Desroches?

— Oui, reprit Oven rayonnant.

— Tu en es sûr?

— Pardieu! si j'en suis sûr; à preuve que c'est une femme grande, maigre, jaune.

Dubois ajouta dix louis. Oven se repentit alors de ne pas avoir mis un intervalle entre chaque épithète; il est évident qu'il avait perdu vingt louis à sa précipitation.

— Grande, maigre, jaune, répéta Dubois; c'est bien cela.

— Quarante à quarante-cinq ans, ajouta Oven en attendant cette fois.

— C'est bien cela! répéta Dubois en ajoutant dix autres louis.

— Habillée d'une robe de soie à grandes fleurs, continua Oven qui voulait tirer parti de tout.

— C'est bien, reprit Dubois, c'est bien.

Oven vit que son interrogateur en savait assez sur la femme, et il attendit.

— Et tu dis que ton maître a fait connaissance avec cette demoiselle en route?

— C'est-à-dire, monsieur, maintenant que j'y pense, je crois que la connaissance était une comédie.

— Que veux-tu dire?

— Je crois qu'ils se connaissaient avant de partir; et tenez même, j'en suis sûr : c'est elle que mon maître a attendue trois heures à Oudon.

— Bien, dit Dubois en ajoutant dix louis; allons, allons, on fera quelque chose de toi.

— Vous ne voulez plus rien savoir? dit Oven en étendant la main vers les deux piles qui lui offraient trente louis de bénéfice, avec la figure d'un joueur qui désire faire charlemagne.

— Un instant, dit Dubois, la jeune fille est jolie?

— Comme un ange, dit Oven.

— Et, sans doute, ils se sont donné rendez-vous à Paris, ton maître et elle?

— Non, monsieur; je crois, au contraire, qu'ils se sont dit adieu pour toujours.

— Comédie encore.

— Je ne crois pas; M. de Chanlay était trop triste quand ils se sont quittés.

— Et ils ne doivent pas se revoir?

— Si fait, une dernière fois encore, je crois, et tout sera fini.

— Allons, prends ton argent, et souviens-toi que, si tu dis un mot, dix minutes après tu es mort.

Oven sauta sur les quatre-vingts louis, qui disparurent à l'instant, engloutis dans la poche profonde de sa culotte.

— Et maintenant, dit-il, je puis me sauver, n'est-ce pas?

— Te sauver, imbécile! non pas; à partir de ce moment, tu m'appartiens, car je t'ai acheté, et c'est à Paris surtout que tu me seras utile.

— En ce cas, je resterai, monsieur, je vous le promets, dit Oven en poussant un profond soupir.

— Tu n'as pas besoin de le promettre, va.

En ce moment la porte s'ouvrit, et M. Tapin reparut le visage fort ébouriffé.

— Qu'y a-t-il de nouveau? demanda Dubois, qui se connaissait en visages.

— Une chose fort importante, monseigneur; mais éloignez cet homme.

— Retourne auprès de ton maître, dit Dubois; et, s'il écrit à qui que ce soit, souviens-toi que je suis on ne peut plus curieux de connaître son écriture.

Oven, enchanté d'être libre pour le moment, salua et sortit.

— Eh bien, monsieur Tapin, dit Dubois, qu'y a-t-il? voyons.

— Il y a, monseigneur, qu'après la chasse de Saint-Germain Son Altesse Royale, au lieu de retourner à Paris, s'est contentée d'y renvoyer ses équipages, et a donné l'ordre de partir pour Rambouillet.

— Pour Rambouillet! le régent vient à Rambouillet?

— Il y sera dans une demi-heure; et il y serait déjà si par bonheur, pressé par la faim, il n'était entré au château pour manger un morceau.

— Et que vient-il faire à Rambouillet?

— Je n'en sais rien, monseigneur, à moins que ce ne soit pour cette jeune fille, qui vient d'arriver avec une religieuse, et qui est logée dans le pavillon de l'hôtel.

— Vous avez raison, Tapin, c'est pour elle, c'est pour elle-même; madame Desroches, c'est bien cela. Saviez-vous que madame Desroches était ici?

— Non, monseigneur, je l'ignorais.

— Et vous êtes sûr qu'il va venir? vous êtes sûr qu'on ne vous a pas fait un faux rapport, mon cher Tapin?

— Oh! monseigneur, c'est l'Éveillé que j'avais lâché après Son Altesse Royale, et ce que l'Éveillé dit, voyez-vous, c'est l'Évangile.

— Vous avez raison, reprit Dubois, qui paraissait connaître à fond les qualités de celui dont on faisait l'éloge; vous avez raison, si c'est l'Éveillé, il n'y a plus de doute.

— A telles enseignes que le pauvre garçon a fourbu son cheval, qui est tombé en entrant à Rambouillet, et qui n'a pu se relever.

— Trente louis pour le cheval; l'homme gagnera dessus ce qu'il pourra.

Tapin prit les trente louis.

— Mon cher, continua Dubois, vous connaissez la disposition du pavillon, n'est-ce pas?

— A merveille.

— Quelle est-elle?

— Il donne, d'un côté, sur la seconde cour de l'auberge; de l'autre côté, sur une ruelle déserte.

— Des hommes dans cette cour, des hommes dans cette ruelle, déguisés en palefreniers, en valets d'écurie, comme vous voudrez; qu'il n'y ait que monseigneur et moi qui puissions entrer dans ce pavillon, monsieur Tapin : il y va de la vie de Son Altesse Royale.

— Soyez tranquille, monseigneur.

— Ah! vous connaissez notre Breton?

— Je l'ai vu descendre de cheval.

— Vos hommes le connaissent?

— Tous : ils l'ont vu sur la route.

— Bien, je vous le recommande.

— Faut-il l'arrêter?

— Peste! gardez-vous-en bien, monsieur Tapin; il faut le laisser aller, il faut le laisser faire, il faut lui donner beau jeu, afin qu'il fasse, qu'il agisse; si nous l'arrêtions maintenant, il ne dirait rien, et notre conspiration avorterait. — Peste! pas de cela, il faut qu'elle accouche.

— De quoi, monseigneur? demanda Tapin, qui paraissait avoir avec Dubois certaines privautés.

— De ma mître d'archevêque, monsieur Lecocq, dit Dubois; et maintenant allez à votre affaire, moi je vais à la mienne.

Et tous deux quittèrent la chambre, et descendirent rapidement l'escalier; mais, à la porte, ils se séparèrent, Lecocq remontant précipitamment la ville en suivant la rue de Paris, et Dubois se glissant contre la muraille pour aller appliquer son œil de lynx au trou du contrevent.

IX

DE L'UTILITÉ DES CACHETS.

Gaston venait de souper; car, à son âge, fût-on amoureux, fût-on désespéré, la nature ne perd jamais ses droits, et il n'y a que les gens qui ont mauvais estomac qui, à vingt-cinq ans, ne soupent pas plus ou moins.

Il était appuyé sur la table et réfléchissait. La lumière de la lampe se reflétait tout entière sur son visage et servait à souhait la curiosité de Dubois.

Aussi celui-ci le regardait-il avec une attention singulière et effrayante. Son œil intelligent s'était dilaté; sa bouche ironique se crispait sous un sourire fatal, et quiconque eût surpris ce sourire ou ce regard eût bien certainement cru voir le démon qui, dans les ténèbres, voit une des victimes qui lui sont vouées marcher vers son but de perdition.

Et, tout en regardant, il murmurait, selon son habitude :

— Jeune, beau, l'œil noir, la lèvre orgueilleuse: c'est un Breton; celui-là ne s'est pas encore corrompu, comme mes conspirateurs de Cellamare, aux douces œillades des dames de la cour. Aussi, comme il y va, le démon!... Les autres ne parlaient que d'enlever, de détrôner... Fadaises!... tandis que celui-ci... Diable!...

Et cependant, continuait Dubois après une pause, je cherche en vain la ruse sur ce front pur, le machiavélisme sur les coins de cette bouche pleine de loyauté et de confiance. Il n'y a pourtant plus de doute à avoir : tout est arrangé pour surprendre le régent dans son rendez-vous avec la vierge de Clisson. Qu'on dise à présent que ces Bretons sont des têtes obtuses!...

Décidément, continua Dubois après un autre moment, ce n'est pas cela, et je n'y suis point encore. Il est impossible que ce jeune homme à l'œil triste, mais calme, s'apprête à tuer un autre homme dans un quart d'heure; et quel homme! le régent de France, le premier prince du sang! Non, c'est impossible, et un pareil sang-froid ne se comprendrait pas.

Et pourtant, ajoutait Dubois, c'est bien cela; le régent me fait secret de cette nouvelle amourette, à moi à qui il dit tout. Il va chasser à Saint-Germain, annonce hautement qu'il viendra coucher au Palais-Royal, puis tout à coup donne contre-ordre et indique Rambouillet à son cocher. C'est à Rambouillet que la jeune fille attend. Elle est reçue par madame Desroches : qu'attend-elle, si ce n'est le régent? Et cette jeune fille est la maîtresse du chevalier.

Mais aussi, est-elle sa maîtresse? Ah! nous allons le savoir. Voilà notre ami Oven, qui, après avoir été mettre en sûreté ses quatre-vingts louis, apporte du papier et de l'encre à son maître. Il va écrire; à la bonne heure! nous saurons donc quelque chose de positif. Et maintenant, reprit Dubois, voyons jusqu'à quel point nous pouvons compter sur ce maraud de valet.

Et il quitta son observatoire tout grelottant, car, ainsi qu'on se le rappelle, il ne faisait pas chaud.

Dubois s'arrêta sur l'escalier et attendit. Du degré où il se trouvait entièrement caché dans l'ombre, il découvrait la porte de Gaston toute dans la lumière.

Au bout d'un instant, la porte s'ouvrit, et Oven parut. Il demeura une seconde sur la porte, tournant et retournant sa lettre entre ses mains; puis il parut prendre son parti et monta l'escalier.

— Bon! dit Dubois, il a mordu au fruit défendu, et maintenant il est à moi.

Puis, arrêtant Oven sur l'escalier :

— C'est bien, dit-il, donne-moi la lettre que tu m'apportais et attends ici.

— Comment savez-vous que je vous portais une lettre? dit Oven tout ébahi.

Dubois haussa les épaules, lui prit la lettre des mains, et disparut.

Rentré dans sa chambre, Dubois examina le sceau. Le chevalier, qui n'avait ni cire ni cachet, s'était servi de la cire de la bouteille, et avait appuyé le chaton d'une bague sur la cire.

Dubois abaissa doucement la lettre au-dessus de la flamme de la bougie, et le cachet fondit.

Alors il ouvrit la lettre, et lut ce qui suit :

« Chère Hélène, votre courage a doublé le mien; faites que je puisse entrer dans la maison, et alors vous saurez quels sont mes projets. »

— Ah! ah! dit Dubois, il paraît qu'elle ne les sait pas encore. Allons, les choses ne sont pas si avancées que je le croyais.

Il replia la lettre, choisit parmi les nombreuses bagues dont ses doigts étaient chargés, et qu'il portait peut-être à cet effet, un chaton à peu près pareil à celui du chevalier, et, ayant approché de nouveau la cire de la bougie, il recacheta fort proprement la lettre.

— Tiens, dit-il à Oven en la lui rendant, voici la lettre de ton maître; va la porter fidèlement, rends-moi la réponse, et je te donne dix louis.

— Ah çà! se dit Oven en lui-même, cet homme a donc une mine d'or?

Et il partit tout courant.

Dix minutes après, il était de retour avec la lettre attendue. Celle-ci était écrite sur un joli petit papier parfumé, et cacheté d'un cachet chargé de la seule lettre H.

Dubois ouvrit une boîte, en tira une espèce de pâte, qu'il se mit à pétrir pour prendre l'empreinte du sceau; mais, en se livrant à cette occupation, il s'aperçut que la lettre était pliée de façon qu'on pouvait parfaitement, sans la décacheter, lire ce qu'elle contenait.

— Allons, dit-il, c'est plus commode.

Et il fit bâiller la lettre et lut ce qui suit :

« La personne qui me fait venir de Bretagne vient, de son côté, au-devant de moi, au lieu de m'attendre à Paris, tant elle est impatiente, dit-elle, de me voir; je pense qu'elle repartira cette nuit. Venez demain matin avant neuf heures; je vous dirai tout ce qui se sera passé entre elle et moi, et nous verrons alors de quelle façon nous devons agir. »

— Ceci, dit Dubois, suivant toujours son idée, qui faisait d'Hélène la complice du chevalier, me paraît plus clair. Peste! quelle jeune personne délurée! Si c'est comme cela qu'on les élève aux augustines de Clisson, j'en ferai mon compliment à la supérieure. Et monseigneur qui, sur ses seize ans, va prendre cela pour une ingénue! Oh! il me regrettera; je trouve mieux quand je cherche.

— Tiens, dit-il à Oven, voici tes dix louis et ta lettre : tu vois que c'est tout bénéfice.

Oven empocha les dix louis et porta la lettre. L'honnête garçon n'y comprenait rien, et se demandait ce que lui réservait Paris, puisqu'une pareille manne tombait déjà dans les faubourgs.

En ce moment, dix heures sonnaient, et, au bruit monotone et lent de l'horloge se mêlait le roulement sourd d'une voiture qui s'approchait avec fracas. Dubois se mit à sa fenêtre et vit la voiture s'arrêter à la porte de l'hôtel. Dans cette voiture se prélassait un gentilhomme fort convenable, qu'au premier coup d'œil Dubois reconnut pour la Fare, le capitaine des gardes de Son Altesse Royale.

— Allons, allons, dit-il, il est encore plus prudent que je ne le croyais; mais où est-il, lui?... Ah! ah!

Cette exclamation lui était arrachée par la vue d'un piqueur vêtu de la même livrée rouge qu'il cachait lui-même sous le grand manteau dans lequel il était enveloppé, et qui suivait la voiture sur un magnifique genet d'Espagne, sur lequel il n'était monté que depuis peu d'instants; car, tandis que, malgré le temps glacé qu'il faisait, les chevaux de la voiture étaient couverts d'écume, celui-là était à peine en haleine.

La voiture s'était arrêtée à la porte de l'hôtel, et tout le monde s'empressait autour de la Fare, qui faisait le gros dos, demandant tout haut un appartement et un souper. Pendant ce temps, le piqueur descendait de cheval, jetait la bride aux mains d'un page, et s'acheminait vers le pavillon.

— Bien! bien! dit Dubois, tout cela est limpide comme de l'eau de roche; mais comment, dans tout cela, n'a-t-on pas aperçu la figure du chevalier? Est-il si préoccupé de son poulet qu'il n'ait pas entendu la voiture? Voyons un peu. Quant à vous, monseigneur, continua Dubois, soyez tranquille, je ne dérangerai pas votre tête-à-tête. Savourez donc tout à votre aise ce commencement d'ingénuité qui promet de si heureuses suites... Ah! monseigneur, on voit bien que vous avez la vue basse!...

Tout en monologuant, Dubois était descendu et avait repris place à son observatoire.

Au moment où il approchait l'œil du contrevent, Gaston, après avoir enfermé son billet dans son portefeuille, qu'il remit avec grand soin dans sa poche, se leva.

— Ah! sang-Dieu! dit Dubois en étendant instinctivement vers le chevalier ses griffes, qui ne rencontrèrent que la muraille; sang-Dieu! c'est ce portefeuille-là qu'il me faudrait. Ce portefeuille-là, je le payerais cher. Ah! ah! il s'apprête à sortir, notre gentilhomme; il boucle son épée, il cherche son manteau. Où va-t-il? voyons cela. Attendre Son Altesse Royale à la sortie? Non, mordieu! non! ce n'est point là la figure d'un homme qui touche au moment d'en tuer un autre; et je serais plutôt tenté de croire que, pour ce soir, il se contentera de faire l'Espagnol sous les fenêtres de sa belle. Ah! ma foi, s'il avait cette bonne idée, il y aurait peut-être moyen... Il serait difficile de rendre l'expression du sourire qui passa à ce moment sur le visage de Dubois. — Oui; mais, dit-il, se répondant à lui-même, si j'allais attraper un bon coup d'épée dans l'entreprise, comme monseigneur rirait! Mais bah! il n'y a pas de danger; nos hommes doivent être à leur poste, et, d'ailleurs, qui ne risque rien n'a rien.

Et, encouragé par cet aventureux proverbe, Dubois fit rapidement le tour de l'hôtel, afin de se présenter à une extrémité de la ruelle, tandis que le chevalier se présenterait à l'autre, en supposant que Gaston sortît pour se promener purement et simplement sous les fenêtres de sa maîtresse, ce que paraissait, au reste, indiquer l'expression triste, mais calme, de son visage.

Dubois ne s'était pas trompé. A l'entrée de la ruelle, il trouva maître Tapin, qui, après avoir chargé l'Éveillé de l'intérieur de la cour, s'était mis en sentinelle à l'extérieur. En deux mots, il l'eut mis au courant de son projet. Celui-ci lui montra du doigt un de ses hommes couché sur les degrés d'une porte extérieure, tandis qu'un troisième, assis sur une borne, raclait une espèce de guimbarde, selon la coutume des chanteurs ambulants qui vont demander l'aumône dans les auberges. Un quatrième devait être encore dans quelque autre endroit; mais il était si bien caché, qu'on ne l'apercevait même pas.

Dubois, sûr d'être soutenu, s'enveloppa jusqu'au nez dans son manteau et s'aventura dans la ruelle.

A peine avait-il fait quelques pas dans cette espèce de coupe-gorge, qu'il aperçut une ombre qui s'avançait de l'autre extrémité. Cet homme avait tout l'air de la personne que cherchait Dubois.

Effectivement, à la première fois que les deux hommes passèrent l'un à côté de l'autre, Dubois reconnut le chevalier. Quant à celui-ci, préoccupé de ses pensées, il ne chercha pas même à savoir qui l'avait croisé, et peut-être même n'avait-il pas vu qu'on le croisait.

Ce n'était pas là l'affaire de Dubois; il avait besoin d'une belle et bonne querelle, et, voyant qu'on ne la lui cherchait pas, il résolut de prendre l'initiative.

A cet effet, il revint sur ses pas, et, s'arrêtant devant le chevalier, qui, arrêté lui-même, cherchait à distinguer lesquelles des quatre ou cinq fenêtres donnant sur la ruelle étaient celles de la chambre qu'habitait en ce moment Hélène.

— Hé! l'ami, lui dit-il d'une voix rauque, que faites-vous, s'il vous plaît, à cette heure, devant cette maison?

Gaston baissa les yeux du ciel à la terre, et, de la poésie de ses pensées, retomba dans le matérialisme de la vie.

— Plaît-il, monsieur? dit-il à Dubois, je crois que vous m'avez parlé.

— Oui, monsieur, répondit Dubois, je vous ai demandé ce que vous faisiez là.

— Passez votre chemin, dit le chevalier; je ne m'inquiète pas de vous, ne vous inquiétez pas de moi.

— Cela pourrait se faire ainsi, dit Dubois, si votre présence ne me gênait point

— Cette ruelle, tout étroite qu'elle est, est assez large pour nous deux, monsieur; promenez-vous d'un côté, et je me promènerai de l'autre.

— Mais il me plaît de m'y promener seul, à moi, dit Dubois; je vous inviterai donc à aller à d'autres croisées que celles-ci. Il n'en manque pas à Rambouillet, choisissez.

— Et pourquoi ne pourrais-je pas regarder ces croisées, s'il me convient? répondit Chanlay.

— Parce que ce sont celles de ma femme, repartit Dubois.

— De votre femme?

— Oui, de ma femme qui vient d'arriver de Paris, et de laquelle je suis fort jaloux, je vous en préviens.

— Diable! murmura Gaston, c'est probablement le mari de la personne chargée de veiller sur Hélène.

Et, par un retour subit sur lui-même, afin de se ménager ce personnage important dont il pouvait avoir besoin plus tard :

— Monsieur, dit-il en saluant poliment Dubois, s'il en est ainsi, c'est autre chose; je suis prêt à quitter la place, car je me promenais sans aucun but.

— Diable! fit Dubois, voilà un conspirateur bien poli! Ce n'est pas mon compte, il me faut une querelle.

Gaston s'éloignait.

— Vous me trompez, monsieur, dit Dubois.

Le chevalier se retourna aussi vivement que si un serpent l'eût mordu; cependant, prudent à cause d'Hélène, prudent à cause de la mission qu'il avait entreprise, il se contint.

— Monsieur, dit-il, est-ce parce que j'y mets des formes que vous doutez de ma parole?

— Vous y mettez des formes parce que vous avez peur; mais il n'en est pas moins vrai que je vous ai vu regarder à cette fenêtre.

— Peur! moi, peur! s'écria Chanlay, se retournant d'un seul bond en face de son antagoniste. N'avez-vous pas dit que j'avais peur, monsieur?

— Je l'ai dit, répondit Dubois.

— Mais alors, reprit le chevalier, c'est donc une querelle que vous me cherchez?

— Parbleu! c'est visible, ce me semble. Ah çà! mais vous arrivez donc de Quimper-Corentin?

— Pâques-Dieu! s'écria Gaston en tirant son épée... Allons, monsieur, flamberge au vent!...

— Et vous, habit bas, s'il vous plaît! dit Dubois jetant son manteau et s'apprêtant à en faire autant de son habit.

— Habit bas ! pourquoi faire? demanda le chevalier.

— Parce que je ne vous connais pas, monsieur, et que les coureurs de nuit ont parfois leurs habits prudemment doublés d'une cotte de mailles.

A peine Dubois avait-il prononcé ces mots, que le manteau et l'habit du chevalier étaient loin de lui; mais au moment où Gaston, l'épée nue, s'élançait sur son adversaire, l'homme ivre alla rouler entre ses jambes, le joueur de guimbarde lui saisit le bras droit, l'exempt le bras gauche, et le quatrième, qu'on n'avait pas vu, le prit à bras-le-corps.

— Un duel! monsieur, criaient ces hommes, un duel, malgré la défense du roi!... Et ils l'entraînaient vers la porte sur les degrés de laquelle était couché l'homme ivre.

— Un assassinat! murmurait Gaston entre ses dents, n'osant crier de peur de compromettre Hélène. Misérables!

— Monsieur, nous sommes trahis, disait Dubois tout en roulant en paquet l'habit et le manteau du chevalier et en les mettant sous son bras; mais nous nous retrouverons demain, soyez tranquille.

Et il courait à toutes jambes vers l'hôtel, tandis qu'on enfermait Gaston dans la salle basse.

Dubois monta les escaliers en deux sauts, et, s'enfermant dans sa chambre, tira le précieux portefeuille de la poche du chevalier.

Dans une poche particulière, il renfermait un sequin brisé par la moitié, et un nom d'homme.

Le sequin était évidemment un signe de reconnaissance.

Le nom était sans doute celui de l'homme auquel Gaston était adressé, et qui s'appelait « le capitaine la Jonquière. » Le papier était en outre taillé d'une certaine façon.

— La Jonquière! murmura Dubois, la Jonquière, c'est cela; nous avons déjà l'œil sur lui. Très-bien!

Il feuilleta rapidement tout le reste du portefeuille; il n'y avait pas autre chose.

— C'est peu, dit-il, mais c'est assez.

Il tailla un papier sur la forme de l'autre, prit le nom, puis il sonna.

On frappa doucement à la porte, la porte était fermée en dedans.

— C'est vrai, dit Dubois, je l'avais oublié.

Et il alla ouvrir.

C'était M. Tapin.

— Qu'en avez-vous fait? demanda Dubois.

— Il est enfermé dans la salle basse et gardé à vue.

— Reportez ce manteau et cet habit où il les a jetés, afin qu'il les retrouve à la même place; faites-lui vos excuses, et le mettez dehors. Prenez garde que rien ne manque aux poches de l'habit, ni le portefeuille, ni la bourse, ni le mouchoir; il est urgent qu'il n'ait aucun soupçon. Du même coup, vous me rapporterez mon habit et mon manteau à moi, qui sont restés sur le champ de bataille.

M. Tapin s'inclina jusqu'à terre, et se retira pour accomplir les ordres qu'il venait de recevoir.

X

LA VISITE.

Toute cette scène, comme nous l'avons dit, s'était passée dans la ruelle qui s'étendait sous les fenêtres d'Hélène; elle avait donc entendu le bruit de la rixe, et, comme, au milieu de toutes ces voix, elle avait cru entendre celle du chevalier, elle s'était approchée avec inquiétude de la fenêtre, lorsqu'en ce moment même la porte de sa chambre s'ouvrit, et madame Desroches entra.

Elle venait prier Hélène de passer au salon, la personne qui devait lui faire visite étant arrivée.

Hélène tressaillit, et se sentit prête à défaillir. Elle voulut interroger; mais la voix lui manqua. Elle suivit donc madame Desroches, muette et tremblante.

Le salon dans lequel l'introduisait sa conductrice était sans lumière aucune, toutes les bougies en avaient été soigneusement éteintes, et la cheminée seule, dans laquelle brillait encore un reste de feu, lançait sur le tapis une lueur imperceptible qui ne montait pas jusqu'au visage. Encore madame Desroches prit-elle une carafe et versa-t-elle, sur cette flamme mourante, un peu d'eau qui fit rentrer la chambre dans une complète obscurité.

Alors madame Desroches, après avoir recommandé à Hélène de n'avoir aucune crainte, se retira.

Un instant après, la jeune fille entendit une voix derrière cette quatrième porte, qui ne s'était pas encore ouverte.

Elle tressaillit au son de cette voix.

Elle fit, presque malgré elle, quelques pas dans la direction de cette porte, et écouta avidement.

— Est-elle prête? disait la voix.

— Oui, monseigneur, répondit madame Desroches.

— Monseigneur? murmura Hélène, qui donc, mon Dieu! va venir ici?

— Ainsi elle est seule?

— Oui, monseigneur.

— Prévenue de mon arrivée?

— Oui, monseigneur.

— Nous ne serons pas interrompus?

— Monseigneur peut compter sur moi.

— Et pas de lumière?

— Obscurité complète.

On entendit les pas qui se rapprochaient, puis ils s'arrêtèrent.

— Voyons, franchement, madame Desroches, dit la voix, l'avez-vous trouvée aussi jolie qu'on le dit?

— Plus belle que ne le peut se figurer Votre Altesse.

— Votre Altesse! mon Dieu! que dit-elle donc là? murmura la jeune fille, prête à s'évanouir.

Au même instant la porte du salon grinça sur les gonds dorés; un pas assez lourd, bien qu'étouffé par un épais tapis, fit, en s'approchant, craquer le parquet; Hélène sentit tout son sang qui affluait vers son cœur.

— Mademoiselle, dit la même voix, veuillez, je vous prie, me recevoir et m'entendre.

— Me voici, murmura Hélène presque mourante.

— Vous êtes effrayée?

— Je l'avoue, mon... dirai-je monsieur ou monseigneur?

— Dites : Mon ami.

En ce moment sa main toucha celle de l'inconnu.

— Madame Desroches, êtes-vous là? s'écria Hélène en se reculant malgré elle.

— Madame Desroches, reprit la voix, dites à mademoiselle qu'elle est aussi en sûreté ici que dans un temple, devant Dieu.

— Oh! monseigneur, je suis à vos pieds, pardonnez-moi.

— Mon enfant, relevez-vous et asseyez-vous ici. Madame Desroches, fermez toutes les portes. Et maintenant, continua l'inconnu, revenant à Hélène, donnez-moi votre main, je vous prie.

Hélène étendit sa main, qui rencontra, pour la seconde fois, celle de l'étranger, mais qui ne s'éloigna plus.

— On dirait qu'il tremble aussi, murmura-t-elle.

— Voyons, qu'avez-vous, dit l'inconnu; est-ce que je vous fais peur, chère enfant?

— Non, répondit Hélène; mais, en sentant votre main serrer la mienne, une sensation étrange... un frémissement incompréhensible.

— Parlez-moi, Hélène, dit l'inconnu avec une expression de tendresse infinie. Je sais déjà que vous êtes belle; mais c'est la première fois que j'entends le son de votre voix. Parlez, je vous écoute.

— Mais vous m'avez donc déjà vue? demanda gracieusement Hélène.

— Vous rappelez-vous qu'il y a deux ans l'abbesse des augustines fit faire votre portrait?

— Oui, je me souviens, par un peintre qui vint tout exprès de Paris, à ce qu'on m'assura.

— Ce peintre, c'est moi qui l'avais envoyé à Clisson.

— Et ce portrait vous était destiné?

— Ce portrait, le voici, répondit l'inconnu en tirant de sa poche une miniature que l'on ne pouvait voir, mais qu'il fit toucher à Hélène.

— Mais quel intérêt pouvez-vous avoir à faire faire, et ensuite à garder ainsi le portrait d'une pauvre orpheline?

— Hélène, répondit l'inconnu après un instant de silence, je suis le meilleur ami de votre père.

— De mon père! s'écria Hélène. Est-il donc vivant?

— Oui.

— Et je le verrai un jour?

— Peut-être.

— Oh! soyez béni, reprit Hélène en serrant à son tour les mains de l'inconnu; soyez béni, vous qui m'apportez cette bonne nouvelle.

— Chère enfant! murmura l'inconnu.

— Mais, s'il vit, continua Hélène avec un léger sentiment de doute, comment donc a-t-il tant tardé à s'informer de sa fille?

— Il avait de vos nouvelles tous les mois; et, quoique de loin, il veillait sur vous, Hélène.

— Et cependant, reprit Hélène avec un accent de respectueux reproche, vous l'avouerez vous-même, depuis seize ans il ne m'a pas vue.

— Croyez, reprit l'inconnu, qu'il a fallu des considérations de la plus haute importance pour qu'il se privât de ce bonheur.

— Je vous crois, monsieur; ce n'est point à moi d'accuser mon père.

— Non; mais c'est à vous de lui pardonner, s'il s'accuse lui-même.

— A moi de lui pardonner! s'écria Hélène étonnée.

— Oui; et ce pardon, qu'il ne peut vous demander lui-même, chère enfant, c'est moi qui viens vous le demander en son nom.

— Monsieur, dit Hélène, je ne vous comprends pas.

— Écoutez-moi donc, dit l'inconnu.

— J'écoute.

— Oui, mais d'abord rendez-moi votre main.

— La voici.

Il y eut un instant de silence, comme si l'inconnu voulait, d'un seul coup, rappeler tous ses souvenirs; puis il continua :

— Votre père avait un commandement dans les armées du feu roi; à la bataille de Nerwinde, où il avait chargé à la tête de la maison du roi, un de ses écuyers, nommé M. de Chaverny, tomba près lui, percé d'une balle; votre père voulut le secourir; mais la blessure était mortelle, et le blessé, qui ne s'abusait pas sur sa position, lui dit en secouant la tête : « Ce n'est pas à moi qu'il faut penser, mais à ma fille. » Votre père lui serra la main en signe de promesse, et le blessé, qui s'était soutenu sur un genou, retomba et mourut, comme s'il n'eût attendu que cette assurance pour fermer les yeux. Vous m'écoutez, n'est-ce pas, Hélène? interrompit l'inconnu.

— Oh! vous le demandez? s'écria la jeune fille.

— En effet, continua le narrateur, la campagne terminée, le premier soin de votre père fut de s'occuper de la petite orpheline; c'était une charmante enfant de dix à douze ans, qui promettait à cet âge d'être belle comme vous l'êtes à présent. La mort de M. de Chaverny, son père, lui enlevait tout appui et toute fortune; votre père la fit entrer dans le couvent de la Visitation des dames du faubourg Saint-Antoine, et annonça d'avance que, lorsque l'âge de la pourvoir serait venu, c'était lui seul qui se chargeait de la dot.

— Merci, mon Dieu! s'écria Hélène; merci de m'avoir fait la fille d'un homme qui tenait si fidèlement sa promesse.

— Attendez, Hélène, reprit l'inconnu, car voici le moment où votre père va cesser de mériter vos éloges.

Hélène se tut, et l'inconnu continua :

— Votre père, en effet, comme il s'y était engagé, veilla sur l'orpheline, qui atteignit sa dix-huitième année; c'était alors une adorable jeune fille, aussi votre père sentit-il que ses visites au couvent devenaient plus fréquentes et plus longues qu'il ne convenait. Votre père commençait à aimer sa pupille; son premier mouvement fut de s'effrayer de cet amour, car il songeait à la promesse qu'il avait faite à M. de Chaverny blessé et mourant, et il comprenait que c'était la mal tenir que de séduire sa fille; aussi, pour lui venir en aide, chargea-t-il la supérieure de s'informer d'un parti convenable à mademoiselle de Chaverny, et apprit-il d'elle que son neveu, jeune gentilhomme de Bretagne, ayant vu sa pensionnaire, en venant la visiter elle-même, en était devenu amoureux, et s'était déjà ouvert à elle du grand désir qu'il aurait d'obtenir sa main.

— Eh bien, monsieur? demanda Hélène, voyant que l'inconnu hésitait à continuer :

— Eh bien, l'étonnement de votre père fut grand, Hélène, lorsqu'il apprit de la bouche même de la supérieure que mademoiselle de Chaverny avait répondu qu'elle ne voulait pas se marier, et que son plus vif désir était de demeurer dans le couvent où elle avait été élevée, et que le jour le plus heureux de sa vie serait celui où elle y prononcerait ses vœux.

— Elle aimait quelqu'un, dit Hélène.

— Oui, mon enfant, répondit l'inconnu, vous l'avez deviné; hélas! on ne peut fuir sa destinée. Mademoiselle de Chaverny aimait votre père; longtemps, elle renferma son secret dans son cœur; mais un jour que votre père la pressait de renoncer à cet étrange projet de prendre le voile, la pauvre enfant, ne pouvant y tenir plus longtemps, lui avoua tout. Fort contre son amour, tant qu'il n'avait pas cru son amour partagé, il faiblit lorsqu'il vit qu'il n'avait plus qu'à désirer pour obtenir; ils étaient si jeunes tous deux! — votre père avait vingt-cinq ans à peine. mademoiselle de Chaverny n'en avait pas encore dix-huit, — qu'ils oublièrent le monde entier pour ne se souvenir que d'une chose, c'est qu'ils pouvaient être heureux.

La voiture était ardemment éclairée et suivie de deux piqueurs à cheval. —Page 51.

— Mais, puisqu'ils s'aimaient ainsi, demanda Hélène, pourquoi ne se mariaient-ils pas?

— Parce que, répondit l'inconnu, toute union était impossible entre eux à cause de la distance qui les séparait; ne vous a-t-on pas dit, Hélène, que votre père était un très-grand seigneur?

— Hélas! oui, répondit Hélène, je le sais.

— Pendant un an, continua l'inconnu, leur bonheur fut entier et dépassa leurs propres espérances; mais au bout d'un an, Hélène, vous vîntes au monde, et..

— Et?... murmura timidement la jeune fille.

— Et votre naissance coûta la vie à votre mère.

Hélène éclata en sanglots.

— Oui, continua l'inconnu d'une voix émue par ses souvenirs, oui, pleurez, Hélène, pleurez votre mère, c'était une sainte et digne femme, dont, à travers ses chagrins, ses plaisirs, ses folies peut-être, votre père, je vous le jure, a gardé un noble souvenir; aussi reporta-t-il sur vous tout l'amour qu'il avait pour elle.

— Et cependant, dit Hélène avec un léger accent de reproche, mon père a consenti à m'éloigner de lui; et cependant, depuis ma naissance, mon père ne m'a pas revue.

— Hélène, reprit l'inconnu, sur ce point, pardonnez à votre père, car, sur ce point, il n'y a pas de sa faute; vous vîntes au monde en 1703, c'est-à-dire au moment le plus austère du règne de Louis XIV. Votre père était déjà tombé dans la disgrâce du roi, ou plutôt dans celle de madame de Maintenon, pour vous peut-être plus encore que pour lui. Il se décida à vous éloigner; il vous envoya en Bretagne, vous confia à la bonne mère Ursule, supérieure du couvent où vous avez été élevée. Enfin, le roi Louis XIV étant mort, et toutes choses ayant changé en France, il s'est décidé à vous faire venir près de lui; pendant toute la route, au reste, vous avez dû remarquer que sa sollicitude veillait sur vous, et, aujourd'hui même, quand il a su que vous deviez arriver à Rambouillet, eh bien, il n'a pas eu le courage d'attendre à demain, il est venu au-devant de vous, Hélène.

— O mon Dieu! s'écria Hélène, serait-il vrai?

— Et, en vous revoyant, ou plutôt en vous écoutant, il a cru entendre votre mère; même visage, même pureté dans l'expression, même accent dans la voix. Hélène! Hélène! soyez plus heureuse qu'elle, c'est du fond de son cœur qu'il le demande au ciel.

— O mon Dieu! s'écria Hélène, cette émotion dans votre main qui tremble... Monsieur, monsieur, vous dites que mon père est venu audevant de moi?

— Oui.

— Ici, à Rambouillet?

— Oui.

— Vous dites qu'il a été heureux de me revoir?

— Oh! oui, bien heureux.

— Mais ce bonheur-là ne lui a point suffi, n'est-ce pas? il a voulu me parler, il a voulu me dire lui-même l'histoire de ma naissance, il a voulu que je pusse le remercier de son amour, tomber à ses genoux, lui demander sa bénédiction! Oh! s'écria Hélène en s'agenouillant, oh! je suis à vos pieds, bénissez-moi, mon père!

— Hélène, mon enfant, ma fille! s'écria l'inconnu, oh! pas à mes genoux, dans mes bras, dans mes bras!

— Oh! mon père, mon père! murmura Hélène.

Et cependant, continua l'inconnu, cependant j'étais venu dans une autre intention: j'étais venu décidé à tout nier, à rester un étranger pour toi; mais, en te sentant là, près de moi, en serrant ta main, en écoutant ta voix si douce, je n'en ai pas eu la force. Seulement ne me fais pas repentir de ma faiblesse, et qu'un secret éternel...

— Par ma mère, je vous le jure! s'écria Hélène.

— Eh bien, c'est tout ce qu'il faut, reprit l'inconnu. Maintenant, écoutez-moi, car il faut que je vous quitte.

— Oh! déjà, mon père?

— Il le faut.

— Ordonnez, mon père, j'obéis.

— Demain, vous partirez pour Paris; la maison qui vous est destinée vous attend. Madame Desroches, qui a mes instructions, vous y conduira, et là, au premier moment que me laisseront mes devoirs, j'irai vous voir.

— Bientôt, n'est-ce pas, mon père? car n'oubliez pas que je suis seule au monde.

— Le plus tôt que je pourrai.

Et, approchant une dernière fois ses lèvres du front d'Hélène, l'inconnu y déposa un de ces suaves et chastes baisers qui sont aussi doux au cœur d'un père qu'un baiser d'amour est doux au cœur d'un amant.

Dix minutes après, madame Desroches rentra, une bougie à la main. Hélène était agenouillée, et priait, la tête appuyée sur un fauteuil. Elle leva les yeux, et, sans interrompre sa prière, fit signe à madame Desroches de poser la bougie sur la cheminée. Madame Desroches obéit et se retira.

Hélène pria quelques minutes encore, puis elle se leva, regarda tout autour d'elle, car il lui semblait sortir d'un rêve; mais tous les objets témoins de cette entrevue de la jeune fille avec son père étaient encore là présents et parlants pour ainsi dire. Cette bougie solitaire apportée par madame Desroches, et qui n'éclairait qu'à peine l'appartement, cette porte, toujours fermée jusque-là, et qu'en se retirant madame Desroches avait laissée entr'ouverte, et, plus que cela encore, l'émotion profonde qu'éprouvait la jeune fille, lui faisaient comprendre que ce n'était pas un rêve dont elle sortait, mais un grand et réel événement qui venait de s'accomplir dans sa vie.

Puis, au milieu de tout cela, le souvenir de Gaston revenait à son esprit. Ce père qu'elle craignait tant de voir, ce père si bon et si affectueux, ce père qui avait tant aimé lui-même et tant souffert de son amour, ne contraindrait certes pas sa volonté. D'ailleurs, Gaston, sans être d'une race ni historique ni illustre, était le dernier rejeton d'une des plus vieilles familles de la Bretagne; plus que tout cela, elle aimait Gaston à mourir si elle était séparée de lui; et si son père l'aimait véritablement, son père ne voudrait pas sa mort.

Il y avait peut-être bien aussi de la part de Gaston quelque empêchement; mais ces obstacles ne pouvaient être que légers en comparaison de celui qui eût pu s'élever de son côté. Cet obstacle s'aplanirait donc comme les autres; et cet avenir, que les jeunes gens avaient entrevu si sombre, déjà redevenu pour Hélène plein d'espérance, redeviendrait bientôt pour tous deux plein d'amour et de bonheur.

Hélène s'endormit sur ces riantes pensées, et, de sa veille joyeuse, passa à de doux rêves.

De son côté, Gaston, rendu à la liberté avec force excuses de la part de ceux qui l'avaient arrêté, et qui prétendaient l'avoir pris pour un autre, était allé ramasser, plein d'anxiété, son habit et son manteau, qu'il avait, à sa grande joie, retrouvés à la même place; puis, accourant aussitôt à l'hôtel du *Tigre royal*, il s'était soigneusement enfermé dans sa chambre, et avait précipitamment ouvert son portefeuille. Son portefeuille était dans le même état où il l'avait laissé, parfaitement intact, et, dans la poche particulière, il retrouva la moitié de la pièce d'or et l'adresse du capitaine la Jonquière, que, pour plus de sûreté même, il brûla aussitôt.

Puis, sinon plus joyeux, du moins plus tranquille, attribuant l'événement de sa soirée à l'un de ces mille accidents qui peuvent assaillir un promeneur nocturne, il se retira dans sa chambre, et, après avoir donné à Oven ses instructions pour le lendemain, il se coucha, murmurant le nom d'Hélène, comme Hélène avait murmuré le sien.

Pendant ce temps, deux voitures partaient de l'hôtel du *Tigre royal* : la première, dans laquelle étaient deux gentilshommes en livrée de chasse, était ardemment éclairée, et précédée et suivie de deux piqueurs à cheval.

La seconde, sans lanternes, et qui renfermait un simple voyageur, enveloppé de son manteau, suivait la première à deux cents pas de distance sans la perdre un instant de vue. A la barrière de l'Étoile seulement, elles se séparèrent; et, tandis que la voiture ardemment éclairée s'arrêtait au pied du grand escalier du Palais-Royal, la voiture sans lumière s'arrêtait à la petite porte de la rue de Valois.

Toutes deux, d'ailleurs, étaient arrivées sans accidents.

XI

OU DUBOIS PROUVE QUE SA POLICE PARTICULIÈRE ÉTAIT MIEUX FAITE POUR 500,000 LIVRES, QUE NOTRE POLICE GÉNÉRALE N'EST FAITE POUR TROIS MILLIONS.

Quelles que fussent les fatigues de ses nuits, et qu'il les eût passées en courses ou en orgies, le duc d'Orléans ne changeait rien à la disposition de ses journées. Toutes les matinées étaient livrées aux affaires, et les diverses sortes d'affaires avaient leurs jours. Ordinairement il commençait à travailler, seul ou avec Dubois, avant même de s'habiller; puis venait son lever, qui était court, et pendant lequel il recevait peu de monde. Ce lever était suivi d'audiences, qui, en général, le tenaient jusqu'à onze heures ou midi; puis venaient les chefs des conseils : la Vrillère d'abord, puis Leblanc, qui lui rendait compte de ses espionnages; puis Torey, qui lui rapportait les lettres importantes qu'il avait soustraites; puis enfin le maréchal de Villeroy, avec lequel, dit Saint-Simon, il ne travaillait pas, mais piaffait. Sur les deux heures et demie, on lui apportait son chocolat, la seule chose qu'il prît le matin, et qu'il prenait devant tout le monde, en causant et en riant. Ce repos, intervalle dans sa journée, durait une demi-heure; puis venait l'audience des femmes. L'audience terminée, il passait ordinairement chez madame la duchesse d'Orléans, d'où il sortait pour aller saluer le jeune roi, qu'il voyait invariablement une fois par jour, soit à une heure, soit à une autre, et qu'il n'abordait ou ne quittait qu'avec un air de respect et des révérences qui apprenaient à chacun de quelle façon on devait parler à un roi. Ce programme était augmenté, une fois la semaine, de la réception des ministres étrangers, et, les dimanches et fêtes, d'une messe dite et entendue dans la chapelle particulière.

A six heures du soir, s'il y avait conseil, à cinq heures, s'il n'y en avait pas, tout était fini, et il n'était plus question d'affaires. Le régent, alors, allait ou à l'Opéra ou chez madame de Berry; mais cette dernière distraction avait besoin d'être remplacée par une autre, car, ainsi que nous l'avons vu au commencement de cette histoire, il était brouillé avec sa fille bien-aimée à cause de son mariage avec Riom. Puis venait l'heure de ces fameux soupers, lesquels ont fait tant de bruit, et qui avaient lieu, l'été à Saint-Cloud ou à Saint-Germain, et l'hiver au Palais-Royal.

Ces soupers se composaient de dix à quinze personnes, rarement moins, rarement plus. A ces soupers, il y avait de tout. Les habitués en hommes étaient le duc de Broglie, Noël, Brancas, Biron, Canillac; puis quelques jeunes gens de traverse, comme les appelle Saint-Simon, brillants par leur esprit ou par leurs débauches. Les femmes étaient mesdames de Parabère, de Phalaris, de Sabran et d'Averne, quelque fille d'opéra en renom, chanteuse ou danseuse, souvent la duchesse de Berry. Il va sans dire que la personne de Son Altesse Royale ajoutait quelquefois à la licence de ces soupers, mais n'en retranchait jamais rien.

C'était dans ces soupers, où régnait l'égalité la plus absolue, que rois, ministres, conseillers, dames de la cour, tout était passé en revue, épluché, étrillé, fouillé. Là, la langue française arrivait à la liberté de la langue latine; là, tout se racontait, se disait ou se faisait, pourvu que ce fût spirituellement raconté, dit ou fait. Aussi ces soupers avaient-ils un tel charme pour le régent, que, lorsque l'heure était venue et que le dernier convive était arrivé, derrière lui on fermait et on barricadait les portes, et cela de telle façon, que, quelque affaire qui pût survenir, intéressât-elle le roi, intéressât-elle la France, intéressât-elle le régent lui-même, il était inutile de tenter de percer jusqu'à lui : la clôture durait jusqu'au lendemain matin.

Quant à Dubois, il était rarement de ces soupers, que sa mauvaise santé lui défendait. Aussi était-ce le moment que ses ennemis choisissaient pour le déchiqueter. Le duc d'Orléans riait à gorge déployée des attaques contre son ministre, et, comme les autres, donnait son coup de bec, de griffe ou de dent à la carcasse décharnée de son ex-gouverneur. Dubois savait parfaitement que, pour la plupart du temps, c'était lui qui faisait les frais du souper; mais, comme il savait aussi que, le matin, le régent avait toujours et invariablement oublié ce qui s'était dit dans la nuit, il s'inquiétait peu de tous ces assauts qu'on livrait à son crédit, démoli chaque nuit et croissant chaque jour.

C'est qu'aussi le régent, qui se sentait alourdi de jour en jour, savait qu'il pouvait compter sur la vigilance de Dubois. Dubois veillait quand le régent dormait, soupait ou courait. Dubois, qui semblait ne pouvoir se tenir sur les jambes, était infatigable. Il était à la fois au Palais-Royal, à Saint-Cloud, au Luxembourg et à l'Opéra; il était partout où était le régent, passant derrière lui comme une ombre, montrant sa figure de fouine dans un corridor, entre les deux portes d'un salon, derrière le carreau d'une loge. Dubois enfin semblait avoir le don de l'ubiquité.

En rentrant de sa course à Rambouillet, où nous l'avons vu veiller autour du régent avec tant de sollicitude et d'assiduité, il avait fait appeler maître Tapin, qui, monté sur un excellent cheval anglais et habillé en piqueur, s'était mêlé à la suite du prince et était revenu avec elle sans être reconnu, grâce à l'obscurité. Il avait causé avec lui une heure, lui avait donné ses instructions pour le lendemain, avait dormi quatre ou cinq heures, puis enfin s'était levé, et, à sept heures, enchanté des avantages qu'il avait conquis sur le régent, et dont il espérait bien tirer parti, il se présentait à la petite porte de la chambre à coucher, que le valet de chambre de Son Altesse Royale ouvrait toujours à sa première réquisition, le duc d'Orléans ne fût-il pas seul.

Le régent dormait encore.

Dubois s'approcha de son lit, et le regarda quelque temps avec ce sourire qui tenait à la fois du singe et du démon.

Enfin il se décida à l'éveiller.

— Holà! monseigneur, holà! éveillons-nous, cria-t-il.

Le duc d'Orléans ouvrit les yeux et vit Dubois, et, espérant se débarrasser de lui par quelques-unes de ces rebuffades auxquelles son ministre était si bien habitué, qu'elles glissaient sur lui comme sur la toile cirée :

— Ah! c'est toi, l'abbé, lui dit-il, va-t'en au diable!

Et il se retourna le nez contre le mur.

— Monseigneur, j'en viens; mais il était trop

L'hôtel du Muids-d'Amour. — Page 59.

pressé pour me recevoir, et il m'a renvoyé à vous.

— Laisse-moi tranquille, je suis las.

— Je le crois bien; la nuit a été orageuse, n'est-ce pas?

— Que veux-tu dire? demanda le duc en se retournant à moitié.

— Je dis que le métier que vous avez fait la nuit passée ne vaut rien pour un homme qui donne des rendez-vous à sept heures du matin.

— Je t'ai donné rendez-vous à sept heures, l'abbé?

— Oui, monseigneur, hier matin, avant de partir pour Saint-Germain.

— C'est pardieu vrai! dit le régent.

— Monseigneur ignorait que la nuit serait si fatigante.

— Fatigante!... J'étais sorti de table à sept heures.

— Oui, mais après?

— Eh bien, quoi, après?

— Êtes-vous content, au moins, monseigneur, et la jeune personne valait-elle la course?

— Quelle course?

— Celle que monseigneur a faite hier soir, après son dîner, en sortant de table, à sept heures.

— Il semble, à t'entendre, qu'il soit bien rude de revenir de Saint-Germain ici.

— Monseigneur a raison : de Saint-Germain ici il n'y a qu'un pas; mais il y a un moyen d'allonger la route.

— Lequel?

— C'est de passer par Rambouillet.

— Tu rêves, l'abbé.

— Je rêve, soit, monseigneur. Alors je vais vous raconter mon rêve : il prouvera à Votre Altesse que je m'occupe d'elle en rêvant.

— Quelque nouvelle baliverne?

— Non pas. J'ai rêvé que monseigneur avait lancé le cerf au carrefour du Treillage, et que l'animal, civilisé comme un cerf de bonne maison, s'était fait battre gentiment dans quatre lieues carrées; après quoi il était allé se faire prendre à Chambourcy.

— Jusque-là ton rêve ressemble assez à une vérité. Continue, l'abbé, continue.

— Après quoi, monseigneur est rentré à Saint-Germain, s'est mis à table à cinq heures et demie, et, en se mettant à table, a ordonné qu'on lui tînt sa voiture sans armoiries prête et attelée de quatre chevaux, pour sept heures et demie.

— Allons, pas mal! l'abbé, pas mal!

— A sept heures et demie, en effet, monseigneur a congédié tout son monde, excepté la Fare, avec lequel il est monté en voiture. Est-ce cela, monseigneur?

— Va toujours, va!

— La voiture a pris la route de Rambouillet, où elle est arrivée à neuf heures trois quarts. Seulement, aux premières maisons de la ville, elle s'est arrêtée; monseigneur est descendu, on lui a présenté un cheval qui l'attendait, et, tandis que la Fare continuait son chemin vers l'auberge du *Tigre royal*, monseigneur le suivait en piqueur.

— C'est ici que ton rêve s'embrouille, n'est-ce pas, l'abbé?

— Non, monseigneur, pas trop.

— Continue donc alors.

— Eh bien, tandis que ce fat de la Fare faisait semblant de manger un mauvais souper qu'on lui servait en l'appelant Excellence, monseigneur remettait son cheval à un page et gagnait un petit pavillon.

— Démon que tu es! mais où étais-tu donc caché?

— Moi, monseigneur, je n'ai pas quitté le Palais-Royal, où j'ai dormi comme une marmotte; et la preuve est que je vous raconte mon rêve.

— Et qu'y avait-il dans ce pavillon?

— D'abord, à la porte, une horrible duègne, grande, jaune et sèche.

— Dubois, je te recommanderai à Desroches, et tu peux être tranquille : la première fois qu'elle te rencontrera, elle t'arrachera les yeux.

— Puis, dans l'intérieur, ah! dam! dans l'intérieur...

— Ah! voilà où tu n'as pas pu voir, mon pauvre abbé, même en rêve.

— Allons donc, monseigneur, vous me supprimeriez, je l'espère bien pour vous, mes cinq cent mille livres de police secrète, si, grâce à eux, je ne voyais pas dans les intérieurs.

— Eh bien, qu'as-tu vu dans celui-ci?

— Ma foi, monseigneur, une charmante petite Bretonne : seize à dix-sept ans, jolie comme les amours, et même plus jolie que certains amours, venant en droite ligne des augustines de Clisson, accompagnée jusqu'à Rambouillet d'une bonne vieille sœur dont la présence, un peu gênante, a été supprimée aussitôt, n'est-ce pas?

— Dubois, j'ai souvent pensé que tu étais le diable, et que tu avais pris la forme d'un abbé pour me perdre.

— Pour vous sauver, monseigneur! pour vous sauver, c'est moi qui vous le dis.

— Pour me sauver! je ne m'en douterais pas.

— Eh bien! voyons, continua Dubois, avec son sourire de démon, êtes-vous content de la petite, monseigneur?

— Enchanté! Dubois, elle est charmante.

— Pardieu! vous l'avez fait venir d'assez loin pour cela, et, si elle était autrement, vous seriez volé.

Le régent fronça le sourcil; mais, réfléchissant que Dubois savait tout jusque-là, mais sans doute ignorait le reste, son froncement de sourcil se termina par un sourire.

— Allons, Dubois, dit-il, décidément tu es un grand homme.

— Ah! monseigneur, il n'y a plus que vous qui en doutiez, et cependant vous me disgraciez.

— Toi!..:

— Sans doute, vous me cachez vos amours.

— Allons, ne te fâche pas; Dubois.

— Il y aurait de quoi, cependant, monseigneur, convenez-en?

— Pourquoi cela?

— Parce que, sur ma parole, j'aurais trouvé aussi bien, et peut-être mieux. Que diable ne me disiez-vous pas qu'il vous fallait une Bretonne! on vous l'eût fait venir, monseigneur! on vous l'eût fait venir!

— Vraiment?

— Oh! mon Dieu, oui; j'en aurais trouvé à revendre, des Bretonnes!

— De pareilles?

— Et même de meilleures.

— L'abbé!...

— Parbleu! voilà une fière occasion que vous avez eue là!

— Monsieur Dubois!...

— Vous croyez avoir mis la main sur un trésor, peut-être?

— Holà! holà!

— Quand vous saurez ce que c'est que votre Bretonne, et à quoi vous vous exposez!

— Ne plaisantons pas, l'abbé, je t'en prie.

— Oh! décidément, monseigneur, vous m'affligez.

— Que veux-tu dire?

— Une apparence vous persuade, une nuit vous grise comme un écolier, et, le lendemain, il n'y a rien de comparable à la nouvelle venue. Elle est donc bien jolie, monseigneur, cette petite fille?

— Charmante!

— Et sage! la vertu même, on vous l'a triée sur cent, n'est-ce pas?

— C'est comme tu le dis, mon cher.

— Eh bien, moi, je vous déclare, monseigneur, que vous êtes perdu.

— Moi?

— Voici : votre Bretonne est une péronnelle.

— Silence, l'abbé!

— Comment, silence!

— Oui, pas un mot de plus; je te le défends, reprit le régent d'un air grave.

— Monseigneur, vous aussi, vous avez fait un mauvais rêve; laissez-moi vous l'expliquer.

— Monsieur Joseph, je vous enverrai à la Bastille.

— A la Bastille, tant que vous voudrez, monseigneur, mais vous n'en saurez pas moins que cette drôlesse...

— Est ma fille, monsieur l'abbé!

Dubois recula d'un pas, son sourire goguenard fit place à la plus profonde stupéfaction.

— Votre fille, monseigneur! et à quidiable avez-vous fait celle-là?

— A une honnête femme, l'abbé, qui a eu l'honneur de mourir sans t'avoir connu.

— Et l'enfant?

— L'enfant a été cachée à tous les yeux, pour qu'elle ne fût pas souillée par le regard des êtres venimeux comme toi.

Dubois s'inclina profondément, et se retira respectueusement et dans l'attitude d'un homme complétement désappointé; le régent le suivit d'un regard victorieux, jusqu'à ce qu'il eût refermé la porte.

Mais Dubois, comme on le sait, ne se désappointait pas facilement, et il n'avait pas fermé cette porte qui le séparait du régent, qu'il avait déjà aperçu dans cette obscurité qui un instant avait voilé ses yeux une lumière qui, pour lui, valait le feu de joie le plus brillant.

— Et moi qui disais, murmura-t-il en descendant l'escalier, que cette conspiration accoucherait de ma mître d'archevêque! imbécile que j'étais! en la menant doucement, elle accouchera bel et bien de mon chapeau de cardinal.

XII

ENCORE RAMBOUILLET.

A l'heure convenue, Gaston, fort impatient, s'était rendu chez Hélène; mais il lui fallut attendre quelque temps dans l'antichambre, car madame Desroches faisait des difficultés pour autoriser cette visite. Mais Hélène s'expliqua aussi clairement que fermement, et déclara que, se regardant comme maîtresse de juger elle-même ce qui était convenable ou ce qui ne l'était pas, elle était décidée à recevoir son compatriote, M. de Livry, qui venait prendre congé d'elle. On

Le capitaine La Jonquière.

se rappelle que M. de Livry était le nom que Gaston s'était donné pendant toute la route, et celui qu'il comptait garder, excepté pour ceux avec lesquels l'affaire pour laquelle il venait à Paris allait le mettre en contact.

Madame Desroches se retira donc d'assez mauvaise humeur dans sa chambre, essayant même d'entendre la conversation des jeunes gens; mais Hélène, qui se douta de quelque surprise, alla pousser elle-même la porte du corridor, à laquelle elle mit le verrou.

— Vous voilà, dit-elle, mon ami! Je vous attendais; je n'ai pas dormi cette nuit.

— Ni moi, Hélène; mais laissez-moi admirer vos magnificences.

Hélène sourit.

— Vous d'abord : cette robe de soie, cette coiffure... Que vous êtes belle ainsi!

— Vous n'avez pas l'air d'en être satisfait.

Gaston ne répondit pas, il continua son investigation.

— Cette tenture est riche, ces tableaux ont du

prix; de l'or, de l'argent aux corniches. Vos protecteurs sont opulents, à ce qu'il paraît, Hélène.

— Je le crois, dit la jeune fille en souriant; on m'a dit cependant que cette tenture, ces dorures que vous admirez comme moi, sont vieilles, passées de modes et qu'on les remplacera par de plus belles.

— Je vois qu'Hélène va devenir une haute et puissante dame, dit Gaston en s'efforçant de sourire ; déjà elle me fait faire antichambre.

— Cher ami, ne le faisiez-vous pas là-bas, sur notre lac, quand votre bateau attendait des heures entières?

— Vous étiez au couvent alors; je n'attendais que le bon plaisir de votre mère abbesse.

— Ce titre est bien sacré, n'est-ce pas?

— Oh oui!

— Il vous rassure, il vous impose le respect, l'obéissance.

— Sans doute.

— Eh bien, jugez de ma joie, ami : je retrouve ici la même protection, le même amour, plus puissant encore, plus solide, plus durable.

— Quoi? dit Gaston étonné.

— Je retrouve...

— Parlez, au nom du ciel.

— Mon père!...

— Votre père!... Ah! ma chère Hélène, je suis heureux, je partage votre joie. Quel bonheur!... un père qui va veiller sur mon amie, sur ma femme!

— Veiller... de loin.

— Quoi! se sépare-t-il de vous?

— Hélas! le monde, à ce qu'il paraît, nous sépare.

— Est-ce un secret?

— Pour moi-même; car vous pensez bien que, s'il n'en était pas ainsi, vous sauriez déjà tout. Pour vous, je n'ai pas de secret, Gaston.

— Un malheur de naissance... une proscription dans votre famille, quelque obstacle passager?

— Je l'ignore.

— C'est décidément un secret. Mais, dit-il en souriant, je compte bien sur vous, et je vous permets même d'être discrète avec moi, si votre père vous l'a ordonné. Cependant je questionnerai encore, vous ne vous fâcherez pas?

— Oh non!

— Êtes-vous contente? Est-ce un père dont vous puissiez être fière?

— Je le crois; son cœur paraît noble et bon; sa voix est douce et harmonieuse.

— Sa voix... mais... vous ressemble-t-il?

— Je ne sais... Je ne l'ai pas vu.

— Vous ne l'avez pas vu?

— Non, sans doute... il faisait nuit.

— Votre père n'a pas cherché à voir sa fille!.. vous, si belle!... Oh! quelle indifférence!

— Mais, mon ami, il n'est pas indifférent; il me connaît bien, allez; il a mon portrait, vous savez : celui qui vous a rendu si jaloux au printemps dernier.

— Mais je ne comprends pas.

— Il faisait nuit, vous dis-je.

— En ce cas, on allume les girandoles que voici, dit-il avec un sourire plus froid.

— C'est bien quand on veut être vu; mais quand on a ses raisons pour se cacher...

— Que dites-vous là? reprit Gaston rêveur; quelles raisons un père a-t-il de se cacher de sa fille?...

— D'excellentes, je crois; et vous, un homme sérieux, vous pourriez le comprendre mieux que moi, pourtant je ne m'étonne pas...

— Oh! ma chère Hélène, dit Gaston rêveur, que m'avez-vous raconté là? Quelles terreurs vous venez de jeter dans mon âme!...

— Vous m'effrayez, avec vos terreurs.

— Dites-moi, de quoi vous a parlé votre père?

— De l'amour si tendre qu'il a toujours eu pour moi.

Gaston fit un mouvement.

— Il m'a juré que désormais je vivrais heureuse, qu'il voulait faire cesser toute l'incertitude de mon sort passé, qu'il mépriserait les considérations qui l'ont engagé jusqu'alors à me renier pour sa fille.

— Paroles... paroles!... Mais... quel témoignage de cet amour vous a-t-il donné?... Pardonnez mes questions insensées, Hélène; j'entrevois un abîme de malheurs; je voudrais que, pour un moment, votre candeur d'ange, dont je suis si fier, fît place à l'infernale sagacité du démon; vous me comprendriez, je n'aurais pas la honte de vous souiller de cet interrogatoire si bas et si nécessaire, pourtant, à notre bonheur à venir.

— Je ne comprends guère votre question; autrement j'y répondrais, Gaston.

— Vous a-t-il témoigné beaucoup d'affection?

— Beaucoup, assurément.

— Mais enfin, dans ces ténèbres, pour causer, pour vous aborder?...

— Il m'a pris par la main, et sa main tremblait plus que la mienne.

Gaston crispa de rage ses poings frémissants.

— Il vous a paternellement embrassée, n'est-ce pas?

— Un baiser au front... un baiser... un seul, que j'ai reçu à genoux.

— Hélène! s'écria-t-il, Hélène! j'en crois mes pressentiments : vous êtes abusée, vous êtes victime d'un piége infernal! Hélène, cet homme, qui se cache, qui craint la lumière, qui vous appelle sa fille, n'est pas votre père!

— Gaston, vous me brisez le cœur.

— Hélène, votre innocence ferait envie aux plus célestes créatures; mais on abuse de tout sur la terre : les anges ont été profanés et insultés par les hommes. Cet homme que je connaîtrai, que je saisirai, que je forcerai d'avoir confiance dans l'amour et l'honneur d'une si loyale fille comme vous êtes, me dira s'il n'est pas le plus vil des hommes, et si je puis l'appeler mon père ou le tuer comme un infâme!

— Gaston, votre raison s'égare, que dites-vous là? Qui peut vous faire soupçonner d'aussi affreuses trahisons? et, puisque vous éveillez mes soupçons, puisque vous portez le flambeau sur ces ignobles dédales du cœur humain que je me refusais à contempler, je vous parlerai avec la même franchise. Cet homme, comme vous dites, ne me tenait-il pas en son pouvoir? La maison où je suis n'est-elle pas à lui? les gens dont il m'a entourée ne sont-ils pas dévoués à ses ordres?... Gaston, vous avez sur mon père une mauvaise pensée dont vous me demanderez pardon si vous m'aimez.

Gaston se jeta désespéré dans un fauteuil.

— Ami, ne me gâtez pas la seule joie pure que j'aie encore goûtée, continua Hélène; n'empoisonnez pas pour moi le bonheur d'une vie que j'ai souvent gémi de passer solitaire, abandonnée, sans autre affection que celle dont le ciel nous commande d'être avares. Que l'amour filial me vienne en dédommagement des remords que j'éprouve souvent de vous aimer avec une idolâtrie condamnable.

— Hélène, pardonnez-moi, s'écria Gaston; oui, vous avez raison; oui, je souille, par mon contact matériel, vos joies si pures, l'affection peut-être si noble de votre père; mais, mon amie, au nom de Dieu dont voici l'image sur cette toile, écoutez un peu les craintes de mon expérience et de mon amour. Ce n'est pas la première fois que les criminelles passions du monde spéculent sur l'innocente crédulité; l'argument que vous faites valoir est faible : se hâter de vous témoigner un amour si coupable était une maladresse dont ces habiles corrupteurs sont incapables; mais déraciner peu à peu la vertu dans votre cœur, vous séduire par un luxe nouveau, par ces lumières riant à votre âge; accoutumer votre esprit au plaisir, vos sens à des impressions nouvelles, vous tromper enfin par la persuasion, est une plus douce victoire que celle qui résulte de la violence. Oh! chère Hélène, écoutez un peu ma prudence de vingt-cinq ans; je dis ma prudence, car ce n'est que mon amour qui parle, mon amour que vous verriez si humble, si dévoué, au moindre signe d'un père que je saurais être un véritable père pour vous.

Hélène baissa la tête à son tour et ne répondit pas.

— Je vous en supplie, continua Gaston, ne prenez aucune résolution extrême; mais surveillez tout ce qui vous entoure, défiez-vous des parfums qui vous sont donnés, du vin doré qu'on vous offre, du sommeil qui vous est promis. Veillez sur vous, Hélène, vous êtes mon honneur, mon bonheur, ma vie!

— Ami, je vous obéirai; vous pouvez croire que cela ne m'empêchera pas d'aimer mon père.

— Et de l'adorer, si je me trompe, chère Hélène.

— Vous êtes un noble ami, mon Gaston... Nous voilà bien concertés.

— A la moindre défiance, écrivez-moi.

— Vous écrire! vous partez donc?

— Je vais à Paris, pour ces affaires de famille dont vous connaissez déjà quelque chose... Je logerai à l'hôtel du Muids-d'Amour, rue des Bourdonnais; écrivez cette adresse, chère amie, et ne la montrez à qui que ce soit.

— Pourquoi tant de précautions?

Gaston hésita.

— Parce que, si l'on connaissait votre défenseur dévoué, l'on pourrait, en cas de mauvaises intentions, déjouer ses projets de secours.

— Allons, allons! vous êtes aussi quelque peu mystérieux, mon beau Gaston; j'ai un père qui se cache, et un... amant... ce mot me coûte à dire... qui va se cacher...

— Mais celui-là, vous connaissez ses intentions, dit Gaston en essayant de rire pour cacher son trouble et sa rougeur.

— Ah! madame Desroches revient... elle tourne le bouton de la première porte; l'entretien lui semble trop long, ami. Je suis en tutelle... c'est comme au couvent.

Gaston, congédié, prit un baiser sur la main

que son amie lui tendait. Au même moment, madame Desroches parut. Hélène fit une révérence très-cérémonieuse, que Gaston lui rendit avec la même majesté. Madame Desroches attachait sur le jeune homme, pendant cette scène muette, des regards d'où devait résulter le plus exact signalement que jamais espion ait pu faire en face d'un suspect.

Gaston prit aussitôt la route de Paris. Oven l'attendait avec impatience. Pour que ses louis ne sonnassent point dans sa bourse de cuir, il les avait cousus dans la doublure de sa culotte de peau; peut-être aussi voulait-il les rapprocher le plus possible de lui-même.

Gaston, en trois heures, arriva dans Paris. Cette fois, Oven ne put lui reprocher sa lenteur : hommes et chevaux étaient couverts d'écume en entrant par la barrière de la Conférence.

XIII

LE CAPITAINE LA JONQUIÈRE.

Il y avait, comme notre lecteur a pu l'apprendre, à l'adresse donnée par Gaston à Hélène, dans la rue des Bourdonnais, une auberge qui pouvait presque s'appeler un hôtel; elle était assez garnie pour qu'on y pût loger et manger; mais surtout on y pouvait boire.

Dans son entrevue nocturne avec Dubois, maître Tapin avait reçu le fameux nom de la Jonquière et l'avait transmis à l'Éveillé, lequel l'avait transmis à tous les chefs de brigade, qui s'étaient mis à la recherche de l'officier suspect, et avaient commencé à fouiller, avec l'activité qui fait la principale vertu des suppôts de police, tous les tripots et toutes les maisons équivoques de Paris. La conspiration de Cellamare, que nous avons racontée dans notre histoire du *Chevalier d'Harmental*, et qui est, au commencement de la Régence, ce que cette présente histoire est à sa fin, avait appris à tous les rechercheurs de complots que c'était là que l'on trouvait surtout les conspirateurs; et cette affaire de Bretagne n'était que la queue de la conspiration espagnole. *In cauda venenum*, disait Dubois, qui tenait à son latin. Quand on a été cuistre de collége, ne fût-ce qu'une heure, il en reste quelque chose pendant tout le reste de la vie.

Chacun se mit donc en route; mais, soit bonheur, soit adresse, ce fut encore maître Tapin qui, après deux heures d'une course échevelée dans les rues de la capitale, découvrit, dans la rue des Bourdonnais, et aux armes du *Muids-d'Amour*, la fameuse auberge dont nous avons parlé au commencement de ce chapitre, et qu'habitait, au figuré comme au propre, ce fameux la Jonquière, qui, pour le moment, était le cauchemar de Dubois.

L'hôte prit Tapin pour un vieux clerc de procureur, et, à ses questions, répondit avec affabilité que c'était effectivement dans son hôtel que logeait le capitaine la Jonquière; mais qu'étant rentré passé minuit, le brave capitaine dormait encore. Cela était d'autant plus excusable, qu'il était à peine six heures du matin.

Tapin n'en demandait pas davantage. C'était un homme droit et presque algébrique, qui marchait de déduction en déduction. Le capitaine la Jonquière dormait, donc il était couché; il était couché, donc il habitait l'auberge.

Tapin revint directement au Palais-Royal. Il trouva Dubois qui sortait de chez le régent, et que la perspective de son chapeau rouge mettait en joyeuse humeur. Il ne lui avait fallu rien moins que cette heureuse disposition d'esprit pour ne pas casser aux gages tous ses émissaires, qui lui avaient déjà mis sous les verrous du Fort-l'Evêque une série de faux la Jonquière.

L'un était un capitaine de contrebande, nommé la Joncière. Celui-là avait été découvert et arrêté par l'Éveillé; c'était encore celui dont le nom se rapprochait le plus du nom original.

Un second était un certain la Jonquille, sergent aux gardes françaises. On avait recommandé aux mouchards les maisons mal famées; or on avait trouvé maître la Jonquille dans une maison de ce genre, et, victime d'un moment de faiblesse de sa part et d'erreur de celle des mouchards de l'abbé, il avait été arrêté.

Un troisième s'appelait la Jupinière, était chasseur d'une grande maison. Malheureusement le portier de cette grande maison était bègue, et le mouchard, qui était plein de bonne volonté, avait entendu la Jonquière au lieu de la Jupinière.

Il y avait déjà dix personnes arrêtées, quoique la moitié de l'escouade à peine fût revenue. Il était donc probable que les arrestations continuaient et qu'on allait passer en revue toutes les analogies nominales. Depuis l'ordre donné par Dubois, l'analogie régnait despotiquement à Paris.

Quand Dubois, qui, malgré sa bonne humeur, maugréait et jurait pour n'en pas perdre l'habitude, entendit le rapport de Tapin, il se frotta le nez jusqu'à la rage : c'était bon signe.

— Alors, dit Dubois, c'est bien le capitaine la Jonquière que tu as trouvé, toi?

— Oui, monseigneur.

— Il se nomme bien la Jonquière?

— Oui, monseigneur.

— L-a la, J-o-n Jon, q-u-i-è-r-e quière, la Jonquière, continua Dubois en répétant le mot.

— La Jon-qui-ère? reprit maître Tapin.

— Un capitaine?

— Oui, monseigneur.

— Un vrai capitaine?

— J'ai vu son plumet.

Cette conclusion parut suffisante à Dubois pour le grade, mais pas pour l'identité.

— Bon, dit-il, continuant ses questions, et que fait-il?

— Il attend, il s'ennuie et il boit.

— Ça doit être cela, dit Dubois; il attend, il s'ennuie et il boit.

— Et il boit, répéta Tapin.

— Et paye-t-il? dit Dubois, attachant évidemment une grande importance à cette dernière question.

— Très-bien, monseigneur.

— A la bonne heure! Tapin, vous avez de l'esprit.

— Monseigneur, dit Tapin avec modestie, vous me flattez; mais c'est tout simple : s'il n'avait pas payé, ce ne pouvait pas être un homme dangereux.

Nous avons déjà dit que maître Tapin était un gaillard plein de logique.

Dubois lui fit remettre dix louis à titre de gratification, lui donna de nouveaux ordres, laissa son secrétaire pour dire aux nouveaux mouchards, qui ne pouvaient manquer d'arriver successivement, qu'il y avait assez de la Jonquière comme cela; se fit habiller promptement, et s'achemina, à pied, vers la rue des Bourdonnais.

Dès six heures du matin, messire Voyer d'Argenson avait mis à la disposition de Dubois une demi-douzaine d'estafiers déguisés en gardes-françaises et munis d'instructions. Quelques-uns le suivaient, d'autres l'avaient précédé.

Maintenant, disons un mot de l'intérieur de l'auberge dans laquelle nous allons introduire le lecteur.

Le *Muids-d'Amour* était, comme nous l'avons dit, mi-partie hôtel, mi-partie cabaret. On y buvait, on y mangeait, on y couchait; les chambres d'habitation étaient au premier étage, les salles de taverne au rez-de-chaussée.

La principale de ces salles, qui était la salle commune, était meublée de quatre tables de chêne, d'une quantité indéfinie d'escabeaux et de rideaux rouges et blancs, vieille tradition des tavernes. Quelques bancs le long des murailles, des verres très-nets sur un buffet, des images peintes, somptueusement encadrées de baguettes dorées, dont les unes représentaient les différentes migrations du Juif-Errant, et les autres la condamnation et l'exécution de Duchauffour; le tout bruni par la fumée, et rendant, après l'avoir absorbée, une odeur de pipe fort nauséabonde, complétait l'ensemble de ce respectable parloir, comme disent les Anglais, dans lequel roulait un gros homme à figure rouge, de trente-cinq à quarante ans, et frétillait une petite fille à figure pâle, de douze à quatorze ans.

C'était l'hôte du *Muids-d'Amour* et sa fille unique, laquelle devait hériter, après lui, de sa maison et de son commerce, que, sous la direction paternelle, elle se mettait en état de continuer.

Un marmiton fricotait dans la cuisine un ragoût qui répandait une forte odeur de rognons au vin.

La salle était encore vide; mais, au moment même où la pendule sonnait une heure de l'après-midi, un garde-française entra, et, s'arrêtant sur le seuil, murmura :

— Rue des Bourdonnais, au *Muids-d'Amour*, dans la salle commune, une table à gauche, s'asseoir et attendre.

Puis, en exécution de cette consigne, le digne défenseur de la patrie, en sifflant un air de garde et en relevant sa moustache avec un geste de coquetterie militaire tout à fait bien troussé, alla s'asseoir à l'endroit indiqué.

A peine y était-il et levait-il le poing pour en frapper la table, ce qui, dans la langue de toutes les tavernes du monde, veut dire : Du vin! qu'un second garde-française, vêtu exactement de la même manière, surgit à son tour sur le seuil de la porte, marmotta quelques paroles, et, après un moment d'hésitation, vint s'asseoir près du premier.

Les deux soldats se regardèrent dans le blanc des yeux, puis ils laissèrent échapper, chacun de son côté, cette double exclamation : Ah! ah! qui, dans tous les pays du monde aussi, indique la surprise.

— C'est toi, Grippart! dit l'un.

— C'est toi, l'Enlevant! dit l'autre.

— Que viens-tu faire dans ce cabaret?

— Et toi?

— Je n'en sais rien.

— Ni moi non plus.

— Tu es donc ici...

— Par ordre supérieur.

— Tiens! c'est comme moi.

— Et tu attends?...

— Un homme qui doit venir.

— Avec un mot d'ordre.

— Et sur ce mot d'ordre?...

— Injonction d'obéir, comme à maître Tapin lui-même.

— C'est cela, et, en attendant, on m'a donné une pistole pour boire.

— On m'a donné une pistole, mais on ne m'a pas dit de boire.

— Et dans le doute?

— Dans le doute, comme dit le sage, je ne m'abstiens pas.

— En ce cas, buvons.

Et la main, levée sur la table, retomba cette fois pour appeler l'hôte; mais c'était chose inutile : l'hôte, qui avait vu entrer les deux pratiques, et qui, à l'uniforme, avait reconnu des amateurs, se tenait debout, les jambes rapprochées, la main gauche à la couture de la culotte, la droite au bonnet de coton.

C'était un homme facétieux que l'hôte du *Muids-d'Amour*.

— Du vin!... dirent les deux gardes-françaises.

— D'Orléans, ajouta l'un d'eux, qui paraissait plus gourmet que l'autre, il gratte, et je l'aime.

— Messieurs, dit l'hôte avec un affreux sourire, mon vin ne gratte pas, mais il n'en est que plus aimable.

Et il apporta une bouteille toute débouchée.

Les deux consommateurs remplirent leurs verres et burent. Puis ils les posèrent sur la table avec une grimace d'expression différente, mais qui, cependant, indiquait une même opinion.

— Que diable dis-tu donc que ton vin ne gratte pas? Il déchire.

— Ah! c'est un fier vin, messieurs, dit l'hôte.

— Oui, reprit le second garde-française, il n'y manque que de l'estragon.

L'hôte sourit en homme qui entend la plaisanterie.

— En voulez-vous une autre? dit l'hôte.

— Si on la veut, on te la demandera.

L'hôte s'inclina, et, comprenant l'invitation, laissa les deux soldats à leurs affaires.

— Mais, dit l'un des soldats à l'autre, tu sais bien quelque chose de plus que ce que tu m'as dit, n'est-ce pas?

— Oh! je sais qu'il s'agit d'un certain capitaine, dit l'autre.

— Oui, c'est cela; mais, pour arrêter le capitaine, on nous prêtera main-forte, je présume?

— Sans doute, deux contre un, ce n'est pas assez.

— Tu oublies l'homme à la consigne : voilà la main-forte.

— Puisse-t-il en avoir deux, et des plus solides... Mais il me semble que j'entends quelque chose.

— En effet, quelqu'un descend l'escalier.

— Chut!

— Silence!

Et les deux gardes-françaises, plus esclaves de leur consigne que s'ils eussent été de vrais soldats, se versèrent deux verres pleins, qu'ils burent, ayant chacun un œil sournoisement tourné vers l'escalier.

Les deux observateurs ne s'étaient pas trompés. En effet, les marches d'un escalier que nous avons oublié de mentionner, et qui montait appuyé à la muraille, craquaient, pour le moment, sous un poids assez respectable; et les hôtes momentanés de la salle commune purent apercevoir d'abord des jambes, ensuite un torse, puis une tête qui descendaient. Les jambes étaient chaussées de bas de soie finement tirés et d'une culotte de casimir blanc; le torse était vêtu d'un justaucorps bleu; enfin la tête était coiffée d'un chapeau à trois cornes, coquettement incliné sur l'oreille. Un œil moins exercé que celui des gardes-françaises aurait donc pu reconnaître dans ce total un capitaine, car ses épaulettes et son épée ne laissaient aucun doute sur le grade qu'il occupait.

Ce capitaine, qui était bien le capitaine la Jonquière, était un homme de cinq pieds deux pouces, assez gros, assez vif, et dont l'œil malin se reposait sur tout avec une sagacité merveilleuse. On eût dit qu'il flairait les espions sous l'uniforme des gardes-françaises, car il leur tourna le dos tout d'abord en entrant; puis il donna une allure toute particulière à sa conversation avec l'hôte.

— En vérité, dit-il, j'aurais bien dîné ici, et cette excellente odeur de rognon sauté m'y avait fort invité; mais de bons vivants m'attendent au *Galoubet de Paphos*. Peut-être viendra-t-on me demander cent pistoles : un jeune homme de ma province qui me devait venir prendre ce matin, et que je ne puis attendre plus longtemps. S'il vient, et qu'il se nomme, dites-lui que je serai dans une heure ici; qu'il veuille donc attendre.

— Fort bien, capitaine, répondit l'hôte.

— Hé! du vin! dirent les gardes.

— Ah! ah! murmura le capitaine en jetant un coup d'œil en apparence insouciant sur ces buveurs, voici des soldats qui ont un mince respect pour l'épaulette.

Puis, se retournant vers l'hôte :

— Servez ces messieurs; vous voyez bien qu'ils sont pressés.

— Ah! dit l'un d'eux en se levant, du moment que monsieur le permet.

— Sans doute, sans doute, je le permets, dit la Jonquière, souriant des lèvres, tandis qu'il avait bonne envie de rosser les deux drilles dont la figure lui déplaisait; mais, la prudence l'emportant, il fit quelques pas vers la porte.

— Mais, capitaine, fit l'hôte en l'arrêtant, vous ne m'avez pas dit le nom du gentilhomme qui doit venir vous demander tout à l'heure.

La Jonquière hésita. Un mouvement assez militaire d'un des deux gardes, qui se retourna en croisant une jambe sur l'autre et en frisant sa moustache, lui rendit quelque confiance; en même temps, le second fit sauter du bout du doigt le bouchon, et imita, avec sa bouche, la détonation d'une bouteille de vin de Champagne.

La Jonquière fut rassuré tout à fait.

— M. le chevalier Gaston de Chanlay, dit-il répondant à l'hôte.

— Gaston de Chanlay, répéta l'hôte; diable! attendez, si j'allais oublier ce nom! Gaston, Gascon, bon; je me souviendrai de Gascon. Chanlay, bien; je me souviendrai de Chandelle.

— C'est cela, reprit gravement la Jonquière : Gascon de Chandelle. Je vous invite, mon cher hôte, à ouvrir un cours de mnémonique, et, si toutes vos règles sont aussi sûres que celle-ci, je ne doute pas que vous ne fassiez fortune.

L'hôte sourit du compliment, et le capitaine la Jonquière sortit après avoir bien regardé autour de lui dans la rue, comme pour interroger le temps, mais, en réalité, pour interroger le coin des portes et les angles des maisons.

Il n'avait pas fait cent pas dans la rue Saint-Honoré, vers laquelle il se dirigea, que Dubois se présenta au carreau d'abord, puis à la porte. Il avait croisé le capitaine la Jonquière; mais, n'ayant jamais vu cet important personnage, il n'avait pu le reconnaître.

Ce fut donc avec une hardiesse tout effrontée qu'il apparut sur le seuil, la main à son chapeau râpé, portant l'habit gris, le haut-de-chausses brun, les bas drapés, enfin la tenue complète d'un marchand de province.

XIV

MONSIEUR MOUTONNET, MARCHAND DRAPIER A SAINT-GERMAIN-EN-LAYE.

Du premier coup, Dubois, après avoir jeté un regard rapide sur les deux gardes-françaises, qui continuaient de boire dans leur coin, avisa l'hôte qui arpentait sa salle parmi les bancs, les escabeaux et les bouchons roulants.

— Monsieur, dit-il timidement, n'est-ce point ici que loge le capitaine la Jonquière? je voudrais parler à lui.

— Vous voudriez parler au capitaine la Jonquière? dit l'hôte en examinant le nouveau venu de la tête aux pieds.

— Si c'était possible, dit Dubois, j'avoue que cela me ferait plaisir.

— Est-ce bien à celui qui loge ici que vous avez affaire? dit l'hôte, qui ne reconnaissait aucunement, dans celui qui arrivait, celui qui était attendu.

— Je le crois, dit modestement Dubois.

— Un gros, court?

— C'est cela.

— Buvant sec?

— C'est cela.

— Et toujours prêt à jouer de la canne quand on ne fait pas à l'instant même ce qu'il demande?

— C'est cela. Ce cher capitaine la Jonquière!

— Vous le connaissez donc? demanda l'hôte.

— Moi! pas le moins du monde, répondit Dubois.

— Ah! c'est vrai; car vous avez dû le rencontrer à la porte.

— Diable! il est sorti, dit Dubois avec un mouvement de mauvaise humeur mal comprimé; merci.

A l'instant même, s'apercevant de l'imprudence qu'il avait faite, il ramena sur son visage le plus aimable de tous les sourires.

— Oh! mon Dieu, il n'y a pas cinq minutes, dit l'hôte.

— Mais il va revenir, sans doute? demanda Dubois.

— Dans une heure.

— Voulez-vous me permettre de l'attendre, monsieur?

— Certainement, pourvu que vous preniez quelque chose en l'attendant.

— Vous me donnerez des cerises à l'eau-de-vie, dit Dubois; je ne bois jamais de vin qu'à mes repas.

Les deux gardes-françaises échangèrent un sourire de suprême dédain.

L'hôte s'empressa d'apporter un petit verre contenant les cerises demandées.

— Ah! dit Dubois, il n'y en a que cinq! à Saint-Germain-en-Laye on en donne six.

— C'est possible, monsieur, répondit l'hôte, c'est qu'à Saint-Germain il n'y a pas les droits d'entrée.

— C'est juste, dit Dubois, c'est parfaitement juste! j'oubliais les droits d'entrée, moi; vous m'excusez, monsieur.

Et il se mit à grignoter une cerise, sans pouvoir s'empêcher, malgré son pouvoir sur lui-même, de faire une grimace des plus accentuées.

L'hôte, qui le suivait des yeux, vit cette grimace avec un sourire de satisfaction.

— Et où loge-t-il, ce brave capitaine? dit Dubois par manière de conversation.

— Voilà la porte de sa chambre, dit l'hôte; il a préféré être logé au rez-de-chaussée.

— Je conçois, murmura Dubois, les fenêtres donnent sur la voie publique.

— Sans compter qu'il y a une porte qui s'ouvre sur la rue des Deux-Boules.

— Ah! il y a une porte qui s'ouvre sur la rue des Deux-Boules? peste! comme c'est commode cela! Et le bruit que l'on fait ici ne l'incommode-t-il point?

— Oh! il a une seconde chambre là-haut; il couche tantôt dans l'une, tantôt dans l'autre.

— Comme Denys le Tyran, dit Dubois qui ne pouvait se défaire de ses citations latines ou historiques.

— Plaît-il? fit l'hôte.

Dubois vit qu'il avait commis une nouvelle imprudence, et se mordit les lèvres; en ce moment, par bonheur, un des gardes-françaises demanda du vin, et l'hôte, toujours prompt à cet appel, s'élança hors de l'appartement.

Dubois le suivit des yeux; puis, se retournant vers les deux gardes-françaises :

— Merci, vous autres, dit-il.

— Qu'y a-t-il, bourgeois? demandèrent les gardes.

— *France* et *Régent*, répondit Dubois.

— Le mot d'ordre! s'écrièrent à la fois les deux faux soldats en se levant.

— Entrez dans cette chambre, dit Dubois montrant la chambre de la Jonquière, ouvrez la porte qui donne sur la rue des Deux-Boules, et cachez-vous derrière un rideau, sous une table, dans une armoire, où vous pourrez; si j'aperçois l'oreille d'un de vous quand j'entrerai, je lui supprime ses appointements pour six mois.

Les deux gardes-françaises vidèrent leurs verres avec soin, en hommes qui ne veulent rien perdre des biens de la terre, et entrèrent vivement dans la chambre indiquée, tandis que Dubois, qui s'apercevait qu'ils avaient oublié de payer, jetait une pièce de douze sous sur la table; puis, courant ouvrir la fenêtre, et s'adressant à un cocher de fiacre qui stationnait devant la maison :

— L'Éveillé, dit-il, faites approcher le carrosse de la petite porte qui donne dans la rue des Deux-Boules, et dites à Tapin de monter quand je lui ferai signe en frappant avec les doigts au carreau. Il a ses instructions, allez.

Il referma la fenêtre, et, au même instant, on entendit le bruit de la voiture qui s'éloignait.

Il était temps, l'agile hôtelier rentrait; au premier coup d'œil, il reconnut l'absence des gardes-françaises.

—Tiens! dit-il, où sont-ils donc, mes hommes?

— Un sergent a frappé à la porte, qui les a appelés.

— Mais ils sont partis sans payer! s'écria l'hôte.

— Non pas; comme vous voyez, ils ont laissé une pièce de douze sous sur la table.

— Diable! douze sous, dit l'hôte; je vends mon vin d'Orléans huit sous la bouteille.

— Ah! fit Dubois, ils ont pensé, sans doute, que, comme ils étaient militaires, vous feriez un petit rabais en leur faveur.

— Enfin! dit l'hôte, qui, trouvant sans doute encore le bénéfice raisonnable, se consolait facilement; enfin, tout n'est pas perdu, et il faut s'attendre à ces choses-là dans notre métier.

— Vous n'avez point pareille chose à craindre, heureusement, avec le capitaine la Jonquière, reprit Dubois.

— Oh! non, quant à lui, c'est la crème des pensionnaires : il paye tout comptant et sans marchander. Il est vrai qu'il ne trouve jamais rien de bon.

— Dame! dit Dubois, cela peut être une manie.

— Vous avez trouvé le mot; je le cherchais : oui, c'est sa manie.

— Ce que vous me dites là de l'exactitude à payer du capitaine, dit Dubois, me fait plaisir.

— Venez-vous lui demander de l'argent? dit l'hôte; en effet, il m'a dit qu'il attendait quelqu'un à qui il devait cent pistoles.

— Au contraire, dit Dubois, je lui apporte cinquante louis.

— Cinquante louis! peste! reprit l'hôte, c'est un joli denier; alors j'ai mal entendu : au lieu d'avoir à payer, il avait sans doute à recevoir. Vous nommeriez-vous par hasard le chevalier Gaston de Chanlay!

— Le chevalier Gaston de Chanlay! s'écria Dubois avec une joie qu'il ne put maîtriser; il attend le chevalier Gaston de Chanlay?

— Il me l'a dit du moins, dit l'hôte un peu étonné de la chaleur que mettait à sa question le mangeur de cerises, qui continuait d'exécuter sa besogne avec les dernières grimaces d'un singe qui gruge des amandes amères; encore une fois, le chevalier Gaston de Chanlay, est-ce vous?

— Non, je n'ai pas l'honneur d'être noble; je m'appelle Moutonnet tout court.

— La noblesse n'y fait rien, dit l'hôte d'un ton sentencieux. On peut s'appeler Moutonnet et être un honnête homme.

— Oui, Moutonnet, reprit Dubois approuvant par un signe la théorie de l'hôtelier; Moutonnet, marchand de draps, à Saint-Germain-en-Laye.

— Et vous dites que vous avez cinquante louis à remettre au capitaine?

— Oui, monsieur, reprit Dubois en buvant consciencieusement le jus après avoir consciencieusement mangé les cerises. Imaginez-vous, monsieur, qu'en feuilletant les vieux registres de mon père j'ai découvert, à la colonne du passif, qu'il devait cinquante louis au père du capitaine la Jonquière. Alors je me suis mis en campagne, monsieur, et je n'ai eu ni paix ni trêve qu'à défaut du père, qui est mort, je n'aie découvert le fils.

— Mais savez-vous, monsieur Moutonnet, reprit l'hôte émerveillé d'une si suprême délicatesse, qu'il n'y a pas beaucoup de débiteurs comme vous?

— Voilà comme nous sommes, monsieur, de père en fils, et de Moutonnet en Moutonnet; mais quand on nous doit aussi, ah!... nous sommes impitoyables! Tenez, il y a un gaillard, un très-honnête homme, ma foi, qui devait à la maison Moutonnet et fils cent soixante livres. Eh bien, mon grand-père l'a fait fourrer en prison, et il y est resté, monsieur, pendant les trois générations; si bien qu'il y est trépassé. Voici à peu près quinze jours, j'ai relevé les comptes, monsieur : ce drôle-là, pendant trente ans qu'il est resté sous les verrous, nous a coûté douze mille livres. N'importe, le principe a été maintenu. Mais je vous demande bien pardon, mon cher hôte, dit Dubois, qui, du coin de l'œil, guignait la porte de la rue devant laquelle, depuis un instant, se tenait une ombre qui ressemblait assez à celle de son capitaine; je vous demande bien pardon de vous entretenir de toutes ces balivernes qui n'ont aucun intérêt pour vous; d'ailleurs, voici une nouvelle pratique qui vous arrive.

— Eh! justement, dit l'hôte, c'est la personne que vous attendez.

— Le brave capitaine la Jonquière! s'écria Dubois.

— Lui.

— Venez donc, capitaine, dit l'hôte, vous êtes attendu.

Le capitaine n'était pas revenu de ses soupçons du matin; dans la rue, il avait vu une foule de figures inaccoutumées qui lui avaient paru sinistres; il rentrait donc plein de défiance. Aussi jeta-t-il un coup d'œil des plus investigateurs d'abord sur l'endroit où il avait laissé les gardes-françaises, dont l'absence le rassura quelque peu, et ensuite sur le nouveau venu, qui ne laissait pas que de l'inquiéter. Mais les gens dont la conscience n'est pas tranquille finissent par trouver dans l'excès même de leurs inquiétudes du courage pour braver les pressentiments; ou, pour mieux dire, ils se familiarisent avec leur peur et ne l'écoutent plus. La Jonquière, rassuré d'ailleurs par la mine honnête du prétendu marchand drapier de Saint-Germain-en-Laye, le salua gracieusement. De son côté, Dubois fit une révérence des plus courtoises.

Alors la Jonquière, se retournant vers l'hôte, lui demanda si l'ami qu'il attendait était venu.

— Il n'est venu que monsieur, dit le chef d'hôtel; mais vous ne perdez rien à ce changement de visite; l'un venait vous réclamer cent pistoles, l'autre vient vous apporter cinquante louis.

La Jonquière, étonné, se retourna vers Dubois, qui supporta ce regard en donnant à son visage toute la niaise agréabilité dont il était susceptible.

Sans être précisément trompé, le capitaine la Jonquière fut étourdi de l'histoire que Dubois lui répéta avec un aplomb admirable; il sourit même à la restitution inattendue, par suite de cet amour immodéré que les hommes ont généralement pour l'imprévu en matière de finances; puis, touché de cette généreuse action d'un homme qui le cherchait par toute la terre pour lui payer un argent si peu attendu, il demanda à l'hôte une bouteille de vin d'Espagne, et invita Dubois à le suivre dans sa chambre.

Dubois s'approcha de la fenêtre pour prendre son chapeau posé sur une chaise, et, tandis que la Jonquière causait avec l'hôte, tambourina doucement sur le carreau.

En ce moment le capitaine se retourna.

— Mais je vous gênerai peut-être dans votre chambre? dit Dubois donnant à son visage la plus riante expression qu'il était capable de prendre.

— Pas du tout, pas du tout, dit le capitaine; la vue est gaie, nous regarderons passer, tout en buvant, le monde par les fenêtres, et il y a de jolies dames dans la rue des Bourdonnais. Ah! cela vous fait sourire, mon gaillard.

— Eh! eh! fit Dubois en se grattant le nez par distraction.

Ce geste imprudent l'eût perdu dans un rayon moins éloigné du Palais-Royal; mais, rue des Bourdonnais, il passa inaperçu.

La Jonquière entra devant, l'hôte devant la Jonquière, les bouteilles devant l'hôte. Dubois, qui venait le dernier, eut le temps de faire un signe d'intelligence à Tapin, qui apparaissait dans la première chambre, suivi de deux hommes. Puis, Dubois, en homme bien élevé, referma la porte derrière lui.

Les deux suivants de Tapin allèrent droit à la fenêtre, et tirèrent les rideaux de la salle commune, tandis que leur chef se plaçait derrière la porte de la chambre de la Jonquière de manière à être masqué par elle, quand elle se développerait en s'ouvrant. L'hôte rentra presque aussitôt; il avait servi le capitaine et M. Moutonnet, et, de plus, avait reçu du premier, qui payait toujours comptant, un écu de trois livres; il venait, en conséquence, écrire cette recette sur son livre, et serrer l'argent dans son tiroir; mais à peine eut-il ouvert et refermé la porte, que Tapin, qui se tenait à l'affût, lui passa un mouchoir sur la bouche, lui abaissa son bonnet de coton jusqu'à sa cravate, et l'emporta comme une plume dans un second fiacre qui masquait précisément la porte; en même temps l'un des recors s'empara de la petite fille qui battait des œufs; l'autre emporta, roulé dans une nappe, le marmiton, qui tenait la queue de la poêle, et, en un clin d'œil, l'hôte, sa fille et son gâte-sauce (qu'on me permette le nom consacré par l'usage et par la réalité), escortés des deux recors, roulèrent vers Saint-Lazare, conduits trop rapidement, par deux chevaux trop bons, et par un cocher trop impatient, pour que l'équipage qui les emportait fût réellement un fiacre.

Aussitôt Tapin, avec l'instinct d'un rat de police, fouilla dans l'armoire, au-dessus de la porte de la cuisine, prit un bonnet de coton, une veste de calicot et un tablier, puis il fit signe à un flâneur, qui se mirait dans les vitres, et qui entra vivement pour se transformer en un garçon cabaretier assez vraisemblable. En ce moment même, on entendit, dans la chambre du capitaine, un violent tapage, comme ferait celui d'une table qu'on renverserait et de bouteilles et de verres que l'on briserait; puis des trépignements, puis des jurons, puis le bruit d'une épée résonnant sur le carreau, puis rien.

Au bout d'une minute, le roulement d'un fiacre qui s'éloignait par la rue des Deux-Boules fit trembler la maison.

Tapin, qui d'un air inquiet avait prêté l'oreille, prêt à s'élancer dans la chambre, son couteau de cuisine à la main, se redressa d'un air joyeux.

— Bien, dit-il, le tour est fait.

— Il était temps, maître, dit le garçon; voilà une pratique.

XV

FIEZ-VOUS AUX SIGNES DE RECONNAISSANCE!

Tapin crut d'abord que c'était le chevalier Gaston de Chanlay; mais il se trompait: ce n'était qu'une femme qui venait chercher une chopine de vin.

— Qu'est-il donc arrivé à ce pauvre monsieur Bourguignon? dit-elle, on l'emporte dans un fiacre, en bonnet de coton.

— Hélas! ma chère dame, dit Tapin, un malheur auquel nous étions loin de nous attendre. Ce pauvre Bourguignon, au moment où il s'y attendait le moins, en causant là, avec moi, vient d'être frappé d'une apoplexie foudroyante.

— Bonté divine!

— Hélas! reprit Tapin en levant les yeux au ciel, cela prouve, ma pauvre chère dame, que nous sommes tous mortels.

— Mais la petite fille qu'on emmène aussi? continua la commère.

— Elle soignera son père, c'est son devoir.

— Mais le marmiton? reprit la voisine, qui voulait en avoir le cœur net.

— Le marmiton leur fera la cuisine, c'est son métier.

— Seigneur, mon Dieu! j'avais vu tout cela du bas de ma porte, et je n'y comprends rien; aussi, quoique je n'en eusse pas besoin, je venais vous acheter une chopine de blanc pour savoir à quoi m'en tenir.

— Eh bien, vous le savez, maintenant, ma chère dame.

— Mais qui êtes-vous?

— Je suis Champagne, le cousin de Bourguignon; j'arrivais ce matin du pays, par hasard; je lui apportais des nouvelles de sa famille, tout à coup la joie, le saisissement: ça lui a porté un coup, et bernique! plus personne. Tenez, demandez à Grabigeon, continua Tapin, montrant son aide de cuisine qui achevait l'omelette commencée par la fille de l'hôte et par son marmiton.

— Oh! mon Dieu, oui, cela s'est passé exactement comme le raconte monsieur Champagne, répondit Grabigeon en essuyant une larme avec le manche de sa cuiller à pot.

— Pauvre monsieur Bourguignon! alors vous croyez qu'il faut prier Dieu pour lui?

— Il n'y a jamais de mal à prier Dieu, dit sentencieusement Tapin.

— Ah! un instant, un instant, dites donc! faites-moi bonne mesure, au moins.

Tapin fit un signe affirmatif, et servit en effet fort adroitement la voisine; ce n'était pas chose difficile: il s'agissait purement et simplement de prodiguer le bien d'autrui. Bourguignon eût poussé des hurlements de douleur s'il eût vu la mesure que Tapin remplit à cette femme de bon vin de Mâcon, pour deux sous.

— Allons, allons, dit-elle, je vais rassurer le quartier, qui commençait à s'émouvoir, et je vous promets de vous conserver ma pratique, monsieur Champagne; il y a même plus, si monsieur Bourguignon n'était pas votre cousin, je vous dirais ce que j'en pense.

— Oh! dites, voisine, dites, ne vous gênez pas.

— Eh bien, je viens de m'apercevoir qu'il me volait comme un gueux. Le même pot que vous venez de m'emplir bord à bord pour deux sous, c'est à peine s'il me l'emplissait pour quatre, lui.

— Voyez-vous cela! dit Tapin.

— Oh! monsieur Champagne, on a beau dire, voyez-vous, s'il n'y a pas de justice ici-bas, il y en a là-haut en tout: car c'est bien heureux que vous vous soyez trouvé là pour continuer son commerce.

— Je le crois bien, dit tout bas Tapin; — heureux pour ses clients.

Et il se hâta de congédier la femme, car il craignait de voir arriver celui que l'on attendait, et des explications pareilles pouvaient sembler suspectes au nouveau venu.

En effet, au même moment, et comme l'horloge sonnait deux heures demie, la porte de la rue s'ouvrit, et un jeune homme de haute mine entra, couvert d'un manteau bleu semé de neige.

C'est bien ici l'auberge du *Muids-d'Amour?* demanda le cavalier à Tapin.

— Oui, monsieur.

— Et monsieur le capitaine la Jonquière loge ici?

— Oui, monsieur.

— Est-il au logis, en ce moment?

— Oui, monsieur, il vient justement de rentrer.

— Eh bien, prévenez-le, s'il vous plaît, de l'arrivée de monsieur le chevalier Gaston de Chanlay.

Tapin s'inclina, offrit au chevalier une chaise que celui-ci refusa, et entra dans la chambre du capitaine la Jonquière.

Gaston secoua la neige attachée à ses bottes, puis celle qui mouchetait son manteau, et se mit à regarder, avec la curiosité désœuvrée de l'homme qui attend, les images qui tapissaient les murailles du cabaret, sans se douter qu'il y avait là, autour des fourneaux, trois ou quatre lames qu'un seul clignement d'yeux de cet hôte si humble et si obligeant pouvait faire passer de leurs fourreaux dans sa poitrine.

Au bout de cinq minutes, Tapin rentra, et, laissant la porte ouverte, pour indiquer le chemin :

— Monsieur le capitaine la Jonquière, dit-il, est aux ordres de monsieur le chevalier de Chanlay.

Gaston s'avança dans la chambre, parfaitement rangée et tenue avec un ordre tout militaire : dans cette chambre était celui que l'hôte lui présentait comme le capitaine la Jonquière, et, sans être un physionomiste bien exercé, il s'aperçut, ou qu'il fallait que cet homme cachât habilement son jeu, ou que ce n'était pas un bien grand matamore.

Petit, sec, le nez bourgeonnant, l'œil gris; ballottant dans un uniforme assez râpé et qui cependant le gênait aux entournures, attaché à une épée aussi longue que lui, tel apparut à Gaston ce capitaine formidable pour lequel les instructions du marquis de Pontcalec et des autres conjurés lui recommandaient d'avoir les plus grands égards.

— Cet homme est laid et a l'air d'un sacristain, pensa Gaston.

Puis, comme cet homme s'avançait vers lui pour le recevoir :

— C'est au capitaine la Jonquière, dit-il, que j'ai l'honneur de parler?

— A lui-même, dit Dubois métamorphosé en capitaine.

Puis, saluant à son tour :

— C'est monsieur le chevalier Gaston de Chanlay, reprit-il, qui veut bien me faire une visite?

— Oui, monsieur, répondit Gaston.

— Vous avez les signes convenus? demanda le faux capitaine la Jonquière.

— Voici la moitié de la pièce d'or.

— Et voici l'autre, dit Dubois.

On rapprocha les deux fragments du sequin, qui s'emboîtèrent parfaitement.

— Et maintenant, dit Gaston, voyons les deux papiers.

Gaston tira de sa poche le papier taillé de si bizarre façon, sur lequel était écrit le nom du capitaine la Jonquière.

Dubois tira aussitôt de sa poche un papier pareil, sur lequel était écrit le nom du chevalier Gaston de Chanlay; on les mit l'un sur l'autre. Ils étaient taillés exactement sur le même patron, et les découpures intérieures se rajustaient parfaitement.

— A merveille! dit Gaston, et maintenant le portefeuille.

Les portefeuilles de Gaston et du faux la Jonquière furent comparés, ils étaient exactement pareils, et tous deux, quoiqu'ils fussent neufs, contenaient un calendrier de l'année 1700, c'est-à-dire de dix-neuf ans antérieur à l'époque où l'on se trouvait. C'était une double précaution qui avait été prise de peur d'imitation.

Mais Dubois n'avait pas eu besoin d'imiter, il avait tout pris sur le capitaine la Jonquière; et, avec sa diabolique sagacité et son infernal instinct, il avait tout deviné et tiré parti de tout.

— Et maintenant, monsieur?... dit Gaston.

— Maintenant, reprit Dubois, nous pouvons causer de nos petites affaires; n'est-ce point cela que vous voulez dire, chevalier?

— Justement; seulement sommes-nous en sûreté?

— Comme si nous étions au fond d'un désert.

— Asseyons-nous donc, et causons.

— Volontiers, causons, chevalier.

Les deux hommes s'assirent de chaque côté d'une table sur laquelle il y avait une bouteille de xérès et deux verres.

Dubois en remplit un; mais, au moment où il allait remplir l'autre, le chevalier étendit la main dessus, pour indiquer qu'il ne boirait pas.

— Peste! dit Dubois en lui-même, il est mince et sobre, mauvais signe; César se défiait de ces gens maigres et qui ne buvaient jamais de vin, et ces gens-là, c'étaient Brutus et Cassius.

Gaston paraissait réfléchir, et de temps en temps jetait un regard de profonde investigation sur Dubois.

Dubois sirotait son verre de vin d'Espagne à petits coups, et supportait parfaitement le regard du chevalier.

— Capitaine, dit enfin Gaston après un moment de silence, quand on entreprend, comme nous le faisons, une affaire dans laquelle on risque sa tête, il est bon, je crois, de se connaître, afin que le passé réponde de l'avenir. Montlouis, Talhouet, du Couëdic et Pontcalec sont mes introducteurs auprès de vous; vous savez mon nom et ma condition. J'ai été élevé par un frère qui avait des motifs de haine personnelle contre le régent. Cette haine, j'en ai hérité; il en est résulté que, lorsque, voilà bientôt trois ans, la ligue de la noblesse s'est formée en Bretagne, je suis entré dans la conjuration. Maintenant, j'ai été choisi par les conjurés bretons pour venir m'entendre avec ceux de Paris, venir recevoir les instructions du baron de Valef, qui est arrivé d'Espagne, les transmettre au duc d'Olivarès, agent de Sa Majesté Catholique à Paris, et m'assurer de son assentiment.

— Et que doit faire, dans tout cela, le capitaine la Jonquière? demanda Dubois, comme si c'était lui qui doutât de l'identité du chevalier.

— Il doit me présenter au duc. Je suis arrivé il y a deux heures; j'ai vu monsieur Valef tout d'abord; enfin, je viens de me faire reconnaître à vous; maintenant, monsieur, vous connaissez ma vie comme moi-même.

Dubois avait écouté en mimant chacune des impressions qu'il recevait, comme eût pu le faire le meilleur acteur; puis, quand Gaston eût fini :

— Quant à moi, chevalier, dit-il en se renversant sur sa chaise avec un air plein de noble indolence, je dois avouer que mon histoire est un peu plus longue et un peu plus accidentée que la vôtre. Cependant, si vous désirez que je vous la raconte, je me ferai un devoir de vous obéir.

— Je vous ai dit, capitaine, reprit Gaston en s'inclinant, que, lorsqu'on en était où nous en sommes, une des premières nécessités de la situation était de se bien connaître.

— Eh bien! reprit Dubois, je me nomme, comme vous le savez, le capitaine la Jonquière; mon père était, ainsi que moi, officier d'aventure; c'est un métier où l'on gagne beaucoup de gloire, mais où l'on amasse, en général, fort peu d'argent. Mon glorieux père mourut donc en me laissant, pour tout héritage, sa rapière et son uniforme. Je ceignis la rapière, qui était un peu longue, et j'endossai l'uniforme, qui était un peu large. C'est depuis ce temps, continua Dubois en faisant remarquer au chevalier l'ampleur de son justaucorps, que du reste le chevalier avait déjà remarqué; c'est depuis ce temps que j'ai contracté l'habitude de ne pas être gêné dans mes mouvements.

Gaston s'inclina en signe qu'il n'avait rien à dire contre cette habitude, et que, quoiqu'il fût plus serré dans son habit que Dubois ne l'était dans le sien, il la tenait pour bonne.

— Grâce à ma bonne mine, continua Dubois, je fus reçu dans le Royal-Italien, qui, par économie d'abord, et ensuite parce que l'Italie n'était plus à nous, se recrutait, pour le moment, en France. J'y tenais donc une place fort distinguée comme anspessade, lorsque, la veille de la bataille de Malplaquet, j'eus avec mon sergent une légère altercation à propos d'un ordre qu'il me donnait du bout de sa canne en l'air, au lieu de me le donner, comme la chose était convenable, le bout de la canne en bas.

— Pardon, dit Gaston, mais je ne comprends pas bien la différence que cela pouvait faire à l'ordre qu'il vous donnait.

— Cela fit cette différence, qu'en baissant sa canne il effleura la corne de mon chapeau, lequel tomba à terre. Il résulta de cette maladresse un petit duel, dans lequel je lui insinuai mon sabre au travers du corps. Or, comme on m'eût incontestablement passé par les armes si j'avais eu la complaisance d'attendre qu'on m'arrêtât, je fis demi-tour à gauche et je me réveillai le lendemain matin, le diable m'emporte si je sais comment cela se fit! dans le corps d'armée du prince de Marlborough.

— C'est-à-dire que vous désertâtes, reprit le chevalier en souriant.

— J'avais pour moi l'exemple de Coriolan et du grand Condé, continua Dubois, ce qui me parut une excuse suffisante aux yeux de la postérité. J'assistai donc comme acteur, je dois le dire, puisque nous avons promis de n'avoir rien de caché l'un pour l'autre; j'assistai comme acteur à la bataille de Malplaquet; seulement, au lieu de me trouver d'un côté du ruisseau, je me trouvai de l'autre; au lieu de tourner le dos au village, je l'avais en face de moi. Je crois que ce changement de place fut fort heureux pour votre serviteur: le Royal-Italien laissa huit cents hommes sur le champ de bataille, ma compagnie fut écharpée, mon camarade de lit coupé en deux par un des dix-sept mille coups de canon qu'on tira dans la journée. La gloire dont feu mon régiment s'était couvert enchanta tellement l'illustre Marlborough, qu'il me fit enseigne sur le champ de bataille. Avec un tel protecteur, je devais aller loin; mais, sa femme, lady Marlborough, que le ciel la confonde, ayant eu, comme vous le savez, la maladresse de laisser tomber une jatte d'eau sur la robe de la reine Anne, ce grand événement changea la face des choses en Europe, et dans le bouleversement qu'il amena, je me trouvai sans autre protecteur que mon mérite personnel et les ennemis qu'il m'avait faits.

— Et que devîntes-vous alors? demanda Gaston, qui prenait un certain intérêt à la vie aventureuse du prétendu capitaine.

— Que voulez-vous! cet isolement me conduisit, bien malgré moi, à demander du service à Sa Majesté Catholique, laquelle, en son honneur, je dois le dire, accéda gracieusement à ma demande. Au bout de trois ans, j'étais capitaine; mais, sur une solde de trente réaux par jour, on nous en retenait vingt, tout en nous faisant valoir l'honneur infini que nous faisait le roi d'Espagne en nous empruntant notre argent. Comme ce mode de placement ne me paraissait pas présenter la sécurité nécessaire, je demandai à mon colonel la permission de quitter le service de Sa Majesté Catholique et de revenir dans ma belle patrie, le tout accompagné d'une recommandation quelconque, afin que l'on ne m'inquiétât point par trop à l'endroit de mon affaire de Malplaquet. Le colonel m'adressa alors à Son Excellence le prince de Cellamarre, lequel ayant reconnu en moi une certaine disposition naturelle à obéir aux ordres qu'on me donne sans les discuter jamais, lorsqu'ils me sont donnés d'une façon convenable et accompagnés d'une certaine musique, allait m'employer activement dans la fameuse conspiration à laquelle il a donné son nom; lorsque tout à coup l'affaire manqua, comme vous le savez, par la double dénonciation de la Fillon et d'un misérable écrivain nommé Buvat. Mais, comme Son Altesse pensa fort judicieusement que ce qui était différé n'était pas perdu, il me recommanda à son successeur, auquel j'espère que mes petits services pourront être de quelque utilité, et que je remercie de tout mon cœur de m'avoir offert cette occasion de faire la connaissance d'un cavalier aussi accompli que vous. Faites donc état de moi, chevalier, comme de votre très-humble et très-obéissant serviteur.

— Ma demande se bornera, capitaine, répondit Gaston, à vous prier de me présenter au duc, le seul à qui mes instructions me permettent de m'ouvrir, et à qui je dois rendre les dépêches du baron de Valef. Je suivrai donc à la lettre mes instructions, et vous prierai, capitaine, de me présenter à Son Excellence.

— Aujourd'hui même, monsieur, dit Dubois, qui paraissait avoir pris sa résolution; dans une heure, si vous le voulez; dans dix minutes, si c'est nécessaire.

— Le plus tôt possible.

— Écoutez, dit Dubois, je me suis un peu avancé quand je vous ai dit que je vous ferais voir Son Excellence dans une heure. A Paris, on n'est sûr de rien; peut-être n'est-il pas prévenu de votre arrivée, peut-être ne vous attend-il pas, peut-être ne le trouverai-je pas chez lui.

— Je comprends cela, j'aurai patience.

— Peut-être enfin, continua Dubois, serai-je empêché de venir vous reprendre.

— Pourquoi cela?

— Pourquoi cela? Peste! chevalier, on voit bien que vous en êtes à votre premier voyage à Paris.

— Que voulez-vous dire?

— Je veux dire, monsieur, qu'il y a, à Paris, trois polices, toutes différentes, toutes distinctes, et qui, cependant, s'entre-croisent et se réunissent quand il s'agit de tourmenter les honnêtes gens qui ne demandent pas autre chose que le renversement de ce qui est, pour y mettre ce qui n'est pas : 1° La police du régent, qui n'est pas bien à craindre; 2° Celle de messire Voyer-d'Argenson. Heu! celui-là, il a ses jours, ceux où il est de mauvaise humeur, quand il a été mal gratté au couvent de la Madelaine du Tresnel; 3° Il y a celle de Dubois... Ah! celle-là, c'est autre chose..... Maître Dubois est un grand..

— Un grand misérable! reprit Gaston. Vous ne m'apprenez rien là de nouveau, je le sais.

Dubois s'inclina avec son fatal sourire de singe.

— Eh bien, pour échapper à ces trois polices?... dit Gaston.

— Il faut beaucoup de prudence, chevalier...

— Instruisez-moi, alors, capitaine; car vous paraissez plus au courant que moi. Moi, je vous l'ai dit, je suis un provincial, et pas autre chose.

— Eh bien, d'abord, il serait important que nous ne logeassions pas dans le même hôtel.

— Diable! répondit Gaston, qui se rappelait l'adresse donnée à Hélène, voilà qui me contrarie; j'avais des raisons pour désirer rester ici...

— Qu'à cela ne tienne, chevalier, c'est moi qui déménagerai... Prenez une de mes deux chambres : celle-ci ou celle du premier.

— Je préfère celle-ci.

— Vous avez raison : au rez-de-chaussée, fenêtre sur une rue, porte secrète sur l'autre. Allons, allons, vous avez de l'œil, et l'on fera quelque chose de vous.

— Revenons à notre affaire, dit le chevalier.

— Oui, c'est juste... Que disais-je?

— Vous disiez que vous seriez peut-être empêché de venir me prendre vous-même.

— Oui; mais, en ce cas, faites bien attention de ne suivre celui qui viendra vous chercher qu'à bonne enseigne.

— Dites-moi à quels signes je pourrai reconnaître qu'il vient de votre part.

— D'abord, il faut qu'il ait une lettre de moi.

— Je ne connais pas votre écriture.

— C'est juste; et je vais vous en donner un spécimen.

Dubois se mit à une table et écrivit les quelques lignes suivantes :

« Monsieur le chevalier,

« Suivez avec confiance l'homme qui vous remettra ce billet; il est chargé par moi de vous conduire dans la maison où vous attendent M. le duc d'Olivarès et le capitaine la Jonquière. »

— Tenez, continua-t-il en lui remettant le billet; si quelqu'un venait en mon nom, il vous remettrait un autographe pareil à celui-ci.

— Serait-ce assez?...

— Ce n'est jamais assez. Outre l'autographe, il vous montrera la moitié de la pièce d'or, et, à la porte de la maison où il vous conduira, vous lui demanderiez encore le troisième signe de reconnaissance.

— Qui serait?...

— Qui serait le papier.

— C'est bien, dit Gaston. Avec ces précautions, c'est bien le diable si nous nous laissons prendre. Ainsi, maintenant, qu'ai-je à faire?

— Maintenant, attendez. Vous ne comptez pas sortir aujourd'hui?

— Non.

— Eh bien, tenez-vous coi et couvert dans cet hôtel, où rien ne vous manquera. Je vais vous recommander à l'hôte.

— Merci.

— Mon cher monsieur Champagne, dit, en ouvrant la porte, la Jonquière à Tapin, voici le chevalier de Chanlay qui reprend ma chambre; je vous le recommande comme moi-même.

Puis, en la refermant :

— Ce garçon-là vaut son pesant d'or, monsieur Tapin, dit Dubois à demi-voix. Que ni vous ni vos gens ne le perdent donc un instant de vue; vous m'en répondez sur votre tête.

XVI.

SON EXCELLENCE LE DUC D'OLIVARÈS.

Cependant Dubois, en quittant le chevalier, admirait, comme il avait déjà eu si souvent l'occasion de le faire, le hasard providentiel qui lui mettait encore une fois entre les mains tout l'avenir du régent et de la France.

En traversant la salle commune, il reconnut l'Éveillé, qui causait avec Tapin, et lui fit signe de le suivre : c'était l'Éveillé, on se le rappelle, qui avait été chargé de faire disparaître le vrai la Jonquière.

Arrivé dans la rue, Dubois s'informa avec intérêt de ce qu'était devenu le digne capitaine. Dûment garrotté et bâillonné, il avait été conduit au donjon de Vincennes, pour ne gêner aucune des manœuvres du gouvernement.

Il y avait, à cette époque, une manière de système préventif admirablement commode pour les ministres.

Éclairé sur ce point important, Dubois continua son chemin tout pensif; la moitié de la besogne seulement était faite, et c'était la plus facile. Maintenant il fallait décider le régent à se remettre violemment dans un genre d'affaires qu'il avait en horreur : la politique du guet-apens.

Dubois commença par s'informer de l'endroit où était le régent, et de ce que faisait le régent.

Le prince était dans son cabinet, non pas d'affaires, mais de travail, non pas de régent, mais d'artiste, achevant une gravure à l'eau forte, préparée par Humbert, son chimiste, lequel, à une table voisine, embaumait un ibis par le procedé des Égyptiens, qu'il prétendait avoir retrouvé.

En même temps, un secrétaire lisait au prince une correspondance dont le chiffre était connu du régent seul.

Tout à coup, la porte s'ouvrit, au grand étonnement du régent, dont ce cabinet était le refuge, et, d'une voix sonore, l'huissier annonça :

— Monsieur le capitaine la Jonquière!

Le régent se retourna.

— La Jonquière! dit-il, qu'est-ce que cela?

Humbert et le secrétaire se regardèrent, étonnés qu'on introduisît ainsi un étranger dans leur sanctuaire.

Au même moment, une tête pointue et allongée, assez semblable à celle d'une fouine, se glissa dans l'entre-bâillement de la porte.

Le régent fut un instant sans reconnaître Dubois, tant il était bien déguisé; mais enfin, ce nez pointu, qui n'avait pas son second dans le royaume, le trahit.

L'expression d'une suprême hilarité remplaçait sur le visage du duc l'étonnement qui y avait apparu d'abord.

— Comment! c'est toi, l'abbé! dit Son Altesse en éclatant de rire. Et que signifie ce nouveau déguisement?

— Cela signifie, monseigneur, que je change de peau : de renard je me fais lion. Et maintenant, monsieur le chimiste et monsieur le secrétaire, faites-moi le plaisir, vous, d'aller empailler votre oiseau ailleurs, vous, d'aller achever votre lettre autre part.

— Pourquoi cela? demanda le régent.

— Parce que j'ai à parler à Votre Altesse d'affaires importantes.

— Va-t'en au diable avec tes affaires! l'heure est passée, tu reviendras demain, dit le régent.

— Monseigneur, reprit Dubois, ne voudrait pas m'exposer à rester jusqu'à demain sous cette vilaine enveloppe; je n'aurais qu'à mourir subitement. Fi donc! je ne m'en consolerais jamais!

— Arrange-toi comme tu voudras; j'ai décidé que le reste de la journée serait consacré au plaisir.

— Eh bien, cela tombe à merveille : je viens vous proposer, à vous aussi, un déguisement.

— Un déguisement, à moi!... Que veux-tu dire, Dubois? continua le régent, qui crut qu'il était question d'une de ses mascarades ordinaires.

— Allons! voilà l'eau qui vous vient à la bouche, monsieur Alain.

— Parle, qu'as-tu arrangé?

— Renvoyez d'abord votre chimiste et votre secrétaire.

— Tu y tiens?

— Absolument.

— Alors, puisque tu le veux...

Le régent congédia Humbert d'un geste amical, et le secrétaire d'un signe de commandement. Tous deux sortirent.

— Et maintenant, voyons, dit le régent, que me veux-tu?

— Je veux vous présenter, monseigneur, un jeune homme qui arrive de Bretagne, et qui m'est particulièrement recommandé; un garçon charmant.

— Et comment l'appelles-tu?

— Le chevalier Gaston de Chanlay.

— De Chanlay... reprit le régent en cherchant à rappeler ses souvenirs; ce nom ne m'est pas tout à fait inconnu.

— Vraiment!

— Non, il me semble l'avoir entendu prononcer autrefois; mais je ne me rappelle plus dans quelle circonstance. Et que vient faire à Paris ton protégé?

— Monseigneur, je ne veux pas vous ôter la surprise de la découverte; il vous le dira tout à l'heure à vous-même, ce qu'il vient faire à Paris.

— Comment! à moi-même?

— Oui; c'est-à-dire à Son Excellence le duc d'Olivarès, dont vous allez, s'il vous plaît, prendre la place. — Ah! c'est un conspirateur fort discret que mon protégé; et bien m'en a pris, grâce à ma police, toujours la même, monseigneur, qui vous a suivi à Rambouillet; bien m'en a pris, dis-je, d'être au courant des choses. Il était adressé, à Paris, à un certain la Jonquière, lequel devait le présenter à Son Excellence le duc d'Olivarès. Vous comprenez maintenant, n'est-ce pas?

— Aucunement, je te l'avoue.

— Eh bien, j'ai été le capitaine la Jonquière; mais je ne puis pas être à la fois le capitaine la Jonquière et Son Excellence.

— Et alors, tu as réservé ce rôle...

— A vous, monseigneur.

— Merci! Ainsi tu veux qu'à l'aide d'un faux nom je surprenne les secrets...

— De vos ennemis, interrompit Dubois. Pardieu! le beau crime! Et puis, comme cela vous coûte beaucoup, à vous, de changer de nom et d'habits! Comme vous n'avez pas déjà, grâce à de pareils moyens, surpris bien autre chose que des secrets!... Mais rappelez-vous donc, monseigneur, que, grâce au caractère aventureux dont le ciel vous a fait don, notre vie, à tous les deux, est une espèce de mascarade continuelle. Que diable! monseigneur, après vous être appelé M. Alain et maître Jean, vous pouvez bien, sans déroger, ce me semble, vous appeler le duc d'Olivarès.

— Mon cher, je ne demande pas mieux que de me déguiser, quand cette plaisanterie doit me procurer une distraction quelconque; mais...

— Mais vous déguiser, continua Dubois, pour conserver le repos à la France, pour empêcher des intrigants de bouleverser le royaume, pour empêcher des assassins de vous poignarder peut-être! allons donc! la chose est indigne de vous! je comprends cela!... Ah! si c'était pour séduire cette petite quincaillère du pont Neuf, ou cette jolie veuve de la rue Saint-Augustin, je ne dis pas... Peste! cela en vaudrait la peine!

— Mais enfin, reprit le régent, voyons. Si, comme toujours, je cède à ce que tu me demandes, qu'en résultera-t-il?

— Il en résultera que vous conviendrez peut-être, à la fin, que je ne suis pas un visionnaire, et que vous permettrez alors qu'on veille sur vous, puisque vous ne voulez pas y veiller vous-même.

— Mais, une fois pour toutes, si la chose n'en vaut pas la peine, serai-je délivré de tes obsessions?

— Sur l'honneur, je m'y engage.

— L'abbé, si cela t'était égal, j'aimerais mieux un autre serment.

— Oh! que diable! monseigneur, aussi, vous êtes trop difficile; on jure par ce qu'on peut.

— Il est écrit que ce drôle-là n'aura jamais le dernier.

— Monseigneur consent?

— Encore cette maussaderie!

— Peste! vous verrez si c'en est une.

— Je crois, Dieu me pardonne, que tu en fais pour m'effrayer, des complots.

— Alors, ils sont bien faits; vous verrez celui-là.

— Tu en es content?

— Je le trouve fort agréable.

— Si je n'ai pas peur, gare à toi!

— Monseigneur exige trop.

— Tu me flattes, tu n'es pas sûr de ta conspiration, Dubois.

— Eh bien, je vous jure, monseigneur, que vous jouirez d'une certaine émotion, et que vous vous trouverez heureux de parler par la bouche de Son Excellence.

Asseyons-nous donc et causons. — PAGE 68.

Et Dubois, qui craignait que le régent ne revînt sur sa décision encore mal consolidée, s'inclina et sortit.

Il n'était pas dehors depuis cinq minutes, qu'un courrier entra précipitamment dans l'antichambre et remit une lettre à un page. Ce page le congédia et entra aussitôt chez le régent, qui, à la simple inspection de l'écriture, laissa échapper un mouvement de surprise.

— Madame Desroches ! dit-il; voyons, il y a donc du nouveau !

Et, brisant précipitamment le cachet, il lut ce qui suit :

« Monseigneur,

« La jeune dame que vous m'avez confiée ne me paraît pas en sûreté ici. »

— Bah ! s'écria le régent.

Puis il continua :

« Le séjour de la ville, que Votre Altesse redoutait pour elle, vaut cent fois mieux que l'iso-

Paris. — Imp. Simon Raçon & Cie, rue d'Erfurth, 1.

lement, et je ne me sens pas la force de défendre comme je le voudrais, ou plutôt comme il le faudrait, la personne que Votre Altesse m'a fait l'honneur de me confier. »

— Ouais! fit le régent, les choses s'embrouillent, se me semble.

« Un jeune homme, qui avait déjà écrit hier à mademoiselle Hélène, un instant avant votre arrivée, s'est présenté, ce matin, au pavillon; je l'ai voulu éconduire; mais mademoiselle m'a ordonné si péremptoirement d'obéir et de me retirer, que, dans ce regard enflammé, dans ce geste de reine, j'ai reconnu, n'en déplaise à Votre Altesse Royale, le sang qui commande. »

— Oui, oui, dit le régent en souriant malgré lui, c'est bien ma fille!

Puis il ajouta :

— Quel peut être ce jeune homme? un muguet qui l'aura vue au parloir de son couvent; si elle me disait son nom encore, cette folle de madame Desroches!

Et il reprit :

« Je crois, monseigneur, que ce jeune homme et mademoiselle se sont déjà vus; je me suis permis d'écouter, pour le service de Votre Altesse, et, malgré la double porte, à un moment où il haussait la voix, j'ai pu distinguer ces mots : « Vous voir comme par le passé. »

« Que Votre Altesse Royale soit donc assez bonne pour me sauver du danger réel que court ma surveillance, et je la supplie de me transmettre un ordre positif, par écrit même, à l'abri duquel je puisse me retirer pendant les colères de mademoiselle. »

— Diable! continua le régent, voilà qui complique la situation; déjà de l'amour; mais non, cela n'est pas possible; élevée si sévèrement, si isolément, dans le seul couvent de France peut-être où les hommes ne passent jamais le parloir, dans une province où l'on dit l'air des mœurs si pur! non, c'est quelque aventure que ne comprend pas cette Desroches, habituée aux roueries de la cour, et surexcitée si souvent par les espiègleries de mes autres filles. Mais voyons, que me dit-elle encore?

« *P. S.* Je viens de faire prendre des informations à l'hôtel du *Tigre royal;* le jeune homme est arrivé hier, à sept heures du soir, c'est-à-dire trois quarts d'heure avant mademoiselle. Il venait par la route de Bretagne, c'est-à-dire par le chemin qu'elle suivait. Il voyage sous le nom de M. de Livry. »

— Oh! oh! fit le régent, ceci devient plus dangereux; c'est tout un plan arrêté d'avance. Pardieu! Dubois rirait bien si je lui parlais de cette circonstance; comme il me retournerait mes dissertations sur la pureté des jeunes filles loin de Versailles ou de Paris! Il faut espérer que, malgré sa police, le drôle ne saura rien de tout ceci. — Holà! page.

Le page qui avait apporté la lettre rentra.

Le duc écrivit à la hâte quelques lignes.

— Le messager qui arrive de Rambouillet? demanda-t-il.

— Attend la réponse, monseigneur, répondit le jeune homme.

— C'est bien; rendez-lui ce message, et qu'il reparte à l'instant même; allez.

Le courrier, un instant après, faisait retentir dans la cour les fers sonores de son cheval.

Quant à Dubois, tout en préparant l'entrevue de Gaston avec la fausse Excellence, il faisait *in petto* ce petit calcul :

— Je tiens le régent par lui-même et par sa fille. Cette intrigue de la jeune personne est sans conséquence ou sérieuse. Si elle est sans conséquence, je la brise en l'exagérant. Si elle est sérieuse, j'ai le mérite réel auprès du duc de l'avoir découverte. Seulement il ne faut pas frapper les deux coups à la fois : *Bis repetita placent.* Bon! voilà encore une citation! cuistre que tu es, tu ne pourras donc jamais t'en déshabituer! C'est dit, sauvons le duc d'abord, sa fille ensuite, et il y aura deux récompenses. Voyons, est-ce bien cela? le duc d'abord; oui, qu'une jeune fille succombe, personne n'en souffre; qu'un homme meure, et tout un royaume est perdu : commençons par le duc.

Et, sur cette résolution, Dubois expédia un courrier très-pressé à M. de Montaran, à Nantes.

Nous avons déjà dit que M. de Montaran était l'ancien gouverneur de la Bretagne.

Quant à Gaston, son parti était pris : honteux d'avoir eu affaire à un homme de la trempe de la Jonquière, et d'être placé vis-à-vis d'un pareil maraud dans une position subordonnée, il se félicitait de communiquer désormais avec le chef plus digne de l'entreprise, résolu, s'il trouvait dans ce rang la même bassesse et la même vénalité, de retourner à Nantes pour raconter à ses amis ce qu'il avait vu et leur demander ce qu'il devait faire.

Pour Hélène, il n'hésitait plus, il connaissait le courage indomptable de cette enfant, son amour et sa loyauté. Il savait, à n'en pas douter, qu'elle mourrait plutôt que d'avoir à rougir, même involontairement, devant son ami le plus cher. Il voyait avec joie que le bonheur de retrouver un père n'avait pas altéré son affection si dévouée et que la fortune présente ne lui avait pas fait oublier le passé. Mais aussi, d'un autre côté, ses craintes à l'égard de cette paternité mystérieuse ne le quittaient plus depuis qu'il était séparé d'Hélène. Quel roi, en effet, n'eût avoué une telle fille, à moins que quelque chose de honteux n'y mît obstacle?

Gaston s'habilla avec soin. Il y a la coquetterie du plaisir et la coquetterie du danger. Il embellit sa jeunesse, si fraîche et si gracieuse déjà, de tout ce que le costume avantageux de l'époque pouvait donner d'attraits à un visage mâle encadré de beaux cheveux noirs. Sa jambe fine et nerveuse se dessinait sous la soie; ses épaules et sa poitrine jouaient à l'aise sous le velours; une plume blanche, après s'être arrondie sous la forme de son chapeau, retombait sur son épaule; et, en se regardant dans la glace, Gaston se sourit à lui-même et se trouva un conspirateur de fort bon air.

De son côté, le régent avait, par le conseil de Dubois, pris un costume de velours noir, et enseveli dans une vaste cravate de malines la moitié de son visage, que le jeune homme eût pu reconnaître d'après les portraits multipliés de de l'époque. Quant à l'entrevue, elle devait avoir lieu dans une petite maison du faubourg Saint-Germain, qui était occupée par une de ses maîtresses, et qu'il avait invitée à l'évacuer. Entre les deux corps de logis était un pavillon isolé, fermé complétement à la lumière, et garni de lourdes tapisseries. C'est là que le régent, transporté dans une berline fermée, qui sortit du Palais-Royal par les derrières, arriva vers les cinq heures, c'est-à-dire à la nuit tombante.

XVII

MONSEIGNEUR, NOUS SOMMES BRETONS.

Gaston était resté dans la chambre du rez-de-chaussée, et s'habillait, comme nous l'avons dit, tandis que maître Tapin continuait de faire son apprentissage.

Aussi, vers le soir, savait-il aussi bien mesurer une chopine que son prédécesseur, et mieux même, car il avait compris que, dans les dédommagements qu'on payerait à maître Bourguignon, le gaspillage figurerait au compte; il comprenait donc que moins on gaspillerait, plus, lui Tapin, ferait des bénéfices. Aussi la pratique du matin fut-elle très-mal servie le soir, et se retira-t-elle fort mécontente.

Une fois habillé, Gaston, pour achever de se fixer sur le caractère du capitaine la Jonquière, fit l'inventaire de sa bibliothèque.

Elle se composait de trois sortes de livres : livres obscènes, livres d'arithmétique, livres de théorie. Parmi ces derniers, le *Parfait Sergent Major* était relié d'une façon toute particulière, et paraissait avoir été énormément lu; puis venaient les mémoires du capitaine, mémoires de dépenses, bien entendu, tenus avec tout l'ordre d'un fourrier de régiment. — Tant de futilité! — Il pensa que c'était un masque à la Fiesque pour couvrir le visage du conspirateur.

Pendant que Gaston se livrait consciencieusement à cet inventaire appréciateur, un homme entra, introduit par Tapin, qui l'annonça et le laissa aussitôt discrètement seul avec le chevalier. Aussitôt que la porte fut refermée, l'homme s'approcha de Gaston, lui annonça que le capitaine la Jonquière, ne pouvant pas venir, l'avait envoyé à sa place. Gaston lui demanda la preuve de cette mission. L'inconnu tira d'abord une lettre du capitaine exactement dans les mêmes termes et de la même écriture que le specimen qu'il avait entre les mains, puis, après la lettre, la moitié de la pièce d'or; Gaston reconnut dès lors que c'était bien l'envoyé attendu, et ne fit aucune difficulté de le suivre. Tous deux montèrent dans un carrosse exactement fermé, ce qui n'avait rien d'étonnant, vu le motif de la course.

Gaston vit qu'il traversait la rivière au pont Neuf, et qu'il descendait les quais; mais, une fois entré dans la rue du Bac, il ne vit plus rien, car, au bout d'un instant, la voiture s'arrêta dans une cour, en face d'un pavillon. Alors, sans même que Gaston le demandât, son compagnon tira de sa poche le papier taillé sur lequel se trouvait le nom du chevalier, de sorte que, si celui-ci eût conservé quelques doutes, ces doutes se fussent dissipés.

La portière s'ouvrit : Gaston et son compagnon descendirent, montèrent les quatre marches d'un perron, et se trouvèrent dans un vaste corridor circulaire, lequel enveloppait la seule pièce dont se composait le pavillon. Avant de soulever la portière, qui masquait une des entrées, Gaston se retourna pour chercher son guide, mais son guide avait déjà disparu. Le chevalier était resté seul.

Le cœur lui battit violemment : ce n'était plus à un homme vulgaire qu'il allait parler. Il ne s'agissait plus de l'instrument grossier mis en œuvre : c'était la pensée du complot elle-même qu'il allait voir en face; c'était l'idée de la rébellion faite homme; c'était le représentant d'un roi devant lequel il allait se trouver, lui représentant de la France; il allait parler, bouche à bouche, avec l'Espagne, et porter à l'étranger les offres d'une guerre commune contre sa patrie. Il jouait un royaume de moitié avec un autre royaume.

Une sonnette retentit au dedans.

Le bruit de cette sonnette fit frissonner Gaston. Il se regarda dans une glace, il était pâle; il s'appuya contre le mur, car ses genoux fléchissaient; mille pensées, qui ne lui étaient jamais venues, l'assaillirent en ce moment; le pauvre garçon n'était pas au bout de ses souffrances.

La porte s'ouvrit, et Gaston se trouva devant un homme qu'il reconnut pour la Jonquière.

— Encore! murmura-t-il avec dépit.

Mais le capitaine, malgré son œil vif et exercé, ne parut pas s'apercevoir du nuage qui obscurcissait le front du chevalier.

— Venez, chevalier, lui dit-il, *on* nous attend.

Alors Gaston, rassuré par l'importance même de l'action qu'il entreprenait, s'avança d'un pas assez ferme sur le tapis qui assourdissait le bruit de ses pas. Il se fit l'effet d'une ombre comparaissant devant une autre ombre.

En effet, muet et immobile, un homme, le dos tourné à la porte, un homme était assis ou plutôt enseveli dans un vaste fauteuil; on n'entrevoyait que ses jambes croisées l'une sur l'autre. La lumière de la bougie unique, placée sur une table dans un candélabre de vermeil, et recouverte d'un abat-jour, n'éclairait que la partie inférieure de son corps; la tête et les épaules, protégées par le jeu d'un écran, restaient dans la pénombre.

Gaston trouva les traits franchement accusés et le visage noble. C'était un gentilhomme qui se connaissait en gens de race, et il comprit tout de suite que celui-là n'était pas un capitaine la Jonquière. La bouche était bienveillante, l'œil grand, hardi et fixe comme celui des rois et des oiseaux de proie; il lut de hautes pensées sur ce front, une grande prudence et quelque fermeté dans les contours fins de la partie inférieure du visage; tout cela cependant au milieu de l'obscurité, et malgré la cravate de malines.

— Au moins, voilà l'aigle, se dit-il; l'autre n'était que le corbeau, ou tout au plus que le vautour.

Le capitaine la Jonquière se tint respectueusement debout, en se faisant gros des hanches pour avoir l'attitude martiale. L'inconnu, après avoir regardé quelque temps Gaston, qui le saluait en silence, et cela avec la même attention que Gaston l'avait regardé lui-même, se leva et salua à son tour fort dignement de la tête, et alla s'adosser à la cheminée.

— Monsieur est la personne dont j'ai eu l'honneur de parler à Votre Excellence, dit la Jonquière; monsieur le chevalier Gaston de Chanlay.

L'inconnu s'inclina légèrement de nouveau, mais ne répondit pas.

— Mordieu! lui souffla tout bas Dubois à l'oreille, si vous ne lui parlez pas, il ne répondra rien.

— Monsieur arrive de Bretagne, je crois? répondit froidement le duc.

— Oui, monseigneur, mais que Votre Excellence daigne me pardonner; M. le capitaine la Jonquière lui a dit mon nom, mais moi je n'ai pas encore l'honneur de savoir le sien; excusez mon impolitesse, monseigneur, mais ce n'est pas moi qui parle, c'est le pays qui m'envoie.

— Vous avez raison, monsieur, dit vivement la Jonquière en tirant d'un portefeuille placé sur la table un papier au bas duquel s'étalait une large signature avec le sceau du roi d'Espagne. Voici le nom, dit-il.

« Duc d'Olivarès, » lut Gaston.

L'inconnu tira d'abord une lettre du capitaine. — PAGE 75.

Puis, se retournant vers celui qu'on lui présentait, sans remarquer la légère rougeur qui colorait ses joues, il s'inclina respectueusement.

— Et maintenant, monsieur, dit l'inconnu, vous n'hésiterez plus à parler, je présume.

— Je croyais avoir à écouter d'abord, répondit Gaston se tenant encore sur la défensive.

— C'est vrai, monsieur; toutefois c'est un dialogue que nous commençons, ne l'oubliez pas : chacun parle à son tour dans une conversation.

— Monseigneur, Votre Excellence me fait trop d'honneur, et je vais lui donner l'exemple de la confiance.

— J'écoute, monsieur.

— Monseigneur, les états de Bretagne...

— Les mécontents de Bretagne, interrompit en souriant le régent, malgré un signe terrible de Dubois.

— Les mécontents sont si nombreux, reprit Gaston, qu'ils doivent être regardés comme les représentants de la province : cependant j'emploierai la locution que m'indique Votre Excellence; les mécontents de Bretagne m'ont envoyé à vous, monseigneur, pour savoir les intentions de l'Espagne dans cette affaire.

— Sachons d'abord celles de la Bretagne, reprit le régent.

— Monseigneur, l'Espagne peut compter sur nous; elle a notre parole, et la loyauté bretonne est proverbiale.

— Mais à quoi vous engagez-vous vis-à-vis de l'Espagne?

— A seconder de notre mieux les efforts de la noblesse française.

— Mais n'êtes-vous donc pas Français vous-mêmes?

— Monseigneur, nous sommes Bretons. La Bretagne, réunie à la France par un traité, doit se regarder comme séparée d'elle du moment où la France ne respecte pas le droit qu'elle s'était réservé par ce traité.

— Oui, je sais, la vieille histoire du contrat d'Anne de Bretagne; il y a bien longtemps que ce contrat a été signé, monsieur.

Le faux la Jonquière poussa le régent de toute sa force.

— Qu'importe, dit Gaston, si chacun de nous le sait par cœur?

XVIII

MONSIEUR ANDRÉ.

— Vous disiez donc alors que la noblesse bretonne était prête à seconder de son mieux la noblesse française. Et que veut la noblesse française?

— Substituer, en cas de mort de sa Majesté, le roi d'Espagne au trône de France, comme seul et unique héritier de Louis XIV.

— Bien! très-bien! dit la Jonquière en fourrant ses doigts jusqu'à la première phalange dans une tabatière de corne et en prisant avec une évidente satisfaction.

— Mais enfin, reprit le régent, vous parlez de toutes ces choses comme si le roi était mort, et le roi ne l'est pas.

— Monsieur le grand Dauphin, monsieur le duc de Bourgogne, madame la duchesse de Bourgogne et leurs enfants, ont disparu d'une façon bien déplorable.

Le régent pâlit de colère; Dubois se mit à tousser.

— On compte donc sur la mort du roi? demanda le duc.

— Généralement, monseigneur, répondit le chevalier.

— Alors cela explique comment le roi d'Espagne espère, malgré la renonciation de ses droits, monter sur le trône de France, n'est-il pas vrai, monsieur? Mais, parmi les gens qui sont attachés à la régence, il pense trouver quelque opposition à ses projets.

Le faux Espagnol appuya involontairement sur ces mots.

— Aussi, monseigneur, répondit le chevalier, on a prévu le cas.

— Ah! fit Dubois, ah! l'on a prévu le cas; très-bien! fort bien! Quand je vous le disais, monseigneur, que nos Bretons étaient des hommes précieux. Continuez, monsieur, continuez.

Malgré l'invitation encourageante de Dubois, Gaston garda le silence.

— Eh bien, monsieur, dit le duc, dont la curiosité s'excitait malgré lui, vous le voyez, j'écoute.

— Ce secret n'est pas le mien, monseigneur, répondit le chevalier.

— Alors, dit le duc, je n'ai pas la confiance de vos chefs.

— Au contraire, monseigneur; mais vous seul l'avez.

— Je vous comprends, monsieur; mais le capitaine est de nos amis, et je vous réponds de lui comme de moi.

— Mes instructions, monseigneur, portent que je ne m'en ouvrirai qu'à vous seul.

— Mais, monsieur, je vous ai déjà dit que je répondais du capitaine.

— En ce cas, reprit Gaston en s'inclinant, j'ai dit à monseigneur tout ce que j'avais à lui dire.

— Vous entendez, capitaine, dit le régent; veuillez donc nous laisser seuls.

— Oui, monseigneur, répondit Dubois; mais, avant de vous quitter, moi aussi, j'aurais deux mots à vous dire.

Gaston se recula de deux pas par discrétion.

— Monseigneur, dit tout bas Dubois, poussez-le, mordieu! tirez-lui toute l'affaire des entrailles; vous n'aurez jamais occasion pareille. Eh bien, qu'en dites-vous, de votre Breton? Il est gentil, n'est-ce pas?

— Un charmant garçon, dit le régent... l'air tout à fait gentilhomme : des yeux pleins de fermeté et d'intelligence à la fois; une tête fine.

— On la coupera d'autant mieux, marronna Dubois en se grattant le nez.

— Que dis-tu?

— Rien, monseigneur, je suis exactement de votre avis. Monsieur de Chanlay, votre serviteur, et au revoir. Un autre se fâcherait de ce que vous n'avez pas voulu parler devant lui, mais, moi, je ne suis pas fier, et, pourvu que la chose tourne comme je l'entends, peu m'importent les moyens.

Chanlay s'inclina légèrement.

— Allons, allons, dit Dubois, il paraît que je n'ai pas assez l'air d'un homme de guerre. Diable de nez, va! c'est encore un de ses tours; mais c'est égal, la tête est bonne.

— Monsieur, dit le régent lorsque Dubois eut fermé la porte, nous voilà seuls, et je vous écoute.

— Monseigneur, vous me comblez, dit Chanlay.

— Parlez, monsieur, reprit le régent.

Puis il ajouta en souriant :

— Vous devez comprendre mon impatience, n'est-ce pas?

— Oui, monseigneur, car Votre Excellence est sans doute étonnée de ne point encore avoir reçu d'Espagne certaine dépêche que vous devez adresser au cardinal Olocroni.

— C'est vrai, monsieur, répondit le régent, faisant un effort pour mentir, mais emporté par la situation.

— Je vais vous donner l'explication de ce retard, monseigneur. Le messager qui devait apporter cette dépêche est tombé malade et n'a pas quitté Madrid; le baron de Valef, mon ami, qui, d'occasion, se trouvait en Espagne, s'est alors offert. On a hésité quelques jours; enfin, comme on le connaissait pour un homme déjà éprouvé dans la conspiration de Cellamare, on la lui a confiée.

— En effet, dit le régent, le baron de Valef a échappé de bien peu aux émissaires de Dubois. Savez-vous, monsieur, qu'il y a eu un grand courage à essayer de renouer une œuvre ainsi rompue par la moitié? Je sais, quant à moi, que, lorsque le régent a vu madame du Maine et le prince de Cellamare arrêtés, messieurs de Richelieu, de Polignac, de Malezieux, mademoiselle de Launay et Brigaud à la Bastille, et ce misérable la Grange-Chancel aux îles Sainte-Marguerite, il a cru tout fini.

— Vous voyez qu'il s'est trompé, monseigneur.

— Mais vos conspirateurs de la Bretagne ne craignent-ils pas, en se soulevant en ce moment, de faire couper la tête aux conspirateurs de Paris, que le régent tient sous sa main?

— Tout au contraire, monseigneur; ils espèrent les sauver, ou ils se feront une gloire de mourir avec eux.

— Comment cela, les sauver?

— Revenons à la dépêche, s'il vous plaît, monseigneur; je dois la remettre d'abord à Votre Excellence, et la voici.

— C'est juste.

Le régent prit la lettre; mais, au moment de la décacheter, voyant qu'elle était adressée à Son Excellence le duc d'Olivarès, il la posa sur la table sans l'ouvrir.

Chose étrange! Et ce même homme brisait parfois, pour son espionnage des postes, deux cents cachets par jour.

Il est vrai qu'alors il était avec Thorey ou Dubois, et non avec le chevalier de Chanlay.

— Eh bien, monseigneur... dit Chanlay, ne comprenant rien à l'hésitation du duc.

— Vous savez sans doute ce que contient cette dépêche, monsieur?... demanda le régent.

— Peut-être pas mot pour mot, monseigneur; mais je sais ce qui a été convenu, du moins.

— Voyons, dites. Je suis bien aise de savoir jusqu'à quel point vous êtes initié aux secrets du cabinet espagnol.

— Lorsqu'on se sera défait du régent, dit Gaston, sans voir le léger tressaillement qui, à ces paroles, agita son interlocuteur, on fera provisoirement reconnaître le duc du Maine à sa place. M. le duc du Maine rompra à l'instant même le traité de la quadruple alliance signé par ce misérable Dubois.

— Oh! je suis vraiment fâché, interrompit le régent, que le capitaine la Jonquière

Philippe V.

ne soit plus là ; il aurait eu plaisir à vous entendre parler ainsi... Continuez, monsieur, continuez.

— On jettera le prétendant, avec une flotte, sur les côtes d'Angleterre. On mettra la Prusse, la Suède et la Russie aux prises avec la Hollande. L'empire profitera de la lutte pour reprendre Naples et la Sicile, auxquels il a des droits par la maison de Souabe. On assurera le grand-duché de Toscane, prêt à rester sans maître par l'extinction des Médicis, au second fils du roi d'Espagne. On réunira les Pays-Bas catholiques à la France. On donnera la Sardaigne au duc de Savoie, Commachio au pape. On fera de la France l'âme de la grande ligue du Midi contre le Nord; et, si Sa Majesté Louis XV vient à mourir, on couronnera Philippe V roi de la moitié du monde.

— Oui, monsieur, je sais tout cela, dit le régent, et c'est le plan de la conspiration Cellamare remis à neuf; mais il y a dans ce que vous m'avez dit d'abord une phrase que je ne comprends pas bien.

— Laquelle, monseigneur?... demanda Gaston.

— Celle-ci : « L'on se défera du régent. » Et comment s'en défera-t-on, monsieur?

— L'ancien plan, comme vous le savez, monseigneur, avait été de l'enlever et de le transporter dans la prison de Saragosse ou la forteresse de Tolède.

— Oui; et le plan a échoué par la surveillance du duc.

— Ce plan était impraticable; mille obstacles s'opposaient à ce que le duc arrivât à Tolède ou à Saragosse; le moyen, je vous le demande, de faire traverser la France dans sa plus grande largeur à un pareil prisonnier!

— C'était difficile, dit le duc. Aussi je n'ai jamais compris qu'un pareil moyen eût été adopté. Je vois avec plaisir qu'on y a fait une légère modification.

— Monseigneur, on séduit ses gardes, on s'échappe d'une prison, on s'évade d'une forteresse; puis on revient en France, on ressaisit le pouvoir perdu, et l'on fait écarteler ceux qui ont exécuté l'enlèvement. Philippe V et Alberoni n'ont rien à craindre; Son Excellence monseigneur le duc d'Olivarès a regagné la frontière, et est hors de la portée de la main; et, tandis que la moitié des conjurés échappe à la puissance du régent, l'autre moitié paye pour le tout.

— Cependant...

— Monseigneur, nous avons sous les yeux l'exemple de la dernière conspiration, et, vous le disiez vous-même tout à l'heure, MM. de Richelieu, de Polignac, de Malezieux, de Laval et Brigaud et mademoiselle de Launay sont encore à la Bastille.

— Ce que vous dites là, monsieur, est plein de logique, répondit le duc.

— Tandis qu'au contraire, continua le chevalier, en se défaisant du régent...

— Oui, l'on prévient son retour. On s'échappe d'une prison, on s'évade d'une forteresse; mais on ne sort pas d'une tombe. Voilà ce que vous vouliez dire, n'est-ce pas?

— Oui, monseigneur, répondit Gaston avec un léger tremblement dans la voix.

— Alors, je comprends maintenant le but de votre mission : vous êtes venu à Paris pour vous défaire du régent?

— Oui, monseigneur.

— En le tuant?

— Oui, monseigneur.

— Et c'est vous, monsieur, continua le régent en fixant son regard profond sur le jeune homme, qui vous êtes offert de vous-même pour cette sanglante mission?

— Non, monseigneur; jamais de moi-même je n'eusse choisi le rôle d'un assassin.

— Mais qui vous a forcé de jouer ce rôle, alors?

— La fatalité, monseigneur.

— Expliquez-vous, monsieur.

— Nous formions un comité de cinq gentilshommes associés à la ligue bretonne, ligue partielle au milieu de la grande association, et il avait été convenu entre nous que tout ce que nous ferions se déciderait à la majorité.

— Je comprends, dit le duc; et la majorité a décidé qu'on assassinerait le régent?

— C'est cela, monseigneur : quatre furent pour l'assassinat, un seul fut contre.

— Et celui qui fut contre?... demanda le duc.

— Dussé-je perdre la confiance de Votre Excellence, monseigneur, c'était moi.

— Mais alors, monsieur, comment vous êtes-vous chargé d'accomplir un dessein que vous désapprouviez?

— Il avait été décidé que le sort désignerait celui qui devait porter le coup.

— Et le sort?...

— Tomba sur moi, monseigneur.

— Comment n'avez-vous pas refusé cette mission?

— Le scrutin était secret; nul ne connaissait mon vote; on m'eût pris pour un lâche.

— Et vous êtes venu à Paris...

— Dans le but qui m'est imposé.

— Comptant sur moi?...

— Comme sur un ennemi du régent, pour m'aider à accomplir une entreprise qui, non-seulement touche si profondément aux intérêts de l'Espagne, mais encore qui sauve nos amis de la Bastille.

— Courent-ils de si grands dangers que vous le croyez?

— La mort plane au-dessus d'eux; le régent a des preuves, et il a dit de M. de Richelieu, qu'eût-il quatre têtes, il avait entre les mains de quoi les lui faire couper.

— Il a dit cela dans un moment de colère.

— Comment! monseigneur, c'est vous qui défendez le duc! c'est vous qui tremblez quand un homme se dévoue pour le salut non-seulement de ses complices, mais encore de deux royaumes! c'est vous qui hésitez à accepter le dévouement!

— Si vous échouez dans cette entreprise?...

— Toute chose a son bon et son mauvais côté, monseigneur. Quand on n'a pas le bonheur d'être le sauveur de son pays, reste l'honneur d'être le martyr de sa cause.

— Mais, faites-y attention, en vous facilitant les moyens d'arriver jusqu'au régent, je deviens votre complice.

— Et cela vous effraye, monseigneur?

— Sans doute, car, vous arrêté...

— Eh bien, moi arrêté?...

— On peut, à force de tortures, vous arracher les noms de ceux...

Gaston interrompit le prince avec un geste et un sourire de suprême dédain.

— Vous êtes étranger, monseigneur, lui dit-il, et vous êtes Espagnol; vous ne pouvez, par conséquent, savoir ce que c'est qu'un gentilhomme français. Je vous pardonne donc votre injure.

— Alors, on peut donc compter sur votre silence?

— Pontcalec, du Couëdic, Talhouët et Montlouis en ont douté un seul instant, et, depuis, ils m'en ont fait leurs excuses.

— C'est bien, monsieur, reprit le régent; je songerai gravement, je vous le promets, à ce que vous venez de me dire; mais cependant, à votre place...

— A ma place?

— Je renoncerais à cette entreprise.

— Je voudrais, pour beaucoup, n'y être point entré, monseigneur, je l'avoue : car, depuis que j'y suis entré, un grand changement s'est fait dans ma vie. Mais j'y suis, il faut qu'elle s'accomplisse.

— Même quand je refuserais de vous seconder? dit le régent.

— Le comité breton a prévu ce cas, dit Gaston en souriant.

— Et il a décidé?...

— Que l'on passerait outre.

— Ainsi votre résolution?...

— Est irrévocable, monseigneur.

— J'ai dit ce que je devais vous dire, reprit le régent; maintenant, puisque vous le voulez à toute force, poursuivez donc votre entreprise.

— Monseigneur, dit Gaston, vous paraissez vouloir vous retirer.

— Avez-vous encore quelque chose à me dire?...

— Aujourd'hui, non; mais demain, après-demain.

— N'avez-vous pas l'intermédiaire du capitaine? En me faisant prévenir par lui, je vous recevrai quand il vous plaira.

— Monseigneur, dit Gaston avec un accent de fermeté merveilleusement assorti avec sa pose noble et digne, parlons franc : pas d'intermédiaire semblable à celui-là. Votre Excellence et moi, si fort séparés que nous nous trouvions par le rang et le mérite, sommes égaux, du moins, devant l'échafaud qui nous menace. L'avantage sur ce point est même à moi, car il est évident que je cours plus de dangers que vous. Cependant, vous êtes maintenant, monseigneur, un conspirateur comme M. le chevalier de Chanlay, avec cette différence, que vous avez le droit, étant le chef, de voir tomber sa tête avant la vôtre. Qu'il me soit donc permis de traiter d'égal à égal avec Votre Excellence, et de la voir quand j'aurai besoin d'elle.

Le régent réfléchit un instant.

— Fort bien, dit-il; cette maison n'est pas ma demeure; vous comprenez, je reçois peu chez moi depuis que la guerre est imminente; ma position est précaire et délicate en France. Cellamare est emprisonné à Blois; je ne suis qu'un espèce de consul, bon à protéger mes nationaux, et bon aussi à servir d'otage : je ne saurais donc user de trop de précautions.

Le régent mentait avec effort, il cherchait la fin de chacune de ses phrases.

— Écrivez donc poste restante, à cette adresse: « A monsieur André. » Vous ajouterez l'heure à laquelle vous voulez me parler, et je me trouverai ici.

— A la poste? reprit Gaston.

— Oui; vous comprenez, c'est un délai de trois heures, voilà tout, pas davantage. A chaque levée, un homme à moi guette votre lettre et me l'apporte, s'il s'en trouve une; trois heures après, vous vous présentez ici, et tout est dit.

— Votre Excellence en parle bien à son aise, dit en riant Gaston; mais je ne sais pas même où je suis; je ne connais pas la rue, je ne sais pas le numéro de la maison; je suis venu de nuit: comment voulez-vous que je me retrouve? Tenez, monseigneur, faisons mieux que cela ; vous m'avez demandé quelques heures pour réfléchir : prenez jusqu'à demain matin, et demain, à onze heures, envoyez-moi chercher. Il faut que nous arrêtions bien fermement notre plan d'avance, afin que notre plan ne manque pas comme ceux de ces conspirateurs de carrefour, dont une voiture mise en travers ou une pluie qui tombe dérange les poignards ou éteint la poudre.

— Eh bien, cela est pensé à merveille, dit le régent ; demain donc, monsieur de Chanlay, ici vers onze heures ; on ira vous prendre chez vous, et nous n'aurons plus, dès lors, de secrets l'un pour l'autre.

— Votre Excellence daigne-t-elle agréer mes respects ? dit Gaston en s'inclinant.

— Adieu, monsieur, fit le régent en lui rendant son salut.

Le régent congédia Gaston, qui retrouva dans l'antichambre le guide qui l'avait amené. Le chevalier remarqua seulement qu'au retour il lui fallait traverser un jardin qu'il n'avait pas vu en venant, et qu'il sortait par une autre porte que celle par laquelle il était entré.

A cette autre porte, la même voiture attendait; il y monta aussitôt, et à peine y eut-il pris sa place, qu'elle roula rapidement vers la rue des Bourdonnais

---

XIX

LA PETITE MAISON.

Ce n'était plus une illusion pour le chevalier. Un jour encore, deux peut-être, il allait falloir se mettre à l'œuvre, et quelle œuvre !

L'envoyé espagnol avait produit une profonde impression sur Gaston ; il y avait en lui un air de grandeur qui étonnait celui-ci. Gaston en était sûr, c'était bien un gentilhomme.

Puis une réminiscence étrange lui passait par l'esprit; il y avait, entre ce front sévère et ces yeux étincelants et le front pur et les doux yeux d'Hélène une de ces ressemblances vagues et lointaines qui donnent, à la pensée qui s'arrête sur elle, l'incohérence d'un songe. Gaston, sans s'en rendre compte, assimilait ces deux figures dans son souvenir, et, malgré lui, ne pouvait les séparer.

Au moment où il allait se coucher, fatigué des émotions du jour, le pas d'un cheval retentit dans la rue; la porte de l'hôtel du *Muids-d'Amour* s'ouvrit, et Gaston, de son rez-de-chaussée, crut entendre un colloque animé ; mais bientôt la porte se referma, le bruit s'évanouit, et Gaston s'endormit, comme on s'endort à vingt-cinq ans, lors même qu'on est amoureux et conspirateur.

Cependant Gaston ne s'était pas trompé : le cheval entendu avait bien réellement piétiné et henni ; le colloque avait eu lieu ; la porte s'était ouverte et refermée. Celui qui arrivait à cette heure était un bon paysan de Rambouillet, à qui une jeune et jolie femme avait donné deux louis pour porter un billet en toute hâte à monsieur le chevalier Gaston de Chanlay, rue des Bourdonnais, à l'hôtel du *Muits-d'Amour*.

La jeune et jolie femme, nous la connaissons.

Tapin prit la lettre, la retourna, la flaira; puis, dénouant le tablier blanc serré autour de sa taille d'hôtelier, il remit la garde de l'hôtel du *Muids-d'Amour* à son premier cuisinier, qui était un drôle fort intelligent, et courut, avec la vitesse de ses deux longues jambes, chez Dubois, qui rentrait aussi de la maison de la rue du Bac.

— Oh ! oh ! dit Dubois, une lettre ! voyons cela.

Il décacheta, comme un habile escamoteur, à l'aide d'une vapeur bouillante, l'épître qu'on venait de lui remettre, et, en lisant le billet, puis la signature, il éclata dans une joie immodérée.

— Bon ! excellent ! dit-il ; et voilà qui marche à merveille. Laissons aller les enfants, ils vont grand train ; mais nous tenons la bride, et ils n'iront que tant que nous voudrons.

Puis, se tournant vers le messager après avoir artistement recacheté l'épître :

— Tiens, dit-il, rends cette lettre.

— Quand cela? demanda Tapin.

— Tout de suite, dit Dubois.

Tapin fit un pas vers la porte.

— Non pas ; je réfléchis... reprit Dubois ; demain matin, ce sera assez tôt.

— Maintenant, dit Tapin en saluant une seconde fois au moment de sortir, m'est-il permis de faire à monseigneur une observation toute personnelle ?

— Parle, drôle.

— Comme agent de monseigneur, je gagne trois écus par jour.

— N'est-ce point assez, maroufle?

— C'est assez comme agent, et je ne me plains pas; mais, en vérité, Dieu! ce n'est pas assez comme marchand de vins. Oh! le sot métier!

— Bois pour te distraire, animal.

— Depuis que j'en vends, je déteste le vin.

— Parce que tu vois comment on le fait; mais bois du champagne, bois du muscat, bois du vin de raisin, s'il en existe, c'est Bourguignon qui paye. A propos, il a eu une vraie attaque, ainsi ton mensonge n'est qu'une affaire de chronologie.

— Vraiment! monseigneur?

— Oui, la peur que tu lui as faite en est la cause; tu voulais hériter de son fonds, pendard!

— Non, ma foi, monseigneur; le métier est trop peu divertissant.

— Eh bien, j'ajoute trois écus par jour à ta solde, tant que tu le rempliras; et après je te donne la boutique pour doter ta fille aînée. Va, et apporte-moi souvent des lettres pareilles, tu seras le bienvenu.

Tapin revint à l'hôtel du *Muids-d'Amour* du même pas qu'il avait été au Palais-Royal; et, comme la chose lui était recommandée, il attendit au lendemain pour remettre la lettre.

A six heures Gaston était sur pied. Il faut rendre cette justice à maître Tapin, aussitôt qu'il entendit du bruit dans la chambre, il entra et remit la lettre à celui à qui elle était adressée.

En reconnaissant l'écriture, Gaston rougit et pâlit à la fois; mais, à mesure qu'il lut, ce fut sa pâleur qui augmenta.

Tapin faisait mine de ranger et le regardait du coin de l'œil. En effet, la nouvelle était sérieuse, voici ce que contenait la lettre :

« Mon ami, je reviens à votre avis, et peut-être aviez-vous raison; en tout cas, j'ai peur. Une voiture vient d'arriver; madame Desroches commande le départ; j'ai voulu résister, on m'a enfermée dans ma chambre. Par bonheur, un paysan passe pour faire abreuver son cheval; je lui remets deux louis, et il promet de porter ce billet chez vous. J'entends faire les derniers préparatifs : dans deux heures, nous partirons pour Paris.

« Une fois arrivée, je vous ferai tenir ma nouvelle adresse, dussé-je, si l'on me résiste, sauter par une fenêtre.

« Soyez tranquille : la femme qui vous aime se gardera digne d'elle et de vous. »

— Ah! c'est cela, s'écria Gaston en achevant la lettre; Hélène, je ne m'étais pas trompé. Huit heures du soir, mon Dieu! mais elle est partie; mais elle est même arrivée. Monsieur Bourguignon, pourquoi ne m'a-t-on pas apporté cette lettre tout de suite?

— Son Excellence dormait, et l'on a attendu qu'elle se réveillât, répondit Tapin avec la plus exquise politesse.

Il n'y avait rien à répondre à un homme qui savait si bien vivre; d'ailleurs, Gaston réfléchit qu'en s'emportant il risquait de révéler son secret; il contint donc sa colère. Seulement une idée lui vint : il voulut alors guetter à la barrière l'entrée d'Hélène, qui pouvait n'être point encore arrivée à Paris. Il s'habilla donc promptement, accrocha son épée, et partit après avoir dit à Tapin :

— Au cas où monsieur le capitaine la Jonquière viendrait pour me chercher, dites-lui que je serai de retour à neuf heures.

Gaston arriva tout en sueur à la barrière; il n'avait rencontré aucun fiacre, et avait fait la course à pied.

Pendant qu'il attend inutilement Hélène, qui était entrée à Paris à deux heures du matin : jetons un coup d'œil en arrière.

Nous avons vu le régent recevant la lettre de madame Desroches, et renvoyant la réponse par le même messager; en effet, il était urgent de prendre de promptes mesures et de soustraire Hélène aux tentatives de ce monsieur de Livry.

Mais que pouvait être ce jeune homme? Dubois seul saurait le lui dire; aussi, quand Dubois reparut pour accompagner, vers les cinq heures du soir, Son Altesse Royale à la rue du Bac :

— Dubois, dit le régent, qu'est-ce qu'est monsieur de Livry de Nantes?

Dubois se gratta le nez, car il voyait venir le régent.

— Livry... Livry... dit-il, attendez donc.

— Oui, Livry.

— C'est quelque Matignon, enté sur de la province.

— Bon! ceci n'est pas une explication, l'abbé: c'est tout au plus une hypothèse.

— Et qui connaît cela, Livry? ce n'est pas un nom. Faites venir M. d'Hozier.

— Imbécile!

— Mais, monseigneur, reprit Dubois, je ne

m'occupe pas de généalogie, moi ; je suis roturier indigne.

— C'est bien assez de niaiseries comme cela.

— Diable ! monseigneur ne plaisante pas sur les Livry, à ce qu'il paraît ; est-ce qu'il s'agirait de donner l'ordre à quelqu'un de la famille? en ce cas, c'est autre chose, et je vais tâcher de vous trouver une belle origine.

— Va-t'en au diable ! et en y allant, envoie-moi Nocé.

Dubois fit son sourire le plus agréable et sortit.

Dix minutes après, la porte s'ouvrit et Nocé parut.

C'était un homme de quarante ans, d'ailleurs extrêmement distingué, grand, beau, froid, sec, spirituel et railleur; un des compagnons, au reste, les plus fidèles et les plus aimés du régent.

— Monseigneur m'a fait demander, dit-il.

— Ah ! c'est toi, Nocé ! bonjour.

— Tous mes hommages à monseigneur, reprit Nocé en s'inclinant. Puis-je être bon à quelque chose à Son Altesse Royale ?

— Oui, prête-moi ta maison du faubourg Saint-Antoine, mais bien vide, bien propre; j'y mettrai des gens à moi; surtout pas trop galante, entends-tu ?

— Pour une prude, monseigneur ?

— Oui, Nocé, pour une prude.

— Alors que ne louez-vous une maison en ville, monseigneur? Les maisons du faubourg ont une atroce réputation, je vous en préviens.

— La personne que j'y veux mettre ne connaît pas même ces réputations-là, Nocé.

— Peste ! recevez-en mes compliments bien sincères, monseigneur.

— Mais silence, n'est-ce pas, Nocé ?

— Absolu.

— Ni fleurs ni emblèmes; fais-moi décrocher toutes les peintures un peu trop agréables. Les trumeaux et les panneaux comment sont-ils ?

— Les trumeaux et les panneaux peuvent rester, monseigneur, c'est très-décent.

— Vrai ?

— Oui, vrai ; c'est du Maintenon tout pur.

— Laissons donc les panneaux; mais tu m'en réponds ?

— Monseigneur, je ne voudrais pas cependant prendre une pareille responsabilité; je ne suis pas une prude, moi, et peut-être serait-il plus prudent de tout faire gratter.

— Bah ! pour un jour, Nocé, ce n'est pas la peine ; quelques mythologies, n'est-ce pas ?

— Heu ! fit Nocé.

— D'ailleurs, cela nous prendrait du temps, et à peine ai-je quelques heures. Donne-moi les clefs tout de suite.

— Le temps de retourner chez moi, et, dans un quart d'heure, Votre Altesse Royale les aura.

— Adieu, Nocé; ta main. Pas de guet, pas de curiosité, je te le recommande, je t'en prie.

— Monseigneur, je pars pour la chasse, et ne reviendrai que lorsque Votre Altesse Royale me rappellera.

— Tu es un digne compagnon. Adieu, à demain.

Sûr maintenant d'avoir une maison convenable où la faire descendre, le régent écrivit aussitôt une seconde lettre à la Desroches, et lui envoya une berline avec ordre de ramener Hélène, après lui avoir lu, sans la lui montrer, la lettre qu'il venait d'écrire.

Voici ce que contenait cette lettre :

« Ma fille, j'ai réfléchi, et veux vous avoir près de moi. Faites-moi le plaisir de suivre madame Desroches sans perdre une seconde. A votre arrivée à Paris, vous recevrez de mes nouvelles.

« Votre père affectionné. »

Hélène, à la lecture de cette lettre communiquée par madame Desroches, résista, pria, pleura ; mais cette fois, tout fut inutile, et force lui fut d'obéir. Ce fut alors qu'elle profita d'un moment de solitude pour écrire à Gaston la lettre que nous avons lue, et pour la faire porter par le paysan à cheval. Puis elle partit, laissant encore une fois, avec douleur, cette habitation qui lui était chère, parce qu'elle avait cru y retrouver un père, et qu'elle y avait reçu son amant.

Quant à Gaston, il s'était, comme nous l'avons dit, aussitôt la lettre reçue, empressé de courir à la barrière ; il faisait petit jour quand il y arriva. Plusieurs voitures passèrent, mais aucune ne renfermait Hélène. Peu à peu, le froid devenait plus vif et l'espoir s'en allait du cœur du jeune homme; il reprit le chemin de l'hôtel, n'ayant plus d'autre chance que de trouver une lettre à son retour. Comme il traversait le jardin des Tuileries, huit heures sonnaient. Au même moment, Dubois entrait dans la chambre à coucher du régent, un portefeuille sous le bras et la mine triomphante.

XX

L'ARTISTE ET LE POLITIQUE.

— Ah! c'est toi, Dubois, dit le régent en apercevant son ministre.

— Oui, monseigneur, répondit Dubois en tirant des papiers de son portefeuille. Eh bien, nos Bretons sont-ils toujours gentils?

— Qu'est-ce que ces papiers? dit le régent, qui, malgré sa conversation de la veille, et peut-être à cause de cette conversation, se sentait une sympathie secrète pour Chanlay.

— Oh! rien du tout, dit Dubois. D'abord, un petit procès-verbal de ce qui s'est passé hier soir entre M. le chevalier de Chanlay et Son Excellence monseigneur le duc d'Olivarès.

— Tu as donc écouté?... demanda le régent.

— Pardieu! monseigneur, et que vouliez-vous donc que je fisse?

— Et tu as entendu...

— Tout. Eh bien, monseigneur, que pensez-vous des prétentions de Sa Majesté Catholique?

— Je pense qu'on dispose d'elle sans sa participation, peut-être.

— Et le cardinal Alberoni! Tudieu! monseigneur, comme ce gaillard-là vous manipule l'Europe! Le prétendant en Angleterre; la Prusse, la Suède et la Russie déchirant la Hollande à belles dents; l'empire reprenant Naples et la Sicile; le grand-duché de Toscane au fils de Philippe V; la Sardaigne au duc de Savoie; Commachio au pape; la France à l'Espagne. Eh bien! mais voilà un plan qui ne manque pas d'un certain grandiose pour être sorti du cerveau d'un sonneur de cloches.

— Fumée que tous ces projets, reprit le duc, rêveries que tous ces plans!

— Et notre comité breton, demanda Dubois, est-ce aussi une fumée?

— Je suis forcé de l'avouer, il existe réellement.

— Et le poignard de notre conspirateur, est-ce aussi une rêverie?

— Non. Je dois même dire qu'il m'a paru assez vigoureusement emmanché.

— Peste! monseigneur, vous vous plaigniez, dans l'autre conspiration, de ne trouver que des conspirateurs à l'eau de rose; eh bien! mais il me semble que, pour cette fois, vous êtes servi à votre guise : ceux-ci n'y vont pas de main morte.

— Sais-tu, dit le régent tout pensif, que c'est une vigoureuse nature que celle de ce chevalier de Chanlay?

— Ah! bon! il ne vous manquerait plus que de vous prendre d'une belle admiration pour ce gaillard-là! Ah! je vous connais, monseigneur, vous en êtes capable.

— Pourquoi donc est-ce toujours parmi ses ennemis, et jamais parmi ses serviteurs, qu'un prince rencontre des âmes de cette trempe?

— Ah! monseigneur, parce que la haine est une passion et que le dévouement n'est souvent qu'une bassesse; mais, si monseigneur veut quitter maintenant les hauteurs de la philosophie, pour redescendre à un simple travail matériel qui consiste à me donner deux signatures...

— Lesquelles? demanda le régent.

— D'abord, un capitaine qu'il faut faire major.

— Le capitaine la Jonquière?

— Oh! non; celui-là est un drôle que nous ferons pendre en effigie aussitôt que nous n'en aurons plus besoin; mais, en attendant, monseigneur, il faut le ménager.

— Et qui est ce capitaine?

— Un brave officier que monseigneur a rencontré, il y a huit jours, ou plutôt il y a huit nuits, dans une honnête maison de la rue Saint-Honoré.

— Que veux-tu dire?

— Je vois bien qu'il faut que j'aide aux souvenirs de monseigneur; monseigneur a si peu de mémoire!

— Voyons, parle, drôle; avec toi on ne peut jamais arriver au fait.

— Le voici en deux mots : Monseigneur est sorti il y a huit nuits, comme nous disions, déguisé en mousquetaire, par la petite porte de la rue de Richelieu, accompagné de Nocé et de Simiane.

— Oui, c'est vrai. Et que s'est-il passé rue Saint-Honoré? Voyons!

— Vous voulez le savoir, monseigneur?

— Oui, cela me ferait plaisir.

— Je n'ai rien à refuser à Votre Altesse.

— Parle donc, alors.

— Monseigneur le régent soupait dans cette maison de la rue Saint-Honoré.

— Toujours avec Nocé et Simiane?

— Non, en tête-à-tête, monseigneur. Nocé et Simiane soupaient aussi, mais chacun de son côté.

— Continue.

— Monseigneur le régent soupait donc, et l'on en était au dessert, lorsqu'un brave officier, qui se trompait de porte probablement, frappa si obstinément à la sienne, que monseigneur, impatienté, sortit et rudoya quelque peu l'importun qui venait si intempestivement le déranger; l'importun, qui était peu endurant de sa nature, à ce qu'il paraît, met l'épée à la main; sur quoi monseigneur, qui n'y regarde jamais à deux fois pour faire une folie, tira galamment sa rapière et prêta le collet à l'officier.

— Et le résultat de ce duel? demanda le régent.

— Fut que monseigneur attrapa à l'épaule une égratignure, en échange de laquelle il fournit à son adversaire un fort joli coup d'épée qui lui traversa la poitrine.

— Mais ce coup d'épée n'est pas dangereux, je l'espère?... demanda avec intérêt le régent.

— Non, heureusement, le fer a glissé le long des côtes.

— Oh! tant mieux!

— Mais ce n'est pas le tout.

— Comment?

— Il paraît que monseigneur en voulait particulièrement à cet officier.

— Moi! je ne l'avais jamais vu.

— Or, comme les princes ont besoin de voir les gens pour leur faire du mal, ils frappent à distance, eux.

— Que veux-tu dire? voyons, achève.

— Je veux dire que je me suis informé, et que cet officier était déjà capitaine depuis huit ans, lorsqu'à l'avénement au pouvoir de Votre Altesse il a été destitué.

— S'il a été destitué, c'est qu'il méritait de l'être.

— Ah! tenez, monseigneur, voilà une idée : c'est de nous faire reconnaître comme infaillibles par le pape.

— Il aura commis quelque lâcheté.

— C'était un des plus braves soldats de l'armée.

— Quelque action indigne alors.

— C'était le plus honnête homme de la terre.

— Alors c'est une injustice à réparer.

— A merveille! et voilà pourquoi j'avais préparé ce brevet de major.

— Donne, Dubois, donne; tu as du bon parfois.

Un sourire diabolique rida la face de Dubois, qui justement en ce moment tirait de son portefeuille un second papier.

Le régent le suivit des yeux avec inquiétude.

— Qu'est-ce que ce second papier? demanda-t-il.

— Monseigneur, répondit Dubois, après une injustice réparée, c'est une justice à faire.

— L'ordre d'arrêter le chevalier Gaston de Chanlay et de le conduire à la Bastille! s'écria le régent. Ah! drôle! je comprends maintenant pourquoi tu m'alléchais avec une bonne action. Mais un instant, dit le duc, ceci demande réflexion.

— Monseigneur pense-t-il que je lui propose un abus de pouvoir? demanda en riant Dubois.

— Non; mais cependant...

— Monseigneur, continua Dubois en s'animant, quand on a entre les mains le gouvernement d'un royaume, il faut, avant toutes choses, gouverner.

— Mais il me semble cependant, monsieur le cuistre, que je suis bien le maître!

— De récompenser, oui, mais à la condition de punir; l'équilibre de la justice est faussé, monseigneur, quand une éternelle et aveugle miséricorde pèse dans un des bassins de la balance. Agir comme vous voulez toujours le faire, et comme souvent vous le faites, ce n'est pas être bon, c'est être faible. Voyons, dites, monseigneur, quelle sera la récompense de ceux qui ont mérité, si vous ne punissez pas ceux qui ont failli?

— Alors, dit le régent avec d'autant plus d'impatience qu'il se sentait défendre une noble, mais mauvaise cause, si tu voulais que je fusse sévère, il ne fallait pas provoquer une entrevue entre moi et ce jeune homme; il ne fallait pas me mettre à même de l'apprécier à sa valeur; il fallait me laisser croire que c'était un conspirateur vulgaire.

— Oui; et maintenant, parce qu'il s'est présenté à Votre Altesse sous une enveloppe romanesque, voilà votre imagination d'artiste qui bat la campagne. Que diable! monseigneur, il y a temps pour tout. Faites de la chimie avec Humbert, faites de la gravure avec Audran, faites de la musique avec la Fare, faites l'amour avec le monde entier; mais, avec moi, faites de la politique.

— Eh! mon Dieu! s'écria le régent, ma vie espionnée, torturée, calomniée comme elle l'est, vaut-elle donc la peine que je la défende?

— Mais ce n'est pas votre vie que vous défendez, monseigneur. Au milieu de toutes les calomnies qui vous poursuivent, et contre lesquelles, Dieu merci! vous devriez être cuirassé maintenant, l'accusation de lâcheté est la seule que vos plus cruels ennemis n'ont pas même tenté de jeter sur vous. Votre vie!... A Steinkerque, à Nerwinde et à Lérida, vous avez prouvé le cas que vous en faisiez; votre vie! pardieu! si vous étiez un simple particulier, un ministre ou même un prince du sang, et qu'un assassinat vous la reprît, ce serait le cœur d'un homme qui cesserait de battre, et voilà tout; mais, à tort ou à raison, vous avez voulu occuper votre place parmi les puissants du monde. A cet effet, vous avez brisé le testament de Louis XIV, vous avez chassé les bâtards du trône, où déjà ils avaient mis le pied; vous vous êtes fait régent de France, c'est-à-dire la clef de voûte du monde. Vous tué, ce n'est pas un homme qui tombe, c'est le pilier qui soutenait l'édifice qui s'écroule; alors l'œuvre laborieuse de nos quatre années de veilles et de luttes est détruite! tout s'ébranle autour de nous! Jetez les yeux sur l'Angleterre : le chevalier de Saint-George y va renouveler les folles entreprises du prétendant; jetez les yeux sur la Hollande: la Prusse, la Suède et la Russie en font une vaste curée; jetez les yeux sur l'Autriche : son aigle à deux têtes tire à elle Venise et Milan pour s'indemniser de la perte de l'Espagne; jetez les yeux sur la France, et la France n'est plus la France, mais la vassale de Philippe V; enfin, jetez les yeux sur Louis XV, c'est-à-dire sur le dernier rejeton, ou plutôt sur le dernier débris du plus grand règne qui ait illuminé le monde, et l'enfant, qu'à force de surveillance et de soins nous avons arraché au sort de son père, de sa mère et de ses oncles, pour le faire asseoir sain et sauf sur le trône de ses ancêtres; cet enfant retombe aux mains de ceux qu'une loi adultère appelle effrontément à lui succéder. Ainsi, de tous côtés, meurtre, désolation, ruine et incendie, guerre civile et guerre étrangère. Et pourquoi cela? Parce qu'il plaît à monseigneur Philippe d'Orléans de se croire toujours major de la maison du roi ou commandant de l'armée d'Espagne, et d'oublier qu'il a cessé d'être tout cela le jour où il est devenu régent de France!

— Tu le veux donc! s'écria le régent en prenant une plume.

— Un instant, monseigneur, dit Dubois. Il ne sera pas dit que, dans une affaire de cette importance, vous aurez cédé à mes obsessions; j'ai dit ce que j'avais à dire. Maintenant je vous laisse seul; faites ce que vous voudrez. Je vous laisse ce papier. J'ai quelques ordres à donner de mon côté; dans un quart d'heure je reviendrai le prendre.

Et Dubois, à la hauteur cette fois de la situation où il se trouvait, salua le régent et sortit.

Resté seul, le duc tomba dans une profonde rêverie. Toute cette affaire, si sombre et si tenace, ce tronçon effrayant du serpent terrassé déjà dans la conspiration précédente, se dressait dans l'esprit du duc avec une foule de noires visions. Il avait bravé le feu dans les batailles, il avait ri des enlèvements médités par les Espagnols et les bâtards de Louis XIV; mais, cette fois, une secrète horreur l'étreignait sans qu'il pût s'en rendre compte.

Il se sentait épris d'une admiration involontaire pour ce jeune homme dont le poignard était levé sur sa poitrine; il le haïssait dans certains moments, il l'excusait, il l'aimait presque dans d'autres.

Dubois, accroupi sur cette conspiration comme un singe infernal sur une proie agonisante, et fouillant de ses ongles actifs jusqu'au cœur du complot, lui paraissait armé d'une volonté et d'une intelligence sublimes. Lui, si courageux d'ordinaire, il sentait qu'en cette circonstance il eût mal défendu sa vie. Il tenait la plume à la main; l'ordre était là, sous ses yeux, et l'attirait.

— Oui, murmura-t-il, Dubois a raison; il a dit vrai, et ma vie, qu'à chaque heure je joue sur un coup de dé, a cessé de m'appartenir. Hier encore, ma mère me disait ce qu'il vient de me dire aujourd'hui. Qui sait ce qui arriverait du monde entier si j'allais mourir? Ce qui est arrivé à la mort de mon aïeul Henri IV, pardieu! Après avoir reconquis pied à pied son royaume, il allait, grâce à dix ans de paix, d'économie et de popularité, ajouter à la France l'Alsace, la Lorraine et les Flandres peut-être; tandis que, descendant les Alpes, le duc de Savoie, devenu son gendre, allait se tailler un royaume dans le Milanais, et, des rognures de ce royaume, enrichir la république de Venise et fortifier les ducs de Modène, de Florence et de Mantoue. Dès lors, la France se trouvait à la tête du mouvement européen. Tout était prêt pour cet immense résultat, couvé pendant toute la vie d'un roi législateur et soldat. Ce fut alors que le 13 mai arriva, qu'une voiture à la livrée royale passa rue de la Féronnerie, et que trois heures sonnèrent à l'horloge des Innocents!... En une seconde, tout fut détruit : prospérité passée, espérances à venir! Il fallut un siècle tout entier, un ministre qui s'appelât Richelieu et un roi qui s'appelât Louis XIV, pour cicatriser au flanc de la France la blessure qu'y avait faite le couteau de Ravaillac... Oui, oui, Dubois a raison, s'écria le duc en s'animant, je dois abandonner ce jeune homme à la justice humaine. D'ailleurs, ce n'est pas moi qui le condamne, les juges sont là, ils décideront. Et puis, ajouta-t-il en souriant, n'ai-je pas toujours mon droit de grâce?

Et, rassuré intérieurement par cette prérogative royale, qu'il exerçait au nom de Louis XV, il signa vivement, et, sonnant son valet de chambre, il passa dans un autre appartement pour achever sa toilette.

Dix minutes après qu'il fut sorti de la chambre où cette scène venait de se passer, la porte se rouvrit doucement. Dubois y passa lentement et avec précaution sa tête de fouine, s'assura que la chambre était déserte, s'approcha doucement de la table devant laquelle était assis le prince, jeta un coup d'œil rapide sur l'ordre, sourit d'un sourire de triomphe en voyant que le régent avait signé, le plia lentement en quatre, le mit dans sa poche, et sortit à son tour avec un air de profonde satisfaction.

XXI

LE SANG SE RÉVÈLE.

Lorsque Gaston, de retour de la barrière de la Conférence, rentra dans sa chambre de la rue des Bourdonnais, il vit la Jonquière installé près du poêle, et dégustant une bouteille de vin d'Alicante qu'il venait de décoiffer.

— Eh bien, chevalier, dit-il en apercevant Gaston, comment trouvez-vous ma chambre, hein? Elle est assez commode, n'est-ce pas? Asseyez-vous donc, et goûtez de ce vin; il vaut les meilleurs de Rousseau. Avez-vous connu Rousseau, vous? Non, vous êtes de province, et l'on ne boit pas de vin en Bretagne; on y boit du cidre, de la piquette, de la bière, je crois. Je n'ai pu y boire que de l'eau-de-vie, moi, c'est tout ce que j'ai pu y trouver.

Gaston ne répondit rien, car Gaston n'avait pas même écouté ce que lui disait la Jonquière, tant il était préoccupé d'une seule idée. Il se laissa tomber tout effaré sur une chaise en froissant dans la poche de son habit la première lettre d'Hélène.

— Où est-elle? se demandait-il. Ce Paris immense, illimité, va peut-être me la garder éternellement. Oh! c'est trop de difficultés à la fois pour un homme qui n'a ni le pouvoir ni l'expérience.

— A propos, dit la Jonquière, qui avait suivi dans le cœur du jeune homme ses idées aussi facilement que si le corps qui l'enveloppait eût été de verre; à propos, chevalier, il y a ici une lettre pour vous.

— De Bretagne? demanda en tremblant le chevalier.

— Non pas, de Paris; d'une charmante petite écriture, qui m'a tout l'air d'une écriture de femme, mauvais sujet!

— Où est-elle? s'écria Gaston.

— Demandez cela à notre hôte. Quand je suis entré tout à l'heure, il la roulait entre ses doigts.

— Donnez, donnez! s'écria Gaston en s'élançant dans la chambre commune.

— Que désire monsieur le chevalier? demanda Tapin avec sa politesse accoutumée.

— Mais cette lettre.

— Quelle lettre?

— La lettre que vous avez reçue pour moi.

— Ah! pardon, monsieur; c'est vrai, et moi qui l'avais oubliée!

Et il tira la lettre de sa poche et la donna à Gaston.

— Pauvre imbécile! disait pendant ce temps-là le faux la Jonquière; et ces niais-là se mêlent de conspirer! C'est comme ce d'Harmental. Ils veulent faire à la fois de la politique et de l'amour. Triples sots! que ne vont-ils tout bonnement faire l'un chez la Fillon, ils n'iraient pas achever l'autre en Grève. Au reste, mieux vaut qu'ils soient ainsi pour nous, dont ils ne sont pas amoureux.

Gaston rentra tout joyeux, lisant, relisant, épelant la lettre d'Hélène.

« Rue du faubourg Saint-Antoine, une maison blanche, derrière des arbres, des peupliers, je crois; quant au numéro, je n'ai pas pu le voir, mais c'est la trente et unième ou la trente-deuxième maison à gauche en entrant, après avoir laissé à droite un château flanqué de tours, qui ressemble à une prison. »

— Oh! s'écria Gaston, je le trouverai bien; ce château, c'est la Bastille.

Il dit ces derniers mots de manière que Dubois les entendit.

— Parbleu! je le crois bien que tu le trouveras, dit à part lui Dubois, quand je devrais t'y conduire moi-même.

Gaston regarda sa montre : il avait encore plus de deux heures à lui avant son rendez-vous à la maison de la rue du Bac; il reprit son chapeau, qu'il avait posé en entrant sur une chaise, et s'apprêta à sortir.

— Eh bien, nous nous envolons donc? demanda Dubois.

— Une course indispensable.

— Et notre rendez-vous de onze heures?

— Il n'en est pas neuf encore; soyez tranquille, je serai de retour.

— Vous n'avez pas besoin de moi?

— Merci.

— Si vous prépariez quelque petit enlèvement, par hasard, je m'y entends assez bien, et je pourrais vous aider.

— Merci, dit Gaston en rougissant malgré lui, il n'est pas question de cela.

Dubois siffla un air entre ses dents, en homme qui prend les réponses pour ce qu'elles valent.

— Vous retrouverai-je ici? demanda Gaston.

— Je ne sais; peut-être ai-je aussi à rassurer quelque jolie dame qui s'intéresse à ma personne; mais, en tout cas, à l'heure dite, vous trouverez ici l'homme d'hier, avec la même voiture et le même cocher.

Gaston prit hâtivement congé de son compagnon. Au coin du cimetière des Innocents, il trouva un fiacre, monta dedans et se fit conduire rue Saint-Antoine.

A la vingtième maison, il descendit, ordonnant au cocher de le suivre, puis il s'avança, explorant tout le côté gauche de la rue. Bientôt il se trouva en face d'un grand mur, que surmontait la cime de hauts et touffus peupliers. Cette maison correspondait si bien au signalement que lui avait donné Hélène, qu'il ne douta plus que ce ne fût celle qui renfermait la jeune fille.

Mais là, la difficulté commençait : il n'y avait à ces murailles aucune ouverture, il n'y avait à la porte ni marteau ni sonnette. C'était chose inutile pour les gens du bel air qui avaient des coureurs galopant devant eux, lesquels frappaient les portes qu'ils voulaient se faire ouvrir du pommeau d'argent de leurs cannes. Gaston se serait bien passé de coureur, et aurait bien frappé soit avec le pied, soit avec une pierre; mais il craignait que des ordres n'eussent été donnés, et qu'il ne fût consigné à la porte. Il ordonna donc au cocher de s'arrêter, et, voulant prévenir, par un signal bien connu, Hélène qui était là, il longea une petite ruelle sur laquelle donnait le flanc de la maison, et, se rapprochant le plus possible d'une fenêtre ouverte qui donnait sur le jardin, il porta ses mains à sa bouche, et imita, avec toute la force qu'il put lui donner, le cri du chat-huant.

Hélène tressaillit, elle reconnut ce cri, qui retentit à une ou deux lieues de distance dans les genêts de la Bretagne; il lui sembla qu'elle était encore au couvent des augustines de Clisson, et que la barque, montée par le chevalier, et glissant sous l'effort silencieux de l'aviron, allait aborder au-dessous de sa fenêtre au milieu des roseaux et des nénufars; ce cri, qui montait le long des murs, et qui parvenait jusqu'à son oreille, lui annonçait la présence attendue de Gaston; aussi courut-elle aussitôt à la fenêtre : le jeune homme était là.

Hélène et lui échangèrent un signe qui voulait

dire d'une part : « Je vous attendais, » et de l'autre : « Me voilà ! » Puis, rentrant dans la chambre, elle agita une sonnette, qu'elle tenait de la munificence de madame Desroches, laquelle la lui avait donnée sans doute pour un tout autre usage, avec tant de force que non-seulement madame Desroches, mais encore la camérière et le valet de chambre accoururent précipitamment.

— Allez ouvrir la porte de la rue, dit impérieusement Hélène, il y a à cette porte quelqu'un que j'attends.

— Restez, dit madame Desroches au valet de chambre qui se préparait à obéir, je veux voir moi-même quelle est cette personne.

— Inutile, madame, je sais qui elle est, et je vous ai déjà dit que je l'attendais.

— Mais cependant, si mademoiselle ne devait pas la recevoir? reprit la duègne essayant de tenir bon.

— Je ne suis plus au couvent, madame, et ne suis pas encore en prison, répondit Hélène, je recevrai qui bon me semblera.

— Mais au moins puis-je savoir quelle est cette personne?

— Je ne vois aucun inconvénient à cela; c'est la même personne que j'ai déjà reçue à Rambouillet.

— Monsieur de Livry?

— Monsieur de Livry.

— J'ai reçu l'ordre positif de ne jamais laisser pénétrer ce jeune homme jusqu'à vous.

— Et moi je vous donne celui de me l'amener à l'instant même.

— Mademoiselle, vous désobéissez à votre père, reprit la Desroches, moitié colère, moitié respectueuse.

— Mon père n'a rien à voir ici, et surtout par vos yeux, madame.

— Cependant, qui est maître de votre sort?

— Moi! moi seule! s'écria Hélène se révoltant à l'aspect de cette domination qu'on voulait exercer sur elle.

— Mademoiselle, je vous jure cependant que monsieur votre père...

— Mon père m'approuvera, s'il est mon père.

Ce mot, lancé avec tout l'orgueil d'une impératrice, courba madame Desroches sous l'accent de domination qu'il renfermait; elle se retrancha dès lors dans un silence et une immobilité qu'imitèrent les valets présents à cette scène.

— Eh bien, dit Hélène, j'ai ordonné d'ouvrir la porte; n'obéit-on pas quand je commande?

Personne ne bougea, on attendait les ordres de la gouvernante.

Hélène sourit dédaigneusement, et, ne voulant pas commettre son autorité avec cette valetaille, elle fit de la main un geste si impérieux, que madame Desroches démasqua la porte devant laquelle elle se trouvait, et lui livra passage; Hélène alors descendit, lente et digne, les escaliers, suivie de madame Desroches, pétrifiée de trouver une pareille volonté dans une jeune fille sortie depuis douze jours de son couvent.

— Mais c'est une reine! dit la femme de chambre en suivant madame Desroches; quant à moi, je sais bien que j'allais ouvrir la porte si elle n'y était pas allée elle-même.

— Hélas! dit la vieille gouvernante, voilà comme elles sont toutes dans la famille.

— Vous avez donc connu la famille? demanda la femme de chambre tout étonnée.

— Oui, dit madame Desroches, qui s'aperçut qu'elle avait été trop loin; oui, j'ai connu autrefois le marquis son père.

Pendant ce temps, Hélène avait descendu les degrés du perron, avait traversé la cour, et s'était fait ouvrir la porte d'autorité; sur le seuil était Gaston.

— Venez, mon ami, lui dit Hélène.

Gaston la suivit; la porte se referma derrière eux, et ils entrèrent ensemble dans les appartements du rez-de-chaussée.

— Vous m'avez appelé, Hélène, et je suis accouru, lui dit le jeune homme; avez-vous quelque chose à craindre? quelque danger vous menace-t-il?

— Regardez autour de vous, lui dit Hélène, et jugez.

Les deux jeunes gens étaient dans l'appartement où nous avons introduit le lecteur à la suite du régent et de Dubois, lorsque celui-ci voulut le rendre témoin de la mise hors de page de son fils. C'était un charmant boudoir, attenant à la salle à manger, avec laquelle, on s'en souvient, il communiquait, non-seulement par deux portes, mais encore par une ouverture cintrée, toute masquée de fleurs des plus rares, des plus magnifiques, des plus parfumées; le petit boudoir était tendu de satin bleu, parsemé de roses au feuillage d'argent; les dessus de porte, de Claude Audran, représentaient l'histoire de Vénus, divisée en quatre tableaux : sa naissance, où elle surgit nue au sommet d'une vague; ses amours avec Adonis; sa rivalité avec Psyché, qu'elle faisait battre de verges; et enfin, son réveil dans les bras de Mars, sous les filets tendus par Vulcain. Les panneaux formaient d'autres épisodes de la même histoire; mais tous si suaves de contours, si voluptueux d'expression, qu'il n'y avait pas à se tromper sur la destination de ce petit boudoir.

Les peintures que Nocé, dans l'innocence de son âme, avait assuré au régent du pur Maintenon, avaient suffi cependant à effaroucher la jeune fille.

— Gaston, dit-elle, aviez-vous donc raison de me dire de me défier de cet homme qui se présentait à moi comme mon père? En vérité, j'ai plus peur encore ici qu'à Rambouillet.

Gaston examina toutes ces peintures l'une après l'autre, rougissant et pâlissant successivement à l'idée qu'il y avait un homme qui avait cru à la possibilité de surprendre les sens d'Hélène par de pareils moyens; puis il passa dans la salle à manger, l'examina dans tous ses détails comme il avait examiné le boudoir : c'était la continuation des mêmes peintures érotiques et des mêmes intentions voluptueuses. Puis, de là, tous deux descendirent au jardin, tout peuplé de statues et de groupes qui semblaient des épisodes de marbre oubliés dans les tableaux du peintre. En rentrant, ils passèrent devant madame Desroches, qui ne les avait pas perdus de vue, qui leva les mains au ciel d'un air désespéré, et à qui il échappa de dire :

— Oh! mon Dieu! que pensera monseigneur!

Ces mots firent éclater l'orage longtemps contenu dans la poitrine de Gaston.

— Monseigneur! s'écria-t-il; vous l'avez entendu, Hélène : monseigneur! Vous aviez raison de craindre, et votre chaste instinct vous avertissait du danger. Nous sommes ici dans la petite maison de quelqu'un de ces grands pervertis, qui achètent le plaisir aux dépens de l'honneur. Jamais je n'ai vu ces demeures de perdition, Hélène; mais je les devine. Ces tableaux, ces statues, ces fresques, ce demi-jour mystérieux qui se glisse à peine dans les chambres; ces tours ménagés pour le service, afin que la présence des valets ne gêne pas les plaisirs du maître : voilà, croyez-moi, plus qu'il n'en faut pour me tout dire. Au nom du ciel, ne vous laissez pas tromper davantage, Hélène. J'avais raison de prévoir le danger à Rambouillet; ici vous avez raison de le craindre.

— Mon Dieu! dit Hélène, et si cet homme allait venir; si, avec l'aide de ses valets, il allait nous retenir de force!

— Soyez tranquille, Hélène, dit Gaston; ne suis-je pas là?

— Oh! mon Dieu! mon Dieu! renoncer à cette douce idée d'un père, d'un protecteur, d'un ami!

— Hélas! et dans quel moment! lorsque vous allez être seule au monde, dit Gaston, livrant, sans y songer, une partie de son secret.

— Que dites-vous là, Gaston! et que signifient ces paroles sinistres?

— Rien... rien... reprit le jeune homme; quelques mots sans suite, qui me sont échappés et auxquels il ne faut attacher aucun sens.

— Gaston, vous me cachez quelque chose de terrible sans doute, puisque au moment même où je perds mon père vous parlez de m'abandonner!

— Oh! Hélène, je ne vous abandonnerai qu'avec la vie!

— Oh! c'est cela, reprit la jeune fille; vous courez péril de la vie, et c'est en mourant que vous craignez de m'abandonner! Gaston, vous vous trahissez; vous n'êtes plus le Gaston d'autrefois. Me retrouver aujourd'hui vous a causé une joie contrainte; m'avoir perdue hier ne vous a pas fait une immense douleur; vous avez dans l'esprit des projets plus importants que ceux que vous avez dans le cœur. Il y a quelque chose en vous, orgueil ou ambition, qui l'emporte sur votre amour. Tenez, en ce moment même vous pâlissez! Vous me brisez le cœur par votre silence.

— Rien, rien, Hélène, je vous le jure. En effet, n'est-ce point assez, pour me troubler, de tout ce qui nous arrive, de vous trouver seule et sans défense dans cette maison perfide, et de ne savoir comment vous protéger? car, sans doute, cet homme est un homme puissant. En Bretagne, j'aurais des amis et deux cents paysans pour me défendre; ici, je n'ai personne.

— N'est-ce que cela, Gaston?

— C'est trop, ce me semble.

— Non, Gaston, car à l'instant même nous quitterons cette maison.

Gaston pâlit; Hélène baissa les yeux, et, laissant tomber sa main entre les mains froides et humides de son amant :

— Devant tous ces gens qui nous regardent, dit-elle, sous les yeux de cette femme vendue, qui ne peut comploter contre moi qu'une trahison, Gaston, nous allons sortir ensemble.

Les yeux de Gaston lancèrent un éclair de

joie; puis, à l'instant même, une sombre pensée les voila comme un nuage.

— Ne suis-je pas votre femme, Gaston? dit-elle; mon honneur n'est-il point le vôtre? Partons.

— Mais que faire, dit Gaston, où vous loger?...

— Gaston, répondit Hélène, je ne sais rien, je ne puis rien; j'ignore Paris, j'ignore le monde, je ne connais que moi et vous. Eh bien, vous m'avez ouvert les yeux; j'ai défiance de tout et de tous, excepté de votre loyauté et de votre amour.

Le cœur de Gaston se brisait. Six mois auparavant, il eût payé de sa vie le généreux dévouement de la courageuse jeune fille.

— Hélène, réfléchissez, dit Gaston. Si nous nous trompions, si cet homme était véritablement votre père...

— Gaston, c'est vous qui m'avez appris à me défier de ce père; vous l'oubliez.

— Oh! oui, Hélène, oui! s'écria le jeune homme; à tout prix, partons!

— Où allons-nous? dit Hélène; vous n'avez pas besoin de répondre, Gaston; que vous le sachiez, cela suffit. Une dernière prière cependant. Voici un Christ et une Vierge, singulièrement placés au milieu de ces fresques impures. Jurez sur ces saintes images de respecter l'honneur de votre femme.

— Hélène, répondit Gaston, je ne vous ferai pas l'injure de faire un pareil serment. L'offre que vous me faites la première aujourd'hui, j'ai hésité longtemps à vous la faire. Riche, heureux, sûr du présent, fortune, richesse, bonheur, j'eusse tout mis à vos pieds, m'en rapportant à Dieu du soin de l'avenir; mais, à ce moment suprême, je dois vous le dire : non, vous ne vous étiez pas trompée; oui, il y a entre aujourd'hui et demain la chance d'un événement terrible. Ce que je puis vous offrir, je puis donc vous le dire, Hélène : c'est, si je réussis, haute et puissante position peut-être; mais, si j'échoue, c'est la fuite, l'exil, la misère peut-être. M'aimez-vous assez, Hélène, ou aimez-vous assez votre honneur pour braver tout cela?...

— Je suis prête, Gaston; dites-moi de vous suivre, et je vous suis.

— Eh bien, Hélène, votre confiance ne sera pas trompée, soyez tranquille. Ce n'est pas chez moi que vous venez, mais chez une personne qui vous protégera, s'il en est besoin, et qui, en mon absence, remplacera le père que vous avez cru avoir retrouvé, et que vous avez, au contraire, perdu une seconde fois.

— Quelle est cette personne, Gaston?..... Ce n'est pas de la défiance, ajouta la jeune fille avec un charmant sourire, c'est de la curiosité.

— Quelqu'un qui ne peut rien me refuser, Hélène, dont les jours sont attachés aux miens, dont la vie dépend de la mienne, et qui trouvera que je me fais payer bien peu en exigeant votre repos et votre sûreté.

— Encore des obscurités, Gaston! En vérité, vous me faites peur pour l'avenir.

— Ce secret est le dernier, Hélène. A partir de ce moment, toute ma vie sera pour vous à découvert.

— Merci, Gaston.

— Et maintenant je suis à vos ordres, Hélène.

— Allons!...

Hélène prit le bras du chevalier et traversa le salon.

Dans ce salon était madame Desroches, toute crispée d'indignation et griffonnant une lettre dont nous pouvons déjà préjuger la destination.

— Mon Dieu! mademoiselle, s'écria-t-elle, où allez-vous? que faites-vous?

— Où je vais?..... je pars..... Ce que je fais?... je fuis une maison où mon honneur est menacé.

— Comment! s'écria la vieille dame comme si un ressort l'eût dressée sur ses jambes, vous sortez avec votre amant!

— Vous vous trompez, madame, répondit Hélène avec un accent plein de dignité, c'est avec mon mari.

Madame Desroches laissa tomber de terreur ses deux bras contre ses flancs décharnés.

— Et maintenant, continua Hélène, si la personne que vous connaissez me demande pour quelque entrevue, vous lui direz que, toute provinciale et pensionnaire que je suis, j'ai deviné le piége, que j'y échappe, et que, si l'on me cherche, on trouvera du moins à mes côtés un défenseur.

— Vous ne sortirez pas, mademoiselle! s'écria madame Desroches, quand je devrais employer la violence.

— Essayez, madame, dit Hélène de ce ton royal qui semblait lui être naturel.

— Holà! Picard! Couturier! Blanchot!

Les valets appelés accoururent.

— Le premier qui me barre la porte, je le tue! dit froidement Gaston en dégaînant son épée bretonne.

— Quelle infernale tête! s'écria la Desroches. Ah! mesdemoiselles de Chartres et de Valois, que je vous reconnais bien là!

Les deux jeunes gens entendirent cette exclamation, mais sans la comprendre.

— Nous partons, dit Hélène. N'oubliez point, madame, de répéter mot pour mot ce que je vous ai dit.

Et, suspendue au bras de Gaston, rouge de plaisir et de fierté, brave comme une amazone antique, la jeune fille commanda qu'on ouvrît la porte de la rue. Le suisse n'osa résister; Gaston prit Hélène par la main, ferma la porte, fit avancer le fiacre dans lequel il était venu; et, comme il vit qu'on s'apprêtait à le suivre, il fit quelques pas vers les assaillants en disant à haute voix :

— Deux pas de plus, et je dis toute cette histoire, et je me mets, moi et mademoiselle, sous la sauvegarde de l'honneur public.

La Desroches crut que Gaston connaissait le mystère, et craignit qu'il ne nommât les masques. Elle eut peur, et rentra précipitamment, suivie de toute la valetaille.

Le fiacre intelligent partit au galop.

XXII

CE QUI SE PASSAIT A LA MAISON DE LA RUE DU BAC EN ATTENDANT GASTON.

— Comment! monseigneur, c'est vous! s'écria Dubois en entrant dans le salon de la maison de la rue du Bac, et en y retrouvant le régent à la même place que la veille.

— Oui, c'est moi, dit le régent. Qu'y a-t-il d'étonnant à cela? N'ai-je pas ici rendez-vous à midi avec le chevalier?

— Mais il me semblait que l'ordre que vous avez signé, monseigneur, mettait fin aux conférences.

— Tu te trompes, Dubois. J'ai voulu en avoir une dernière avec ce pauvre jeune homme; je veux essayer encore une fois de le faire renoncer à son projet.

— Et s'il y renonce?

— Eh bien, s'il y renonce, tout sera fini; il n'y aura pas eu de conspiration, il n'y aura pas eu de conspirateur : on ne punit pas l'intention.

— Avec un autre, je ne vous laisserais pas faire; mais avec celui-là, je vous dis : « Allez! »

— Tu crois qu'il poursuivra son projet?

— Oh! je suis tranquille. Seulement, quand il aura parfaitement refusé, n'est-ce pas? quand vous serez bien convaincu qu'il persiste dans son projet de vous assassiner bel et bien, vous me le livrerez, n'est-ce pas?

— Oui, mais pas ici.

— Pourquoi pas ici?

— Il vaut mieux, ce me semble, le faire arrêter à son hôtel.

— Là-bas, au *Muids-d'Amour*, par Tapin et les gens de d'Argenson! Impossible, monseigneur! l'esclandre de Bourguignon est encore fraîche; le quartier a été toute la journée en rumeur. Je ne suis pas bien sûr, depuis que Tapin donne stricte mesure, que l'on croie bien fermement à l'attaque d'apoplexie de son prédécesseur. En sortant d'ici, c'est mieux, monseigneur; la maison est sourde et bien notée; je crois avoir dit à Votre Altesse que c'était une de mes maîtresses qui y demeurait. Quatre hommes en viendront facilement à bout, et sont déjà placés dans cette chambre. Je vais les faire changer de côté, puisque Votre Altesse veut absolument le voir; au lieu de l'arrêter en entrant, ils l'arrêteront en sortant, voilà tout. A la porte, une autre voiture que celle qui l'aura amené sera toute prête et le conduira à la Bastille; de cette façon, le cocher qui l'aura amené ne saura même pas ce qu'il est devenu. Il n'y aura que mons Delaunay qui sera au courant de la chose; et il est discret, lui, je vous en réponds.

— Fais comme tu l'entendras.

— Monseigneur sait que c'est assez mon habitude.

— Faquin que tu es!

— Mais il me semble que monseigneur ne se trouve pas trop mal de cette faquinerie-là?

— Oh !... je sais que tu as toujours raison !...

— Mais les autres ?

— Quels autres ?

— Nos Bretons de là-bas : Pontcalec, du Couëdic, Talhouët et Montlouis ?

— Oh ! les malheureux !..... tu sais leurs noms ?

— Et à quoi donc croyez-vous que j'aie passé mon temps, à l'hôtel du *Muids-d'Amour* ?

— Ils apprendront l'arrestation de leur complice.

— Par qui ?

— Mais en voyant qu'ils n'ont plus de correspondant à Paris, ils se douteront bien qu'il est arrivé quelque chose.

— Bah ! Est-ce que le capitaine la Jonquière n'est pas là pour les rassurer ?

— C'est juste ; mais ils doivent connaître l'écriture ?

— Allons, allons, pas mal, et monseigneur commence à se former ; mais Votre Altesse prend d'inutiles soins, comme dit Racine : à l'heure qu'il est, ces messieurs de Bretagne doivent être arrêtés.

— Et qui a expédié l'ordre ?

— Moi, pardieu !... Je ne suis pas votre ministre pour rien... D'ailleurs, vous l'avez signé.

— Moi ? par exemple ! Es-tu fou ?

— Assurément. Ceux de là-bas ne sont ni plus ni moins coupables que celui d'ici, et, en m'autorisant à faire arrêter l'un, vous m'avez autorisé à faire arrêter les autres.

— Et quand le porteur de cet ordre est-il donc parti ?

Dubois tira sa montre.

— Il y a juste trois heures. Ainsi, c'était une licence poétique que je me permettais quand je disais à Votre Altesse qu'ils devaient être arrêtés maintenant ; ils ne le seront que demain matin.

— La Bretagne se fâchera, Dubois.

— Bah ! j'ai pris mes mesures.

— Les tribunaux bretons ne voudront pas juger leurs compatriotes.

— Le cas est prévu.

— Et, s'ils sont condamnés à mort, on ne trouvera pas de bourreau pour les exécuter, et ce sera une seconde édition de l'affaire de Chalais. C'est à Nantes, ne l'oublie pas, que cette affaire a eu lieu, Dubois. Je te le dis, les Bretons sont difficiles à vivre.

— Dites à mourir, monseigneur ; mais c'est encore un point à régler avec les commissaires, dont voici la liste. J'enverrai trois ou quatre bourreaux de Paris, gens très-habitués à de nobles besognes, et qui ont gardé les bonnes traditions du cardinal de Richelieu.

— Diable ! diable ! dit le régent, du sang sous mon règne ! je n'aime pas cela. Passe encore pour celui du comte de Horn, qui était un voleur, et pour celui de Duchauffour, qui était un infâme. Je suis tendre, Dubois.

— Non, monseigneur, vous n'êtes pas tendre, vous êtes incertain et faible ; je vous le disais quand vous n'étiez que mon écolier, je vous le répète aujourd'hui que vous êtes mon maître : Lorsqu'on vous baptisa, les fées, vos marraines, vous firent tous les dons de la nature : force, beauté, courage et esprit. Une seule, qu'on n'avait pas invitée, parce qu'elle était vieille et qu'on devinait probablement que vous auriez horreurs des vieilles femmes, arriva la dernière et vous donna la facilité. Celle-là a gâté tout.

— Et qui t'a fait ce beau conte ? Perrault ou Saint-Simon ?

— La princesse palatine, votre mère.

Le régent se mit à rire.

— Et qui nommerons-nous de cette commission ? demanda-t-il.

— Oh ! soyez tranquille, monseigneur : des gens d'esprit et de résolution, peu provinciaux, peu sensibles aux scènes de famille, vieillis dans la poussière des tribunaux, bien ergotés, bien racornis, auxquels les Bretons ne feront pas peur avec leurs gros yeux méchants, et que les Bretonnes ne séduiront pas avec leurs beaux yeux humides.

Le régent ne répondit pas, et se contenta de hocher la tête et de remuer le pied.

— Après tout, continua Dubois en regardant ces signes de muette opposition, ces gens-là ne sont peut-être pas aussi coupables que nous le supposons. Qu'ont-ils comploté ? Récapitulons les faits. Bah ! des misères ! De faire revenir les Espagnols en France, qu'est-ce que cela ? D'appeler *mon roi* Philippe V, renonciateur de sa patrie ; de briser toutes les lois de l'État... Ces bons Bretons !

— C'est bien, dit le régent avec hauteur ; je sais la loi nationale aussi bien que vous.

— Alors, monseigneur, si vous dites vrai, il

ne vous reste plus qu'à approuver la nomination des commissaires que j'ai choisis.

— Combien y en a-t-il?

— Douze.

— Qui se nomment?

— Mabroul, Bertin, Barillon, Parissot, Brunet-d'Arcy, Pagon, Feydeau-de-Brou, Madorge, Héber-de-Buc, Saint-Aubin, de Beaussan et Aubry de Valton.

— Ah! ah! tu avais raison, le choix est heureux. Et quel président donneras-tu à cette aimable assemblée?

— Devinez, monseigneur.

— Prends garde! il te faut un nom honnête, pour mettre à la tête de pareils ravageurs.

— J'en ai un, et des plus décents.

— Lequel?

— Un nom d'ambassadeur.

— Cellamare, peut-être?

— Ma foi, je crois que si vous vouliez le laisser sortir de Blois, il n'aurait rien à vous refuser, fût-ce de faire tomber la tête de ses propres complices.

— Il est bien à Blois, qu'il y reste. Voyons, quel est ton président?

— Château-Neuf.

— L'ambassadeur de Hollande! l'homme du grand roi!... Pardieu! Dubois, d'ordinaire je ne t'assomme pas de compliments; mais, cette fois, tu as véritablement fait un chef-d'œuvre.

— Vous comprenez, monseigneur; il sait que ces gens-là veulent faire une république, et lui qui est élevé à ne connaître que des sultans, et qui a pris la Hollande en horreur par l'horreur que Louis XIV avait des républiques, il a, ma foi, accepté de fort bonne grâce. Nous aurons Argram pour procureur général, c'est un déterminé; Cayet sera notre secrétaire. Nous allons vite en besogne, monseigneur, et cela sera bientôt fait, car la chose presse.

— Mais, au moins, Dubois, serons-nous tranquilles après?

— Je crois bien; nous n'aurons plus qu'à dormir du soir au matin et du matin au soir, c'est-à-dire quand nous aurons fini la guerre d'Espagne, opéré la réduction des billets de caisse; mais, pour cette dernière besogne, votre ami, M. Law, vous aidera. La réduction, c'est son affaire.

— Que d'ennuis, mon Dieu! et où diable avais-je la tête quand j'ambitionnais la régence! Je rirais bien aujourd'hui de voir M. du Maine se dépêtrer avec ses jésuites et ses Espagnols; madame de Maintenon faisant sa petite politique avec Villeroy et Villars nous désopilerait un peu la rate; et Humbert dit que c'est très-bon de rire une fois par jour.

— A propos de madame de Maintenon, reprit Dubois, vous savez, monseigneur, qu'on dit que la bonne femme est très-malade et qu'elle ne passera pas la quinzaine?

— Bah!

— Depuis la prison de madame du Maine et l'exil de monsieur son époux, elle dit que décidément le roi Louis XIV est bien mort, et s'en va toute pleurante le rejoindre.

— Ce qui ne te fait pas de peine, mauvais cœur! n'est-ce pas?

— Ma foi je la déteste cordialement, je l'avoue : c'est elle qui m'a fait faire de si gros yeux par le feu roi, quand je lui ai demandé le chapeau rouge à propos de votre mariage; et, corbleu! ce n'était pas cependant chose facile à arranger, vous en savez quelque chose, monseigneur; tant il y a que, si vous n'étiez pas là pour réparer les torts du roi à mon égard, elle me faisait perdre ma carrière; aussi, si j'avais pu fourrer son monsieur du Maine dans notre affaire de Bretagne!... mais c'était impossible, parole d'honneur! le pauvre homme est à demi fou de peur, si bien qu'il dit à tous ceux qu'il rencontre : « A propos, savez-vous qu'on a voulu conspirer contre le gouvernement du roi et contre la personne du régent? C'est honteux pour la France. Ah!... si tout le monde était comme moi! »

— On ne conspirerait pas, reprit le régent, la chose est certaine.

— Il a renié sa femme, ajouta Dubois en riant.

— Et elle a renié son mari, répliqua le régent en riant aussi.

— Je me garderai bien de vous conseiller de les emprisonner ensemble, ils se battraient.

— Aussi, ai-je mis l'un à Doullens et l'autre à Dijon.

— Oui, d'où ils se mordent par lettres.

— Mettons tout cela dehors, Dubois.

— Pour qu'ils s'achèvent. Ah! monseigneur, vous êtes un vrai bourreau, et l'on voit bien que vous avez juré la perte du sang de Louis XIV.

Cette audacieuse plaisanterie prouvait combien Dubois était sûr de son ascendant sur le prince; car, de tout autre, elle eût provoqué un nuage plus sombre que celui qui, pour un instant, passa sur le front du régent

Le premier qui me barre la porte, je le tue. — PAGE 94

Dubois présenta l'arrêté nommant le tribunal à la signature de Philippe d'Orléans, qui, cette fois, signa sans hésiter, et Dubois, joyeux au fond de l'âme, bien que très-calme en apparence, s'en alla tout préparer pour l'arrestation du chevalier.

En sortant de la maison du faubourg, Gaston se fit conduire à l'auberge du *Muids-d'Amour*, où l'on se rappelle qu'une voiture devait l'attendre pour le conduire à la rue du Bac; non-seulement la voiture l'attendait, mais encore son guide de la veille. Gaston, qui ne voulait pas faire descendre Hélène, demanda s'il lui était permis de continuer la route avec le fiacre dans lequel il était venu; l'homme mystérieux lui répondit qu'il n'y voyait pas d'inconvénient, et monta sur le siége avec le cocher, auquel il donna l'adresse de la maison devant laquelle il devait s'arrêter.

Pendant tout le trajet, Gaston, bourrelé de crainte et le cœur gros de soupirs, n'avait offert à Hélène, au lieu du courage qu'elle s'attendait à trouver en lui, que des tristesses sans bornes, dont le chevalier n'avait pas voulu lui donner l'explication; aussi, au moment d'entrer dans la rue du Bac, désespérée de trouver si peu de force dans celui sur lequel elle eût dû s'appuyer:

— Oh! dit-elle, c'est à faire peur, toutes les fois que j'aurais confiance en vous.

— Avant peu, dit Gaston, vous verrez, Hélène, si j'agis dans votre intérêt.

Ils arrivèrent, la voiture s'arrêta.

— Hélène, dit Gaston, dans cette maison est celui qui vous servira de père; souffrez que je monte le premier, et que j'aille lui annoncer votre visite.

— Ah! mon Dieu! s'écria Hélène frissonnant malgré elle, et sans savoir pourquoi; allez-vous donc me laisser seule ici?

— Vous n'avez rien à craindre, Hélène; d'ailleurs, dans un instant je viens vous reprendre.

La jeune fille lui tendit sa main, que Gaston pressa contre ses lèvres; lui-même se sentait ému d'un trouble involontaire, il lui semblait, à lui aussi, qu'il avait tort de quitter Hélène; mais, en ce moment, la porte s'ouvrit, l'homme qui était sur le siége ordonna au fiacre d'entrer; la porte se referma derrière lui, et Gaston comprit que, dans cette cour close de grands murs, Hélène ne courait aucun danger; d'ailleurs il n'y avait plus à reculer. L'homme qui était venu le chercher au *Muids-d'Amour* ouvrait la portière; Gaston serra une dernière fois la main de son amie, sauta à bas de la voiture, monta les marches du perron, suivant son guide, qui, comme la veille, l'introduisit dans le corridor; arrivé là, il lui montra la porte du salon, et se retira après lui avoir dit qu'il pouvait frapper.

Gaston, qui savait qu'Hélène l'attendait, et qui, par conséquent, n'avait pas de temps à perdre, frappa aussitôt.

— Entrez, dit la voix du faux prince espagnol.

Gaston ne se trompa point à cette voix qui était profondément entrée dans sa mémoire; il obéit, ouvrit la porte, et se trouva en présence du chef du complot; mais, cette fois, il n'avait plus sa crainte première; cette fois, il était bien décidé, et ce fut la tête haute et le front calme qu'il aborda le faux duc d'Olivarès.

— Vous êtes exact, monsieur, dit celui-ci; nous avions rendez-vous à midi, et voilà midi qui sonne.

En effet, le timbre d'une pendule placée derrière le régent, qui se trouvait debout contre la cheminée, retentit douze fois.

— C'est que je suis pressé, monseigneur, dit Gaston; le mandat dont je suis chargé me pèse; j'ai peur d'avoir des remords. Cela vous étonne et vous inquiète, n'est-ce pas, monseigneur? mais rassurez-vous, les remords d'un homme comme moi ne peuvent tourmenter que lui-même.

— En vérité, monsieur, s'écria le régent avec un sentiment de joie qu'il ne put cacher entièrement, je crois que vous semblez reculer.

— Vous vous trompez, monseigneur; depuis que le sort m'a désigné pour frapper le prince, j'ai toujours marché en avant, et je ne m'arrêterai pas que ma mission ne soit accomplie.

— Monsieur, c'est que j'avais cru voir quelque hésitation dans vos paroles, et les paroles ont une grande valeur dans certaines bouches et dans certaines circonstances.

— Monseigneur, en Bretagne, c'est l'habitude de dire ce que l'on sent, mais c'est aussi l'habitude de faire ce que l'on dit.

— Alors vous êtes toujours décidé?

— Plus que jamais, Excellence.

— C'est que, voyez-vous, reprit le régent, c'est qu'il serait temps encore: le mal n'est pas fait, et...

— Vous appelez cela le mal, monseigneur, dit Gaston en souriant d'un sourire triste; comment l'appellerai-je donc, moi?

— C'est aussi comme cela que je l'entends, reprit vivement le régent; le mal est pour vous, puisque vous avez des remords.

— Il n'est pas généreux de m'accabler avec cette confidence, monseigneur: car à un homme d'un mérite moindre que Votre Excellence, je ne l'eusse certainement pas faite.

— Et moi, monsieur, c'est justement aussi parce que je vous apprécie à toute votre valeur que je vous dis qu'il est temps encore de vous arrêter, que je vous demande si vous avez fait toutes vos réflexions, si vous vous repentez d'être mêlé à ces..

Le duc hésita un instant et reprit:

— A ces audacieuses entreprises. Ne craignez rien de moi; je vous protégerai jusque dans l'abandon où vous nous laisserez. Je ne vous ai vu qu'une fois, monsieur, mais je crois que je vous juge comme vous méritez d'être jugé: les hommes de cœur sont si rares, que tout le regret sera pour nous.

— Tant de bonté me confond, monseigneur, dit Gaston, qu'un sentiment d'imperceptible indécision mordait au fond du cœur, malgré les efforts de son courage. Mon prince, je n'hésite pas, seulement mes réflexions sont celles d'un duelliste qui va sur le terrain, bien décidé à tuer son ennemi, tout en déplorant la nécessité qui le force à supprimer un homme.

Gaston fit une pause d'un instant, pendant laquelle le regard ardent de son interlocuteur plongea jusqu'au plus profond de son âme afin de découvrir cette trace de faiblesse qu'il y cherchait; puis il continua :

— Mais ici l'intérêt est si grand, si supérieur à toutes les faiblesses de notre nature, que je vais obéir à mes convictions et à mes amitiés sinon à mes sympathies, et que je me conduirai de telle sorte, monseigneur, que vous estimerez en moi jusqu'au sentiment de faiblesse momentanée qui a retenu mon bras pendant une seconde.

— Fort bien, dit le régent; mais comment vous y prendrez-vous?

— J'attendrai jusqu'à ce que je le rencontre face à face, et alors je ne me servirai ni de l'arquebuse, comme a fait Poltrot, ni du pistolet, comme a fait Vitry; je lui dirai : « Monseigneur, vous faisiez le malheur de la France, je vous sacrifie au salut de la France! » Et je le poignarderai.

— Comme a fait Ravaillac, dit le duc sans sourciller et avec une sérénité qui fit passer un frisson dans les veines du jeune homme; c'est bien!

Gaston baissa la tête sans répondre.

— Ce projet me paraît le plus sûr, répondit le duc, et je l'approuve. Il faut cependant que je vous fasse une dernière demande. Si vous êtes pris et que l'on vous interroge?...

— Votre Excellence sait ce qui arrive en pareil cas : on meurt, mais on ne répond pas; et puisque vous m'avez cité tout à l'heure Ravaillac, c'est, si j'ai bonne mémoire, ce qu'a fait Ravaillac, et cependant Ravaillac n'était pas gentilhomme.

La fierté de Gaston ne déplut pas au régent, qui avait beaucoup de jeunesse dans le cœur et d'esprit chevaleresque dans la tête; d'ailleurs, habitué aux natures étiolées, basses et courtisanesques qu'il coudoyait tous les jours, cette nature simple et vigoureuse de Gaston était une nouveauté pour lui. Or on sait combien le régent recherchait toute nouveauté.

Il réfléchit donc encore, et, comme si, n'étant pas décidé, il eût voulu gagner du temps :

— Je puis donc compter, dit-il, que vous serez immuable?

Gaston sembla étonné que son interlocuteur revînt encore là-dessus; ce sentiment se traduisait dans ses regards : le régent s'en aperçut.

— Oui, dit-il du même ton, je le vois, vous êtes décidé.

— Absolument, répondit le chevalier, et j'attends les dernières instructions de Votre Seigneurie.

— Comment cela, mes dernières instructions?

— Sans doute. Votre Excellence ne s'est pas encore engagée avec moi, qui me suis mis tout d'abord à votre disposition; je vous appartiens déjà corps et âme.

Le duc se leva.

— Eh bien, dit-il, puisqu'il faut absolument un dénoûment à cette entrevue, vous allez sortir par cette porte et traverser le petit jardin qui entoure cette maison. Dans une voiture qui vous attend à la porte du fond, vous trouverez mon secrétaire qui vous remettra un laisser passer d'audience pour le régent; de plus, vous serez garanti par ma parole.

— Voilà tout ce que je demandais sur ce point, monseigneur, reprit Gaston.

— Avez-vous encore autre chose à me dire?

— Oui. Avant de faire mes adieux à Votre Seigneurie, que je n'aurai peut-être plus l'occasion de voir en ce monde, j'ai une grâce à lui demander.

— Laquelle, monsieur? répondit le duc. Dites, j'écoute.

— Monseigneur, reprit Gaston, ne vous étonnez pas si j'hésite un instant; car ici il ne s'agit point d'un service vulgaire ou d'une faveur personnelle : Gaston de Chanlay n'a plus besoin que d'un poignard, et le voici. Mais, en sacrifiant son corps, il ne voudrait pas sacrifier son âme; la mienne, monseigneur, est à Dieu d'abord, puis à une jeune fille que j'aime avec idolâtrie. Triste amour, n'est-ce pas, que celui qui a grandi si près d'une tombe! N'importe, abandonner cette enfant si pure et si tendre, ce serait tenter Dieu d'une manière insensée; car je vois que parfois il nous éprouve cruellement et laisse souffrir même ses anges. J'ai donc aimé sur cette terre une adorable femme, que mon affection soutenait et protégeait contre des piéges infâmes. Moi mort ou disparu, que deviendrait-elle? Nos têtes tomberont, à nous, monseigneur, ce sont celles de simples gentilshommes; mais vous, monseigneur, vous êtes un puissant lutteur soutenu par un puissant roi; vous vaincrez la mauvaise fortune, vous.

Eh bien, je veux remettre en vos bras ce trésor de mon âme. Vous reporterez sur mon amie toute la protection que vous me devez comme associé, comme complice.

— Oui, monsieur, je vous le promets, répondit le régent profondément ému.

— Ce n'est pas tout, monseigneur; il peut m'arriver malheur, et, ne pouvant lui laisser ma personne, je voudrais lui laisser mon nom pour appui. Moi mort, elle n'a plus de fortune; car elle est orpheline, monseigneur. J'ai fait, en quittant Nantes, un testament où je lui laisse tout ce que je possède. Monseigneur, quand je mourrai, qu'elle soit veuve... est-ce possible?

— Qui s'y oppose?

— Personne; mais je puis être arrêté demain, ce soir, en sortant de cette maison.

Le régent tressaillit à cet étrange pressentiment.

— Supposez que je sois conduit à la Bastille, croyez-vous que j'obtienne la grâce de l'épouser avant mon exécution?

— J'en suis sûr.

— Vous emploierez-vous, de tout votre pouvoir, à me faire obtenir cette grâce? Jurez-moi cela, monseigneur, pour que je bénisse votre nom, et qu'il ne m'échappe, dans les tortures, qu'une action de grâces quand je penserai à vous.

— Sur mon honneur, monsieur, je vous le promets, dit le régent attendri; cette jeune fille me sera sacrée; elle héritera, dans mon cœur, de toute l'affection qu'involontairement je ressens pour vous.

— Maintenant, monseigneur, encore un mot.

— Dites, monsieur, car je vous écoute avec une profonde sympathie.

— Cette jeune fille ne sait rien de mon projet; elle ignore les causes qui m'ont amené à Paris, la catastrophe qui nous menace, car je n'ai pas eu la force de lui dire tout cela. Dites-le-lui, vous, monseigneur. Préparez-la à cet événement. Quant à moi, je ne la reverrai que pour devenir son mari. Si je la revoyais au moment de frapper le coup qui me séparera d'elle, ma main tremblerait peut-être, et il ne faut pas que ma main tremble.

— Sur ma foi de gentilhomme, monsieur, dit le régent ému au delà de toute expression, je vous le répète, non-seulement cette jeune fille me sera sacrée, mais encore je ferai pour elle tout ce que vous désirez que je fasse.

— Maintenant, monseigneur, dit Gaston en se relevant, maintenant je suis fort.

— Et cette jeune fille, demanda le régent, où est-elle?

— En bas, dans la voiture qui m'a amené. Laissez-moi me retirer, monseigneur, et dites-moi seulement où elle logera.

— Ici, monsieur. Cette maison qui n'est habitée par personne, et qui est on ne peut plus convenable pour une jeune fille, sera la sienne.

— Monseigneur, votre main.

Le régent tendit la main à Gaston, et peut-être allait-il faire quelque nouvelle tentative pour l'arrêter, lorsqu'une petite toux sèche qui retentit sous les fenêtres lui fit comprendre que Dubois s'impatientait.

Il fit donc un pas en avant pour indiquer à Gaston que l'audience était terminée.

— Monseigneur, encore une fois, dit Gaston, veillez sur votre enfant. Elle est douce, belle et fière : c'est une de ces riches et nobles natures comme vous en aurez rencontré bien peu dans votre vie... Adieu, monseigneur, je vais trouver votre secrétaire.

— Et il faudra lui dire que vous allez tuer un homme? dit le régent faisant un dernier effort pour retenir Gaston.

— Oui, monseigneur, répondit le chevalier. Seulement vous ajouterez que je le tue pour sauver la France.

— Partez donc, monsieur, dit le duc en ouvrant une porte qui donnait sur le jardin, et suivez l'allée que je vous ai dite.

— Souhaitez-moi bonne chance, monseigneur.

— Ah! l'enragé! dit en lui-même le régent, voudrait-il encore me faire prier Dieu pour le succès de son coup de poignard? Ah! quant à cela, ma foi, non!

Gaston s'éloigna. Le sable, mêlé de neige, cria sous ses pas.

Le régent le suivit quelque temps des yeux par la fenêtre du corridor. Puis, quand il l'eut perdu de vue :

— Allons! dit-il, il faut que chacun suive son chemin... Pauvre garçon!

Et il rentra au salon, où il trouva Dubois, qui était rentré par une autre porte, et qui l'attendait.

Dubois avait sur le visage un air de malice et de satisfaction qui n'échappa point au régent. Le duc le regarda quelque temps sans parler, et

La Bastille. — Page 124.

comme pour chercher ce qui se passait dans l'esprit de cet autre Méphistophélès.

Cependant ce fut Dubois qui rompit le premier le silence.

— Eh bien, monseigneur, dit-il au régent, vous en voici enfin débarrassé, du moins je l'espère.

— Oui, répondit le duc, mais d'une manière qui me déplaît fort, Dubois. Je n'aime pas à jouer un rôle dans tes comédies, tu le sais.

— C'est possible; mais peut-être ne feriez-vous pas mal, monseigneur, de me donner un rôle dans les vôtres.

— Comment cela?

— Oui; elles réussiraient mieux, et les dénoûments seraient meilleurs.

— Je ne sais pas ce que tu veux dire, explique-moi... Voyons, parle... quelqu'un m'attend, qu'il faut que je reçoive.

— Oh! là! là! monseigneur, recevez; nous reprendrons la conversation plus tard. Maintenant le dénoûment de votre comédie est fait, et il n'en serait ni meilleur ni pire.

Et, sur ces mots, Dubois s'inclina avec ce respect railleur que le régent avait l'habitude de lui voir prendre quand, dans le jeu éternel qu'ils jouaient l'un contre l'autre, Dubois avait les belles cartes.

Aussi rien n'inquiétait-il si fort le régent que ce respect simulé.

Il le retint.

— Voyons!... qu'y a-t-il encore? et qu'as-tu découvert de nouveau? lui demanda-t-il.

— J'ai découvert que vous êtes un habile dissimulateur, peste!

— Cela t'étonne?

— Non, cela me fait de la peine. Encore quelques pas dans cet art, et vous faites des miracles; vous n'aurez plus besoin de moi, et vous me renverrez faire l'éducation de votre fils, qui a bon besoin, j'en conviens, d'un maître comme moi.

— Voyons, parle vite.

— C'est juste, monseigneur; car, ici, il n'est plus question de votre fils, mais de votre fille.

— De laquelle?

— Ah! c'est vrai, nous en avons tant! D'abord, l'abbesse de Chelles, puis madame de Berry, puis mademoiselle de Valois, puis les autres, qui sont trop jeunes pour qu'on en parle, et, par conséquent, pour que j'en parle; puis enfin cette charmante fleur de Bretagne, ce genêt sauvage, qu'on voulait écarter du souffle empoisonné de Dubois, de peur que ce souffle ne la flétrit.

— Ose dire que je n'avais pas raison!

— Comment donc! monseigneur, vous avez fait merveille. Ne voulant pas de cet infâme Dubois, ce en quoi je vous approuve, vous avez, l'archevêque de Cambrai étant mort, été trouver à sa place le bon, le digne, le pur, le candide Nocé, et vous lui avez emprunté sa maison.

— Ah! ah! dit le régent, tu sais cela, toi!...

— Et quelle maison! virginale comme son maître. Oui, monseigneur, oui, c'est plein de prudence et de raison. Cachons bien à cet enfant le monde corrupteur; éloignons d'elle tout ce qui pourrait altérer sa naïveté primitive. C'est pourquoi nous lui donnons une demeure où l'on ne voit que Lédas, Érigones et Danaés pratiquant le culte de l'abomination sous le symbole de cygnes, de grappes de raisin et de pluies d'or. Sanctuaire moral, où les prêtresses de la vertu, et toujours sous le prétexte de leur ingénuité sans doute, prennent les plus ingénieuses, mais les moins permises des attitudes.

— Et ce diable de Nocé qui m'avait juré qu'il n'y avait là que du Mignard!

— Ne connaissez-vous donc pas la maison, monseigneur?

— Est-ce que je regarde toutes ces turpitudes, moi!

— Et puis vous êtes myope, c'est vrai.

— Dubois!

— Pour meubles, votre fille n'aura que des toilettes étranges, des canapés inintelligibles, des lits de repos magiques; pour livres... Ah! ce sont les livres de frère Nocé surtout, qui sont connus pour l'instruction et la formation de la jeunesse, et qui font d'heureux pendants au bréviaire de M. de Bussy-Rabutin, dont je vous ai donné un exemplaire, monseigneur, le jour où vous avez eu douze ans!

— Serpent que tu es!

— Bref, la plus austère pruderie habite cet asile. Je l'avais choisi pour dégourdir le fils; mais monseigneur et moi ne voyons pas les choses du même œil : il l'a choisi, lui, pour purifier sa fille.

— Ah çà, Dubois, dit le régent, à la fin, vous me fatiguez.

— J'arrive au but, monseigneur (*incedo ad finem*). Au reste, mademoiselle votre fille eût dû se trouver très-bien du séjour de cette maison, car, comme toutes les personnes de votre sang, c'est une personne fort intelligente.

Le régent frémit. Il devinait quelque triste nouvelle sous le préambule tortueux et sous le sourire méchant et railleur de Dubois.

— Eh bien, cependant, continua celui-ci, voyez ce que c'est que l'esprit de contradiction, monseigneur; eh bien, elle n'est pas contente du logement que lui avait si paternellement choisi Votre Altesse : elle déménage.

— Qu'est-ce à dire?

— Je me trompe; elle a même déménagé.

— Ma fille est partie! s'écria le régent.

— Parfaitement, dit Dubois.

— Par où?

— Par la porte, donc... Oh! ce n'est pas une de ces demoiselles qui s'évadent la nuit par les fenêtres. C'est bien notre sang, monseigneur; et si j'en avais douté une seule minute, j'en serais convaincu maintenant.

— Et madame Desroches?

— Madame Desroches est au Palais-Royal; je la quitte à l'instant. Elle venait annoncer cette nouvelle à Votre Altesse.

— Mais elle n'a donc rien pu empêcher?

— Mademoiselle ordonnait.

— Il fallait faire fermer les portes par la valetaille. La valetaille ignorait que c'était ma fille, et n'avait aucune raison pour lui obéir.

— La Desroches a eu peur de la colère de mademoiselle, mais la valetaille a eu peur de l'épée.

— De l'épée! que dis-tu? Tu es ivre, Dubois.

— Ah oui! avec cela que je mène un régime à me griser : je ne bois que de l'eau de chicorée. Non, monseigneur, si je suis ivre, c'est d'admiration pour la perspicacité de Votre Altesse quand elle veut conduire une affaire à elle toute seule.

— Mais qu'as-tu parlé d'épée? quelle épée voulais-tu dire?

— L'épée dont dispose mademoiselle Hélène, et qui appartient à un charmant jeune homme.

— Dubois!

— Qui l'aime beaucoup.

— Dubois, tu me rendras insensé!

— Et qui la suivit de Nantes à Rambouillet avec infiniment de galanterie.

— M. de Livry?

— Tiens, vous savez son nom! Alors je ne vous apprends donc rien, monseigneur.

— Dubois, je suis anéanti!

— Il y a de quoi, monseigneur. Mais voilà ce que c'est que de faire ses affaires soi-même, quand on a en même temps à s'occuper de celles de la France.

— Mais enfin où est-elle?

— Ah! voilà! où est-elle? Est-ce que je le sais, moi!

— Dubois, c'est toi qui m'as appris sa fuite, c'est à toi maintenant de m'apprendre sa retraite. Dubois, mon cher Dubois, il faut que tu me retrouves ma fille.

— Ah! monseigneur, que vous ressemblez furieusement aux pères de Molière et moi à Scapin!... Ah! mon bon Scapin, mon cher Scapin, mon petit Scapin, retrouve-moi ma fille! Monseigneur, j'en suis fâché, mais Géronte ne dirait pas mieux... Eh bien, soit! on vous la cherchera votre fille; on vous la trouvera, et on vous vengera de son ravisseur

— Eh bien, retrouve-la-moi, Dubois, et demande-moi tout ce que tu voudras après.

— A la bonne heure! voilà qui est parler!...

Le régent était tombé sur un fauteuil, la tête appuyée entre les deux mains. Dubois le laissait à sa douleur, en s'applaudissant d'une affection qui doublait l'empire qu'il avait déjà sur le duc.

Tout à coup, et tandis qu'il le regardait de ce sourire malicieux qui lui était habituel, on gratta doucement à la porte.

— Qui va là? demanda Dubois.

— Monseigneur, dit une voix d'huissier derrière la porte, il y a là, en bas, dans le même fiacre qui a amené le chevalier, une jeune dame qui fait demander s'il ne descendra pas bientôt, et si elle doit toujours attendre.

Dubois fit un bond et se précipita vers la porte; mais il était trop tard. Le régent, à qui les paroles de l'huissier avaient rappelé la promesse solennelle qu'il venait de faire à Gaston, s'était levé tout d'un coup.

— Où allez-vous, monseigneur? demanda Dubois.

— Recevoir cette jeune fille, dit le régent.

— C'est mon affaire, et non la vôtre. Oubliez-vous que vous m'avez abandonné cette conspiration?

— Je t'ai abandonné le chevalier, c'est vrai; mais j'ai promis au chevalier de servir de père à celle qu'il aime. J'ai donné ma parole, je la tiendrai. Puisque je lui tue son amant, c'est bien le moins que je la console.

— Je m'en charge, dit Dubois essayant de cacher sa pâleur et son agitation sous un de ces sourires diaboliques qui n'appartenaient qu'à lui.

— Tais-toi, et ne bouge pas d'ici! s'écria le régent; tu vas encore me faire quelque indignité.

— Que diable! monseigneur, laissez-moi au moins lui parler.

— Je lui parlerai bien moi-même; ce ne sont pas tes affaires : je suis engagé personnellement, j'ai donné ma foi de gentilhomme... Allons, silence, et demeure là.

Dubois se rongeait les poings; mais, quand le régent parlait de ce ton, il fallait obéir. Il s'adossa au chambranle de la cheminée, et attendit.

Bientôt le frôlement d'une robe de soie se fit entendre.

Delaunay, gouverneur de la Bastille. — Page 125.

— Oui, madame, dit l'huissier, c'est par ici.

— La voilà, dit le duc. Songe à une chose, Dubois : c'est que cette jeune fille n'est responsable en rien de la faute de son amant. En conséquence, tu entends, les plus grands égards pour elle.

Et puis, se retournant du côté d'où venait la voix :

— Entrez, ajouta-t-il.

A cette invitation, la portière s'ouvrit précipitamment ; la jeune femme fit un pas vers le régent, qui recula comme frappé de la foudre.

— Ma fille ! murmura-t-il en essayant de reprendre son empire sur lui-même, tandis qu'Hélène, après avoir cherché de tous côtés Gaston des yeux, s'arrêtait et faisait une révérence.

Quant à Dubois, il est facile de se figurer la grimace qu'il faisait.

— Pardon, monsieur, dit Hélène ; mais peut-être me suis-je trompée. Je cherchais un ami qui m'avait laissée en bas, et qui devait revenir me prendre. Voyant qu'il tardait, je me suis hasardée à faire demander de ses nouvelles; on m'a conduite ici, et peut-être est-ce une erreur de la part de l'huissier.

— Non, mademoiselle, dit le duc; M. le chevalier de Chanlay me quitte à l'instant même, et je vous attendais.

Mais, tandis que le régent parlait, la jeune fille, préoccupée au point d'oublier pour un instant Gaston, semblait faire un effort pour rappeler tous ses souvenirs.

Enfin, comme répondant à ses propres pensées :

— Oh! mon Dieu! que c'est étrange! s'écria-t-elle tout d'un coup.

— Qu'avez-vous? demanda le régent.

— Oh! oui, c'est bien cela.

— Achevez, dit le duc, car je ne puis comprendre ce que vous voulez me dire.

— Oh! monsieur, dit Hélène toute tremblante, c'est singulier comme votre voix m'a rappelé la voix d'une personne...

Hélène s'arrêta en hésitant.

— De votre connaissance? demanda le régent.

— D'une personne avec laquelle je ne me suis trouvée qu'une seule fois, mais dont l'accent est resté là, vivant dans mon cœur.

— Et quelle était cette personne? demanda le régent, tandis que Dubois haussait les épaules à cette demi-reconnaissance.

— Cette personne disait qu'elle était mon père, répondit Hélène.

— Je me félicite de ce hasard, mademoiselle, reprit le régent; car cette ressemblance de ma voix avec celle d'une personne qui doit vous être chère donnera peut-être plus de poids à mes paroles. Vous savez que M. le chevalier de Chanlay m'a fait la grâce de me choisir pour votre protecteur.

— Du moins m'a-t-il fait entendre qu'il m'amenait chez quelqu'un qui pourrait me défendre du péril que je cours.

— Et quel péril courez-vous? demanda le régent.

Hélène regarda autour d'elle, et ses yeux s'arrêtèrent avec inquiétude sur Dubois. Il n'y avait point à s'y tromper : autant la figure du régent lui était visiblement sympathique, autant celle de Dubois lui paraissait inspirer de défiance.

— Monseigneur, dit à demi-voix Dubois, qui ne s'abusait pas sur son expression, monseigneur, je crois que je suis de trop ici, et je me retire. D'ailleurs, vous n'avez plus besoin de moi, n'est-ce pas?

— Non, mais j'en aurai besoin tout à l'heure; ne t'éloigne donc pas.

— Je me tiendrai aux ordres de Votre Altesse.

Toute cette conversation eut lieu à voix trop basse pour qu'Hélène pût l'entendre; d'ailleurs, par discrétion, elle avait fait un pas en arrière, et elle continuait de fixer successivement ses yeux sur chacune des portes, espérant que, par l'une d'elles, rentrerait enfin Gaston.

Ce fut une consolation pour Dubois de penser, en se retirant, que celle qui venait de lui jouer le mauvais tour de se retrouver toute seule, serait au moins trompée dans son attente.

Quand Dubois fut sorti, le duc et Hélène respirèrent plus librement.

— Asseyez-vous, mademoiselle, dit le duc; nous avons à causer longuement, et j'ai bien des choses à vous dire.

— Monsieur, une seule d'abord, dit Hélène : le chevalier Gaston de Chanlay ne court aucun danger, n'est-ce pas?

— Nous reviendrons à lui tout à l'heure, mademoiselle. Parlons de vous d'abord. Il vous a amenée chez moi comme chez un protecteur. Voyons, dites-moi, contre qui dois-je vous protéger?

— Tout ce qui m'arrive depuis quelques jours est si étrange, que je ne sais qui je dois craindre et à qui je dois me fier. Si Gaston était là...

— Oui, je comprends, et qu'il vous autorisât à tout me dire, vous n'auriez plus de secrets pour moi. Mais, voyons : si je vous prouve que je sais à peu près tout ce qui vous concerne?

— Vous, monseigneur?

— Oui, moi! Ne vous appelez-vous pas Hélène de Chaverny? N'avez-vous pas été élevée entre Nantes et Clisson, au couvent des augustines? Un jour, n'avez-vous pas reçu d'un protecteur mystérieux, qui prend soin de vous, l'ordre de quitter le couvent où vous avez été élevée? Ne vous êtes-vous pas mise en route accompagnée d'une sœur, à qui vous avez donné cent louis pour la récompenser de sa peine? A Rambouillet, une femme nommée madame

Desroches ne vous attendait-elle pas? Ne vous a-t-elle pas annoncé la visite de votre père? Le même soir, n'est-il pas venu quelqu'un qui vous aimait, et qui a cru que vous l'aimiez?...

— Oui, monsieur, c'est bien cela, dit Hélène étonnée qu'un étranger eût si bien retenu tous les détails de cette histoire.

— Puis, le lendemain, continua le régent, M. de Chanlay, qui vous avait suivie sous le nom de M. de Livry, n'est-il pas venu vous faire une visite à laquelle a voulu vainement s'opposer votre gouvernante?

— Tout cela est vrai, monsieur; et je vois que Gaston vous a tout dit.

— Puis l'ordre est venu de partir pour Paris. Vous avez voulu vous opposer à cet ordre, cependant il a fallu obéir. On vous a conduite dans une maison du faubourg Saint-Antoine; mais là, la captivité vous est devenue insupportable.

— Vous vous trompez, monsieur, répondit Hélène; ce n'est point la captivité, c'est la prison.

— Je ne vous comprends pas.

— Gaston ne vous a-t-il pas dit ses craintes, que j'ai repoussées d'abord, mais partagées ensuite?

— Non, dites; quelles craintes pouvez-vous avoir?

— Mais, s'il ne vous l'a pas dit, comment vous le dirai-je, moi?

— Y a-t-il quelque chose que l'on ne puisse pas dire à un ami?

— Ne vous a-t-il pas dit que cet homme, qu'au premier abord j'avais cru mon père...

— Que vous avez cru!...

— Oh! oui, je vous le jure, monsieur! en entendant le son de sa voix, en sentant ma main pressée dans la sienne, je n'ai eu d'abord aucun doute, et il a fallu presque l'évidence pour faire succéder la crainte à l'amour filial qui remplissait déjà mon cœur.

— Je ne vous comprends pas, mademoiselle, achevez. Comment avez-vous pu craindre un homme qui, d'après ce que vous me dites, paraissait avoir une si grande tendresse pour vous?

— Vous ne comprenez pas, monsieur, que bientôt, comme vous l'avez dit, sous un prétexte frivole, on me fit venir de Rambouillet à Paris, que l'on me mit dans cette maison du faubourg Saint-Antoine, et que cette maison parla plus clairement à mes yeux que n'avaient pu le faire les craintes de Gaston? Alors je me vis perdue. Toute cette tendresse feinte d'un père cachait le manége d'un séducteur. Je n'avais d'autre ami que Gaston; je lui écrivis, il vint.

— Ainsi, s'écria le régent au comble de la joie, lorsque vous quittiez cette maison, c'était pour fuir un séducteur, et non pour suivre votre amant?

— Oui, monsieur, si j'avais cru à la réalité de ce père, que je n'avais vu qu'une fois, et qui, pour me voir, s'était entouré de tant de mystères, je vous le jure, monsieur, rien ne m'eût fait m'écarter de la ligne de mes devoirs.

— Oh! chère enfant! s'écria le duc avec un accent qui fit tressaillir Hélène.

— Alors Gaston m'a parlé d'une personne qui n'avait rien à lui refuser, qui devait veiller sur moi, remplacer mon père. Il m'a emmenée ici, me disant qu'il allait revenir me prendre. Pendant plus d'une heure, j'ai attendu vainement. Enfin, craignant qu'il ne lui fût arrivé quelque accident, je l'ai fait demander.

Le front du régent se rembrunit.

— Ainsi, dit-il, changeant la conversation, c'est l'influence de Gaston qui vous a détournée de votre devoir, ce sont ses craintes qui ont éveillé les vôtres.

— Oui; il s'est effrayé pour moi du mystère qui m'entoure, et il a prétendu que ce mystère cachait quelque projet qui devait m'être fatal.

— Mais encore, pour vous persuader, a-t-il dû vous donner quelque preuve?

— En fallait-il d'autre que cette maison infâme! un père eût-il conduit sa fille dans une pareille maison?

— Oui, oui, murmura le régent, c'est vrai, il a eu tort. Mais convenez que, sans les suggestions du chevalier, vous, dans l'innocence de votre âme, vous n'eussiez rien soupçonné.

— Non, dit Hélène. Mais, heureusement, Gaston veillait sur moi.

— Croyez-vous donc, mademoiselle, tout ce que vous dit Gaston?

Hélène répondit :

— On se range facilement à l'avis des personnes qu'on aime.

— Et vous aimez le chevalier, mademoiselle?

— Il y a près de deux ans, monsieur.

— Mais comment vous voyait-il dans le couvent?

— La nuit, à l'aide d'un barque.

— Et il vous voyait souvent?

— Toutes les semaines.

— Ainsi, vous l'aimez?

— Oui, monseigneur, je l'aime.

— Mais comment avez-vous pu disposer de votre cœur, sachant que vous ne vous apparteniez pas à vous-même?

— Depuis seize ans que je n'avais point entendu parler de ma famille, devais-je penser qu'elle se révélerait tout à coup, où plutôt qu'une odieuse manœuvre me tirerait de la retraite où je vivais si tranquille, pour essayer de me perdre?

— Mais vous croyez donc toujours que cet homme vous a menti? Vous croyez donc toujours qu'il n'était pas votre père?

— Hélas! maintenant je ne sais plus que croire, et mon esprit se perd dans cette fiévreuse réalité que je suis tentée, à chaque instant, de prendre pour un rêve.

— Mais ce n'était pas votre esprit qu'il fallait consulter, Hélène, dit le régent; c'était votre cœur. Près de cet homme, votre cœur ne vous avait-il donc rien dit?

— Oh! au contraire! s'écria Hélène; tant qu'il a été là, j'ai été convaincue : car jamais je n'avais éprouvé une émotion pareille à celle que j'éprouvais.

— Oui, reprit le régent avec amertume; mais, lui parti, ce sentiment a disparu, chassé par de plus fortes influences. C'est tout simple, cet homme n'était que votre père, et Gaston était votre amant.

— Monsieur, dit Hélène en se reculant, vous me parlez d'une façon étrange.

— Pardon! reprit le régent d'une voix plus douce, je m'aperçois que je me laisse entraîner par l'intérêt que je vous porte; mais ce qui m'étonne surtout, mademoiselle, continua le régent le cœur oppressé, c'est qu'étant aimée de M. de Chanlay comme vous paraissez l'être, vous n'ayez pas eu sur lui cette influence de le faire renoncer à ses projets.

— A ses projets, monsieur! que voulez-vous dire?

— Comment! vous ignorez dans quel but il est venu à Paris?

— Je l'ignore, monsieur. Le jour où, les larmes aux yeux, je lui dis que j'étais forcée de quitter Clisson, il me dit que lui était forcé de quitter Nantes; et, lorsque je lui annonçai que je venais à Paris, ce fut avec un cri de joie qu'il me répondit qu'il allait suivre le même chemin.

— Ainsi, s'écria le régent le cœur soulagé d'un poids énorme, ainsi vous n'êtes pas sa complice?

— Sa complice! s'écria Hélène effrayée; oh! mon Dieu! que voulez-vous dire?

— Rien, dit le régent, rien.

— Oh! si, monsieur; vous m'avez dit un mot qui me révèle tout. Oui, je me demandais d'où venait ce changement dans le caractère de Gaston; pourquoi, depuis un an, chaque fois que je lui parlais de notre avenir, son front s'assombrissait tout à coup; pourquoi, avec un si triste sourire, il me disait : « Pensons au présent, Hélène, nul n'est sûr du lendemain; » pourquoi enfin il tombait tout à coup dans des rêveries profondes et silencieuses, et telles qu'on eût dit que quelque grand malheur le menaçait. Ah! ce grand malheur, vous venez de me le révéler d'un mot, monsieur. Là-bas, Gaston ne voyait que des mécontents, les Mont-Louis, les Pontcalec, les Talhouët. Ah! Gaston est venu à Paris pour conspirer; Gaston conspire!

— Ainsi, vous, s'écria le régent, vous ne saviez rien de cette conspiration?

— Hélas! monsieur, moi, je ne suis qu'une femme, et, sans doute, Gaston ne m'a pas jugée digne de partager un pareil secret.

— Oh! tant mieux! tant mieux! s'écria le régent; et maintenant, mon enfant, écoutez-moi, écoutez la voix d'un ami, écoutez les conseils d'un homme qui pourrait être votre père : laissez le chevalier se perdre sur la route où il s'engage, puisqu'il est temps encore pour vous de rester où vous êtes et de ne pas aller plus avant.

— Qui? moi, monsieur! s'écria Hélène; moi, je l'abandonnerais au moment où vous dites vous-même qu'un danger que je ne connais pas le menace! Oh! non, non, monsieur; nous sommes isolés tous deux en ce monde; il n'a que moi, moi que lui. Gaston n'a plus de parents, moi je n'en ai pas encore; ou, si j'en ai, séparés de moi depuis seize ans, ils sont habitués à mon absence : nous pouvons donc nous perdre ensemble sans faire couler une larme. Oh! je vous trompais, monseigneur, et, quelque crime que Gaston ait commis ou doive commettre, je suis sa complice.

— Ah! murmura le régent d'une voix étouffée, mon dernier espoir s'en va : elle l'aime.

Hélène se retourna avec étonnement vers cet inconnu qui paraissait prendre une part si vive à son chagrin. Le régent se remit.

— Mais, reprit-il, n'aviez-vous pas à peu près renoncé à lui, mademoiselle? Ne lui aviez-vous pas dit l'autre jour, le jour où vous vous êtes quittés, que tout devait être fini entre vous, et que vous ne pouviez disposer ni de votre cœur ni de votre personne?

— Oui, je lui ai dit tout cela, monseigneur! s'écria la jeune fille avec exaltation, parce qu'à cette époque je le croyais heureux, parce que j'ignorais que sa liberté, que sa vie peut-être fussent compromises. Il n'y eût alors que mon cœur qui eût souffert, et ma conscience eût été tranquille. C'était une douleur à braver, et non un remords à combattre. Mais, depuis que je le vois menacé, depuis que je le sais malheureux, je le sens, sa vie, c'est ma vie.

— Mais vous vous exagérez votre amour pour lui, sans doute, reprit le régent insistant pour qu'il ne lui restât aucun doute sur les sentiments de sa fille; cet amour ne résisterait pas à l'absence.

— A tout, monseigneur! s'écria Hélène. Dans l'isolement où mes parents m'ont laissée, cet amour est devenu mon espoir unique, mon bonheur, mon existence. Ah! monseigneur, au nom du ciel, si vous avez quelque influence sur lui, et vous devez en avoir, puisqu'il vous a confié, à vous, des secrets qu'il me cache, obtenez de lui qu'il renonce à ces projets dont vous me parlez; dites-lui ce que je n'ose lui dire à lui-même, c'est-à-dire que je l'aime au-dessus de toute expression; dites-lui que son sort sera le mien; que, lui exilé, je m'exile; prisonnier, je me fais captive; que, lui mort, je meurs. Dites-lui cela, monsieur, et ajoutez... ajoutez que vous avez compris, à mes larmes et à mon désespoir, que je vous disais la vérité.

— Oh! la malheureuse enfant! murmura le régent.

En effet, pour tout autre que pour lui, la situation d'Hélène était digne de pitié. A la pâleur qui s'était répandue sur son visage, on voyait qu'elle souffrait cruellement; puis, tout en parlant, ses larmes coulaient sans violence, sans sanglots, comme l'accompagnement naturel de ses paroles; on voyait qu'elle n'avait pas dit un mot qui ne fût sorti de son cœur, qu'elle n'avait pas pris un engagement qu'elle ne fût prête à tenir.

— Eh bien, dit le régent, soit, mademoiselle, je vous promets de faire ce que je pourrai pour sauver le chevalier.

Hélène fit un mouvement pour se jeter aux genoux du duc, tant la crainte du malheur dont était menacé Gaston pliait cette âme si fière. Le régent la reçut dans ses bras. Hélène alors frissonna de tout son corps. Il y avait dans le contact de cet homme quelque chose qui semblait lui envelopper le cœur d'espérance et de joie; elle resta donc appuyée à son bras, sans faire aucun mouvement pour se relever.

— Mademoiselle, dit le régent après l'avoir regardée quelques instants avec une expression qui l'eût certes trahi si, dans ce moment, les yeux d'Hélène eussent rencontré les siens; mademoiselle, allons au plus pressé d'abord. Oui, je vous l'ai dit, Gaston court un danger, mais ce danger n'est point immédiat; par conséquent songeons d'abord à vous, dont la position est fausse et précaire. Vous êtes confiée à ma garde, et je dois, avant toute chose, m'acquitter de ce soin en bon père de famille. Avez-vous confiance en moi, mademoiselle?

— Oh! oui, puisque c'est Gaston qui m'a conduite à vous.

— Toujours Gaston! murmura le régent à demi-voix.

Puis, revenant à Hélène :

— Vous habiterez, dit-il, cette maison qui est inconnue, et où vous serez libre. Vous aurez pour société de bons livres et ma présence, qui ne vous manquera pas, si elle peut vous être agréable.

Hélène fit un mouvement.

— D'ailleurs, continua le duc, ce vous sera une occasion de parler du chevalier.

Hélène rougit, le régent continua :

— L'église du couvent voisin sera ouverte pour vous à toute heure, et, à la moindre crainte que vous auriez du genre de celles que vous avez eues, le couvent lui-même vous serait un asile; la supérieure est de mes amies.

— Oh! monsieur, dit Hélène, vous me rassurez entièrement; j'accepte cette maison que vous m'offrez, et les bontés que vous nous témoignez, à Gaston et à moi, me rendront votre présence infiniment agréable.

Le régent s'inclina.

— Eh bien, mademoiselle, dit-il, considérez-vous donc ici comme chez vous. Il y a une chambre à coucher, je crois, attenant à ce salon. La distribution du rez-de-chaussée est commode, et, dès ce soir, je vous enverrai deux religieuses du couvent; elles vous conviendront mieux que des femmes de chambre, sans doute.

— Oh! oui, monsieur.

— Alors, continua le régent avec hésitation; alors vous avez donc à peu près renoncé... à votre père?

— Ah! monsieur, ne comprenez-vous pas que c'est par la crainte qu'il ne soit pas mon père?...

— Cependant, reprit le régent, rien ne le prouve; cette maison seule... je sais bien que c'est une forte prévention contre lui; mais peut-être ne la connaissait-il pas!

— Oh! reprit Hélène, c'est presque impossible.

— Enfin... s'il faisait de nouvelles démarches près de vous, s'il découvrait votre retraite, s'il vous réclamait, ou tout au moins s'il demandait à vous voir?...

— Monsieur, nous préviendrions Gaston, et d'après son avis...

— C'est bien, dit le régent avec un sourire mélancolique.

Et il tendit la main à la jeune fille; puis il fit quelques pas vers la porte.

— Monsieur... dit Hélène d'une voix si tremblante, qu'à peine pouvait-on l'entendre.

— Désirez-vous encore quelque chose? demanda le duc en se retournant.

— Et lui... pourrais-je le voir?

Ces mots expirèrent sur les lèvres de la jeune fille plutôt qu'ils ne furent prononcés par elle.

— Oui, dit le duc; mais pour vous-même, n'est-il pas convenable que ce soit le moins possible?

Hélène baissa les yeux.

— D'ailleurs, continua le duc, il est parti pour un voyage, et peut-être ne reviendra-t-il que dans quelques jours.

— Et, à son retour, je le verrai? demanda Hélène.

— Je vous le jure, répondit le régent.

Dix minutes après, deux jeunes religieuses, suivies d'une sœur converse, entraient chez Hélène et s'y installaient.

En sortant de chez sa fille, le régent avait demandé Dubois; mais on lui avait répondu qu'après avoir attendu Son Altesse plus d'une demi-heure Dubois était retourné au Palais-Royal.

En effet, en rentrant chez l'abbé, le duc le trouva travaillant avec ses secrétaires; un portefeuille bourré de papiers était sur une table.

— Je demande mille millions de pardons à Votre Altesse, dit Dubois en apercevant le duc; mais, comme Votre Altesse tardait et que la conférence pouvait fort traîner en longueur, je me suis permis de transgresser ses ordres et de revenir travailler.

— Tu as bien fait; mais je veux te parler.

— A moi?

— Oui, à toi.

— A moi seul?

— Et oui, à toi seul.

— En ce cas, monseigneur veut-il aller m'attendre chez lui ou passer dans mon cabinet?

— Passons dans ton cabinet.

L'abbé fit de la main, en montrant la porte, un signe respectueux au régent. Le régent passa le premier, et Dubois le suivit, après avoir mis sous son bras le portefeuille, préparé probablement dans l'attente de la visite qu'il recevait.

Lorsqu'on fut dans le cabinet, le duc regarda tout autour de lui.

— Ce cabinet est sûr? demanda-t-il.

— Pardieu! chaque porte est double et les murailles ont deux pieds d'épaisseur.

Le régent se laissa aller dans un fauteuil, et tomba dans une muette et profonde rêverie.

— J'attends, monseigneur, dit au bout d'un instant Dubois.

— L'abbé, dit le régent d'un ton bref et comme un homme décidé à ne supporter, sur ce point, aucune observation, le chevalier est-il à la Bastille?

— Monseigneur, répondit Dubois, il a dû y faire son entrée depuis une demi-heure à peu près.

— Écrivez à monsieur Delaunay, alors. Je désire qu'il soit élargi à l'instant même.

Dubois semblait s'attendre à cet ordre. Il ne lui échappa aucune exclamation, il ne fit aucune réponse ; seulement il posa le portefeuille sur une table, l'ouvrit, en tira un dossier et se mit à le feuilleter tranquillement.

— Vous m'avez entendu? dit le régent après un moment de silence.

— Parfaitement, monseigneur, répondit Dubois.

— Obéissez donc, alors.

— Ecrivez vous même, monseigneur, répondit Dubois.

— Et pourquoi moi-même? demanda le régent.

— Parce qu'on ne forcera jamais cette main, dit Dubois, à signer la perte de Votre Altesse.

— Encore des phrases! dit le régent impatienté.

— Non, pas de phrases, mais des faits, monseigneur. Monsieur de Chanlay est-il, oui ou non, un conspirateur?

— Oui, certes; mais ma fille l'aime.

— La belle raison pour le mettre en liberté!

— Ce n'en est peut-être pas une pour vous,

l'abbé; mais, pour moi, elle le fait sacré. Il sortira donc de la Bastille à l'instant.

— Allez l'y chercher vous-même, je ne vous en empêche pas, monseigneur.

— Et vous, monsieur, vous saviez ce secret?

— Lequel?

— Que monsieur de Livry et le chevalier étaient une seule et même personne.

— Eh bien, oui, je le savais. Après?

— Vous avez voulu me tromper.

— J'ai voulu vous sauver de la sensiblerie où vous vous noyez en ce moment. Le régent de France, déjà trop occupé de ses plaisirs et de ses caprices, ne pouvait tomber plus mal qu'en prenant de la passion; et quelle passion encore! L'amour paternel, une passion affreuse! Un amour ordinaire se satisfait, et s'use par conséquent; une tendresse de père est insatiable, et surtout intolérable. Elle fera commettre à Votre Altesse des fautes que j'empêcherai, par la raison infiniment simple que j'ai le bonheur de ne pas être père, moi; ce dont je me félicite tous les jours, en voyant le malheur ou la bêtise de ceux qui le sont.

— Et que me fait une tête de plus ou de moins! s'écria le régent; ce Chanlay ne me tuera pas, une fois qu'il saura que c'est moi qui lui ai fait grâce.

— Non, mais il ne mourra pas non plus, pour rester quelques jours à la Bastille, et il faut qu'il y reste.

— Et moi, je te dis qu'il en sortira aujourd'hui.

— Il le faut pour son propre honneur, continua Dubois comme si le régent n'eût pas prononcé une parole; car, s'il en sortait aujourd'hui, comme vous le voulez, il passerait, près de ses complices, qui sont à cette heure à la prison de Nantes et que vous ne songez sans doute pas à en faire sortir comme lui, pour un espion et un traître auquel on a pardonné le crime en faveur de la délation.

Le régent réfléchit.

— Et puis, continua Dubois, voilà comme vous êtes, vous autres rois ou princes régnants. Une raison, stupide comme toutes les raisons d'honneur, comme celle que je viens de vous donner, vous persuade et vous clôt la bouche; mais vous ne voulez pas comprendre les grandes, les vraies, les bonnes raisons d'État. Que me fait à moi, que fait à la France, je vous le demande un peu, que mademoiselle Hélène de Chaverny, fille naturelle de monsieur le régent, pleure et regrette monsieur Gaston de Chanlay, son amant Dix mille mères, dix mille femmes, dix mille filles, pleureront, dans un an, leurs filles, leurs époux, leurs pères, tués au service de Votre Altesse par l'Espagnol qui menace, qui prend votre bonté pour de l'impuissance, et que l'impunité enhardit. Nous tenons le complot, il faut faire justice du complot. Monsieur de Chanlay, chef ou agent de ce complot, venant à Paris pour vous assassiner, — vous ne dirai pas non, il vous a, je l'espère, raconté la chose en détail, — est l'amant de votre fille. Tant pis! c'est un malheur qui tombe sur la tête de Votre Altesse. Mais il en est tombé bien d'autres, sans compter ceux qui tomberont. Oui, je savais tout cela; je savais qu'il était aimé; je savais qu'il s'appelait Chanlay, et non Livry. Oui, j'ai dissimulé; mais c'était pour le faire châtier exemplairement, lui et ses complices, parce qu'il faut qu'on sache, une bonne fois, que la tête du régent n'est pas une de ces poupées de cible que l'on cherche à abattre par fanfaronnade ou par ennui, s'en allant tranquille et impuni quand on la manque.

— Dubois! Dubois! jamais je ne tuerai ma fille pour sauver ma vie! et ce serait la tuer que de faire tomber la tête du chevalier. Ainsi, pas de prison, pas de cachot; épargnons jusqu'à l'ombre de la torture à celui dont nous ne pouvons tirer justice entière; pardonnons, pardonnons complétement : pas plus de demi-pardon que de demi-justice.

— Ah! oui, pardonnons, pardonnons! voilà le grand mot lâché! Mais ne vous lassez-vous pas, monseigneur, de chanter éternellement ce mot sur tous les tons?

— Eh! pardieu! cette fois, le ton doit varier, du moins : car ce n'est pas par générosité. J'en atteste le ciel, je voudrais pouvoir punir cet homme, qui est plus aimé, comme amant, que je ne le suis comme père, et qui m'enlève ma dernière et ma seule fille; mais, malgré moi, je m'arrête, je n'irai pas plus loin : Chanlay sera élargi.

— Chanlay sera élargi, oui, monseigneur; mon Dieu! qui s'y oppose? Seulement, que ce soit plus tard... dans quelques jours. Quel mal lui faisons-nous, je vous le demande! Que diable! il ne mourra pas pour une semaine passée à la Bastille. On vous le rendra, votre gendre, soyez tranquille. Mais laissez faire, et tâchez qu'on ne se moque pas trop de notre pauvre petit gouvernement. Songez donc qu'à l'heure qu'il est on instruit là-bas l'affaire des autres, et qu'on l'instruit rudement, encore. Eh bien, mais ces autres ont aussi des maîtresses, des femmes, des mères... Vous en occupez-vous le moins du monde? Ah! bien oui!... vous n'êtes pas si fou. Mais songez au ridicule, si cela vient à se savoir, que votre fille aimait celui qui devait vous poignarder. Les bâtards en riront pendant un mois. C'est à ressusciter la Maintenon, qui se meurt, et à la faire vivre un an de plus. Que diable! patientez; laissez le chevalier manger les poulets et boire le vin de M. Delaunay. Pardieu! Richelieu y est bien, à la Bastille. Eh bien, en voilà encore un qui est aimé d'une de vos filles, ce qui n'empêche pas que vous ne l'embastilliez avec rage, lui. Pourquoi? parce qu'il a été votre rival près de madame de Parabère, près de madame de Sabran, et ailleurs peut-être.

— Mais, enfin, dit le régent en interrompant Dubois, une fois qu'il sera bel et bien écroué à la Bastille, qu'en feras-tu?

— Dame! quand il ne ferait ce petit noviciat que pour arriver à en être plus digne de devenir notre gendre! A propos, sérieusement, monseigneur, est-ce que Votre Altesse songe à lui faire une pareille fortune?

— Eh! mon Dieu! est-ce que dans ce moment je songe à quelque chose, Dubois? Je ne voudrais pas rendre ma pauvre Hélène malheureuse, voilà tout; et, toutefois, je crois que le lui donner pour mari, ce serait déroger, quoique les Chanlay soient de bonne famille.

— Les connaissez-vous donc, monseigneur? Parbleu! il ne nous manquerait plus que cela.

— J'ai entendu prononcer leur nom il y a longtemps; mais je ne puis me rappeler en quelle occasion. En attendant, nous verrons; et, bien que tu en dises, ta raison me décide; je ne veux pas que cet homme passe pour un lâche. Mais souviens-toi aussi que je ne veux pas non plus qu'il soit maltraité.

— En ce cas, il est bien avec monsieur Delaunay; mais vous ne connaissez pas la Bastille, monseigneur. Si vous en aviez tâté une fois seulement, vous ne voudriez plus d'une maison de campagne. Sous le feu roi, c'était une prison; oh! mon Dieu! oui, j'en conviens; mais sous le règne débonnaire de Philippe d'Orléans, c'est devenu une maison de plaisance. D'ailleurs, c'est là que, dans ce moment-ci, se trouve la meilleure compagnie. Il y a tous les jours festins, bal, concert vocal. On y boit du vin de Champagne à la santé de monsieur le duc du Maine et du roi d'Espagne. C'est vous qui payez. Aussi y souhaite-t-on tout haut votre mort et l'extinction de votre race. Pardieu! monsieur de Chanlay se trouvera là en pays de connaissances, et à son aise comme le poisson dans l'eau. Ah! plaignez-le, monseigneur, car il est bien à plaindre, le pauvre jeune homme!

— Oui, c'est cela, dit le duc enchanté de trouver un terme moyen; et puis, nous verrons plus tard, d'après les révélations de la Bretagne...

Dubois éclata de rire.

— Les révélations de la Bretagne! Ah! pardieu! monseigneur, dit-il, je serais curieux de savoir ce que vous apprendront ces révélations, que vous n'ayez appris de la bouche même du chevalier. Vous n'en savez pas encore assez, monseigneur? Peste! si c'était moi, j'en saurais trop.

— Aussi, n'est-ce pas toi, l'abbé.

— Hélas! malheureusement non, monseigneur; car, si j'étais le duc d'Orléans régent, je me serais déjà fait cardinal... Mais ne parlons pas de cela; la chose viendra en temps et lieu, je l'espère. D'ailleurs, je crois que j'ai trouvé un moyen de dénouer l'affaire qui vous inquiète.

— Je me défie de tes moyens, l'abbé, je t'en avertis.

— Attendez donc, monseigneur. Vous ne tenez au chevalier que parce que votre fille y tient!

— Après?

— Eh bien; mais, si le chevalier payait d'ingratitude sa fidèle amante, hein? La jeune personne est fière, elle renoncerait d'elle-même à son Breton. Ce serait bien joué cela, ce me semble.

— Le chevalier cesser d'aimer Hélène! elle... un ange!... impossible!

— Il y a bien des anges qui ont passé par là, monseigneur. Puis la Bastille fait et défait tant de choses, et on s'y corrompt si vite, surtout dans la société qu'il y trouvera!

— Eh bien, nous verrons; mais pas une démarche sans mon consentement.

— Ne craignez rien, monseigneur; pourvu que ma petite politique aille son train, je vous promets de laisser bourgeonner toute votre petite famille.

— Mauvais drôle! dit le régent en riant, tu rendrais, sur mon honneur, Satan ridicule.

— Allons donc! voilà enfin que vous me rendez justice. Voulez-vous profiter de cela, monseigneur, pour examiner avec moi les pièces que l'on m'envoie de Nantes? Cela vous affirmera dans vos bonnes dispositions.

— Oui; mais auparavant fais-moi venir madame Desroches.

— Ah! c'est juste.

Dubois sonna, et transmit l'ordre du régent.

Dix minutes après, madame Desroches entra humble et craintive; mais, au lieu de l'orage qu'elle attendait, elle reçut cent louis et un sourire.

— Je n'y comprends plus rien, dit-elle; décidément il paraît que la jeune personne n'était pas sa fille.

XXIII

EN BRETAGNE.

Il faut maintenant que nos lecteurs nous permettent de jeter un coup d'œil en arrière, car nous avons, pour nous occuper des héros principaux de notre histoire, laissé en Bretagne des personnages qui méritent un certain intérêt. D'ailleurs, s'ils ne se recommandent pas comme ayant pris une part très-active au roman que nous écrivons, l'histoire est là qui les évoque de sa voix inflexible; il faut donc que, pour le moment, nous subissions les exigences de l'histoire.

La Bretagne avait pris, dès la première conspiration, une part active au mouvement imprimé par les bâtards légitimés. Cette province, qui avait donné des gages de sa fidélité aux principes monarchiques, les poussait, en ce moment, non-seulement jusqu'à l'exagération, mais encore jusqu'à la démence, puisqu'elle préférait le sang adultérin de son roi aux intérêts du royaume, et puisqu'elle poussait son amour jusqu'au crime, ne craignant pas d'appeler à l'aide des prétentions de ceux qu'elle regardait comme ses princes, des ennemis auxquels Louis XIV, pendant soixante ans, et la France pendant deux siècles, avaient fait une guerre d'extermination.

En une soirée, on se le rappelle, nous avons vu paraître les noms principaux qui s'inscrivent pour personnifier cette révolte : le régent l'avait caractérisée fort spirituellement, en disant qu'il tenait la tête et la queue; mais il se trompait, il ne tenait réellement que la tête et le corps. La tête, c'était le conseil des légitimés, le roi d'Espagne et son imbécille agent, le prince de Cellamare ; le corps, c'étaient ces hommes, braves et spirituels, qui peuplaient alors la Bastille. Mais ce qu'on ne tenait pas encore, c'était la queue, qui s'agitait dans le rude pays de Bretagne, alors, comme aujourd'hui, si peu habitué aux aventures de cour, alors, comme aujourd'hui, si difficile à dompter : la queue, armée de dards, comme celle du scorpion, et qui était la seule à craindre.

Les chefs bretons renouvelaient alors le chevalier de Rohan, sous Louis XIV; quand on dit le chevalier de Rohan, c'est parce qu'à toute conspiration il faut donner le nom d'un chef. A côté du prince, homme vaniteux et médiocre, et même avant le prince, étaient deux autres hommes plus forts que lui, l'un comme exécution, l'autre comme pensée. Ces deux hommes étaient Latréaumont, simple gentilhomme de Normandie, et l'autre, Affinius Vanden-Enden, philosophe hollandais. Latréaumont voulait de l'argent, aussi n'était-il que le bras ; Affinius voulait une république, aussi était-il l'âme. De plus, cette république, il la voulait enclavée dans le royaume de Louis XIV, pour faire un plus grand déplaisir au roi, qui haïssait les républicains, même à trois cents lieues ; qui avait persécuté et fait périr le grand pensionnaire de Hollande, Jean de Wit, plus cruel en cela que le stathouder prince d'Orange, qui, en se déclarant ennemi du pensionnaire, vengeait des injures personnelles, tandis que Louis XIV n'avait éprouvé qu'amitié et dévouement de la part de ce grand homme.

Or, Affinius voulait une république en Normandie; il en faisait nommer protecteur le chevalier de Rohan ; les conjurés bretons voulaient venger leur province de quelques injures reçues sous la régence, et ils la décrétaient d'abord république, sauf à se choisir un protecteur, dût-il être Espagnol. Toutefois monsieur du Maine eût eu beaucoup de chances.

Voici ce qui s'était passé en Bretagne.

Aux premières ouvertures des Espagnols, les Bretons prêtèrent l'oreille. Ils n'avaient point sujet de se mécontenter plus que les autres provinces; mais, à cette époque, les Bretons n'étaient pas encore ralliés hautement à la nationalité française. C'était, pour eux, une bonne guerre à faire; ils ne voyaient pas d'autre but. Richelieu les avait sévèrement domptés; ils ne sentaient plus sa rude main et pensaient à s'émanciper sous Dubois. Ils commencèrent par prendre en haine les administrateurs que leur envoya le régent. Une révolution a toujours commencé par l'émeute.

Montesquiou était chargé de tenir les états; c'était une charge de vice-roi. On entendait les griefs des peuples, et on percevait leur argent. Les états se plaignirent beaucoup, mais ils ne donnèrent pas d'argent, parce que, disaient-ils, l'intendant leur déplaisait. Cette raison parut mauvaise à Montesquiou, homme du vieux régime, accoutumé aux façons de Louis XIV.

— Vous ne pouvez offrir ces plaintes à Sa Majesté, dit-il, sans vous mettre dans l'attitude de la rébellion. Payez d'abord, vous vous plaindrez ensuite; le roi écoutera vos doléances, mais il ne veut pas de vos antipathies contre un homme honoré de son choix.

Le fait est que monsieur de Montaran, dont la Bretagne croyait avoir à se plaindre, n'avait de tort réel que d'être, à cette époque, intendant de la province. Tout autre eût déplu comme lui. Montesquiou n'accepta donc pas les conditions, et persista dans la perception du *don gratuit*. Les états persistèrent dans leur refus.

— Monsieur le maréchal, répliqua un député des états, vous oubliez sans doute que votre langage peut convenir à un général qui traite en pays conquis, mais ne saurait être accepté par des hommes libres et investis de priviléges. Nous ne sommes ni des ennemis ni des soldats : nous sommes citoyens et maîtres chez nous. En compensation d'un service que nous demandons au roi, qui est de nous ôter monsieur de Montaran, dont le peuple de ce pays n'aime pas la personne, nous accorderons avec plaisir l'impôt qu'on nous demande : mais, si nous croyons voir que la cour veut mettre le gros lot du côté de ses exigences, nous resterons avec notre argent, et nous supporterons, tant que nous pourrons, le trésorier qui nous déplaît.

Monsieur de Montesquiou fit sa moue dédaigneuse, tourna les talons aux députés, qui lui en firent autant, et chacun se retira dans sa dignité.

Seulement le maréchal voulut patienter : il se croyait des dispositions à la diplomatie; il espérait que des réunions particulières remettraient en ordre ce que le sentiment d'esprit de corps avait si mal à propos embrouillé. Mais la noblesse bretonne est fière. Humiliée d'avoir été ainsi traitée par le maréchal, elle resta chez elle, et ne parut plus aux réceptions de ce seigneur, qui resta seul, fort désappointé, passant du mépris à la colère, et de la colère aux folles résolutions. C'est là que l'attendaient les Espagnols.

Montesquiou, correspondant avec les autorités de Nantes, de Quimper, de Vannes, de Rennes, écrivit qu'il voyait bien qu'il avait affaire à des mutins et à des rebelles; mais qu'il aurait le dernier, et que les douze mille hommes de son corps d'armée apprendraient aux Bretons la vraie politesse et la véritable grandeur d'âme.

Les états se réunirent : de la noblesse au peuple, il n'y a qu'un pas en cette province; l'étincelle alluma la poudre, les citoyens s'associèrent. On annonça clairement à monsieur de Montesquiou que, s'il avait douze mille hommes, la Bretagne en renfermait cent mille, qui apprendraient à ses soldats, avec des pavés, des fourches, des mousquets même, à se mêler de ce qui les regardait, mais pas d'autre chose.

Le maréchal s'assura qu'il y avait, en effet, cent mille associés dans la province, et que chacun avait sa pierre ou son arme. Il réfléchit, et les choses en demeurèrent là, fort heureusement pour le gouvernement de la régence. Alors la noblesse, se voyant respectée, s'adoucit, et formula très-convenablement sa plainte. Mais, d'un autre côté, Dubois et le conseil de régence ne voulurent pas se dédire; ils traitèrent cette supplique de manifeste hostile, et s'en servirent à instrumenter.

Après la généralité, le détail arrive. Montaran, Montesquiou, Pontcalec, Talhouët, furent les champions qui se battirent réellement entre eux. Pontcalec, homme de cœur et d'exécution, s'était uni aux mécontents de la province, et, de ces éléments encore informes, avait fécondé le germe du combat que nous avons examiné.

Il n'y avait plus à reculer; la collision était imminente, mais la cour ne soupçonnait que la révolte pour l'impôt, elle ne voyait rien de l'affaire d'Espagne. Les Bretons, qui minaient sourdement la régence, criaient bien haut : « A l'impôt! au Montaran! » pour qu'on n'entendît pas le bruit de leur sape et leurs complots antipatriotiques. Mais l'événement tourna contre eux; le régent, qui peut passer pour un des plus habiles politiques de son siècle, devina le piége sans l'avoir aperçu. Il se douta que, derrière ce fantôme, sous ce grand voile local, il se cachait autre chose;

et, pour bien voir cette autre chose, il laissa tomber, ou plutôt il enleva le voile. Il retira son Montaran, et donna gain de cause à la province. Aussitôt les conspirateurs furent démasqués: tout le monde était satisfait, eux seuls restèrent en vue et engagés; les autres baissèrent pavillon et demandèrent merci.

Alors Pontcalec et ses amis formèrent le projet que nous connaissons; ils usèrent de moyens violents pour faire arriver à eux le but vers lequel ils ne pouvaient plus aller sans être découverts. La révolte n'avait plus de motifs, mais elle avait encore des vestiges fumants. Ne pouvait-on, dans cette cendre, tiède encore, trouver l'étincelle qui rallumerait l'incendie?

L'Espagne veillait. Albéroni, battu par Dubois dans la fameuse affaire de Cellamare, attendait sa revanche; et, tout le sang de l'Espagne, tous les trésors préparés pour favoriser le complot de Paris, il n'hésitait pas à les envoyer en Bretagne, pourvu qu'il fussent employés utilement. Seulement c'était tard. Il ne le crut pas, et ces agents le trompèrent. Pontcalec se figura que recommencer la guerre était possible; mais alors la France faisait la guerre à l'Espagne. Il se figura que tuer le régent était chose possible; mais lui-même, et non Chanlay, devait faire ce que personne n'eût conseillé au plus cruel ennemi des Français à cette époque.

Il compta sur l'arrivée d'un vaisseau espagnol chargé d'armes et d'argent; le vaisseau n'arriva pas. Il attendait les nouvelles de Chanlay; ce fut la Jonquière qui écrivit, et quel la Jonquière!...

Un soir, Pontcalec et ses amis étaient réunis dans une petite chambre de Nantes, près du vieux château. Leur contenance était triste, irrésolue. Du Couëdic annonça qu'il venait de recevoir un billet, par lequel on l'engageait à prendre la fuite.

— J'en ai un pareil à vous montrer, dit Mont-Louis; on me l'a glissé sous mon verre, à table, et ma femme, qui ne s'attendait à rien, a été fort effrayée.

— Moi, dit Talhouët, j'attends et ne crains rien. La province a repris du calme, les nouvelles de Paris sont bonnes. Tous les jours le régent fait sortir de la Bastille quelques-uns des détenus de l'affaire d'Espagne.

— Et moi, messieurs, dit Pontcalec, je dois vous donner communication, puisque vous en parlez, d'un avis bizarre que j'ai reçu aujourd'hui. Montrez-moi votre billet, du Couëdic; vous le vôtre, Mont-Louis. Peut-être est-ce la même écriture, peut-être nous tend-on un piége.

— Je n'en crois rien; car, si l'on nous veut loin, c'est pour que nous échappions à un danger quelconque; or nous n'avons pas à craindre pour notre réputation, elle n'est pas en jeu. Les affaires de la Bretagne sont terminées pour tout le monde; votre frère, Talhouët, et votre cousin se sont enfuis en Espagne; Solduc, Rohan, Kerantec, Sambilly, le conseiller au parlement, ont disparu; pourtant on a trouvé naturelle leur appréhension; c'est une simple cause de mécontentement qui les chasse. J'avoue que, si le billet se répétait, je partirais.

— Nous n'avons rien à craindre, mon ami, dit Pontcalec, et même, il faut le dire, jamais nos affaires n'ont été plus prospères. Voyez: la cour ne se méfie plus de rien, sans quoi nous serions déjà inquiétés. La Jonquière a écrit hier; il annonce que Chanlay va partir pour la Muette, où le régent vit comme un simple particulier, sans gardes, sans méfiance.

— Cependant vous êtes inquiet, répliqua du Couëdic.

— Je l'avoue; mais ce n'est pas pour la raison que vous croyez.

— Qu'y a-t-il?

— Quelque chose de personnel?

— A vous?

— A moi-même; et, tenez, je ne saurais le dire à meilleure compagnie et à des amis plus dévoués ou qui me connaissent mieux: si jamais j'étais inquiété, si j'étais mis dans l'alternative de rester ou de fuir pour échapper à un danger... eh bien, je resterais; savez-vous pourquoi?

— Non, parlez.

— J'ai peur.

— Vous, Pontcalec! vous, peur! Que veulent dire ces deux mots à côté l'un de l'autre?

— Mon Dieu, oui, mes amis; l'Océan est notre sauvegarde; il n'est pas un de nous qui ne trouve son salut sur une de ces mille embarcations qui croisent sur la Loire, de Paimbœuf à Saint-Nazaire; mais ce qui, pour vous, est salut, pour moi est mort certaine.

— Je ne vous comprends pas, dit Talhouët.

— Vous m'effrayez, dit Mont-Louis.

— Écoutez donc, mes amis, dit Pontcalec.

Et il commença, au milieu de la plus religieuse attention, le récit suivant; car on savait que, pour que Pontcalec eût peur, il fallait que la chose en méritât la peine.

XXIV

LA SORCIÈRE DE SAVENAY.

J'avais dix ans, et je vivais à Pontcalec, au milieu des bois, lorsqu'un jour, que nous avions résolu, mon oncle Crysogon, mon père et moi, d'aller faire une furetée de lapins à une garenne distante de cinq ou six lieues, nous trouvâmes, sur la bruyère, une femme assise, et qui lisait. Si peu de nos paysans savent lire, que cette circonstance nous étonna fort. Nous nous arrêtâmes, en conséquence, devant elle, pour la regarder. Je la vois encore comme si c'était hier, quoi qu'il y ait près de vingt ans de cela. Elle portait le costume noir de nos Bretonnes, avec la coiffe blanche, et était assise sur une grosse gerbe de genêts en fleur qu'elle venait de couper.

De notre côté, nous étions disposés ainsi : mon père était monté sur un beau cheval bai-brun à crinière dorée; mon oncle, sur un cheval gris, jeune, vif et ardent, et moi sur un de ces petits poneys blancs qui joignent aux ressorts d'acier de leurs jarrets la douceur de la brebis blanche comme eux.

La femme leva les yeux de dessus son livre, et nous aperçut groupés devant elle et la regardant avec curiosité.

En me voyant ferme sur mes étriers, près de mon père, qui paraissait fier de moi, cette femme se leva tout à coup, et, s'approchant de moi :

— Quel dommage! dit-elle.

— Que signifie cette parole? demanda mon père.

— Elle signifie que je n'aime pas ce petit cheval blanc, répondit la femme aux genêts.

— Et pourquoi cela, la mère?

— Parce qu'il portera malheur à votre enfant, sire de Pontcalec.

Nous sommes superstitieux, nous autres Bretons, vous le savez. De sorte que mon père, qui pourtant, vous le savez encore, Mont-Louis, était un esprit ferme et éclairé, s'arrêta, malgré les instances de mon oncle Crysogon, qui l'invitait à se remettre en marche, et, tremblant à l'idée qu'il pourrait m'arriver quelque malheur, ajouta :

— Cependant ce cheval est doux, bonne femme, et Clément le manie très-bien pour son âge. Moi-même, j'ai souvent monté cette bonne petite bête pour me promener dans le parc, et ses allures sont d'une égalité parfaite.

— Je ne comprends rien à tout cela, marquis de Guer, répondit la bonne femme; seulement, le bon petit cheval blanc fera du mal à votre Clément : c'est moi qui vous le dis.

— Et comment pouvez-vous savoir cela?

— Je le vois, répondit la vieille avec un accent singulier.

— Mais quand cela? demanda mon père.

— Aujourd'hui même.

Mon père pâlit; moi-même j'eus peur. Mais mon oncle Crysogon, qui avait fait toutes les guerres de Hollande, et qui était devenu esprit fort en se battant contre les huguenots, se mit à rire à se renverser de cheval.

— Parbleu! dit-il, voilà une bonne femme qui certainement s'entend avec les lapins de Savenay. Que dis-tu de cela, Clément? ne veux-tu pas retourner à la maison et te priver de la chasse?

— Mon oncle, répondis-je, j'aime mieux continuer ma route avec vous.

— C'est que te voilà tout pâle et tout singulier. Aurais-tu peur, par hasard?

— Je n'ai pas peur, répondis-je.

Je mentais; car je sentais en moi-même un certain frémissement qui ressemblait fort au sentiment que je tentais de dissimuler.

Mon père m'a avoué, depuis, que sans ces paroles de son frère, qui lui causèrent une fausse honte, et mes paroles, à moi, qui chatouillèrent son amour-propre, il m'eût, ou renvoyé à pied à la maison, ou fait donner le cheval d'un de ses gens. Mais quel mauvais exemple pour un enfant de mon âge, et surtout quel sujet de raillerie pour le vicomte, mon oncle!

Je restai donc sur le poney blanc. Deux heures après nous étions à la garenne, et la chasse commença.

Tout le temps que dura la chasse, le plaisir nous fit oublier la prédiction; mais la chasse terminée, quand nous nous retrouvâmes, mon père, mon oncle et moi :

— Eh bien, Clément, me dit mon oncle, te voilà encore sur ton poney? Diable! tu es un garçon hardi.

Je me mis à rire, et mon père aussi. En ce moment nous traversions une lande aussi plate et aussi unie que le carreau de cette chambre.

Pas d'obstacle à franchir, aucun objet capable d'effrayer des chevaux. Au même instant, néanmoins, mon poney fait, en avant, un bond qui m'ébranle; puis, il se cabre violemment et m'envoie, à quatre pas, rouler sur le sable. Mon oncle se mit à rire; quant à mon père, il devint aussi pâle que la mort; pour moi, je ne bougeai pas. Mon père sauta en bas de son cheval et me releva : j'avais la jambe cassée.

Dire la douleur de mon père et les cris de nos gens, cela serait encore possible; mais, quant au morne désespoir de mon oncle, il fut inexprimable : agenouillé près de moi, me déshabillant d'une main tremblante, me couvrant de caresses et de pleurs, il ne disait pas un mot qui ne fût une fervente prière; et, pendant tout le trajet, mon père fut obligé de le consoler et de l'embrasser; mais à toutes ces caresses et à toutes ces consolations, il ne répondait rien.

On fit venir le meilleur chirurgien de Nantes, lequel me déclara en grand péril. Mon oncle demandait pardon toute la journée à ma mère, et l'on remarqua que, pendant tout le temps que dura ma maladie, il avait entièrement changé de genre de vie : au lieu de boire et chasser avec les officiers, au lieu de faire, sur son lougre amarré à Saint-Nazaire, les belles parties de pêche dont il était si grand amateur, il ne quittait plus mon chevet.

La fièvre dura six semaines, et la maladie près de quatre mois; mais, enfin, je fus sauvé : je ne conservai même aucune trace de l'accident. Lorsque je sortis pour la première fois, mon oncle m'accompagna en me donnant le bras; mais, lorsque la promenade fut finie, il prit, les larmes aux yeux, congé de nous.

— Eh! où allez-vous donc, Crysogon? lui demanda mon père tout étonné.

— J'ai fait vœu, répondit cet excellent homme, si notre enfant échappait à la mort, de me rendre chartreux, et je vais exécuter cette promesse.

Alors ce fut un autre désespoir; mon père et ma mère jetèrent les hauts cris. Je me pendis au cou de mon oncle pour le décider à ne pas nous quitter; mais le vicomte était de ces hommes qui ne reculent jamais devant les paroles engagées et les vigoureuses résolutions : les prières de mon père et de ma mère furent vaines, et il resta inébranlable.

— Mon frère, dit-il, je ne savais pas que Dieu daignât quelquefois se révéler aux hommes par des actes mystérieux. J'ai douté, je dois être puni. D'ailleurs, je ne veux pas que mon plaisir en cette vie me prive d'un salut éternel.

A ces mots, le vicomte nous embrassa, mit son cheval au galop, et disparut; puis il se renferma dans la Chartreuse de Morlaix. Deux ans après, les jeûnes, les macérations et les chagrins, avaient fait de ce bon vivant, de ce joyeux compagnon, de cet ami dévoué, un cadavre anticipé et presque insensible. Enfin, au bout de trois ans de retraite, il mourut me laissant tous ses biens.

— Diable! voilà une effrayante histoire, dit du Couëdic en souriant; mais elle a son bon et son mauvais côté, et la vieille avait oublié de te dire que ta jambe cassée doublerait ta fortune.

— Écoutez! dit Pontcalec plus grave et plus sérieux que jamais.

— Ah! ah! ce n'est point encore fini? dit Talhouët.

— Nous sommes au tiers seulement.

— Continue; nous écoutons.

— Vous avez tous entendu parler de l'étrange mort du baron de Caradec, n'est-ce pas?

— Oui, notre ancien camarade de collége de Rennes, dit Mont-Louis, que l'on a trouvé assassiné, il y a dix ans, dans la forêt de Châteaubriant.

— C'est cela. Écoutez; mais faites attention que ceci est un secret, qui, jusqu'à présent, n'a été connu que de moi seul, et qui désormais ne doit être connu que de moi et de vous.

Les trois Bretons, qui, d'ailleurs, prenaient un grand intérêt au récit de Pontcalec, lui promirent que le secret qu'il allait leur confier leur serait sacré.

— Eh bien, dit Pontcalec, cette grande amitié de collége, dont parle Mont-Louis, avait subi, entre Caradec et moi, quelque altération à propos d'une rivalité. Nous aimions la même femme, et j'étais le préféré.

Un jour, j'avais décidé d'aller chasser le daim dans la forêt de Châteaubriant. Dès la veille, j'avais fait partir mes chiens et mon piqueur, qui devait détourner l'animal, et moi-même je m'acheminais à cheval vers le rendez-vous, lorsque, sur la route, je vis marcher devant moi un énorme fagot; cela ne m'étonna point; vous savez que c'est l'habitude que nos paysans portent sur leur dos des fagots plus gros et plus grands qu'eux, de sorte qu'ils disparaissent derrière leur charge, qui semble alors, quand on les regarde de loin et qu'ils vous devancent, marcher toute seule. Bientôt le fagot qui me précédait s'arrêta;

une bonne vieille, en se tournant de mon côté, dessina son profil, et, se faisant un point d'appui de sa charge même, se redressa sur le revers de la route. A mesure que j'approchais, mes yeux ne pouvaient se détacher de la bonne femme; enfin, longtemps avant que je fusse arrivé devant elle, j'avais reconnu la sorcière qui m'avait, sur la route de Savenay, prédit que mon petit cheval blanc me porterait malheur.

Mon premier mouvement, je l'avoue, fut de prendre un autre chemin, afin d'éviter la prophétesse de malheur; mais elle m'avait déjà aperçu, et il me sembla qu'elle m'attendait avec un méchant sourire. J'avais dix ans de plus que lorsque sa première menace m'avait fait frissonner. J'eus honte de reculer, et je continuai mon chemin.

— Bonjour, vicomte de Pontcalec, me dit-elle, comment se porte le marquis de Guer?

— Bien, bonne femme, lui répondis-je, et je serai assez tranquille sur sa santé jusqu'au moment où je le reverrai, si vous m'assurez qu'il ne lui arrivera rien pendant mon absence.

— Ah! ah! dit-elle en riant, vous n'avez pas oublié la lande de Savenay. Vous avez bonne mémoire, vicomte; mais cela n'empêche pas que, si je vous donnais aujourd'hui un bon conseil, vous ne le suivriez pas plus que la première fois. L'homme est aveugle.

— Et quel est ce conseil, voyons?

— C'est de ne pas aller à la chasse aujourd'hui, vicomte.

— Et pourquoi cela?

— C'est de retourner à Pontcalec sans faire un pas de plus.

— Je ne puis. J'ai donné à quelques amis rendez-vous à Châteaubriant.

— Tant pis, vicomte, tant pis : car il y aura du sang de versé à cette chasse.

— Le mien?

— Le vôtre et celui d'un autre.

— Bah! vous êtes folle.

— C'est ce que disait votre oncle Crysogon. Comment va-t-il, votre oncle Crysogon?

— Ne savez-vous pas qu'il est mort, voilà bientôt sept ans, à la Chartreuse de Morlaix?

— Pauvre cher homme! dit la bonne femme; il était comme vous, il a été longtemps sans vouloir croire; mais enfin il a cru; seulement c'était trop tard.

Je frissonnais malgré moi; mais une mauvaise honte me disait au fond du cœur qu'il était lâche à moi de céder à de pareilles craintes, et que, sans doute, le hasard seul avait réalisé la première prédiction de la prétendue sorcière.

— Ah! je vois bien qu'une première expérience ne vous a pas rendu plus sage, mon beau jeune homme, me dit-elle. Eh bien, allez à Châteaubriant, puisque vous le voulez à toute force; mais au moins renvoyez à Pontcalec ce beau couteau de chasse si brillant.

— Et avec quoi monsieur coupera-t-il le pied du daim? dit mon domestique qui me suivait.

— Avec votre couteau, dit la vieille.

— Le daim est un animal royal, répondit le domestique, et il veut avoir le jarret coupé avec un couteau de chasse.

— D'ailleurs, repris-je, n'avez-vous pas dit que mon sang coulerait? cela veut dire que je serai attaqué; et, si l'on m'attaque, il faut bien que je me défende.

— Je ne sais pas ce que cela veut dire, reprit la vieille; mais ce que je sais, c'est qu'à votre place, mon beau gentilhomme, j'écouterais la pauvre vieille; que je n'irais pas à Châteaubriant, et que, si j'y allais, ce serait après avoir renvoyé mon couteau de chasse à Pontcalec.

— Est-ce que monsieur le vicomte écoutera cette vieille sorcière? me dit mon domestique, qui sans doute avait peur d'être chargé de rapporter à Pontcalec l'arme fatale.

Si j'avais été seul, je serais revenu; mais devant mon domestique, étrange faiblesse de l'homme! je ne voulus pas avoir l'air de reculer.

— Merci, ma bonne femme, lui dis-je; mais je ne vois véritablement, dans ce que vous dites, aucune raison de ne pas aller à Châteaubriant. Quant à mon couteau de chasse, je le garde. Si je suis attaqué, par hasard, il me faut bien une arme pour me défendre.

— Allez donc, et défendez-vous, dit la vieille en branlant la tête; on ne peut fuir sa destinée.

Je n'en entendis pas davantage, car j'avais mis mon cheval au galop; cependant, au moment d'entrer dans un coude du chemin, je me retournai et je vis la bonne femme qui, ayant chargé son fagot, avait lentement repris sa route.

Je tournai le coude et la perdis de vue.

Une heure après, j'étais dans la forêt de Châteaubriant, et je vous rejoignais, Mont-Louis et Talhouet, car vous étiez tous les deux de cette partie.

— Oui, c'est vrai, dit Talhouet, et je commence à comprendre.

— Moi aussi, dit Mont-Louis.

— Mais moi, je ne sais rien, dit du Couëdic. Continuez donc, Pontcalec, continuez.

— Nos chiens lancèrent le daim, et nous nous lançâmes, nous, sur leur trace; mais nous ne chassions pas seuls dans la forêt, et l'on entendait au loin le bruit d'une autre meute, qui allait se rapprochant de nous. Bientôt nos deux chasses se croisèrent, et quelques-uns de mes chiens, se trompant de voie, partirent sur celle du daim chassé par la meute rivale. Je m'élançai après les chiens pour les rompre, ce qui m'éloigna de vous autres, qui suiviez la partie de la meute qui n'avait pas fait défaut. Mais quelqu'un m'avait prévenu : j'entendis mes chiens hurler sous les coups de fouet qu'on leur distribuait. Je redoublai de vitesse, et trouvai le baron de Caradec qui frappait sur eux à coups redoublés. Je vous ai dit qu'il y avait entre nous quelques motifs de haine; cette haine ne demandait qu'une occasion pour éclater en effets. Je lui demandai de quel droit il se permettait de frapper mes chiens; sa réponse fut plus hautaine encore que ma demande. Nous étions seuls; nous avions vingt ans, nous étions rivaux, nous nous haïssions; chacun de nous avait une arme au côté; nous tirâmes nos couteaux de chasse, nous nous précipitâmes l'un sur l'autre, et Caradec tomba de son cheval percé de part en part.

Vous dire ce qui se passa en moi lorsque je le vis tomber et se tordre sur la terre qu'il ensanglantait dans les douleurs de l'agonie, serait chose impossible. Je piquai mon cheval des deux, et pointai comme un fou à travers la forêt. J'entendais sonner l'hallali du daim, et j'arrivai un des premiers. Seulement je me rappelle, — vous le rappelez-vous, Mont-Louis? — que vous me demandâtes d'où venait que j'étais si pâle.

— C'est vrai, dit Mont-Louis.

— Alors je me souvins du conseil de la sorcière, et me reprochai bien amèrement de ne pas l'avoir suivi : ce duel solitaire et mortel me semblait quelque chose de pareil à un assassinat. Nantes et ses environs m'étaient devenus insupportables, car tous les jours j'entendais parler de ce meurtre de Caradec. Il est vrai que personne ne me soupçonnait; mais la voix secrète de mon cœur criait si fort, que, vingt fois, je fus sur le point de me dénoncer moi-même.

Ce fut alors que je quittai Nantes, et que je fis le voyage de Paris, non sans avoir cherché à revoir la sorcière; mais je ne connaissais ni son nom ni sa demeure, et je ne pus la retrouver.

— C'est étrange, dit Talhouet. Et depuis, l'as-tu revue, cette sorcière?

— Attends, attends donc! dit Pontcalec, car voici la chose terrible. Cet hiver, ou plutôt l'automne dernier, — je dis hiver, parce qu'il neigeait ce jour-là, bien que nous ne fussions encore qu'en novembre, — je revenais de Guer, et j'avais ordonné halte à Pontcalec-des-Aulnes, après une journée pendant laquelle j'avais chassé, avec deux de mes fermiers, la bécassine au marais. Nous arrivâmes transis de froid au rendez-vous, et nous trouvâmes un grand feu et un bon souper préparés.

En entrant, et pendant que je recevais les saluts et les compliments de mes gens, j'aperçus, dans le coin de l'âtre, une vieille femme qui semblait dormir. Un large manteau de laine grise et noire enveloppait le fantôme.

— Qui est là? demandai-je au fermier d'une voix altérée, et en frémissant malgré moi.

— Une vieille mendiante, que je ne connais pas et qui a l'air d'une sorcière, me dit-il; mais elle était exténuée de froid, de fatigue et de faim. Elle m'a demandé l'aumône, je lui ai dit d'entrer, et je lui ai donné un morceau de pain, qu'elle a mangé en se chauffant; après quoi elle s'est endormie.

La figure fit un mouvement dans le coin de la cheminée.

— Que vous est-il donc arrivé, monsieur le marquis, demanda la femme du fermier, que vous êtes tout mouillé et que vos vêtements sont souillés de boue jusque sous les épaules?

— Il y a, ma bonne Martine, répondis-je, que vous avez failli vous chauffer et dîner sans moi, quoique vous ayez allumé ce feu et préparé ce repas à mon intention.

— Vraiment! s'écria la bonne femme effrayée.

— Oh! monsieur a manqué périr, dit le fermier.

— Et comment cela, Jésus Dieu! mon bon seigneur?

— En terre, tout vivant, ma chère Martine. Vous connaissez vos marais, ils sont pleins de tourbières; je me suis aventuré sans sonder le terrain, et, tout à coup, ma foi, j'ai senti que j'enfonçais bel et bien; de sorte que, sans mon fusil, que j'ai mis en travers et qui a donné le temps à votre mari d'arriver et de me tirer d'affaire, je me noyais dans la boue, ce qui est non-seulement une cruelle, mais, bien pis que cela, une sotte mort.

— Oh! monsieur le marquis, dit la fermière, au nom de votre famille, ne vous exposez pas ainsi.

— Laissez-le faire, laissez-le faire! dit d'une voix sépulcrale l'espèce d'ombre accroupie dans le coin de la cheminée... Il ne mourra pas ainsi; je le lui prédis.

Et, rabattant lentement la coiffe de sa mante grise, la vieille mendiante me montra le visage de cette femme qui, la première fois, sur la route de Savenay, la seconde, sur celle de Châteaubriant, m'était apparue pour me faire de si tristes prédictions.

Je restai immobile et comme pétrifié.

— Vous me reconnaissez, n'est-ce pas? me dit-elle sans s'émouvoir.

Je baissai la tête en signe d'assentiment, mais sans avoir le courage de répondre. Tout le monde faisait cercle autour de nous.

— Non, non, continua-t-elle, rassurez-vous, marquis de Guer, vous ne mourrez pas ainsi.

— Et comment le savez-vous? balbutiai-je avec la certitude intérieure qu'elle le savait.

— Je ne puis vous le dire, car je l'ignore moi-même; mais vous savez bien que je ne me trompe pas.

— Et comment mourrai-je? demandai-je en rappelant toutes mes forces pour lui faire cette question et tout mon sang-froid pour écouter sa réponse.

— Vous mourrez par la mer, marquis, me répondit-elle.

— Comment cela? demandai-je, et que voulez-vous dire?

— J'ai dit ce que j'ai dit, et ne puis m'expliquer davantage; seulement, marquis, c'est moi qui vous le dis, défiez-vous de la mer.

Tous mes paysans s'entre-regardèrent d'un air effrayé; quelques-uns marmottèrent des prières, d'autres firent le signe de la croix. Quant à la vieille, elle se retourna dans son coin, recouvrit sa tête de sa mante, et, comme si nous eussions parlé aux dolmens de Carnack, elle ne répondit plus une seule parole.

XXV

L'ARRESTATION.

Peut-être les détails de cette scène s'effaceront-ils un jour de ma mémoire, jamais l'impression qu'elle me produisit. Il ne me resta pas l'ombre d'un doute, et cette prédiction dans l'avenir prit pour moi l'aspect presque palpable d'une réalité. Oui, continua de Pontcalec, dussiez-vous me rire au nez comme le fit mon bon oncle Crysogon, vous ne me ferez pas changer d'avis un instant, et vous ne m'ôterez pas de l'esprit que cette dernière prédiction se réalisera comme les deux autres, et que c'est par la mer que je dois mourir. Aussi je vous le déclare, les avis que nous avons reçus fussent-ils vrais, fussé-je poursuivi par les exempts de Dubois, y eût-il une barque sur le bord du rivage, et n'y eût-il qu'à gagner Belle-Isle pour leur échapper, je suis si convaincu que la mer me doit être fatale, et qu'aucun genre de mort n'a de puissance sur moi, que je me remettrais aux mains de ceux qui me poursuivraient, en leur disant : « Faites votre métier, messieurs, je ne mourrai pas de votre fait. »

Les trois Bretons avaient écouté en silence cette étrange déclaration, qui tirait une certaine solennité de la circonstance dans laquelle on se trouvait.

— Alors, dit du Couëdic après un instant de silence, nous concevons, mon cher ami, votre admirable courage : le genre de mort auquel vous êtes réservé vous rend indifférent à tout danger qui ne se rapproche pas de lui; mais, prenez garde, si l'anecdote était connue, cela pourrait vous ôter de votre mérite, non pas à nos yeux, car nous vous connaissons, nous, bien réellement pour ce que vous êtes; mais les autres diraient que vous vous êtes jeté dans cette conspiration parce que vous ne pouvez être ni décapité, ni fusillé, ni tué par le poignard; mais qu'il n'en serait pas ainsi si l'on noyait les conspirateurs.

— Et peut-être diraient-ils vrai, répondit Pontcalec en souriant.

— Mais nous, mon cher marquis, reprit Mont-Louis, nous qui n'avons pas les mêmes causes de sécurité, ne serait-il pas bon que nous fissions quelque attention à l'avis qu'un ami inconnu nous donne, et que nous quittassions Nantes ou même la France au plus tôt?

— Mais cet avis peut être faux, dit Pontcalec, et je ne crois pas qu'on sache rien de nos projets à Nantes ni ailleurs.

— Et, selon toute probabilité, on n'en saura rien que Gaston ait terminé son œuvre, dit Talhouet, et alors nous n'aurons plus rien à craindre que l'enthousiasme, et l'enthousiasme ne tue pas. Quant à vous, Pontcalec, n'approchez pas d'un port de mer, ne vous embarquez jamais, et vous serez sûr de vivre aussi vieux que Mathusalem.

La conversation eût continué sur ce ton de plaisanterie, malgré la gravité de la situation, si Pontcalec avait consenti à y mettre la moitié de l'entrain qu'y apportaient ses amis; mais la sorcière était toujours là devant ses yeux, écartant le capuchon de sa mante, et lui faisant, de sa voix sépulcrale, la fatale prédiction. D'ailleurs, comme ils en étaient là, plusieurs gentilshommes, avec lesquels ils avaient rendez-vous et qui faisaient partie de la conspiration, entrèrent par des issues secrètes et sous des costumes différents.

Ce n'était pas qu'on eût beaucoup à craindre de la police provinciale : celle de Nantes, quoique Nantes fût une des plus grandes villes de France, n'était pas organisée de manière à inquiéter fort des conspirateurs, qui, d'ailleurs, avaient dans la localité l'influence du nom et de la position sociale; il fallait donc que le lieutenant de police de Paris, le régent ou Dubois, envoyassent des espions spéciaux, que le défaut de connaissance des lieux, la différence de l'habit, et même celle de la langue, rendaient facilement suspects à ceux qu'ils venaient surveiller et qui, en général, savaient leur présence à l'heure même où ils entraient dans la province, où ils mettaient les pieds dans les villes.

Quoique l'association bretonne fût nombreuse, nous ne nous occuperons que des quatre chefs que nous avons nommés, ces quatre chefs ayant occupé les pages principales de l'histoire, étant les plus considérables de la province, et, de noms, de fortunes, de courage et d'intelligence, dominant tous leurs autres compagnons.

On s'occupa beaucoup, dans cette séance, d'une nouvelle opposition à un édit de Montesquiou, et de l'armement de tous les citoyens bretons en cas de violence du maréchal. Ce n'était rien moins, comme on le voit, que le commencement de la guerre civile. On l'aurait faite en déployant un étendard sacré. L'impiété de la cour du régent et les sacriléges de Dubois en étaient les prétextes, et devaient susciter tous les anathèmes d'une province essentiellement religieuse contre un gouvernement si peu digne de succéder, disaient les conspirateurs, au règne si fervent et si sévère de Louis XIV.

Cette levée de boucliers était d'autant plus facile à exécuter, que le peuple voulait mal de mort aux soldats qui étaient entrés dans le pays avec une espèce d'insolente confiance. Les officiers, consignés d'abord par le maréchal de Montesquiou, et qui ne participaient pas à la vie agréable des gentilshommes de la province, s'abstenaient, par orgueil et par discipline, de tout rapport avec les mécontents, ce qui devait beaucoup leur coûter à eux-mêmes, attendu qu'à cette époque les officiers étaient frères, par le blason, des gentilshommes qui portaient l'épée comme eux.

Pontcalec déclara donc à ses compagnons de révolte le plan arrêté par le comité supérieur, sans se douter qu'au moment même où il prenait toutes ces mesures pour renverser le gouvernement la police de Dubois, qui les croyait chez eux, envoyait au domicile de chacun un détachement qui avait l'ordre de cerner la maison, et un exempt qui avait mission de les arrêter. Il en résulta que tous ceux qui avaient pris part au conciliabule virent de loin briller à leurs portes les baïonnettes et les fusils des gardes, et purent, pour la plupart, prévenus du danger qu'ils couraient, échapper par une prompte fuite; or ce n'était pas chose difficile pour eux que de trouver des retraites; car, comme toute la province était du complot, ils avaient des amis partout. D'ailleurs, riches propriétaires qu'ils étaient, ils furent accueillis par leurs fermiers ou par leurs entrepositaires; une grande partie réussit à gagner la mer, et à passer soit en Hollande, soit en Espagne, soit en Angleterre, malgré l'amitié que Dubois avait commencé de nouer entre les deux gouvernements.

Quant à Pontcalec et à du Couëdic, à Mont-Louis et à Talhouet, ils étaient, comme d'habitude, sortis ensemble; mais, comme Mont-Louis, dont la maison était la plus proche du lieu d'où ils sortaient, arrivait au bout de la rue où cette maison était située, ils aperçurent des lumières

Il vit entrer M. d'Argenson avec un greffier. — PAGE 127.

qui couraient à travers les fenêtres des appartements, et une sentinelle qui, le mousquet en travers, barrait la porte.

— Oh! oh! dit Mont-Louis en s'arrêtant et en arrêtant de la main ses compagnons, qu'est-ce que cela, et que se passe-t-il donc chez moi?

— En effet, dit Talhouet, il y a quelque chose de nouveau, et tout à l'heure j'ai cru voir un poste devant l'hôtel de Rouen.

— Comment ne nous as-tu rien dit? demanda du Couëdic; il me semble cependant que cela en valait bien la peine.

— Ma foi! dit Talhouet, j'ai eu peur de passer pour un alarmiste, et j'ai mieux aimé croire à une patrouille.

— Mais ceci est du régiment de Picardie, murmura Mont-Louis, qui avait fait quelques pas en avant, et qui, sur cette remarque, refit le même chemin en arrière.

— Voilà, en effet, qui est bizarre, dit Pontcalec. Mais faisons une chose : ma maison n'est qu'à quelques pas d'ici, prenons par cette ruelle qui y conduit, et, si ma maison est gardée comme celle de Mont-Louis, alors il n'y aura plus de doute à avoir, et nous saurons à quoi nous en tenir.

Alors, marchant tous quatre en silence, et serrés les uns contre les autres pour être plus forts en cas d'attaque, ils arrivèrent à l'angle de la rue où demeurait Pontcalec et virent sa maison non-seulement gardée, mais occupée. Un détachement de vingt hommes repoussait la foule qui commençait à s'attrouper.

— Pour cette fois, dit du Couëdic, cela passe la plaisanterie, et, à moins que le feu n'ait pris par hasard dans toutes nos maisons à la fois, je ne conçois rien à ces uniformes qui se mêlent de nos affaires. Quant à moi, votre serviteur, mes très-chers, mais je déménage.

— Et moi aussi, dit Talhouet; je vais passer à Saint-Nazaire et gagner le Croisic. Si vous m'en croyez, messieurs, vous viendrez avec moi; je sais là un brick qui va partir pour Terre-Neuve, et dont le capitaine est un de mes serviteurs. Si l'air de terre devient trop mauvais, nous montons à bord, nous filons au large, et vogue la galère!

— Allons, Pontcalec, dit Mont-Louis, oubliez un instant votre sorcière, et venez avec nous.

— Non pas, non pas! dit Pontcalec en secouant la tête, je connais mon avenir de ce côté-là, et je ne me soucie pas d'aller au-devant de lui; puis, réfléchissez, messieurs, que nous sommes les chefs, et que c'est un singulier exemple que cette fuite anticipée, sans que nous sachions bien parfaitement encore si un danger réel nous menace. Il n'y a pas la moindre preuve contre nous : la Jonquière est incorruptible; Gaston est intrépide. Les lettres que nous avons reçues de lui hier encore nous disaient que, d'un moment à l'autre, tout serait fini; peut-être à cette heure a-t-il frappé le régent, et la France est-elle délivrée. Que penserait-on de nous si l'on peut dire qu'au moment où Gaston agissait, nous étions en fuite? le mauvais exemple de notre désertion gâterait toute l'affaire ici; faites-y bien attention, messieurs, je ne vous donne plus un ordre en chef, mais un conseil de gentilhomme; vous n'êtes donc pas forcés de m'obéir, car je vous délie de votre serment; mais, à votre place, je ne partirais pas. Nous avons donné l'exemple du dévouement, le pis qui puisse nous arriver est de donner celui du martyre; mais les choses n'en viendront pas là, je l'espère. Si l'on nous arrête, le parlement de Bretagne nous jugera; or, de quoi se compose le parlement de Bretagne? de nos amis ou de nos complices; nous sommes plus en sûreté dans la prison dont ils tiennent la clef que sur un brick dont le premier coup de vent fait le destin. D'ailleurs, avant que le parlement soit assemblé, la Bretagne tout entière sera soulevée. Jugés, nous sommes absous; absous, nous sommes triomphants.

— Il a raison, dit Talhouet; mon oncle, mes frères, toute ma famille, tous mes amis sont compromis avec moi; je me sauverai avec eux tous, ou je mourrai avec eux.

— Mon cher Talhouet, dit Mont-Louis, tout cela est bel et bon; mais, s'il faut vous le dire, j'ai plus méchante idée que vous de cette affaire; si nous sommes entre les mains de quelqu'un, c'est entre celles de Dubois. Dubois n'est pas gentilhomme, et, par conséquent, déteste ceux qui le sont; je n'aime pas ces gens mixtes qui n'appartiennent à aucune classe arrêtée, qui ne sont ni nobles, ni soldats, ni prêtres; j'aimerais mieux un vrai gentilhomme, un soldat ou un frocard; au moins ces gens-là sont soutenus par l'autorité de leur profession, qui est un principe; mais Dubois, il va vouloir faire de la raison d'État. Quant à moi, j'en appelle, comme nous avons l'habitude de le faire, à la majorité, et, si notre majorité est pour la fuite, je vous l'avoue, je m'enfuirai de grand cœur.

— Et je serai ton compagnon, dit du Couëdic; Montesquiou peut être mieux renseigné que nous ne le croyons, et si c'est Dubois qui nous tient, comme le pense Mont-Louis, nous aurons quelque peine, je crois, à nous tirer de ses griffes.

— Et moi, messieurs, je vous répète, dit Pontcalec, qu'il faut rester; le devoir des chefs d'une armée est de se faire tuer à la tête de leurs soldats; le devoir des chefs d'un complot est de se faire tuer à la tête d'une conspiration.

— Mon cher, dit Mont-Louis, permettez-moi de vous le dire, mais votre sorcière vous aveugle. Pour faire croire à la vérité de sa prédiction, vous êtes prêt, le diable m'emporte! à aller vous noyer sans que personne vous y pousse. Je suis moins enthousiaste de la pythonisse, je l'avoue, et, comme je ne connais pas le genre de mort qui m'est réservé, j'ai sur ce point quelques inquiétudes.

— Vous vous trompez, Mont-Louis, dit gravement Pontcalec, ce qui me retient surtout c'est le devoir. D'ailleurs, si je ne meurs pas à la suite du procès, vous ne mourrez certes pas non plus, car je suis votre chef, et, certes, devant les juges, je réclamerai ce titre que j'abjure ici. Si je ne meurs pas de par Dubois, vous ne mourrez pas non plus. Soyons logiques, de par Dieu! et ne nous sauvons pas comme un troupeau de moutons qui croit sentir le loup. Comment! nous, des soldats, nous aurions peur de rendre une visite officielle au parlement; car enfin voilà toute l'affaire : un bon procès, et pas autre chose. Des bancs garnis de robes noires, des sourires d'intelligence de l'accusé au juge et du juge à l'accusé. C'est une bataille que nous livre le régent, acceptons-la, et, lorsque le parlement nous aura absous, nous l'aurons bien autrement battu que si nous avions mis en fuite toutes les troupes qu'il a en Bretagne.

— Avant tout, messieurs, dit du Couëdic, Mont-Louis vient de faire une proposition, c'est de remettre notre décision à la majorité. J'appuie Mont-Louis.

— C'est juste, dit Talhouet.

— Ce que j'en ai dit, reprit Mont-Louis, ce n'est pas que j'aie peur; mais je ne voudrais pas aller me mettre dans la gueule du loup quand nous pouvons le museler.

— Ce que vous dites là est inutile, Mont-Louis, reprit Pontcalec; nous savons tous quel homme vous êtes. Nous acceptons votre proposition, et je la mets aux voix.

Et, avec le même calme que Pontcalec formulait ses propositions ordinaires, il formula celle-ci, dont dépendaient sa vie et la vie de ses amis :

— Que ceux qui sont d'avis, dit Pontcalec, de se soustraire par la fuite au sort équivoque qui nous attend veuillent bien lever la main.

Du Couëdic et Mont-Louis levèrent la main.

— Nous sommes deux contre deux, dit Mont-Louis, l'épreuve est nulle; laissons-nous donc aller à notre inspiration.

— Oui, dit Pontcalec, mais vous savez qu'en ma qualité de président, j'ai deux voix.

— C'est juste, dirent Mont-Louis et du Couëdic.

— Que ceux qui sont d'avis de rester lèvent donc la main, dit Pontcalec.

Et lui et Talhouet levèrent la main. Or, comme Pontcalec avait une voix double, ces deux mains, qui comptèrent pour trois, fixèrent la majorité à leur avis.

Cette délibération en pleine rue et avec cette apparence de solennité eût pu paraître grotesque, si elle n'eût pas renfermé, dans son résultat, la question de la vie ou de la mort de quatre des premiers gentilshommes de la Bretagne.

— Allons, dit Mont-Louis, nous avions tort, à ce qu'il paraît, mon cher du Couëdic; et maintenant, marquis, ordonnez, nous obéirons.

— Regardez ce que je vais faire, dit Pontcalec, et, ensuite vous ferez ce que vous voudrez.

A ces mots, il marcha droit à sa maison, et ses trois amis le suivirent. Arrivé devant sa porte, barrée, comme nous l'avons dit, par un piquet de gardes, il frappa sur l'épaule d'un soldat.

— Mon ami, lui dit-il, appelez votre officier, je vous prie.

Le soldat transmit l'ordre au sergent, qui appela son capitaine.

— Que voulez-vous, monsieur? demanda celui-ci.

— Je voudrais rentrer chez moi.

— Qui donc êtes-vous?

— Je suis le marquis de Pontcalec.

— Silence! dit l'officier à demi-voix; silence, et taisez-vous; fuyez sans perdre une seconde : je suis ici pour vous arrêter.

Puis tout haut :

— On ne passe pas! cria-t-il en repoussant le marquis, devant lequel se referma la haie de soldats.

Pontcalec prit la main de l'officier, la lui serra, et lui dit :

— Vous êtes un brave jeune homme, monsieur! mais il faut que je rentre chez moi. Merci, et que Dieu vous récompense!

L'officier, tout surpris, fit ouvrir les rangs, et Pontcalec, suivi de ses trois amis, traversa la cour de sa maison. En l'apercevant, sa famille, rangée sur le perron, poussa des cris de terreur.

— Qu'y a-t-il? demanda le marquis avec calme, et que s'est-il passé chez moi?

— Il y a, monsieur le marquis, que je vous arrête, dit un exempt de la prévôté de Paris à Pontcalec tout souriant.

— Pardieu! vous avez fait là un bel exploit, dit Mont-Louis, et vous me paraissez encore un habile homme! vous êtes exempt de la prévôté de Paris, et il faut que ce soient ceux que vous êtes chargé d'arrêter qui viennent vous prendre au collet!

L'exempt, tout interdit, salua ce gentilhomme qui raillait si agréablement dans un moment où tant d'autres eussent perdu la parole, et lui demanda son nom.

— Je suis M. de Mont-Louis, mon cher, répondit le gentilhomme; cherchez bien si vous n'avez pas aussi quelque ordre contre moi, et, si vous en avez un, mettez-le à exécution.

— Monsieur, dit l'exempt, saluant plus bas à mesure qu'il était plus étonné, ce n'est pas moi, mais mon camarade Duchevron qui est chargé de votre arrestation; voulez-vous que je le prévienne?

— Où est-il? demanda Mont-Louis.

— Mais chez vous, je présume, où il vous attend.

— Je serais fâché de faire attendre plus longtemps un si galant homme, dit Mont-Louis, et je vais aller le trouver. Merci, mon ami.

L'exempt avait perdu la tête et saluait jusqu'à terre.

Mont-Louis serra la main de Pontcalec, de Talhouet et de du Couëdic, leur dit quelques mots à l'oreille, et partit pour sa maison, où il se fit arrêter comme l'avait fait Pontcalec.

Ainsi en usèrent à leur tour Talhouet et du Couëdic, si bien qu'à onze heures du soir la besogne était achevée.

La nouvelle de cette arrestation courut la nuit même par toute la ville. Cependant on n'en fut pas encore très-effrayé, car, après le premier mouvement, qui était de dire : « On a arrêté M. de Pontcalec et ses amis, » on ajoutait sur-le-champ : « Oui, mais le parlement les absoudra. »

Mais le lendemain matin, les esprits et les visages changèrent fort lorsque l'on vit arriver à Nantes la commission parfaitement constituée et à laquelle rien ne manquait, ainsi que nous l'avons dit déjà, ni président, ni procureur du roi, ni secrétaire, ni même bourreaux.

Nous disons bourreaux, parce qu'au lieu d'un, il y en avait trois.

Les gens les plus courageux sont quelquefois frappés de stupeur par les grandes infortunes; celle-ci tomba sur la province avec la puissance et la rapidité de la foudre; aussi la province ne fit-elle pas un mouvement, ne jeta-t-elle pas un cri : on ne se révolte pas contre un fléau. Au lieu d'éclater, la Bretagne expira.

La commission s'installa le jour même de son arrivée; elle fut surprise de ne pas recevoir grand accueil du parlement ni grande visite de la noblesse. Forte des pouvoirs dont elle était investie, elle devait s'attendre qu'on chercherait à la fléchir plutôt qu'à l'offenser; mais la terreur était si grande, que chacun songeait à soi et se contentait de déplorer le sort des autres.

Voici dans quelles dispositions se trouvait la Bretagne trois ou quatre jours après l'arrestation de Pontcalec, de Mont-Louis, de du Couëdic et de Talhouet. Laissons cette moitié des conspirateurs embarrassés à Nantes aux liens de Dubois, et voyons ce que Paris faisait des siens à pareille époque.

XXVI

LA BASTILLE.

Et maintenant, avec la permission du lecteur, il nous faut entrer à la Bastille, ce redoutable séjour que le passant lui-même ne regardait qu'en tremblant, et qui, pour ses voisins, était une gêne et un épouvantail; car souvent, la nuit, les cris des malheureux à qui l'on donnait la torture perçaient les épaisses murailles, traversaient l'espace et arrivaient jusqu'à eux, en leur envoyant de sombres pensées; à tel point que la duchesse de Lesdiguières écrivait un jour, de la royale forteresse, que si le gouverneur ne faisait taire les hurlements de ses patients qui l'empêchaient de dormir, elle s'en plaindrait au roi.

Mais, à l'époque de la conspiration espagnole, et sous le règne débonnaire de Philippe d'Orléans, on n'entendait plus ni cris ni hurlements à la Bastille; d'ailleurs la société y était choisie, et les prisonniers qui l'habitaient à cette heure étaient gens de trop bon goût pour troubler le sommeil des dames.

Dans une chambre de la tour du Coin, au premier étage, un prisonnier avait été renfermé tout seul. La chambre était spacieuse et ressemblait à un immense tombeau éclairé par deux fenêtres ornées d'un luxe inouï de grillage et de barreaux, par lesquels filtrait avaricieusement le jour du dehors; une couchette peinte, deux chaises de bois grossier, une table noire en composaient tout l'ameublement; quant aux murailles, elles étaient couvertes de mille inscriptions bizarres que le prisonnier allait consulter de temps en temps, quand l'ennui l'écrasait de ses ailes pesantes.

Il n'y avait pourtant qu'un jour et une nuit

L'abbé Brigaud. — Page 131.

encore que le prisonnier était entré à la Bastille, et déjà il arpentait sa vaste chambre, interrogeant les portes chevillées de fer, regardant par ses grilles, attendant, écoutant, soupirant. Ce jour-là, qui était un dimanche, un pâle soleil argentait les nuages, et le prisonnier voyait avec un sentiment d'indéfinissable mélancolie passer, par la porte Saint-Antoine et le long du boulevard, les Parisiens endimanchés. Or il n'était pas difficile de remarquer que chaque passant regardait la Bastille avec terreur et semblait intérieurement se féliciter de n'y pas être. Un bruit de verrous et de gonds rouillés tira le prisonnier de cette sombre occupation; il vit entrer l'homme devant lequel on l'avait conduit la veille, et qui lui avait fait signer un procès-verbal d'écrou. Cet homme, âgé de trente ans à peu près, agréable de figure, affable de formes, poli de façons, était le gouverneur, M. Delaunay, qui fut père du Delaunay qui mourut à son poste en 89 et qui n'était pas encore né.

Le prisonnier, qui le reconnut, trouva cette

visite toute naturelle; il ignorait combien cependant elle était rare pour les prisonniers ordinaires.

— Monsieur de Chanlay, dit le gouverneur en saluant, je viens savoir si vous avez passé une bonne nuit, et si vous êtes satisfait de l'ordinaire de la maison et des manières des employés.

C'était ainsi que M. Delaunay appelait les guichetiers et les porte-clefs. Nous avons dit que M. Delaunay était un homme fort poli.

— Oui, monsieur, répondit Gaston, et ces soins pour un prisonnier m'ont même étonné, je vous l'avoue.

— Le lit est vieux et dur, repartit le gouverneur, mais, tel qu'il est, le vôtre est encore des meilleurs, le luxe étant chose formellement interdite par nos règlements. Du reste, monsieur, votre chambre est la plus belle de la Bastille : elle a été habitée par M. le duc d'Angoulême, par M. le marquis de Bassompierre et par les maréchaux de Luxembourg et de Biron. C'est là que je mets les princes, quand Sa Majesté me fait l'honneur de m'en envoyer.

— Ils ont un fort beau logement, dit en souriant Gaston, quoique assez mal meublé. Puis-je avoir des livres, du papier et des plumes?

— Des livres, monsieur, cela est fort défendu ici; mais si cependant vous avez grande envie de lire, comme on passe beaucoup de choses à un prisonnier qui s'ennuie, vous me faites l'honneur de venir me voir, vous mettez dans votre poche un des volumes que moi, ma femme, laissons traîner; vous le cachez avec soin à tous les yeux; dans une seconde visite, vous prenez le volume suivant, et à cette petite soustraction, bien pardonnable de la part d'un prisonnier, le règlement n'a rien à voir.

— Et pour du papier, des plumes et de l'encre? dit Gaston; je voudrais surtout écrire.

— On n'écrit pas ici, monsieur, ou l'on n'écrit qu'au roi, à M. le régent, au ministre ou à moi; mais on dessine, et je vous ferai, si vous le voulez, remettre des crayons et du papier à dessin.

— Monsieur, dit Gaston en s'inclinant, veuillez me dire comment je pourrai reconnaître tant d'obligeance.

— En m'accordant à moi-même la demande que je viens vous faire, monsieur; car ma visite est intéressée : je viens vous demander si vous m'accorderez l'honneur de dîner avec moi aujourd'hui.

— Avec vous, monsieur! mais, en vérité, vous me comblez. De la société! la vôtre surtout : je ne puis vous dire combien je suis sensible à tant de courtoisie, et je la reconnaîtrais par une éternelle reconnaissance si j'avais autre chose d'éternel devant moi que la mort.

— La mort... bon! monsieur, vous êtes sinistre; est-ce que l'on pense à ces choses-là quand on est bien vivant; n'y pensez donc plus, et acceptez.

— Je n'y pense plus, monsieur, et j'accepte.

— A la bonne heure! j'emporte votre parole, dit le gouverneur en saluant de nouveau Gaston.

Et il sortit, laissant par sa visite le prisonnier plongé dans un nouvel ordre d'idées.

En effet, cette politesse, qui avait tout d'abord charmé le chevalier, lui parut moins franche à mesure que le noir de son cachot l'envahissait comme une ombre, dissipée d'abord par la présence d'un interlocuteur et qui s'emparait de nouveau de son domaine. Cette courtoisie n'avait-elle pas pour but de lui inspirer de la confiance et de lui donner l'occasion de se trahir et de trahir ses compagnons? Il se rappelait les chroniques lugubres de la Bastille, les piéges tendus aux prisonniers, et cette fameuse chambre des oubliettes dont on parlait tant, surtout à cette époque où l'on commençait à se permettre de parler de tout, et que personne n'avait jamais vue sans y mourir. Gaston se sentait seul, abandonné; il avait le sentiment que le crime qu'il avait voulu commettre méritait la mort; et on lui prodiguait les avances. Ces avances n'étaient-elles pas trop flatteuses et trop étranges pour qu'elles ne cachassent point une embûche? Enfin la Bastille faisait son œuvre habituelle : la prison agissait sur le prisonnier, qui était devenu froid, soupçonneux, inquiet.

« On me prend pour un conspirateur de province, se disait-il en lui-même, et on espère que, prudent dans mes interrogatoires, je serai imprudent dans ma conduite; on ne connaît pas mes complices, on ne peut les connaître, et on espère qu'en me donnant des moyens de communiquer avec eux, de leur écrire ou de prononcer leurs noms par inadvertance, on tirera quelque chose de moi. Il y a du Dubois et du d'Argenson là-dessous. »

Puis les réflexions lugubres de Gaston ne s'arrêtaient pas là, il songeait à ses amis, qui attendaient qu'il eût agi pour agir, et qui, privés de ses nouvelles, n'allaient point savoir ce qu'il était devenu, ou qui, chose bien pire encore, sur de fausses nouvelles, peut-être, allaient agir et se perdre.

Ce n'était point le tout encore; après ses amis, ou plutôt même avant ses amis, venait sa maîtresse, la pauvre Hélène, isolée comme lui, qu'il n'avait pas même pu présenter au duc d'Olivarès, son seul protecteur à venir, et qui lui-même, à cette heure, était peut-être arrêté ou enfui. Alors qu'allait devenir Hélène, sans appui, sans soutien, et poursuivie par cet homme inconnu qui avait été la chercher jusqu'au fond de la Bretagne?

Cette idée tourmenta tellement Gaston, que, dans un accès de désespoir, il alla se jeter sur son lit, déjà en révolte contre sa prison, maudissant les portes et les barreaux qui le retenaient et frappant du poing les pierres.

En ce moment, un grand bruit se fit à sa porte; Gaston se leva précipitamment, courut au-devant de ce qui arrivait, et vit entrer M. d'Argenson avec un greffier; derrière ces deux personnages marchait une escouade imposante de soldats. Gaston comprit qu'il s'agissait d'un interrogatoire.

D'Argenson, avec sa grosse perruque noire, ses gros yeux noirs et ses gros sourcils noirs, ne fit qu'une médiocre impression sur le chevalier. En entrant dans la conspiration, il y avait fait le sacrifice de son bonheur; en entrant à la Bastille, il avait fait le sacrifice de sa vie; quand un homme est dans de pareilles dispositions, il est difficile de l'effrayer. D'Argenson lui demanda mille choses auxquelles Gaston refusa de répondre, ripostant par des plaintes aux questions qu'on lui faisait, se tenant pour arrêté injustement, et demandant des preuves afin de voir si l'on en avait. M. d'Argenson se fâcha, et Gaston lui rit au nez comme un écolier.

Alors d'Argenson parla de la conjuration de Bretagne, seul grief qu'il eût encore articulé. Gaston fit l'étonné, écouta l'énumération de ses complices sans donner aucun signe d'adhésion ni de dénégation; puis, lorsque le magistrat eut fini, il le remercia fort poliment d'avoir bien voulu le mettre au courant d'événements qui lui étaient tout à fait inconnus. D'Argenson commença à perdre une seconde fois patience, et se mit à tousser, comme c'était son habitude lorsque la colère le prenait.

Puis, comme il avait fait après son premier accès, il passa de l'interrogatoire à l'accusation.

— Vous avez voulu tuer le régent! dit-il tout à coup au chevalier.

— Comment savez-vous cela? demanda froidement Gaston.

— Il n'importe, puisque je le sais.

— Alors je vous répondrai comme Agamemnon à Achille :

Pourquoi le demander, puisque vous le savez?

— Monsieur, je ne plaisante pas, dit d'Argenson.

— Ni moi non plus, répondit Gaston; je cite Racine, voilà tout.

— Prenez garde, monsieur, dit d'Argenson; vous pourriez vous trouver mal de ce système de défense.

— Croyez-vous que je me trouverai mieux d'avouer ce que vous me demandez?

— Il est inutile de nier un fait qui est à ma connaissance.

— Alors permettez-moi de vous répéter en vile prose ce que je vous disais tout à l'heure dans un beau vers : A quoi bon m'interroger sur un projet que vous paraissez connaître mieux que moi?

— Je veux avoir des détails.

— Demandez à votre police, qui est si bien faite qu'elle lit les intentions jusqu'au plus profond des cœurs.

— Hum! hum! fit d'Argenson avec un accent railleur et froid qui, malgré le courage de Gaston, fit une certaine impression sur lui; que diriez-vous maintenant si je vous demandais des nouvelles de votre ami la Jonquière?

— Je dirais, répondit Gaston en pâlissant malgré lui, que j'espère qu'on n'a pas commis vis-à-vis de lui la même erreur qu'avec moi.

— Ah! ah! dit d'Argenson, à qui le mouvement de terreur de Gaston n'avait point échappé, ce nom vous touche, il me semble. Vous connaissiez beaucoup M. la Jonquière?

— Je le connais comme un ami, à qui mes amis m'avaient recommandé, et qui devait me faire voir Paris.

— Oui, Paris et ses environs; le Palais-Royal, la rue du Bac, la Muette; n'est-ce pas cela qu'il était surtout chargé de vous faire voir?

— Ils savent tout, se dit en lui-même Gaston.

— Eh bien, monsieur, reprit d'Argenson de son ton goguenard, ne savez-vous pas encore quelque vers de Racine qui puisse servir de réponse à cette question?

— Peut-être en trouverais-je si je savais ce que vous voulez dire; certes j'ai voulu voir le Palais-Royal, car c'est une chose curieuse et dont j'avais beaucoup entendu parler; quant à la rue du Bac, je la connais fort peu; reste la Muette, que je ne connais pas du tout, n'y ayant jamais été.

Mademoiselle de Launay. — Page 131.

— Je ne dis pas que vous y ayez été, je dis que le capitaine la Jonquière devait vous y conduire; oserez-vous le nier?

— Ma foi, monsieur, je ne nierai ni n'avouerai; je vous renverrai tout bonnement à lui, et il vous répondra, si toutefois il juge à propos de le faire.

— C'est inutile, monsieur, on le lui a demandé, et il a répondu.

Gaston sentit un frisson qui lui traversait le cœur. Il était évidemment trahi; mais il était de son honneur de ne rien dire : il garda donc le silence.

D'Argenson attendit un moment la réponse de Gaston; puis, voyant qu'il restait muet :

— Voulez-vous qu'on vous confronte avec le capitaine la Jonquière? demanda-t-il.

— Vous me tenez, monsieur, répondit Gaston; c'est à vous de faire de moi ce qui vous convient.

Mais, tout bas, le jeune homme se promettait, si on le confrontait avec le capitaine, de l'écraser sous le poids de son mépris.

— C'est bien, dit d'Argenson; il me convient, puisque, comme vous le dites, je suis le maître, de vous appliquer pour le moment à la question ordinaire et extraordinaire. Savez-vous ce que c'est, monsieur? dit d'Argenson en appuyant sur chaque syllabe, savez-vous ce que c'est que la question ordinaire et extraordinaire?

Une sueur froide inonda les tempes de Gaston; ce n'est pas qu'il craignît de mourir, mais la torture était bien autre chose que la mort : rarement on sortait des mains des bourreaux sans être défiguré ou estropié, et la plus douce de ces alternatives ne laissait pas que d'être fort cruelle pour un jeune homme de vingt-cinq ans.

D'Argenson vit, comme à travers un cristal, ce qui se passait dans le cœur de Gaston.

— Holà ! dit l'interrogateur.

Deux estafiers entrèrent.

— Voici monsieur, qui n'a pas de répugnance, à ce qu'il paraît, pour la question ordinaire et extraordinaire, dit d'Argenson ; qu'on le conduise donc à la chambre.

— C'est l'heure sombre, murmura Gaston ; c'est l'heure que j'attendais et qui est venue. O mon Dieu ! donnez-moi du courage!

Sans doute Dieu l'exauça ; car, après avoir fait de la tête un signe qui indiquait qu'il était prêt, il s'avança d'un pas ferme vers la porte, et suivit les gardes qui marchaient devant lui; derrière lui, venait d'Argenson.

Ils descendirent l'escalier de pierre, et passèrent devant le premier cachot de la tour du Coin; de là on fit traverser deux cours à Gaston.

Au moment où il passait dans la seconde cour, quelques prisonniers, voyant à travers leurs barreaux un gentilhomme beau, bien fait, et vêtu de façon élégante, lui crièrent :

— Holà! monsieur! on vous élargit donc, hein?

Une voix de femme ajouta :

— Monsieur, si l'on vous interroge sur nous, une fois que vous allez être dehors, vous répondrez que nous n'avons rien dit.

Une voix de jeune homme soupira :

— Vous êtes bien heureux, monsieur, vous allez revoir celle que vous aimez.

— Vous vous trompez, monsieur, répondit le chevalier, je vais subir la question.

Un silence terrible succéda à ces paroles; puis le triste cortége continua son chemin, puis le pont-levis s'abaissa; on le mit dans une chaise à porteurs grillée et fermée à clef, qui le transporta, sous bonne escorte, à l'Arsenal, séparé seulement de la Bastille par un passage étroit.

D'Argenson avait pris les devants, et attendait déjà son prisonnier dans la chambre des tortures.

Gaston vit une chambre basse, dont la pierre était découverte, et dont le carreau suintait l'humidité; aux murs pendaient des chaînes, des colliers, des cordages et d'autres instruments de formes bizarres; des réchauds étaient dans le fond, des croix de Saint-André garnissaient les angles.

— Vous voyez ceci, dit d'Argenson en montrant au chevalier deux anneaux scellés dans les dalles, à six pieds l'un de l'autre, et séparés par un banc de bois de trois pieds de haut; ces anneaux sont ceux où l'on attache les pieds et la tête du patient ; puis on lui passe ce tréteau sous les reins, de manière à ce que son ventre soit de deux pieds plus haut que la bouche ; alors on lui entonne des pots d'eau qui contiennent deux pintes chacun ; le nombre est fixé à huit pour la question ordinaire, et dix pour la question extraordinaire. Lorsque le patient refuse d'avaler, on lui serre le nez, de sorte qu'il ne peut plus respirer ; alors il ouvre la bouche et avale. Cette question, continua d'Argenson de l'air d'un beau parleur qui se dessine dans chaque détail de son récit, cette question est fort désagréable, et cependant je ne voudrais pas dire que je lui préférasse celle des coins. On meurt de toutes deux, mais les coins gâtent et déforment beaucoup le patient ; il est vrai que l'eau détruit la santé pour l'avenir lorsqu'on est absous; mais c'est chose assez rare, vu qu'on parle toujours à la question ordinaire, si on est coupable, et presque toujours à la question extraordinaire, même quand on ne l'est pas.

Gaston, pâle et immobile, regardait et écoutait.

— Préférez-vous les coins, chevalier? dit d'Argenson. Holà ! les coins ! montrez les coins à monsieur.

Et un bourreau apporta cinq ou six coins encore tachés de sang et aplatis à leurs extrémités supérieures par les nombreux coups de maillet qu'ils avaient déjà subis.

— Voyez-vous, continua d'Argenson, voici la façon dont cette torture s'opère : on serre les genoux et les chevilles du patient entre deux plaques de bois de chêne, et cela le plus fort que l'on peut; puis un des hommes que vous voyez là place un coin, — celui-ci, tenez, — entre les genoux, et le force d'entrer; puis, après celui-là, un autre plus gros. Il y en a huit pour la question ordinaire, et puis deux plus gros pour la question extraordinaire.

Et, en disant cela, il poussa du pied deux coins énormes.

— Ces coins-là, chevalier, je vous en préviens, brisent les os comme du verre, et broient les chairs avec une douleur insupportable.

— Assez! monsieur, assez! dit Gaston; à moins que vous n'ayez l'intention de doubler le supplice par la description du supplice lui-même. Mais si c'est seulement par obligeance et pour me guider dans mon choix que vous me donnez cette explication, comme vous devez mieux vous y connaître que moi, choisissez, je vous prie, celle des deux tortures qui doit me faire mourir le plus vite, et je vous serai fort reconnaissant.

D'Argenson jeta sur le chevalier un regard dans lequel il ne put cacher l'espèce d'admiration que lui causait la force de volonté du jeune homme.

— Voyons, lui dit-il; parlez, que diable! et on vous tiendra quitte de la question.

— Je ne dirai rien, monsieur, car je n'ai rien à dire.

— Ne faites pas le Spartiate, croyez-moi; on crie beaucoup; mais, entre les cris, on parle toujours un peu, à la torture.

— Essayez, dit Gaston.

L'air ferme et résolu du chevalier, malgré la lutte de la nature, lutte que l'on reconnaissait à sa pâleur et à un léger tremblement nerveux qui l'agitait, donnait à d'Argenson la mesure du courage de son prisonnier. Il avait l'habitude de ces sortes de choses, son coup d'œil le trompait rarement : il vit qu'il ne tirerait rien de Gaston, et cependant il insista encore.

— Voyons, monsieur, lui dit-il, il en est temps encore, ne nous forcez pas de rien entreprendre sur votre personne.

— Monsieur, dit Gaston, je vous jure, devant Dieu qui m'entend, que, si vous me mettez à la question, au lieu de parler je retiendrai mon haleine et m'étoufferai moi-même si la chose est possible; jugez donc si je céderai aux menaces, résolu que je suis de ne pas céder à la douleur.

D'Argenson fit un signe aux tourmenteurs, qui s'approchèrent de Gaston; mais, au lieu de l'abattre, l'approche de ces hommes sembla doubler sa force; avec un sourire calme, il les aida à lui ôter son habit et dégrafa ses manchettes.

— Ce sera donc l'eau? dit le bourreau.

— L'eau d'abord, répondit d'Argenson.

On passa les cordes dans les anneaux, on approcha les tréteaux, on remplit les vases : Gaston ne sourcilla point.

D'Argenson réfléchissait.

Après dix minutes de réflexion, qui durent paraître un siècle au jeune homme :

— Laissez aller monsieur, dit d'Argenson avec un grognement de dépit, et reconduisez-le à la Bastille.

XXVII

QUELLE VIE ON MENAIT ALORS A LA BASTILLE EN ATTENDANT LA MORT.

Gaston était prêt à remercier le lieutenant de police, mais il se retint. En le remerciant, il eût paru avoir peur. Il reprit donc son habit et son chapeau, rajusta ses manchettes, et rentra à la Bastille par le même chemin.

— Ils n'ont pas voulu avoir de procès-verbal de torture envers un jeune gentilhomme, dit Gaston en lui-même, ils se contenteront de me juger et de me condamner à mort.

Mais, au moins, la menace de la question avait eu un avantage : l'idée de la mort paraissait maintenant simple et douce au chevalier, débarrassée des supplices préliminaires dont M. le lieutenant de police avait pris la peine de lui faire une si exacte description.

Il y a plus : rentré dans sa chambre, il retrouva avec bonheur tout ce qui lui semblait horrible une heure auparavant. Le cachot était gai, la vue délicieuse; les plus tristes sentences écrites sur les murailles étaient des madrigaux, comparées aux menaces matérielles qu'offraient les parois de la chambre de la question, et il n'y eut pas jusqu'aux geôliers qui parurent à Gaston des gentilshommes de bonne mine en comparaison des bourreaux

Il y avait une heure à peine qu'il se reposait dans la contemplation de ces objets, que la comparaison lui faisait paraître joyeux, lorsque le major de la Bastille vint le chercher, suivi d'un porte-clefs.

— Je comprends, dit Gaston, l'invitation du gouverneur est sans doute un mot d'ordre que l'on donne, en pareil cas, pour ôter au prisonnier l'angoisse du supplice. Je vais traverser quelque chambre à oubliettes, y tomber et mourir. Que la volonté de Dieu soit faite!

Alors Gaston se leva d'un pas ferme, salua d'un sourire triste la chambre qu'il quittait, suivit le major, et, arrivé aux dernières grilles, s'étonna de n'être pas encore précipité. Plus de dix fois, il avait prononcé, pendant le trajet, le nom d'Hélène, pour mourir en le prononçant; mais aucun accident n'avait suivi cette poétique et amoureuse invocation, et le prisonnier, après avoir tranquillement franchi le pont-levis, entra dans la cour du Gouvernement, puis dans le corps de logis même du gouverneur.

M. Delaunay vint au-devant de lui.

— Me donnez-vous votre parole d'honneur, chevalier, dit-il à Gaston, de ne point penser à vous échapper d'ici tout le temps que vous serez chez moi?... Bien entendu, ajouta-t-il en souriant, qu'une fois que vous serez reconduit à votre chambre, cette parole n'existe plus, et que c'est à moi alors à prendre mes précautions pour m'assurer la continuation de votre compagnie.

— Je vous donne ma parole, monsieur, dit Gaston, mais dans la mesure que vous demandez.

— C'est bien; entrez, monsieur, on vous attend.

Et le gouverneur conduisit Gaston dans un salon très-bien meublé, quoiqu'à la mode de Louis XIV, qui commençait déjà à vieillir. Gaston fut tout ébloui de voir la société nombreuse et parfumée qui s'y trouvait.

— Monsieur le chevalier Gaston de Chanlay, que j'ai l'honneur de vous présenter, messieurs, dit le gouverneur.

Puis, nommant, à son tour, chacune des personnes qui se trouvaient là :

— Monsieur le duc de Richelieu.

— Monsieur le comte de Laval.

— Monsieur le chevalier Dumesnil.

— Monsieur de Malezieux.

— Ah! dit Gaston souriant et saluant, toute la conspiration de Cellamare.

— Moins M. et madame du Maine et le prince de Cellamare, dit l'abbé Brigaud en saluant à son tour.

— Ah! monsieur, dit Gaston d'un ton de reproche, vous oubliez le brave chevalier d'Harmental et la savante mademoiselle de Launay.

— D'Harmental est retenu au lit par sa blessure, dit Brigaud.

— Quant à mademoiselle de Launay, dit le chevalier Dumesnil rougissant de plaisir en voyant entrer sa maîtresse, la voici, monsieur; elle nous fait l'honneur de dîner avec nous.

— Veuillez me présenter, monsieur, dit Gaston; entre prisonniers on ne fait pas grandes façons. Je compte donc sur votre obligeance.

Et le chevalier Dumesnil, prenant Gaston par la main, le présenta à mademoiselle de Launay.

Cependant, quelque empire que Gaston eût sur lui-même, il ne pouvait empêcher sa physionomie mobile d'exprimer un certain étonnement.

— Ah! chevalier, dit le gouverneur, je vous y prends; vous avez cru, comme les trois quarts des Parisiens, que je dévorais mes prisonniers, n'est-ce pas?

— Non, monsieur, répondit Gaston en souriant; mais j'ai cru, un instant, je l'avoue, que l'honneur que je vais avoir de dîner avec vous était remis à un autre jour.

— Comment cela?

— Est-ce votre habitude, pour donner de l'appétit à vos prisonniers, monsieur, répliqua Gaston, de leur faire faire, avant le repas, la promenade que j'ai...

— Ah! c'est juste, monsieur! s'écria mademoiselle de Launay; n'est-ce pas vous, tantôt, que l'on conduisait à la torture?

— Moi-même, mademoiselle, répondit Gaston, et croyez qu'il n'aurait fallu rien moins qu'un empêchement aussi grand pour me retenir loin d'une si gracieuse compagnie.

— Ah! chevalier, dit le gouverneur, de ces sortes de choses il ne faut pas m'en vouloir: elles ne sont pas dans ma juridiction. Dieu merci! je suis un militaire et non un juge. Ne confondons pas les armes avec la toge, comme dit Cicéron. Mon affaire, à moi, est de vous garder, de vous empêcher de vous enfuir, et de vous rendre le séjour de la Bastille le plus agréable possible, pour que vous vous y fassiez remettre et que vous reveniez de nouveau me désennuyer avec votre société. L'affaire de maître d'Argenson est de vous faire torturer, de vous faire décapiter, de vous faire pendre, de vous faire rouer, de vous faire écarteler, s'il peut : restons chacun dans notre spécialité. — Mademoiselle de Launay, voilà qui nous annonce que nous sommes servis, dit le gouverneur, voyant qu'on ouvrait la porte à deux battants. Voulez-vous prendre mon bras? — Pardon, chevalier Dumesnil, vous me regardez comme un tyran, j'en suis sûr; mais je suis le maître de la maison, et j'use de mes priviléges. — A table, messieurs! à table!

— Oh! l'horrible chose que la prison! dit en relevant délicatement ses manchettes le duc de Richelieu, placé entre mademoiselle de Launay et le comte de Laval : esclavage, fers, verrous, lourdes chaînes!

— Vous passerai-je de ce potage aux écrevisses? dit le gouverneur.

— Oui, monsieur, volontiers, dit le duc; votre cuisinier le fait à merveille, et je suis, en vérité, fâché que le mien n'ait pas conspiré avec moi : il aurait profité de son séjour à la Bastille pour prendre des leçons du vôtre.

— Monsieur le comte de Laval, continua le gouverneur, vous avez du vin de Champagne près de vous : n'oubliez pas votre voisine, je vous prie.

Laval se versa, d'un air sombre, un verre de vin de Champagne, et l'avala jusqu'à la dernière goutte.

— Je le tire directement d'Aï, dit le gouverneur.

— Vous me donnerez l'adresse de votre fournisseur, n'est-ce pas, monsieur Delaunay? dit Richelieu; car si le régent ne me fait pas couper mes quatre têtes, je ne veux plus boire que de celui là... Que voulez-vous? je m'y suis acoquiné pendant les trois séjours que j'ai faits chez vous, et je suis un animal d'habitude.

— En effet, dit le gouverneur, prenez exemple sur le duc de Richelieu, monsieur; voilà un de mes fidèles; aussi il a sa chambre ici, qu'on ne donne à personne en son absence, à moins qu'il n'y ait tout à fait encombrement.

— Ce tyran de régent pourra bien nous forcer de garder chacun la nôtre, dit Brigaud.

— Monsieur l'abbé, découpez donc ces perdreaux, dit le gouverneur; j'ai toujours remarqué que les hommes d'Eglise excellaient dans ce genre d'exercice.

— Vous me faites honneur, monsieur, dit Brigaud en plaçant devant lui le plat d'argent où étaient les volatiles indiqués, qu'il se mit à désarticuler immédiatement avec une adresse qui prouvait que M. Delaunay était un bon observateur.

— Monsieur le gouverneur, dit le comte de Laval d'une voix farouche à M. Delaunay, pourriez-vous me dire si c'est par votre ordre qu'on est venu me réveiller à deux heures du matin, et m'expliquer ce que veut dire cette persécution!

— Ce n'est pas ma faute, monsieur le comte, mais celle de ces messieurs et de ces dames, qui ne veulent pas absolument demeurer tranquilles, malgré les avis que je leur donne tous les jours.

— Nous! s'écrièrent tous les convives.

— Mais sans doute, vous! reprit le gouverneur; vous faites, dans vos chambres, mille infractions aux règlements. On me fait, à tout moment, des rapports de communications, de correspondances, de billets.

Richelieu éclata de rire. Mademoiselle de Launay et le chevalier Dumesnil rougirent jusqu'au blanc des yeux.

— Mais nous parlerons de tout cela au dessert, continua le gouverneur. Monsieur le comte de Laval, je vous offre cette santé... Vous ne buvez pas, monsieur de Chanlay?

— Non, monsieur, j'écoute.

— Dites que vous rêvez. On ne me trompe pas ainsi, moi.

— Et à quoi? demanda Malezieux.

— A quoi voulez-vous que rêve un garçon de vingt-cinq ans? On voit bien que vous vous faites vieux, monsieur le poëte. A sa maîtresse, pardieu!

— N'est-ce pas, monsieur de Chanlay, continua Richelieu, qu'il vaut mieux avoir la tête séparée du corps que le corps séparé de l'âme?

— Ah! bravo! bravo! s'écria Malezieux; joli, charmant, monsieur le duc! j'en ferai un distique pour madame du Maine :

Il vaut mieux séparer, n'est-il pas vrai, madame,
La tête de son corps que le corps de son âme?

— Que dites-vous de la pensée, depuis qu'elle est en vers, monsieur le duc? dit Malezieux.

— Qu'elle vaut un peu moins que lorsqu'elle était en prose, monsieur le poëte, dit le duc.

— A propos, interrompit Laval, a-t-on des nouvelles de la cour, et sait-on comment va le roi?

— Messieurs, messieurs, s'écria le gouverneur, pas de politique, je vous en prie. Parlons beaux-arts, poésie, littérature, dessin, guerre, et même Bastille, si vous voulez; je préfère encore cela.

— Ah! oui, parlons Bastille, dit Richelieu. Qu'avez-vous fait de Pompadour, monsieur le gouverneur?

— Monsieur le duc, j'ai eu le grand regret qu'il m'ait forcé de le mettre au cachot.

— Au cachot? demanda Gaston. Qu'avait donc fait le marquis?

— Il avait battu son guichetier.

— Depuis quand un gentilhomme ne peut-il donc plus battre ses gens? demanda Richelieu.

— Les guichetiers sont les gens du roi, monsieur le duc, répondit en souriant le gouverneur.

— Dites du régent, monsieur, répondit Richelieu.

— La distinction est subtile.

— Mais elle n'en est que plus juste.

— Vous passerai-je de ce chambertin, monsieur de Laval? dit le gouverneur.

— Oui, monsieur, si vous voulez boire avec moi à la santé du roi.

— Je ne demande pas mieux, si vous voulez me faire raison, à votre tour, en buvant à la santé du régent.

— Monsieur le gouverneur, dit Laval, je n'ai plus soif.

— Je le crois bien, dit le gouverneur, vous venez de boire un plein verre de chambertin de la cave même de Son Altesse.

— Comment! de Son Altesse? Ce chambertin vient du régent?

— Il m'a fait l'honneur de me l'envoyer hier, sachant que parfois vous m'accordiez le plaisir de votre compagnie.

— En ce cas, s'écria Brigaud en jetant le contenu de son verre sur le parquet, poison que ce chambertin! *venenum furens*. Passez-moi de votre vin d'Aï, monsieur Delaunay.

— Portez cette bouteille à M. l'abbé, dit le gouverneur.

— Oh! oh! dit Malezieux, l'abbé jette son vin sans vouloir le boire! L'abbé, je ne vous croyais pas si fanatique de la bonne cause.

— Je vous approuve, l'abbé, dit Richelieu, si le vin est contre vos principes; seulement vous avez eu tort de le jeter : car, je le reconnais pour en avoir bu, il vient effectivement des caves du régent, et vous n'en trouverez pas de pareil ailleurs qu'au Palais-Royal. En avez-vous beaucoup, monsieur le gouverneur?

— Six bouteilles seulement.

— Voyez, l'abbé, quel sacrilége vous avez commis. Que diable! il fallait le passer à votre voisin, ou le remettre dans la bouteille... c'était sa place, et non sur le parquet : *vinum in amphoram*, disait mon pédagogue.

— Monsieur le duc, dit Brigaud, je me permettrai de vous dire une chose : c'est que vous ne savez pas si bien le latin que l'espagnol.

— Pas mal, l'abbé, dit Richelieu; mais il y a encore une langue que je sais moins bien que tout cela, et que je voudrais apprendre : c'est le français.

— Bah! dit Malezieux, ce serait bien long et bien ennuyeux, monsieur le duc; et vous aurez plus court, croyez-moi, de vous faire recevoir de l'Académie.

— Et vous, monsieur le chevalier, dit Richelieu à Chanlay, parlez-vous aussi l'espagnol?

— Le bruit court que je suis ici, monsieur le duc, répondit Gaston, pour avoir fait abus de cette langue.

— Monsieur, dit le gouverneur, je vous en préviens, si nous retombons dans la politique, je serai forcé de quitter le dîner, quoique nous ne soyons qu'à l'entremets; ce serait fâcheux, car vous seriez trop poli, je le crois, pour rester à table quand je n'y serai plus.

— Alors, dit Richelieu, dites à mademoiselle de Launay de nous parler mathématiques : cela n'effarouchera personne.

Mademoiselle de Launay tressaillit comme quelqu'un que l'on réveille en sursaut : placée vis-à-vis du chevalier Dumesnil, elle s'était laissée aller avec lui à une simple conversation de regards, qui n'avait rien d'inquiétant pour le gouverneur, mais qui, en échange, rendait très-malheureux le lieutenant de la Bastille, Maison-Rouge, lequel était fort amoureux de mademoiselle de Launay et faisait tout ce qu'il pouvait pour plaire à sa prisonnière, chose à laquelle malheureusement, comme on l'a vu, le chevalier Dumesnil était parvenu avant lui.

Grâce à l'allocution du gouverneur, le reste du repas fut fort décent à l'endroit de Son Altesse Royale et de son ministre. Les prisonniers, pour qui ces réunions tolérées, au reste, par le régent, étaient une grande distraction, prirent sur eux de parler d'autre chose, et Gaston put dire qu'un des dîners les plus charmants et les plus spirituels qu'il eût jamais faits de sa vie était ce dîner qu'il venait de faire à la Bastille.

D'ailleurs, sa curiosité était vivement excitée.

Il était là en face de personnages dont les noms étaient doublement célèbres par leurs aïeux ou leurs talents; célèbres par la récente illustration que venait de leur donner la conspiration de Cellamare. Au reste, chose rare, tous ces personnages, hommes à la mode, grands seigneurs, poëtes ou gens d'esprit, lui parurent à la hauteur de leur réputation.

Lorsque le dîner fut fini, le gouverneur fit reconduire un à un chaque prisonnier, qui le remercia de sa courtoisie, sans s'apercevoir que, malgré la parole donnée, les deux chambres contiguës à la salle à manger étaient pleines de gardes, et que, pendant le repas, les convives étaient si étroitement gardés, qu'il leur eût été impossible de se faire passer le moindre billet.

Mais Gaston n'avait pas vu tout cela, et demeurait fort interdit. Ce régime d'une prison dont on ne parlait qu'avec effroi, ce contraste de la scène qui s'était passée, deux heures auparavant, dans la salle de la torture, où l'avait conduit d'Argenson, avec celle qui venait de se passer chez le gouverneur, bouleversait toutes ses idées. Lorsque son tour fut venu de se retirer, il salua M. Delaunay, et, reprenant la conversation où il l'avait laissée le matin, lui demanda s'il ne serait pas possible d'avoir des rasoirs, ces instruments lui paraissant d'une absolue nécessité dans un lieu où l'on voyait si bonne et si élégante compagnie.

— Monsieur le chevalier, dit le gouverneur, vous me voyez au désespoir de vous refuser une chose dont je comprends comme vous la nécessité; mais il est contre tous les règlements de la maison que les prisonniers se fassent la barbe, s'ils n'en ont la permission de M. le lieutenant de police. Passez dans mon cabinet, vous y trouverez du papier, des plumes et de l'encre. Vous lui écrirez, je lui ferai passer la lettre, et je ne doute pas que vous ne receviez bientôt la réponse que vous désirez.

— Mais, demanda le chevalier, ces messieurs avec lesquels je viens de dîner, si bien vêtus et si bien rasés, sont donc privilégiés?

— Point du tout : il leur a fallu demander la permission, comme vous allez le faire. M. de Richelieu, que vous avez vu si fraîchement coiffé et rasé, est resté un mois barbu comme un patriarche.

— J'ai peine à concilier cette sévérité dans les petits détails avec la réunion pleine de liberté que je viens de voir.

— Monsieur, dit le gouverneur, moi aussi j'ai mes privilèges, mes priviléges qui ne vont pas jusqu'à vous donner des rasoirs, des plumes et des livres; mais qui me laissent la liberté d'inviter à ma table ceux de mes prisonniers que je désire favoriser; en supposant toutefois, ajouta en souriant M. Delaunay, que cette invitation soit une faveur. Il est vrai qu'il m'est enjoint de rendre compte au lieutenant de police des propos qu'ils peuvent tenir contre le gouvernement; mais, en ne leur permettant pas de parler politique, je suis dispensé, comme vous le voyez, de trahir l'hospitalité de ma table en rendant compte de leur conversation.

— Et l'on ne craint pas, monsieur, demanda Gaston, que cette intimité entre vous et vos pensionnaires n'amène, de votre part, des indulgences qui ne soient pas dans les intentions du gouvernement?

— Je connais mes devoirs, monsieur, dit le gouverneur, et je me renferme dans leurs plus strictes limites. Tels que vous avez vu mes convives d'aujourd'hui, et sans qu'un seul songe à se plaindre de moi, ils ont déjà passé de leurs chambres au cachot, où l'un d'eux est encore. Les ordres de la cour se suivent et ne se ressemblent pas, monsieur. Je les reçois, je les accomplis, et mes hôtes, qui savent que je n'y suis pour rien, et qu'au contraire je les adoucis autant qu'il est en mon pouvoir, ne m'en tiennent aucunement rancune. J'espère que vous ferez ainsi, monsieur, si, ce que je n'ai aucune raison de prévoir d'ailleurs, quelque ordre m'arrivait qui ne fût pas selon vos désirs.

Gaston sourit avec mélancolie.

— La précaution n'est pas inutile, monsieur, reprit-il; car je doute qu'on me laisse longtemps jouir du plaisir que j'ai eu aujourd'hui. En tout cas, je vous promets de vous mettre en dehors de tous les tristes événements qui pourraient m'arriver.

— Vous avez sans doute quelque protecteur en cour? demanda le gouverneur.

— Aucun, répondit Gaston.

— Quelque puissance bienfaisante qui veille sur vous?

— Je n'en connais pas.

— Alors il faut compter sur le hasard, monsieur.

— Je ne l'ai jamais trouvé bon.

— Raison de plus pour qu'il se lasse de vous être contraire.

— Et puis je suis Breton, ajouta le chevalier, et, en Bretagne, nous ne croyons qu'en Dieu.

— Prenez que c'est cela que j'ai voulu dire, reprit le gouverneur, lorsque je vous ai parlé du hasard.

Gaston fit sa demande, et se retira tout à fait charmé des façons et du caractère de M. Delaunay.

XXVIII

COMMENT ON PASSAIT LA NUIT A LA BASTILLE EN ATTENDANT LE JOUR.

Déjà, la veille au soir, Gaston s'était informé si les prisonniers pouvaient avoir de la lumière, et le guichetier, qu'il avait fait venir à ce sujet, lui avait répondu négativement. Lorsque la nuit fut venue, et, à cette époque de l'année, elle venait de bonne heure, il ne s'informa donc plus de rien, et se coucha tranquillement. Sa visite du matin à la chambre de la torture lui avait été une grande leçon de philosophie.

Aussi, soit insouciance juvénile, soit force de caractère, soit, plus que tout cela, besoin impérieux de la nature dans une organisation de vingt-cinq ans, s'endormit-il d'un profond sommeil quelque vingt minutes après s'être couché.

Il eût été difficile au chevalier de dire depuis combien de temps il dormait, lorsqu'il fut tout a coup réveillé en sursaut par le timbre d'une petite sonnette. Cette sonnette paraissait être dans sa chambre; mais, cependant, si grands qu'il ouvrit les yeux, il ne voyait ni la sonnette ni celui qui l'agitait : il est vrai qu'il faisait fort sombre, même le jour, dans la chambre du chevalier, et que la nuit, comme il est facile de le présumer, c'était bien autre chose encore.

Cependant la sonnette allait son train, sonnant doucement et avec précaution, comme une sonnette discrète et qui a peur d'être entendue. En s'orientant, Gaston crut remarquer que le bruit qu'il entendait venait de sa cheminée.

Il se leva et s'approcha doucement de l'endroit où la sonnette faisait entendre son petit tintement argentin. Il ne s'était pas trompé : le son venait de l'endroit en question.

Comme il était occupé à s'assurer de ce fait, il entendit frapper au plancher sur lequel il marchait. On frappait avec un instrument contondant et des coups suivis interrompus par des intervalles réguliers.

Il était évident que le bruit de la sonnette et les coups au plancher étaient des signaux, et que ces signaux lui venaient des prisonniers ses voisins.

Pour voir un peu plus clair à ce qu'il allait faire, Gaston alla lever les rideaux de serge verte qui pendaient devant sa fenêtre, et qui lui interceptaient les rayons de la lune alors dans son plein. Mais, en tirant les rideaux, il aperçut un objet pendu au bout d'une ficelle et qui s'agitait devant ses barreaux.

— Bon! dit-il, il paraît que je vais avoir de l'occupation; mais chacun à son tour : il faut de la régularité, en prison surtout. Voyons ce que me veut la sonnette, d'abord; c'est elle qui a la priorité.

Et Gaston revint à la cheminée, étendit la main, et sentit bientôt un cordon. Au bout de ce cordon était pendue la sonnette. Gaston tira de son côté; mais la sonnette résista.

— Bon! dit une voix qui arriva à lui, guidée par le tuyau de la cheminée comme par un porte-voix; — bon! vous y êtes?

— Oui, répondit Gaston; que me voulez-vous?

— Parbleu! ce que je veux! je veux causer.

— Très-bien, dit le chevalier, causons.

— N'êtes-vous pas M. le chevalier Gaston de Chanlay, avec lequel j'ai eu l'honneur de dîner aujourd'hui chez le gouverneur M. Delaunay?

— Justement, monsieur.

— En ce cas, je suis votre serviteur.

— Et moi le vôtre.

— En ce cas, veuillez me dire, monsieur, où en sont les affaires de la Bretagne.

— Vous le voyez, monsieur, elles en sont à la Bastille.

— Bon! fit la voix avec un accent dont elle ne pouvait cacher le timbre joyeux.

— Pardon, dit Gaston, mais quel intérêt avez-vous, monsieur, à ce qui se passe en Bretagne?

— C'est que, dit la voix, quand les affaires de Bretagne vont mal, on nous traite bien, et que, lorsqu'elles prospèrent, on nous traite mal. Ainsi, l'autre jour, à propos de je ne sais quelle affaire qui avait, prétendait-on, des ramifications avec la nôtre, nous avons tous été mis au cachot.

— Ah! diable! fit Gaston en lui-même, si vous ne la savez pas, je la sais, moi.

Puis il ajouta :

— Eh bien, monsieur, rassurez-vous : elles vont mal, et voilà pourquoi nous avons eu l'honneur de dîner ensemble aujourd'hui.

— Eh! monsieur, seriez-vous compromis?

— J'en ai peur.

— Alors, recevez toutes mes excuses.

— C'est moi qui vous prie d'accepter les miennes. Mais j'ai un voisin au-dessous de moi qui s'impatiente et qui frappe à fendre le plancher, permettez-moi de lui répondre.

— Faites, monsieur, faites; d'autant plus que, si mes calculs topographiques sont exacts, ce doit être le marquis de Pompadour.

— Il ne me sera point facile de m'en assurer.

— Pas si difficile que vous le croyez.

— Et comment cela?

— Ne frappe-t-il pas d'une façon singulière?

— Oui. Cette façon de frapper cache-t-elle un sens quelconque?

— Sans doute, c'est notre façon de nous entendre entre nous, quand nous n'avons pas le bonheur de communiquer directement, comme nous faisons ensemble à cette heure.

— Alors, monsieur, veuillez me donner la clef de la chose.

— Ce n'est pas difficile : chaque lettre a un rang dans l'alphabet, n'est-ce pas?

— C'est incontestable.

— Il y a vingt-quatre lettres dans l'alphabet.

— Je ne les ai jamais comptées, mais je m'en rapporte à vous.

— Eh bien, un coup pour l'A, deux coups pour le B, trois coups pour le C; ainsi de suite.

— Je comprends; mais, comme cette manière de correspondre doit être un peu lente, et que je vois à ma fenêtre une ficelle qui a l'air de s'impatienter, je vais frapper un ou deux coups, pour faire comprendre à mon voisin de dessous que je l'ai entendu, et je vais aller à la ficelle.

— Allez, monsieur, allez, je vous en supplie; car, si je ne me trompe, cette ficelle est fort importante pour moi. Mais auparavant frappez trois coups au plancher : en langage de Bastille, cela veut dire patience; le prisonnier attendra alors que vous lui donniez un nouveau signal.

Gaston frappa trois coups avec le pied de sa chaise, et, en effet, il n'entendit plus de bruit au-dessous de lui.

Il profita de ce moment de répit pour aller à la fenêtre.

Ce n'était pas chose facile que d'atteindre à des barreaux scellés à l'intérieur d'un mur de de cinq à six pieds d'épaisseur; mais cependant, en approchant la table de la fenêtre, Gaston parvint à s'accrocher d'une main à la grille et à saisir de l'autre la ficelle, ce dont elle se montra fort reconnaissante, en s'agitant doucement aussitôt qu'elle sentit qu'on s'occupait d'elle.

Gaston tira à lui le paquet, qui eut quelque peine à passer à travers les barreaux.

Il contenait un pot de confitures et un livre.

Gaston vit qu'il y avait quelque chose d'écrit sur le papier du pot de confitures, mais il ne put lire à cause de l'obscurité.

La ficelle s'agitait toujours aussi gentiment, ce qui voulait dire sans doute qu'elle attendait une réponse.

Gaston se souvint de la leçon de son voisin à la sonnette, prit un balai qu'il avait aperçu dans un coin et qui servait à épousseter les araignées, et frappa trois coups au plafond.

On se rappelle qu'en langue de Bastille trois coups voulaient dire patience.

Le prisonnier au paquet entendait probablement cette langue, à ce qu'il paraît, car il retira à lui sa ficelle débarrassée de son chargement.

Gaston revint à la cheminée.

— Eh! monsieur! dit-il.

— Me voilà. Eh bien?

— Eh bien, je viens de recevoir par l'entremise de la ficelle un livre et un pot de confitures.

— N'y a-t-il pas quelque chose d'écrit sur le pot de confitures ou sur le livre?

— Sur le livre, je n'en sais rien; sur le pot de confitures, j'en suis sûr. Malheureusement je ne puis lire à cause de l'obscurité.

— Attendez, dit la voix, je vais vous envoyer de la lumière.

— Je croyais qu'il était défendu aux prisonniers d'en avoir?

— Oui, mais je m'en suis procuré.

— Faites, monsieur, répondit Gaston, car je suis aussi impatient que vous de voir ce que l'on m'écrit.

Et, comme il pensa que la nuit pourrait bien se passer en conversation entre lui et ses trois voisins, et qu'il ne faisait pas chaud dans cette immense chambre, Gaston commença à se rhabiller à tâtons.

Il venait d'achever, tant bien que mal, sa toilette lorsqu'il vit sa cheminée s'éclairer peu à peu. La sonnette redescendait de nouveau, soutenue par son cordon; seulement elle s'était transformée en lanterne.

La transformation s'était faite de la manière la plus simple : la sonnette avait été retournée de manière à faire récipient; dans le récipient, on avait versé de l'huile, et dans l'huile brûlait une petite mèche.

Gaston, qui n'était pas encore habitué à la vie de prison et aux imaginations qu'on y puise, trouva le moyen si ingénieux, qu'il oublia momentanément le livre et le pot de confitures.

— Monsieur, dit-il à son voisin, pourrais-je sans indiscrétion vous demander comment vous vous êtes procuré les différents objets à l'aide desquels vous avez fabriqué cette veilleuse?

— Rien de plus simple, monsieur. J'ai demandé une sonnette pour appeler quand j'aurais besoin, et on me l'a accordée sans difficulté. Puis j'ai économisé sur l'huile de mes déjeuners et de mes dîners jusqu'à ce que j'en aie une bouteille pleine. J'ai fait des mèches en effilant un de mes mouchoirs. J'ai ramassé un caillou en me promenant dans le préau. J'ai fait de l'amadou avec du linge brûlé. J'ai volé un certain nombre d'allumettes en dînant chez le gouverneur. Enfin j'ai battu le briquet avec un couteau que je possède, et à l'aide duquel j'ai en outre pratiqué le trou par lequel nous correspondons.

— Recevez tous mes compliments, monsieur, dit Gaston; vous êtes un homme plein d'invention.

— Je vous remercie du compliment, monsieur; mais vous plairait-il maintenant de voir quel est le livre qu'on vous envoie, et ce qu'il y a d'écrit sur le papier du pot de confitures?

— Monsieur, le livre est un Virgile.

— C'est cela même, elle me l'avait promis! s'écria la voix avec un accent de bonheur qui étonna le chevalier, lequel ne comprenait pas qu'un Virgile pût être attendu avec tant d'impatience.

— Maintenant, dit le prisonnier à la sonnette, passez, je vous prie, monsieur, au pot de confitures.

— Volontiers, dit Gaston.

Et il lut :

« Monsieur le chevalier,

« J'ai appris par M. le lieutenant du château que vous occupiez la chambre du premier, qui a une fenêtre perpendiculaire à la mienne; entre prisonniers, on se doit aide et secours : mangez les confitures et faites passer par votre cheminée le Virgile ci-joint au chevalier Dumesnil, qui n'a, lui, de croisée que sur les cours. »

— C'est bien ce que j'attendais, dit le prisonnier à la sonnette; et j'avais été prévenu au dîner que je devais recevoir ce message.

— Alors vous êtes le chevalier Dumesnil, monsieur? demanda Gaston.

— Oui, monsieur, et bien votre serviteur, je vous prie de le croire.

— C'est moi qui suis le vôtre, répondit Gaston en riant : je vous ai l'obligation d'un pot de confitures, croyez que je ne l'oublierai pas.

— En ce cas, monsieur, veuillez détacher la sonnette et attacher le Virgile en son lieu et place.

— Mais, si vous n'avez pas la sonnette, dit Gaston, vous ne pourrez pas lire.

— Oh! ne vous inquiétez pas, monsieur, répondit le prisonnier, je vais fabriquer une autre lanterne.

Gaston, qui s'en rapportait à l'ingéniosité de son voisin, ingéniosité dont il lui avait donné la preuve, ne fit dès lors aucune difficulté de se rendre à son désir; il prit la sonnette, qu'il déposa sur le goulot d'une bouteille vide, et attacha au cordon le Virgile, dans lequel il avait eu soin de replacer consciencieusement une lettre qui en était tombée. Aussitôt le cordon remonta joyeusement.

C'est incroyable comme en prison tous les objets paraissent doués de vie et de sentiment.

— Merci, monsieur, dit le chevalier Dumesnil; et maintenant, si vous voulez répondre à votre voisin de dessous...

— Vous me rendez ma liberté, n'est-ce pas? dit Gaston.

— Oui, monsieur; quoique tout à l'heure, je vous en préviens, je ferai un nouvel appel à votre obligeance.

— Tout à vos ordres, monsieur. Vous dites donc, quant aux lettres de l'alphabet?..

— Un coup pour A, vingt-quatre coups pour Z.

— Je vous remercie.

Le chevalier frappa avec le manche de son balai un coup sur le plancher, pour prévenir son voisin de dessous qu'il était prêt à entrer en conversation avec lui; lequel voisin, qui sans doute attendait le signal avec impatience, répondit aussitôt par un autre coup.

Au bout d'une demi-heure de coups échangés, les deux prisonniers étaient parvenus à se dire ceci :

— Bonsoir, monsieur; comment vous nommez-vous?

— Merci, monsieur; je me nomme le chevalier Gaston de Chanlay.

— Et moi, le marquis de Pompadour.

En ce moment, Gaston tourna, par hasard, les yeux vers la fenêtre, et vit la ficelle qui s'agitait d'une façon convulsive.

Il frappa trois coups rapprochés, en signe d'invitation à la patience, et se retourna vers son prisonnier de la cheminée.

— Monsieur, dit-il à Dumesnil, j'aurai l'honneur de vous faire observer que la ficelle de la fenêtre paraît s'ennuyer prodigieusement.

— Priez-la de prendre patience, monsieur; je suis à elle dans un instant.

Gaston renouvela, à l'endroit du plafond, le même manége qu'il venait d'accomplir à l'endroit du parquet.

Puis il revint à la cheminée.

Au bout d'un instant, le Virgile descendit.

— Monsieur, dit le chevalier Dumesnil, ayez la bonté d'attacher le Virgile à la ficelle : c'est lui qu'elle attend.

Gaston eut la curiosité de voir si le chevalier avait répondu à mademoiselle de Launay. Il ouvrit le Virgile : il n'y avait pas de lettre dedans, mais quelques mots étaient soulignés au crayon, et Gaston put lire : *meos amores* et *carceris oblivia longa*. Il comprit cette manière de correspondre, qui consistait à prendre dans un livre un chapitre, et à souligner des mots qui, placés à la suite les uns des autres, présentaient un sens. Le chevalier Dumesnil et mademoiselle de Launay avaient choisi, comme tout à fait analogue à la circonstance et comme celui qui pouvait leur fournir le plus de mots en harmonie avec la situation de leur cœur, le quatrième livre de l'*Énéide*, qui traite, comme chacun sait, des amours de Didon et d'Énée.

— Bon! dit Gaston en ouvrant sa fenêtre et en attachant le Virgile à la ficelle, il paraît que je suis devenu la boîte aux lettres.

Puis il poussa un profond soupir en songeant que lui n'avait aucun moyen de correspondre avec Hélène, et que la pauvre enfant ignorait complétement ce qu'il était devenu. Cela lui donna une pitié encore plus profonde pour les amours de mademoiselle de Launay et du chevalier Dumesnil.

Aussi revint-il à la cheminée.

— Monsieur, dit-il, vous pouvez être tranquille : votre réponse est arrivée à bon port.

— Ah! mille fois merci, chevalier, dit Dumesnil; maintenant, encore un mot, et je vous laisse dormir tranquillement.

— Oh! ne vous gênez pas, monsieur; j'ai pris un à-compte : dites donc ce que vous vouliez dire.

— Avez-vous causé avec le prisonnier qui est au-dessous de vous?

— Oui.

— Qui est-il?

— C'est le marquis de Pompadour.

— Je m'en doutais. Que vous a-t-il dit encore?

— Il m'a dit bonsoir, et m'a demandé comment je m'appelais; mais il n'a pas eu le temps de me demander autre chose. Cette façon de correspondre est ingénieuse, mais elle n'est pas prompte.

— Il faut percer un trou, et alors vous communiquerez directement comme nous faisons.

— Percer un trou, et avec quoi?

— Je vais vous prêter mon couteau.

— Merci.

— Quand cela ne servirait qu'à vous distraire, ce serait déjà quelque chose.

— Donnez.

— Le voilà.

Et le couteau, envoyé par la cheminée, tomba aux pieds de Gaston.

— Maintenant, voulez-vous que je vous retourne votre sonnette? demanda le chevalier.

— Oui, car demain matin mes gardiens, en faisant leur visite, s'apercevraient qu'elle me manque, et vous n'avez pas besoin d'y voir clair, je présume, pour reprendre votre conversation avec Pompadour.

— Non, certes.

Et la sonnette, toujours transformée en lanterne, remonta par la cheminée.

— Maintenant, dit le chevalier, il vous faut quelque chose pour boire avec vos confitures, et je vais vous envoyer une bouteille de vin de Champagne.

— Merci, dit Gaston. Ne vous en privez pas pour moi; je n'en fais pas un cas extrême.

— Alors vous la passerez, quand le trou sera fait, à Pompadour, qui, sur ce chapitre-là, est tout le contraire de vous. Tenez, la voilà.

— Merci, chevalier.

— Bonne nuit.

— Bonne nuit.

Et le cordon remonta.

Gaston jeta encore un regard vers la fenêtre : la ficelle était couchée, ou, sinon couchée, du moins rentrée chez elle.

— Ah! dit-il en soupirant, la Bastille serait un paradis pour moi, si j'étais à la place du chevalier Dumesnil et que ma pauvre Hélène fût à celle de mademoiselle de Launay.

Puis il reprit avec Pompadour une conversation qui dura jusqu'à trois heures du matin, et dans laquelle il lui apprit qu'il allait percer un trou au plancher pour tâcher d'avoir avec lui une communication plus directe.

XXIX

UN COMPAGNON DE BASTILLE.

Ainsi occupé, le jour, de ses interrogatoires et, la nuit, de la correspondance de ses voisins, perçant, dans les intervalles, un trou pour communiquer avec Pompadour, Gaston était plus inquiet qu'ennuyé. D'ailleurs il avait découvert une autre source de distractions. Mademoiselle de Launay, qui obtenait tout ce qu'elle désirait du lieutenant Maison-Rouge, pourvu qu'elle demandât les choses qu'elle désirait avec un doux sourire, en avait obtenu du papier et des plumes; elle en avait naturellement envoyé au chevalier Dumesnil, lequel avait partagé son trésor avec Gaston, avec lequel il communiquait toujours, et Richelieu avec lequel il était parvenu à communiquer. Or Gaston avait eu l'idée, — les Bretons sont tous plus ou moins poëtes, — de faire des vers à Hélène. De son côté, le chevalier Dumesnil en faisait pour mademoiselle de Launay, laquelle en faisait pour le chevalier; si bien que la Bastille était devenue un véritable Parnasse. Il n'y avait que Richelieu qui déshonorait la société en faisant de la prose, et qui, par tous les moyens possibles, écrivait à ses amis et à ses maîtresses.

Le temps passait donc; et puis d'ailleurs le temps passe toujours, même à la Bastille.

On avait demandé à Gaston s'il serait aise d'assister à la messe, et comme, outre la distraction que la messe devait procurer à Gaston, il était essentiellement et profondément religieux, il avait accepté de grand cœur. Le lendemain du jour où cette proposition lui avait été faite, on vint donc le chercher.

La messe, à la Bastille, se célébrait dans une petite église ayant, au lieu de chapelles, des cabinets séparés, lesquels donnaient par un œil-de-bœuf sur le chœur, de sorte que le prisonnier ne pouvait voir l'officiant qu'au moment de l'élévation et seulement par derrière. Quant à l'officiant, il ne voyait jamais les prisonniers. On avait imaginé cette façon d'assister au service divin sous le règne du grand roi, parce qu'un jour un des détenus avait interpellé le prêtre et lui avait fait des révélations publiques.

Gaston vit à la messe M. le comte de Laval et M. de Richelieu, qui avaient demandé d'assister au service divin, non point comme Gaston par un sentiment religieux, mais, à ce qu'il paraissait, pour causer ensemble, car Gaston remarqua qu'agenouillés l'un près de l'autre, ils ne cessaient de chuchoter. M. de Laval paraissait avoir des nouvelles très-importantes à communiquer au duc, et de temps en temps le duc jetait les yeux sur Gaston, ce qui prouvait qu'il n'était pas étranger à ces nouvelles.

Cependant, comme l'un et l'autre ne lui adressèrent la parole que pour lui faire les politesses d'usage, Gaston se tint sur la réserve et ne leur fit aucune question.

La messe finie, on reconduisit les prisonniers chez eux : en traversant un corridor noir, Gaston croisa un homme qui paraissait un employé de la maison; cet homme chercha la main de Gaston et y glissa un petit papier.

Gaston mit nonchalamment la main dans la poche de sa veste et y laissa le billet.

Mais, arrivé chez lui, aussitôt qu'il eût vu la porte se refermer sur son conducteur, il tira avidement le billet de sa poche. Il était écrit sur du papier à sucre avec la pointe d'un charbon affilé, et contenait cette seule ligne :

« Feignez d'être malade d'ennui. »

Il sembla d'abord à Gaston que l'écriture du billet qui lui avait été remis dans le corridor noir ne lui était pas inconnue; mais elle était si grossièrement tracée, qu'il lui était bien difficile que les traits qu'il avait sous les yeux pussent servir de guide à son souvenir. Il perdit donc peu à peu cette idée, et attendit le soir avec impatience pour consulter le chevalier Dumesnil sur ce qu'il devait faire.

La nuit venue, il fit le signal d'usage; le chevalier se mit à son poste, et Gaston raconta ce qui lui était arrivé, en demandant à Dumesnil, qui avait un usage assez prolongé de la Bastille, ce qu'il pensait du conseil que lui avait donné son correspondant inconnu.

— Ma foi! lui répondit le chevalier, quoique je ne sache pas où le conseil peut vous mener, suivez-le toujours, car il ne saurait vous nuire; on vous donnera moins à manger peut-être; mais voilà ce qui peut vous arriver de pis.

— Mais, dit Gaston, si l'on s'aperçoit que ma maladie est feinte?...

— Oh! quant à cela, répondit le chevalier Dumesnil, il n'y a point de danger: le chirurgien de la Bastille est parfaitement ignorant en médecine, et ne s'apercevra de votre mal que pour faire ce que vous ordonnerez vous-même; peut-être alors vous permettra-t-on la promenade au jardin; alors vous serez bien heureux, car c'est une grande distraction.

Gaston ne voulut pas s'en tenir là et consulta mademoiselle de Launay, laquelle, soit logique, soit sympathie, fut exactement du même avis que le chevalier. Seulement elle ajouta :

— Si l'on vous met à la diète, dites-le-moi, et je vous ferai passer des poulets, des confitures et du vin de Bordeaux.

Quant à Pompadour, il ne répondit rien; le trou n'était pas encore percé.

Gaston fit donc le malade, ne mangeant rien de ce qu'on lui apportait, et vivant des libéralités de sa voisine, dont il avait accepté les offres.

Vers la fin du second jour, M. Delaunay monta lui-même. On lui avait rapporté que depuis quarante heures Gaston n'avait rien mangé. Il trouva le prisonnier dans son lit.

— Monsieur, lui dit-il, j'apprends que vous êtes souffrant, et je viens m'informer moi-même de l'état de votre santé.

— Vous êtes trop bon, monsieur, répondit Gaston; il est vrai que je suis souffrant.

— Qu'avez-vous? demanda le gouverneur.

— Ma foi, monsieur, dit Gaston, je crois que vous ne mettez pas d'amour-propre à votre château : je m'ennuie à la Bastille.

— Quoi! depuis quatre ou cinq jours que vous y êtes?

— Je me suis ennuyé dès la première heure.

— Et quel genre d'ennui éprouvez-vous?

— Y en a-t-il plusieurs?

— Sans doute; on s'ennuie de sa famille.

— Je n'en ai pas.

— On s'ennuie de sa maîtresse.

Gaston poussa un soupir.

— On s'ennuie de son pays.

— Oui, c'est cela, dit Gaston, sentant bien qu'il fallait qu'il s'ennuyât de quelque chose.

Le gouverneur parut réfléchir un moment.

— Monsieur, lui dit-il, depuis que je suis gouverneur de la Bastille, je déclare que les seuls moments agréables que j'y ai passés sont ceux où j'ai été à même de rendre quelque service aux gentilshommes que le roi confie à mes soins. Je suis donc prêt à faire quelque chose pour vous, si vous me promettez d'être raisonnable.

— Je vous le promets, monsieur.

— Je puis vous mettre en relations avec un de vos compatriotes, ou du moins avec un homme qui m'a paru parfaitement connaître la Bretagne.

— Et cet homme est prisonnier comme moi?

— Comme vous.

Un vague sentiment vint à l'esprit de Gaston que c'était ce compatriote dont parlait M. Delaunay qui lui avait fait remettre le billet dans lequel on l'invitait à faire le malade.

— Si vous voulez bien faire cela pour moi, dit Gaston, je vous en serai bien reconnaissant.

— Eh bien, demain je vous le ferai voir; seulement, comme il m'est recommandé de le tenir fort sévèrement lui-même, vous ne pourrez passer qu'une heure avec lui; et, comme il y a défense absolue pour lui de quitter sa chambre, c'est vous qui l'irez trouver.

— Je ferai tout ce que vous désirerez, monsieur, répondit Gaston.

— Alors, c'est décidé; demain, à cinq heures, attendez-moi, moi ou le major de la place. Mais c'est à une condition.

— Laquelle?

— C'est que, dans l'attente de cette distraction, vous mangerez un peu aujourd'hui.

— Je ferai ce que je pourrai.

Gaston mangea un blanc de volaille et but deux doigts de vin pour tenir parole à M. Delaunay.

Le soir, il fit part au chevalier Dumesnil de ce qui s'était passé entre lui et M. Delaunay.

— Ma foi! lui dit celui-ci, vous êtes bien heureux : le comte de Laval a eu la même idée que vous, et la seule chose qu'il ait obtenue c'est d'être transporté dans une chambre de la tour du Trésor, où il me disait qu'il s'ennuyait à mourir, n'ayant d'autre distraction que de causer avec l'apothicaire de la Bastille.

— Diable! dit Gaston, comment ne m'avez-vous pas dit cela plus tôt?

— Je l'avais oublié.

Ce ressouvenir tardif du chevalier avait un peu troublé Gaston. Placé comme il l'était entre mademoiselle de Launay, le chevalier Dumesnil et le marquis de Pompadour, avec lequel il allait incessamment entrer en relation, sa position, moins l'inquiétude que lui inspirait son sort et surtout celui d'Hélène, était tolérable. Si on le transportait ailleurs, il ne pouvait manquer d'être attaqué par la maladie qu'il avait feint d'éprouver.

A l'heure convenue, le major de la Bastille, suivi d'un guichetier, vint chercher Gaston, auquel on fit traverser plusieurs cours, et qui s'arrêta enfin avec ses conducteurs devant la tour du Trésor. Chaque tour, on le sait, avait son nom particulier.

Dans la chambre numéro 1 était un prisonnier près duquel on introduisit Gaston. Cet homme, le dos tourné à la lumière, dormait tout habillé sur son lit de sangle. Les restes de son dîner étaient encore près de lui sur une table de bois vermoulu, et son costume, déchiré en plusieurs endroits, indiquait un homme du commun.

— Ouais! dit Gaston, ont-ils donc pensé que j'aimais à ce point la Bretagne, que le premier croquant venu, parce qu'il était de Rennes ou de Penmark, pût être élevé au rang de mon Pylade? Oh! non pas; celui-ci est un peu trop déguenillé et me paraît manger trop; mais, comme au bout du compte il ne faut pas être capricieux en prison, essayons toujours de cette heure. Je raconterai l'aventure à mademoiselle de Launay, et elle la rimera pour le chevalier Dumesnil.

Le major et les guichetiers partis, Gaston resta seul avec le prisonnier, qui commença par se détirer longuement, puis bâilla trois ou quatre fois, se retourna, regarda sans rien voir dans la chambre, et fit craquer son lit en se secouant.

— Bon! qu'il fait froid à cette maudite Bastille! murmura-t-il en se grattant le nez avec fureur.

— Cette voix, ce geste! pensa Gaston; mais non, c'est lui-même, et je ne me trompe pas.

Et il s'approcha du lit.

— Tiens, tiens, tiens! dit le prisonnier en laissant glisser ses jambes en bas de son lit, sur lequel il demeura assis, regardant Gaston d'un air étonné; vous ici, monsieur de Chanlay?

— Le capitaine la Jonquière! s'écria Gaston.

— Moi-même, c'est-à-dire non pas, je ne suis plus ce que vous dites. J'ai changé de nom depuis que nous ne nous sommes vus.

— Vous?

— Oui, moi.

— Et vous vous appelez?

— *Première Trésor*.

— Vous dites?

— *Première Trésor*, pour vous servir, chevalier. C'est une habitude à la Bastille, le prisonnier prend le nom de sa chambre; cela épargne aux guichetiers le désagrément de retenir des noms qu'ils n'ont pas besoin de savoir, et qu'il serait dangereux pour eux de ne pas oublier. Cependant il y a des cas où cela varie : lorsque la Bastille est trop pleine et qu'on met deux ou trois prisonniers ensemble, ils prennent des numéros en double emploi, exemple : on m'a mis ici, je suis *Première Trésor;* on vous y mettrait avec moi, vous seriez *Première Trésor bis*; on y mettrait Son Excellence avec nous, il serait *Première Trésor ter*, etc. Les guichetiers ont une espèce de petite littérature latine à cet usage.

— Oui, je comprends, répondit Gaston qui avait regardé fixement la Jonquière pendant toute cette explication; ainsi vous voilà prisonnier.

— Parbleu! vous le voyez bien. Je présume que ni vous ni moi ne sommes ici pour notre plaisir.

— Alors nous sommes découverts.

— J'en ai peur.

— Grâce à vous!

— Comment! grâce à moi! s'écria la Jonquière en jouant le plus profond étonnement. Ne plaisantons pas, je vous prie.

— Vous avez fait des révélations, traître!

— Moi? allons donc, jeune homme, vous êtes fou, et ce n'est pas à la Bastille qu'il fallait vous mettre, c'est aux Petites-Maisons.

— Ne niez pas, M. d'Argenson me l'a dit.

— M. d'Argenson! Ah! pardieu! l'autorité est bonne. Et savez-vous ce qu'il m'a dit, à moi?

— Non.

— Il m'a dit que vous m'aviez dénoncé.

— Monsieur!

— Eh bien, après, monsieur!... N'allons-nous pas nous couper la gorge parce que la police a fait son métier en mentant comme un affreux arracheur de dents?

— Mais enfin sur quoi a-t-il pu découvrir...

— Je vous le demande. Mais il y a un fait, c'est que si j'avais dit quelque chose je ne serais pas ici. Vous m'avez peu vu; mais cependant vous avez dû deviner que je ne suis pas assez bête pour faire des aveux gratis. Les révélations se vendent, monsieur, et même se vendent bien par le temps qui court, et j'en sais que Dubois a achetées ou aurait achetées fort cher.

— Peut-être avez-vous raison, dit Gaston après avoir réfléchi. En tous cas, bénissons le hasard qui nous rassemble.

— Je le veux bien.

— Vous n'avez pas l'air enchanté, cependant.

— C'est que je ne le suis que modérément, je l'avoue.

— Capitaine!

— Ah! mon Dieu! quel mauvais caractère vous faites.

— Moi?

— Oui. Vous vous emportez toujours. Je tiens à ma solitude, moi; il n'y a que la solitude qui ne parle pas.

— Monsieur!

— Encore! Voyons, écoutez-moi. Croyez-vous, comme vous le dites, que ce soit le hasard qui nous rassemble?

— Et que voulez-vous que ce soit?

— Parbleu! quelque combinaison inconnue de nos geôliers, de d'Argenson, de Dubois peut-être.

— N'est-ce donc pas vous qui m'avez écrit un billet?

— Un billet! moi!...

— Dans lequel vous me disiez de feindre une maladie d'ennui.

— Et sur quoi vous aurais-je écrit cela? avec quoi? par qui?

Gaston parut réfléchir, et ce fut pendant ce temps que la Jonquière le regarda de son petit œil vif et perçant.

— Tenez, dit le capitaine au bout d'un instant, je crois, moi, tout au contraire, que c'est à vous que nous devons le plaisir de nous trouver réunis à la Bastille.

— A moi, monsieur?

— Oui, chevalier, vous êtes trop confiant. Je vous donne cet avis dans le cas où vous sortiriez d'ici, et surtout dans le cas où vous y resteriez.

— Merci.

— Avez-vous remarqué si vous étiez suivi?

— Non.

— Quand on conspire, mon cher, il ne faut jamais regarder devant soi, mais derrière soi.

Gaston avoua qu'il n'avait pas pris cette précaution.

— Et le duc, demanda la Jonquière, est-il arrêté?

— Je n'en sais rien. J'allais vous le demander.

— Peste! cela deviendrait inquiétant. Vous avez conduit une jeune femme chez lui?

— Vous savez cela?

— Eh! mon cher, tout se sait. Ne serait-ce point elle qui aurait parlé? Ah! mon cher chevalier, les femmes! les femmes!

— Celle-là est une vaillante, monsieur; et, pour la discrétion, le courage et le dévouement, j'en réponds comme de moi-même.

— Oui, je comprends: nous l'aimons, donc elle est de miel et d'or. Diable de conspirateur que vous êtes, allez, de vous aviser de mener les femmes chez le chef du complot!

— Mais je vous dis d'abord que je ne lui ai rien confié, et qu'elle ne peut savoir, de mes secrets, que ce qu'elle en a surpris.

— La femme a l'œil vif et le nez fin.

— Et, sût-elle, au reste, mes projets comme moi-même, je suis convaincu qu'elle n'en eût pas ouvert la bouche.

— Eh! monsieur, sans compter la disposition qu'elle a naturellement à cet exercice, est-ce qu'on ne fait pas toujours parler une femme? On lui aura dit sans préparation aucune: « Votre amant, M. de Chanlay, va avoir le cou coupé, » — ce qui, du reste, est fort possible, soit dit entre parenthèses, chevalier, — si vous ne donnez quelques explications, — et je parie qu'elle parle encore.

— Il n'y a pas de danger, monsieur, elle m'aime trop.

— C'est pour cela, pardieu! qu'elle aura jasé

comme une pie et que nous voici tous les deux en cage. Enfin, ne parlons plus de cela. Que faites-vous ici?

— Je m'amuse.

— Vous vous amusez! Ah! bon, voilà de la chance!... Vous vous amusez! et à quoi?

— A faire des vers, à manger des confitures et à percer le plancher.

— Vous faites des trous dans le plâtre du roi? dit la Jonquière en se grattant le nez. Oh! oh! cela est bon à savoir. Et M. Delaunay ne gronde pas?

— M. Delaunay n'en sait rien, répondit Gaston; d'ailleurs je ne suis pas seul, tout le monde ici perce quelque chose, l'un son plancher, l'autre sa cheminée, l'autre son mur. Est-ce que vous ne percez rien, vous?

La Jonquière regarda Gaston pour voir s'il ne se moquait pas de lui.

— Je vous dirai cela plus tard.

Mais, voyons, reprit la Jonquière, parlons sérieusement, monsieur Gaston, êtes-vous condamné à mort?

— Moi!

— Oui, vous.

— Comme vous dites cela!

— Mais c'est une habitude à la Bastille; il y a ici vingt condamnés à mort qui ne s'en portent pas plus mal.

— J'ai été interrogé.

— Vous voyez bien.

— Mais je ne crois pas que je sois encore condamné.

— Cela viendra.

— Mon cher capitaine, sans que cela paraisse, dit Gaston, savez-vous que vous êtes d'une gaieté folle?

— Vous trouvez?

— Oui.

— Et cela vous étonne?

— Je ne vous savais pas si intrépide.

— Alors vous regretteriez la vie, vous?

— Je l'avoue, car il ne me faut qu'une chose pour être heureux, c'est de vivre.

— Et vous vous êtes fait conspirateur ayant la chance d'être heureux? Je ne vous comprends plus. Je croyais qu'on ne conspirait qu'en désespoir de cause, comme on se marie quand on n'a pas d'autre ressource.

— Quand je suis entré dans cette conspiration, je n'aimais pas encore.

— Et une fois entré?

— Je n'ai plus voulu en sortir.

— Bravo! voilà ce que j'appelle du caractère. Vous a-t-on donné la question?

— Non; mais je puis dire qu'il s'en est fallu de peu.

— Alors vous l'aurez.

— Pourquoi cela?

— Parce que je l'ai eue, moi, et qu'il y aurait injustice à ce qu'on nous traitât différemment. Voyez comme tous ces drôles-là m'ont arrangé mes habits.

— Laquelle vous a-t-on donnée? demanda Gaston frissonnant encore au seul souvenir de ce qui s'était passé entre lui et d'Argenson.

— Celle de l'eau. On m'a fait boire un baril et demi. Mon estomac était comme une outre. Je n'aurais jamais cru que la poitrine de l'homme pouvait tenir tant de liquide sans éclater.

— Et vous avez beaucoup souffert? demanda Gaston avec un intérêt mêlé d'anxiété personnelle.

— Oui, mais mon tempérament est robuste : le lendemain, je n'y pensais plus. Il est vrai que depuis j'ai bu beaucoup de vin. Si l'on vous applique à la question et que vous ayez le choix, choisissez l'eau, cela nettoie. Toutes les boissons qu'on nous donne quand nous sommes malades ne sont qu'un moyen plus ou moins honnête de nous faire avaler de l'eau. Fagon dit que le plus grand médecin dont il ait entendu parler était le docteur Sangrado. Malheureusement il n'a jamais existé que dans la tête de Lesage : sans cela, il eût fait des miracles.

— Vous connaissez Fagon? demanda Gaston étonné.

— Pardieu! de réputation. D'ailleurs j'ai lu ses ouvrages... Et comptez-vous persister à ne rien dire?

— Sans doute.

— Vous avez raison. Je vous dirais bien, si vous regrettez tant la vie que vous le disiez tout à l'heure, de dire quelques mots tout bas en particulier à d'Argenson. Mais c'est un bavard, qui irait révéler votre confession à tout le monde.

— Je me tairai, monsieur, soyez tranquille. Il y a des points sur lesquels je n'ai pas besoin d'être affermi.

— Je le crois, pardieu, bien! Il paraît que vous menez une vie de Sardanapale dans votre tour. Moi, je n'ai dans la mienne que M. le comte de Laval, qui prend trois lavements par jour. C'est un divertissement qu'il a inventé. Eh! mon Dieu! les goûts sont si bizarres en prison! Et puis, il veut peut-être s'habituer à la question de l'eau, le digne homme!

— Mais, reprit Gaston, ne me disiez-vous pas tout à l'heure que je serais certainement condamné?

— Voulez-vous savoir toute la vérité?

— Oui.

— Eh bien, d'Argenson m'a dit que vous l'étiez.

Gaston pâlit; si brave que l'on soit, une pareille nouvelle produit toujours quelque émotion. La Jonquière remarqua ce mouvement de physionomie, si léger qu'il fût.

— Cependant, dit-il, je crois que vous auriez la vie sauve en faisant quelques révélations.

— Pourquoi voulez-vous que je fasse ce que vous n'avez pas fait, vous?

— Les caractères sont différents, et les positions aussi. Je ne suis plus jeune, moi; je ne suis plus amoureux, moi; je ne laisse pas de maîtresse dans les larmes, moi.

Gaston soupira.

— Vous voyez bien, continua la Jonquière, qu'il y a en nous deux hommes bien différents. Où m'avez-vous jamais entendu soupirer comme vous soupirez en ce moment?

— Si je meurs, dit Gaston, Son Excellence aura soin d'Hélène.

— Et s'il est arrêté lui-même?

— Vous avez raison.

— Alors?

— Alors, Dieu sera là.

La Jonquière se gratta le nez.

— Décidément, vous êtes bien jeune, dit-il.

— Expliquez-vous.

— Supposons que Son Excellence ne soit point arrêtée.

— Eh bien?

— Quel âge a Son Excellence?

— Quarante-cinq à quarante-six ans, je présume.

— Supposez que Son Excellence devienne amoureux d'Hélène. — N'est-ce pas ainsi que vous nommez votre vaillante?

— Le duc amoureux d'Hélène! lui à qui je l'ai confiée! mais ce serait une infamie!

— Le monde est plein d'infamie; il ne marche qu'avec cela.

— Oh! je ne veux pas même m'arrêter à cette pensée.

— Je ne vous dis point de vous y arrêter, dit la Jonquière avec son sourire diabolique; je vous la donne, voilà tout; faites-en ce que vous voudrez.

— Chut! dit Gaston, on vient.

— Avez-vous demandé quelque chose?

— Moi? pas du tout.

— Alors c'est que le temps qu'on nous avait accordé pour votre visite est écoulé.

Et la Jonquière se rejeta sur son lit avec précipitation.

Les verrous crièrent; une porte s'ouvrit, puis une autre, enfin le gouverneur parut.

— Eh bien! monsieur, dit le gouverneur à Gaston, votre compagnon vous convient-il?

— Oui, monsieur, répondit Gaston, d'autant mieux que je connaissais M. le capitaine la Jonquière.

— Vous me dites là, répondit M. Delaunay en souriant, une chose qui rend ma tâche plus délicate. Mais cependant, puisque je vous ai fait une offre, je ne reviendrai point sur mes pas. Je permettrai une visite par jour, à l'heure qu'il vous plaira. Fixez l'heure : est-ce le matin? est-ce le soir?

Gaston, ne sachant ce qu'il devait répondre, regarda la Jonquière.

— Dites cinq heures du soir, dit rapidement et tout bas la Jonquière à Gaston.

— Le soir, à cinq heures, monsieur, s'il vous plaît, dit Gaston.

— Comme aujourd'hui, alors?

— Comme aujourd'hui.

— C'est bien; il sera fait comme vous le désirez, monsieur.

Gaston et la Jonquière échangèrent un regard significatif, et le chevalier fut reconduit dans sa chambre.

XXX

L'ARRÊT.

Il était six heures et demie, et, par conséquent, il faisait nuit obscure. Le premier soin du chevalier, en rentrant chez lui, fut, dès que la porte de sa chambre fut refermée, de courir à la cheminée.

Le marquis de Pompadour.

— Eh ! chevalier ! dit-il.

Dumesnil répondit.

— J'ai fait ma visite.

— Eh bien?

— Eh bien, j'ai trouvé sinon un ami, du moins une connaissance.

— Un nouveau prisonnier?

— Qui doit dater de la même époque que moi.

— Comment le nommez-vous?

— Le capitaine la Jonquière.

— Attendez donc!

— Le connaissez-vous?

— Mais oui.

— Alors rendez-moi un grand service; qu'est-il?

— Oh mais, un ennemi acharné du régent.

— Vous êtes sûr?

— Comment donc! il était de notre conspiration, et s'en est retiré parce qu'il était question d'enlever et non d'assassiner.

— Alors il était?...

— Pour l'assassinat.

— C'est bien cela, murmura Gaston. Donc, reprit-il tout haut, c'est un homme à qui l'on peut se fier?

— Si c'est le même dont j'ai entendu parler, et qui demeurait rue des Bourdonnais, au *Muids d'Amour*.

— Justement, c'est cela.

— Alors c'est un homme sûr.

— Tant mieux, dit Gaston; car cet homme tient entre ses mains la vie de quatre braves gentilshommes.

— Dont vous êtes un, n'est-ce pas? dit Dumesnil.

— Vous vous trompez, reprit Gaston, et je me suis mis en dehors, car il paraît que pour moi tout est fini.

— Comment! tout est fini?

— Oui, je suis condamné.

— A quoi?

— A mort.

Il se fit un moment de silence entre les interlocuteurs.

— Impossible! reprit le premier le chevalier Dumesnil.

— Et pourquoi cela, impossible?

— Parce que, si j'ai bien compris, votre affaire se rattache à la nôtre, n'est-ce pas?

— Elle en est la suite.

— Eh bien...

— Eh bien?

— Notre affaire étant en bon chemin, la vôtre ne peut aller mal.

— Et qui vous a dit que votre affaire était en bon chemin?

— Ecoutez : car pour vous, mon cher voisin, pour vous, qui avez bien voulu consentir à être notre intermédiaire, nous n'avons plus de secrets.

— J'écoute, dit Gaston.

— Voilà ce que mademoiselle de Launay m'écrivait hier. Elle se promenait avec Maison-Rouge, qui, comme vous le savez, est amoureux d'elle, et dont nous nous moquons fort tous deux, mais que nous ménageons pour la grande utilité dont il nous est; et comme, sous prétexte de maladie, elle avait demandé, ainsi que vous, un médecin, il la prévint que celui de la Bastille était à ses ordres. Or il faut vous dire que nous avons connu, d'une façon assez intime même, ce médecin de la Bastille, qui se nomme Herment. Cependant elle n'espérait pas en tirer grand'-chose, car c'est un homme fort craintif de sa nature. Lorsqu'il entra dans le jardin où elle se promenait, et en lui donnant une consultation en plein air, il lui dit : « *Espérez!* » — Dans la bouche d'un autre, ce mot n'était rien; dans la bouche d'Herment, c'est beaucoup. — Or, du moment où l'on nous dit d'espérer, vous n'avez rien à craindre, vous, puisque nos deux affaires se rattachent si intimement l'une à l'autre.

— Cependant, reprit Gaston, à qui le mot semblait bien vague, la Jonquière paraissait bien sûr de ce qu'il disait.

En ce moment, Pompadour frappa avec son manche à balai.

— Pardon, dit Gaston à Dumesnil, mais le marquis m'appelle; peut-être a-t-il quelque nouvelle à m'annoncer.

Et Gaston alla à son trou, qu'en quelques coups de couteau il rendit praticable.

— Dites donc, chevalier, dit Pompadour, demandez donc à Dumesnil s'il ne saurait pas quelque chose de nouveau par mademoiselle de Launay?

— Sur qui?

— Sur l'un de nous. J'ai surpris quelques mots, que le major et le gouverneur ont échangés à ma porte; j'ai entendu ceux-ci : « *Condamné à mort!* »

Gaston frissonna.

— Rassurez-vous, marquis, dit-il, j'ai tout lieu de croire que c'est de moi qu'il était question.

— Diable! mon cher chevalier, cela ne me rassurerait pas du tout. D'abord, parce que nous avons fait connaissance et qu'on devient vite amis en prison; ce qui fait que je serais désespéré qu'il vous arrivât quelque chose. Ensuite, parce que ce qui vous arriverait à vous pourrait bien nous arriver à nous aussi, vu la ressemblance de nos deux affaires.

— Et vous croyez que mademoiselle de Launay pourrait nous tirer d'incertitude? demanda Gaston.

— Sans doute; ses fenêtres donnent sur l'Arsenal.

— Après?

— Après? Elle aura bien vu s'il s'y est passé quelque chose de nouveau aujourd'hui.

— Eh! justement, reprit Gaston, voilà qu'elle frappe.

En effet, mademoiselle de Launay frappait deux coups au plafond, ce qui voulait dire :

— Attention!

Gaston répondit à mademoiselle de Launay en frappant un coup, ce qui voulait dire :

— J'écoute!

Puis il alla ouvrir la fenêtre.

Un instant après, la ficelle descendit avec une lettre.

Gaston tira à lui la ficelle, prit la lettre, et alla au trou de Pompadour.

— Eh bien? dit le marquis.

— Une lettre, répondit Gaston.

— Que dit-elle?

— Je n'en sais rien; mais je vais la faire passer au chevalier Dumesnil, qui me le dira.

— Dépêchez-vous.

— Pardieu! dit Gaston, croyez bien que je suis aussi pressé que vous.

Et il courut à la cheminée.

— Le cordon? cria-t-il.

— Vous avez une lettre? dit Dumesnil.

— Oui. Avez-vous de la lumière?

— Je viens d'en allumer.

— Descendez vite le cordon alors.

— Le voilà.

Gaston attacha la lettre qui remonta aussitôt.

— La lettre n'est pas pour moi, elle est pour vous, dit Dumesnil.

— N'importe, lisez toujours. Vous me direz ce qu'il y a dedans; je n'ai pas de lumière, et vous perdriez beaucoup de temps à m'en descendre.

— Vous permettez?

— Pardieu!

Il y eut un moment de silence.

— Eh bien? dit Gaston.

— Diable! fit Dumesnil.

— Mauvaises nouvelles, n'est-ce pas?

— Dame! jugez-en vous-même.

Et Dumesnil lut:

« Mon cher voisin,

« Il est arrivé, ce soir, des juges extraordinaires à l'Arsenal, et j'ai reconnu la livrée de d'Argenson. Nous en saurons davantage tout à l'heure, car je vais avoir la visite du médecin.

« Envoyez de ma part mille choses à Dumesnil. »

— C'est bien cela que m'avait dit la Jonquière, reprit Gaston. Des juges extraordinaires; c'est moi qu'ils ont jugé.

— Bah! chevalier, dit Dumesnil d'une voix qu'il essayait inutilement de faire rassurée, je crois que vous vous alarmez trop vite.

— Non pas, je sais à quoi m'en tenir; et puis, tenez!

— Quoi?

— On vient. Silence!

Et Gaston s'éloigna vivement de la cheminée.

La porte s'ouvrit: le major et le lieutenant, escortés de quatre soldats, venaient chercher Gaston.

Gaston profita de la lumière qu'ils apportaient pour mettre un peu d'ordre dans sa toilette, puis il les suivit comme la première fois. On le fit entrer dans une chaise à porteurs bien close, précaution assez inutile, puisque, sur son passage, tous les soldats ou gardiens se retournaient du côté de la muraille: c'était la consigne de la Bastille.

Le visage de d'Argenson était renfrogné comme de coutume. Ses accesseurs n'avaient pas meilleur air que lui.

— Je suis perdu! murmura Gaston. Pauvre Hélène!

Puis il releva la tête avec l'intrépidité d'un homme brave, qui, sachant que la mort va venir, lève la tête pour la voir arriver en face.

— Monsieur, dit d'Argenson, votre crime a été examiné par le tribunal dont je suis le président. On vous a permis, dans les séances précédentes, de vous défendre. Si l'on n'a pas jugé à propos de vous accorder un avocat, ce n'est point dans le but de nuire à votre défense, mais, au contraire, parce qu'il est inutile de publier, vis-à-vis de vous, l'indulgence extrême d'un tribunal chargé d'être sévère.

— Je ne vous comprends pas, monsieur, dit Gaston.

— Alors je serai plus clair, dit le lieutenant de police. Les débats eussent fait ressortir, même aux yeux de votre défenseur, une chose incontestable, c'est que vous êtes un conspirateur et un assassin. Comment vouliez-vous que, ces deux points établis, on usât d'indulgence avec vous? Mais vous voilà devant nous; toutes facilités vous seront données pour votre justification: si vous demandez un délai, vous l'aurez; si vous désirez des recherches de pièces, elles seront faites; si vous parlez, enfin, vous avez la parole, et on ne vous la retirera point.

— Je comprends la bienveillance du tribunal, répondit Gaston, et je l'en remercie. De plus, l'excuse qu'il me donne, pour l'absence d'un défenseur dont je n'ai pas besoin, me semble suffisante. Je n'ai pas à me défendre.

— Vous ne voulez donc ni témoins, ni pièces, ni délais?

— Je veux mon arrêt, voilà tout.

— Voyons, continua d'Argenson, pour vous-même, chevalier, ne vous entêtez pas ainsi, et faites quelques aveux.

— Je n'ai pas d'aveux à faire; car, remarquez que, dans tous mes interrogatoires, vous n'avez pas même formulé une accusation précise.

— Et vous en voudriez une ?

— J'avoue que je ne serais pas fâché de savoir de quoi l'on m'accuse.

— Eh bien, je vais vous le dire : vous êtes venu à Paris, délégué par la commission républicaine de Nantes ; vous êtes venu pour assassiner le régent. Vous étiez adressé à un nommé la Jonquière, votre complice, aujourd'hui condamné comme vous.

Gaston se sentait pâlir, car toutes ces accusations étaient vraies.

— Cela serait, monsieur, reprit-il, que vous ne pourriez le savoir ; un homme qui veut commettre une telle action ne l'avoue que lorsqu'elle est commise.

— Oui, mais ses complices l'avouent pour lui.

— C'est me dire que la Jonquière me dénonce?

— La Jonquière! il n'est pas question de la Jonquière, mais des autres accusés.

— Des autres accusés ! s'écria Gaston ; y a-t-il donc encore d'autres personnes arrêtées que moi et le capitaine la Jonquière?

— Mais oui : il y a MM. de Pontcalec, de Talhouet, de Mont-Louis et du Couëdic.

— Je ne vous comprends pas, dit Gaston avec un vague et profond sentiment de terreur, non pour lui, mais pour ses amis.

— Comment! vous ne comprenez pas que MM. de Pontcalec, de Talhouet, de Mont-Louis et du Couëdic ont été arrêtés, et qu'on leur fait leur procès en ce moment même à Nantes ?

— Arrêtés! eux! s'écria Gaston ; impossible!

— Ah ! oui, n'est-ce pas? dit d'Argenson. Vous pensiez que la province se révolterait plutôt que de laisser arrêter ses défenseurs, comme vous dites, vous autres rebelles. Eh bien, la province n'a rien dit ; la province a continué de rire, de chanter et de danser. Seulement, on s'informe déjà sur quelle place de Nantes ils seront décapités, afin d'y louer des fenêtres.

— Je ne vous crois pas, monsieur, dit froidement Gaston.

— Donnez-moi ce portefeuille dit d'Argenson à une espèce de greffier qui se tenait debout derrière lui.

— Tenez, monsieur, continua le lieutenant de police en tirant successivement plusieurs papiers du portefeuille, voici les actes d'arrestation, suivis des procès-verbaux. Doutez-vous des pièces authentiques ?

— Tout cela ne dit point, monsieur, qu'ils m'aient accusé.

— Ils ont dit tout ce que nous voulions savoir, et votre culpabilité résulte clairement de leurs interrogatoires.

— En ce cas, et s'ils ont dit tout ce que vous vouliez savoir, vous n'avez plus besoin de mes aveux.

— Est-ce votre réponse définitive, monsieur?

— Oui.

— Greffier, lisez le jugement.

Le greffier déroula un papier et lut, d'une voix nasillarde, du même ton qu'il eût lu un simple exploit :

« Attendu qu'il résulte de l'instruction commencée le 19 février, que messire Gaston-Éloy de Chanlay est venu de Nantes à Paris dans l'intention de commettre, sur la personne de Son Altesse Royale monseigneur le régent de France, un crime de meurtre, qui devait être suivi de révolte contre l'autorité du roi, la commission extraordinaire, instituée pour connaître de ce crime, a jugé le chevalier de Chanlay digne du châtiment réservé aux coupables de haute trahison et lèse-majesté, la personne de M. le régent étant inviolable comme personne royale.

« En conséquence :

« Ordonnons que M. le chevalier Gaston de Chanlay sera préalablement dégradé de ses titres et dignités ; déclaré ignoble lui et sa postérité à perpétuité, ses biens confisqués, ses bois de haute futaie coupés à la hauteur de six pieds, et lui-même décapité, à la requête des gens du roi, soit en place de Grève, soit en tout lieu qu'il plaira à M. le grand prévôt d'indiquer, sauf le pardon de Sa Majesté. »

Gaston écouta la lecture de sa condamnation avec la pâleur, mais aussi avec l'immobilité d'une statue de marbre.

— Et quand l'exécution aura-t-elle lieu? demanda-t-il.

— Sitôt qu'il plaira à Sa Majesté, répondit le lieutenant de police.

Gaston sentit comme un grand serrement aux tempes, un nuage sanglant passa devant ses yeux. Il sentit que ses idées se troublaient, et demeura silencieux, pour ne pas dire quelque chose d'indigne de lui. Mais, si l'impression fut vive, elle fut rapide : peu à peu la sérénité reparut sur son front, le sang remonta à ses joues, et une espèce de sourire dédaigneux retroussa ses lèvres.

— C'est bien, monsieur, dit-il ; à quelque moment que vienne l'ordre de Sa Majesté, il me

Le Régent a tué mon frère. — PAGE 155.

trouvera prêt. Seulement, je voudrais savoir si, avant de mourir, il me sera permis de voir quelques personnes qui me sont chères, et de demander une faveur au roi.

Les yeux de d'Argenson petillèrent d'une joie maligne.

— Monsieur, dit-il, je vous avais prévenu qu'on vous traiterait avec indulgence; vous pouviez donc me dire cela plus tôt, et la bonté de Sa Majesté ne se fût peut-être pas laissé devancer par une prière.

— Vous vous méprenez, monsieur, dit Gaston avec dignité. Je ne demande à Sa Majesté qu'une faveur dont ma gloire et la sienne ne souffriront pas.

— Vous pourriez mettre celle du roi avant la vôtre, monsieur, dit un assesseur avec un ton qui sentait la chicane de cour.

— Monsieur, répondit Gaston, je vais mourir, ma gloire commencera plus tôt que celle de Sa Majesté.

— Que demandez-vous donc? dit d'Argenson; parlez, et je vous dirai tout de suite s'il y a chance qu'il soit fait droit à votre requête.

— Je demande d'abord que mes titres et dignités, qui d'ailleurs sont peu de chose, ne soient pas éteints ni altérés, car je n'ai pas de postérité; je meurs tout entier, et mon nom est la seule chose qui doive me survivre; encore, comme il n'était que noble et non illustre, ne me survivra-t-il pas longtemps.

— Ceci est faveur toute royale, monsieur. Sa Majesté seule peut répondre, et Sa Majesté répondra. Etait-ce tout ce que vous désiriez, monsieur?

— Non, monsieur. Je désire encore une chose, mais je ne sais à qui en faire la demande?

— A moi d'abord, monsieur; puis, en ma qualité de lieutenant de police, je verrai si je dois prendre sous ma responsabilité de vous accorder cette chose, ou s'il est nécessaire que j'en réfère à Sa Majesté.

— Eh bien, monsieur, dit Gaston, je désire qu'on m'accorde la grâce de voir mademoiselle Hélène de Chaverny, pupille de Son Excellence M. le duc d'Olivarès, et M. le duc lui-même.

D'Argenson, à cette demande, fit un geste singulier, que le chevalier interpréta comme une hésitation.

— Monsieur, se hâta d'ajouter Gaston, je les verrai où l'on voudra, et aussi peu de temps que l'on voudra.

— C'est bien, monsieur, vous les verrez, dit d'Argenson.

— Ah! monsieur! s'écria Gaston en faisant un pas en avant comme pour lui prendre la main, vous me comblez de joie.

— A une condition cependant, monsieur.

— Laquelle? dites; il n'est aucune condition compatible avec mon honneur que je n'accepte en échange d'une si grande grâce.

— Vous ne parlerez à personne de votre condamnation; et cela, sur votre parole de gentilhomme.

— Et je le ferai d'autant plus volontiers, monsieur, répondit Gaston, que l'une des deux personnes mourrait, à coup sûr, en l'apprenant.

— Alors voilà qui va bien. N'avez-vous plus rien à dire?

— Non, monsieur; sinon que je désire que vous attestiez que je n'ai rien dit.

— Vos dénégations sont inscrites aux procès-verbaux. Greffier, passez les pièces à monsieur, qu'il les lise et qu'il les signe.

Gaston s'assit devant une table, et, tandis que d'Argenson et les juges, groupés autour de lui, causaient entre eux, il lut avec attention toutes les pièces du procès et repassa toutes les réponses qu'il y avait faites depuis ses interrogatoires. Puis, les ayant trouvées conformes à ses souvenirs, il signa.

— Monsieur, dit Gaston, voici vos papiers en règle. Aurai-je l'honneur de vous revoir?

— Je ne crois pas, répondit d'Argenson avec cette brutalité qui en faisait l'épouvantail de tout prévenu et de tout condamné.

— Alors, au revoir dans l'autre vie, monsieur.

D'Argenson s'inclina et fit le signe de la croix, selon l'usage des juges qui prennent congé d'un homme qu'ils viennent de condamner à mort.

Alors le major s'empara de Gaston et le ramena dans sa chambre.

XXXI

UNE HAINE DE FAMILLE.

Rentré dans sa chambre, Gaston fut obligé de répondre à Dumesnil et à Pompadour, qui avaient veillé. en attendant, pour avoir de ses nouvelles. Selon la promesse qu'il avait faite à M. d'Argenson, il ne dit pas un mot de l'arrêt qui le condamnait à mort, et leur annonça simplement un interrogatoire plus grave que les autres. Seulement, comme il voulait, avant de mourir, écrire quelques lettres, il demanda de la lumière au chevalier Dumesnil. Quant au papier et au crayon, on se rappelle qu'il en avait obtenu du gouverneur pour dessiner.

Cette fois, Dumesnil lui descendit une bougie allumée; chaque chose allait en progressant, comme on voit. Maison-Rouge ne savait rien refuser à mademoiselle de Launay, et mademoiselle de Launay partageait tout avec son chevalier, qui, en bon camarade de prison, partageait ses richesses entre Gaston et Richelieu, ses voisins.

Gaston, malgré la promesse que lui avait faite d'Argenson, doutait toujours qu'on lui permît de revoir Hélène; mais il savait qu'on ne le laisserait pas mourir sans lui donner un confesseur. Or il n'y avait aucun doute que ce confesseur ne consentît à exaucer le dernier vœu d'un mourant, en remettant deux lettres à leur adresse.

Comme il allait se mettre à écrire, il entendit mademoiselle de Launay donnant le signal qu'elle avait quelque chose à lui faire passer.

C'était une lettre à son adresse. Cette fois, Gaston put la lire : il avait de la bougie.

La lettre était ainsi conçue :

« Notre ami, car vous êtes devenu notre ami, et il n'y a plus de secret pour vous, rendez compte à Dumesnil de ce fameux espoir que j'avais conçu d'après le mot que m'avait dit Herment. »

Le cœur de Gaston palpita; peut-être allait-il, lui aussi, trouver quelques motifs d'espoir dans cette lettre : ne lui avait-on pas dit que son sort ne pouvait être séparé de celui des conspirateurs de Cellamare? Il est vrai que ceux qui lui avaient dit cela ne connaissaient pas sa conspiration à lui.

Il reprit donc :

« Il y a une demi-heure, le médecin est venu, accompagné de Maison-Rouge. Ce dernier me fit de si doux yeux, que j'en conçus le plus favorable augure. Cependant lorsque je lui demandai à parler en particulier ou au moins tout bas au médecin, il me fit de grandes difficultés, que je levai avec un sourire.

« — Au moins, dit-il, il est entendu que personne ne saura que je me suis éloigné hors de la portée de la voix; car, sans aucun doute, je perdrais ma place si quelqu'un était instruit de ma facilité.

« Ce ton d'amour et d'intérêt combinés ensemble me parut si grotesque, que je lui promis en riant tout ce qu'il voulut. Vous voyez comme je lui tiens parole.

« Il s'éloigna donc, et M. Herment s'approcha.

« Alors commença un dialogue où les gestes signifiaient une chose, tandis que la voix en disait une autre.

« — Vous avez de bons amis, dit Herment, des amis haut placés et qui s'intéressent particulièrement à ce qui vous regarde.

« Je pensai naturellement à madame du Maine.

« — Ah! monsieur, m'écriai-je, vous a-t-on chargé de quelque chose pour moi?

« — Chut! dit Herment, tirez-moi la langue.

« Vous jugez si le cœur me battait. »

Gaston mit la main sur son propre cœur, et s'aperçut qu'à lui aussi le cœur lui battait violemment.

« — Et qu'avez-vous à me remettre?

« — Oh! rien, moi-même; mais on vous apportera l'objet convenu.

« — Mais quel est cet objet? Dites, voyons!

« — On sait que les lits de la Bastille sont mauvais et surtout mal couverts, et l'on m'a chargé de vous offrir...

« — Mais quoi, enfin?

« — Un couvre-pieds.

« J'éclatai de rire; le dévouement de mes amis se bornait à m'empêcher de m'enrhumer.

« — Mon cher monsieur Herment, lui dis-je, dans la position où je suis, il me semble que c'est plutôt de ma tête que de mes pieds que mes amis devraient s'occuper.

« — C'est une amie.

« — Alors quelle est cette amie?

« — Mademoiselle de Charolais, dit Herment en baissant la voix de manière que j'entendisse à peine.

« Puis il se retira.

« Et moi, cher chevalier, je suis là, attendant le couvre-pied de mademoiselle de Charolais.

« Racontez la chose à Dumesnil; elle le fera rire. »

Gaston soupira tristement. La gaieté des gens qui l'entouraient pesait sur son cœur. Était-ce un nouveau supplice qu'on avait inventé, que de lui défendre de confier son sort à qui que ce fût? Il lui semblait qu'il eût trouvé une consolation dans les larmes que ses deux voisins eussent versées sur ses malheurs. Être plaint par deux cœurs qui s'aiment, quand on aime soi-même et qu'on va mourir, est un grand soulagement.

Aussi Gaston n'eut-il pas le courage de lire la lettre à Dumesnil; il la lui fit passer tout entière; et un instant après il entendit ses éclats de rire.

En ce moment même, il disait adieu à Hélène.

Après avoir passé une partie de la nuit à écrire, il s'endormit. A vingt-cinq ans, il faut toujours que l'on dorme, même quand on va s'endormir pour toujours.

Le matin, on apporta à Gaston son déjeuner à l'heure habituelle. Seulement Gaston remarqua qu'il était plus délicat que de coutume; il sourit à cette attention suprême, et se rappela les soins qu'on avait, disait-on, pour les condamnés à mort.

Oui, faites-moi ce plaisir pour un instant. — Page 166

Vers la fin du déjeuner le gouverneur entra.

Gaston, d'un coup d'œil rapide, interrogea son visage. C'était le même visage affable et plein de courtoisie. Lui aussi ignorait-il donc la condamnation de la veille, ou était-ce un masque qu'il portait?

— Monsieur, dit le gouverneur, voulez-vous bien prendre la peine de descendre dans la chambre du conseil?

Gaston se leva. Il entendit comme un bourdonnement dans ses oreilles. Pour un condamné à mort, toute injonction qu'il ne comprend pas lui paraît un acheminement vers le supplice.

— Puis-je savoir pourquoi l'on me fait descendre, monsieur? demanda Gaston d'une voix d'ailleurs assez calme pour qu'il fût impossible d'y reconnaître son émotion intérieure.

— Mais pour y recevoir une visite, répondit le gouverneur. Hier, après l'interrogatoire, n'avez-vous pas demandé à M. le lieutenant de police la faveur de voir quelqu'un?

Gaston tressaillit.

— Et c'est cette personne? demanda-t-il.

— Oui, monsieur.

Gaston ouvrait la bouche pour continuer l'interrogatoire, car il venait de se rappeler que ce n'était pas une, mais deux personnes qu'il attendait. Or on lui en annonçait une seule : laquelle des deux était venue? Il n'eut point le courage de le demander, et suivit silencieusement le gouverneur.

Le gouverneur conduisit Gaston dans la salle du conseil. En y entrant, Gaston jeta de tous côtés un regard avide; mais la salle était entièrement déserte, et les officiers qui assistent d'ordinaire à ces sortes d'entrevues étaient eux-mêmes absents.

— Restez ici, monsieur, dit le gouverneur à Gaston; la personne que vous attendez va venir.

M. Delaunay salua Gaston et sortit.

Gaston courut à la fenêtre, qui était grillée d'ailleurs comme toutes les fenêtres de la Bastille. Devant la fenêtre, il y avait une sentinelle.

Comme il était penché pour regarder dans la cour, la porte s'ouvrit. Au bruit qu'elle fit en s'ouvrant, Gaston se retourna et se trouva en face du duc d'Olivarès.

Ce n'était pas tout ce qu'il attendait, et cependant c'était déjà beaucoup; car, si on lui avait tenu parole pour le duc, il n'y avait aucun motif à ce qu'on lui manquât de parole pour Hélène.

— Oh! monseigneur, s'écria Gaston, que vous êtes bon de vous rendre à la prière d'un pauvre prisonnier!

— C'était un devoir pour moi, monsieur, répondit le duc. Puis, d'ailleurs, j'avais à vous remercier.

— Moi! dit Gaston étonné; et qu'ai-je donc fait qui mérite les remercîments de Votre Excellence?

— Vous avez été interrogé, vous avez été conduit à la salle de la torture, on vous a fait comprendre qu'on vous ferait grâce si vous nommiez vos complices, et cependant vous avez gardé le silence

— C'était un engagement pris, et je l'ai tenu, voilà tout : cela ne vaut pas un remercîment, monseigneur.

— Et maintenant, monsieur, dites-moi, reprit le duc, si je puis vous être bon à quelque chose.

— Avant tout, rassurez-moi sur vous-même, monseigneur. N'avez-vous point été inquiété?

— Aucunement.

— Tant mieux.

— Et, si les conjurés de Bretagne sont aussi discrets que vous, je ne doute pas que mon nom ne soit pas même prononcé dans ces malheureux débats.

— Oh! je réponds d'eux, monseigneur, comme de moi-même. Mais vous, répondez-vous de la Jonquière?

— De la Jonquière? dit le duc embarrassé.

— Oui; ne savez-vous pas que lui aussi est arrêté.

— Si fait, j'ai entendu dire quelque chose comme cela,

— Eh bien, monseigneur, je vous demande ce que vous en pensez?

— Je ne puis rien vous dire là-dessus, monsieur, sinon qu'il a toute ma confiance.

— S'il a votre confiance, c'est qu'il en est digne; voilà tout ce que je voulais savoir, monseigneur.

— Alors, monsieur, revenez à cette demande que vous alliez me faire.

— Votre Excellence a vu cette jeune fille que j'ai conduite chez elle?

— Mademoiselle Hélène de Chaverny; oui, monsieur, je l'ai vue.

— Eh bien, monseigneur, ce que je n'ai pas eu le temps de vous dire alors, je vais vous le dire à cette heure : cette jeune fille, je l'aime depuis un an! Le rêve de cette année avait été de consacrer ma vie à son bonheur... Je dis le rêve, monseigneur, car, lorsque j'étais éveillé, je savais bien que tout espoir de bonheur m'était défendu; et cependant, pour donner un nom, une position, une fortune à cette jeune fille, au moment où j'ai été arrêté, elle allait devenir ma femme.

— Sans l'aveu de ses parents, sans le consentement de sa famille? dit le duc.

— Elle n'avait ni famille ni parents, monseigneur; et, selon toute probabilité, elle allait être vendue à quelque grand seigneur, lorsqu'elle a cru devoir quitter la personne qu'on avait placée près d'elle.

— Mais qui a pu vous faire croire que mademoiselle Hélène de Chaverny allait être victime d'un honteux marché?

— Ce qu'elle m'a raconté elle-même d'un prétendu père qui se cachait, de diamants qu'on lui avait offerts. Puis, savez-vous où je l'ai retrouvée, monseigneur? dans une de ces maisons infâmes destinées aux plaisirs de nos roués... elle, un ange de candeur et de pureté! Bref, monseigneur, cette jeune fille s'est enfuie avec moi, malgré les cris de sa gouvernante, en plein jour, à la face des laquais qu'on avait placés autour d'elle; elle est restée deux heures seule avec moi, et, quoiqu'elle soit pure encore comme au jour où elle reçut le premier baiser de sa mère, elle n'en est pas moins compromise à cette heure. — Eh bien, monseigneur, je voudrais que le mariage projeté s'accomplît.

— Dans la situation où vous êtes, monsieur? demanda le duc.

— Raison de plus, monseigneur.

— Mais peut-être vous faites-vous illusion sur la peine qui vous est réservée.

— C'est probablement la même qui, en circonstance pareille, a frappé le comte de Chalais, le marquis de Cinq-Mars et le chevalier Louis de Rohan.

— Ainsi vous êtes préparé à tout, monsieur, même à la mort?

— Je m'y étais préparé, monseigneur, du jour où je suis entré dans le complot : la seule excuse du conspirateur, c'est qu'en enlevant la vie aux autres il met la sienne au jeu.

— Et cette jeune fille, que gagnera-t-elle à ce mariage?

— Monseigneur, sans être riche, j'ai quelque fortune, elle est pauvre; j'ai un nom, et elle n'en a pas. Je voudrais lui laisser mon nom et ma fortune, et, à cet effet, j'ai déjà fait demander au roi que mes biens ne fussent pas confisqués, que mon nom ne fût pas déclaré infâme; quand on saura pour quelle cause je fais ces deux demandes, sans doute on me les accordera. Si je meurs sans qu'elle soit ma femme, on la croira ma maîtresse, et elle est déshonorée, perdue! et il n'y a plus d'avenir pour elle; si, au contraire, par votre protection ou par celle de vos amis, et cette protection je l'implore à mains jointes, nous sommes unis, nul n'a rien à lui reprocher : le sang qui coule sur un échafaud politique ne tache point la famille; aucune honte ne rejaillira sur ma veuve, et, si elle ne vit pas heureuse, elle vivra du moins indépendante et honorée. Voici la grâce que j'avais à vous demander, monseigneur; est-il en votre pouvoir de me l'obtenir?

Le duc s'avança vers la porte par laquelle il était entré, et frappa trois coups : la porte s'ouvrit, et le lieutenant Maison-Rouge parut.

— Monsieur le lieutenant, dit le duc, veuillez demander, de ma part, à M. Delaunay si la jeune fille qui est à la porte, et qui attend dans mon carrosse, peut pénétrer jusqu'ici? Il sait que, comme la mienne, sa visite est autorisée. Vous aurez la bonté de l'amener ici, n'est-ce pas?

— Comment! monseigneur, Hélène est là, à la porte?

— Ne vous avait-on pas promis qu'elle viendrait?

— Oh si! mais, en vous voyant seul, j'avais perdu tout espoir.

— J'avais voulu vous voir d'abord, présumant que vous auriez mille choses à me dire qu'elle ne devait pas entendre : car je sais tout, monsieur.

— Vous savez tout! que voulez-vous dire?

— Je sais qu'hier vous avez été appelé à l'Arsenal.

— Monseigneur!

— Je sais que vous y avez trouvé d'Argenson; je sais qu'il vous a lu votre arrêt.

— Grand Dieu!

— Je sais que vous êtes condamné à mort enfin, et que l'on a exigé votre parole que vous ne le diriez à personne.

— Oh! monseigneur, silence! silence! un mot de cela, et vous tuez Hélène!

— Soyez tranquille, monsieur. Mais, voyons, n'y a-t-il donc aucun moyen d'échapper à cette mort?

— Il faudrait des jours pour préparer et exécuter un plan d'évasion, et, Votre Excellence le sait, à peine si j'ai des heures.

— Aussi je ne vous parle point de cela. Je vous demande si vous n'avez aucune excuse à donner à votre crime?

— A mon crime! reprit Gaston, étonné qu'un complice se servît de cette expression.

— Eh! mon Dieu! oui, reprit le duc se reprenant, vous savez que c'est ainsi que les hommes appellent le meurtre d'un homme; seulement la postérité juge, et de ce crime fait quelquefois une grande action.

— Je n'ai aucune excuse à donner, monseigneur; si ce n'est que je crois la mort du régent nécessaire au bonheur de la France.

— Oui, reprit en souriant le duc; mais vous comprenez bien que ce n'est point là une excuse à donner à Philippe d'Orléans. J'aurais voulu quelque chose de personnel. Tout ennemi politique que je sois du régent, je dois dire qu'il ne passe point pour un méchant homme. On le dit miséricordieux, et nulle exécution capitale n'a été faite sous son règne.

— Vous oubliez le comte de Horn, roué en Grève.

— C'était un assassin.

— Mais que suis-je donc, moi, si ce n'est un assassin comme le comte de Horn?

— Avec cette différence que le comte de Horn assassinait pour voler, lui.

— Je ne peux et ne veux rien demander au régent, dit Gaston.

— Non pas vous personnellement, monsieur, je le sais, mais vos amis. Si vos amis avaient une excuse plausible à faire valoir, peut-être le prince irait-il lui-même au-devant de vos désirs; peut-être ferait-il grâce.

— Je n'en ai aucune, monseigneur.

— C'est impossible, monsieur, permettez-moi de vous le dire. Une résolution comme celle que vous avez prise ne naît pas dans le cœur d'un homme sans un motif quelconque, sans un sentiment de haine, sans un besoin de vengeance. Et tenez, je me le rappelle, vous l'avez dit au capitaine la Jonquière, qui me l'a redit : vous avez hérité d'une haine de famille. Voyons, dites-moi quelle était la cause de cette haine?

— Inutile, monseigneur, de vous fatiguer de tout cela. L'événement qui a donné lieu à cette haine n'aurait aucun intérêt pour Votre Excellence.

— N'importe, dites toujours.

— Eh bien, le régent a tué mon frère.

— Le régent a tué votre frère!... Que dites-vous?... impossible... monsieur Gaston! s'écria le duc d'Olivarès.

— Oui, tué; si de l'effet on remonte à la cause.

— Expliquez-vous, parlez. Comment le régent a-t-il pu?...

— Mon frère, qui était plus âgé que moi de quinze ans et qui a remplacé près de moi mon père, mort trois mois avant ma naissance, ma mère, morte pendant que j'étais au berceau; mon frère était amoureux d'une jeune fille qui, par les ordres du prince, était élevée dans un couvent.

— Dans quel couvent, le savez-vous?

— Non; je sais seulement que c'était à Paris.

Le duc murmura quelques mots que Gaston n'écouta point ou ne put entendre.

— Mon frère, parent de l'abbesse de ce couvent, avait eu l'occasion de voir cette jeune fille; il en était devenu amoureux; il l'avait demandée en mariage. On avait sollicité du prince son agrément à cette union, et il avait fait semblant d'y consentir, lorsque cette jeune fille, séduite par son prétendu protecteur, disparut tout à coup. Pendant trois mois, mon frère espéra la retrouver; mais toutes ses recherches furent inutiles : il n'en eut aucune nouvelle, et, de désespoir, il se fit tuer à la bataille de Ramillies.

— Et comment s'appelait cette jeune fille qu'aimait votre frère? demanda vivement le duc.

— Personne ne l'a jamais su, monseigneur; dire son nom, c'était le déshonorer.

— Plus de doute, c'était elle! murmura le duc, c'était la mère d'Hélène. Et votre frère se nommait?... ajouta-t-il tout haut.

— Olivier de Chanlay, monseigneur.

— Olivier de Chanlay... répéta tout bas le duc. Je savais bien que ce nom de Chanlay ne m'était pas étranger.

Puis tout haut :

— Continuez, monsieur, dit-il, je vous écoute.

— Vous ne savez pas ce que c'est qu'une haine d'enfance, monseigneur, et dans un pays comme le nôtre surtout. J'aimais mon frère de tout l'amour que j'aurais eu pour nos parents. Un jour, je me trouvai seul au monde. Je grandis dans l'isolement du cœur et dans l'espoir de la vengeance; je grandis au milieu de gens qui me répétaient : « C'est le duc d'Orléans qui a tué ton frère. » Puis, un jour, ce duc d'Orléans devint régent de France. Vers le même temps, la ligue bretonne s'organisa. J'y entrai un des premiers. Vous savez le reste, monseigneur; vous voyez qu'il n'y a rien dans tout cela qui soit bien intéressant pour Votre Excellence.

— Si fait, monsieur, et vous vous trompez sur ce point, reprit le duc; malheureusement, monsieur, le régent a bien des fautes de ce genre à se reprocher.

— Vous comprenez donc, continua Gaston, qu'il faut que ma destinée s'accomplisse, et que je ne puis rien demander à cet homme.

— Oui, monsieur, vous avez raison, dit le duc, il faut que les choses se fassent toutes seules, si elles se font.

En ce moment, la porte s'ouvrit et le lieutenant Maison-Rouge reparut.

— Eh bien, monsieur? demanda le duc.

— M. le gouverneur avait effectivement reçu de M. le lieutenant de police l'ordre de laisser communiquer le prisonnier avec mademoiselle Hélène de Chaverny. Faut-il que je la fasse monter?

— Monseigneur..., dit Gaston en regardant le duc d'un air suppliant.

— Oui, monsieur, répondit celui-ci, je comprends; la douleur et l'amour ont leur pudeur qui ne veut pas de témoins. Je viendrai reprendre mademoiselle Hélène.

— La permission est pour une demi-heure seulement, dit Maison-Rouge.

— Je vous laisse, dit le duc; je viendrai la reprendre dans une demi-heure.

Et il sortit après avoir salué Gaston.

Maison-Rouge fit alors sa ronde autour de la chambre, examina chaque porte, s'assura que les sentinelles étaient bien devant les fenêtres, et sortit à son tour.

Un instant après, la porte se rouvrit et Hélène apparut pâle, tremblante et balbutiant des remercîments et des questions au lieutenant de la Bastille, qui la salua fort courtoisement et se retira sans lui répondre.

Ce fut alors seulement qu'en regardant autour d'elle Hélène aperçut Gaston. Comme on avait fait pour le duc et contrairement à l'usage toujours suivi, on avait laissé les jeunes gens seuls.

Gaston courut à Hélène, Hélène à Gaston; et, sans autre idée que leurs souffrances passées et que l'avenir si sombre, ils s'étreignirent avec ardeur.

— Enfin! s'écria la jeune fille le visage inondé de larmes;

— Oui, enfin! répéta Gaston.

— Helas! vous revoir ici, dans cette prison, murmura Hélène en regardant avec terreur autour d'elle; ne pas pouvoir vous parler librement, être surveillés, écoutés peut-être!

— Ne nous plaignons pas, Hélène; car il y a une exception en notre faveur. Jamais un prisonnier n'a pu serrer contre son cœur une amie, une parente. Ordinairement, voyez-vous, Hélène, le visiteur est là-bas contre ce mur, le prisonnier à l'autre extrémité; un soldat se tient au milieu de la chambre, et le sujet de la conversation est fixé d'avance.

— A qui devons-nous cette faveur?

— Il faut bien que je le dise, Hélène, au régent, sans doute; car lorsque hier j'ai demandé à M. d'Argenson la permission de vous voir, il a dit que cela dépassait ses pouvoirs, et qu'il lui fallait en référer au régent.

— Mais vous, Gaston, maintenant que je vous trouve, vous allez me raconter en détail ce qui s'est passé depuis un siècle de larmes et de souffrances. Ah! dites-moi, mes pressentiments ne me trompaient donc point! Vous conspiriez! Oh! ne niez pas : je le savais.

— Eh bien, oui, Hélène. Vous le savez, nous autres Bretons, nous sommes constants dans nos haines comme dans nos amours; une ligue s'est organisée en Bretagne, toute la noblesse y a pris part. Devais-je faire autrement que faisaient mes frères? Je vous le demande Hélène, le devais-je? le pouvais-je? ne m'eussiez-vous pas méprisé quand vous auriez vu toute la Bretagne en armes, et moi seul oisif, une cravache à la main, tandis que les autres y tenaient une épée?

— Oh! non, non, vous avez raison, Gaston, Mais pourquoi n'êtes-vous pas resté avec les autres en Bretagne?

— Les autres sont arrêtés comme moi, Hélène.

— Vous avez donc été dénoncés, trahis?

— Probablement. Mais asseyez-vous là, Hélène; laissez-moi vous regarder maintenant que nous sommes seuls, laissez-moi vous dire que vous êtes belle, laissez-moi vous dire que je vous aime. Et vous, vous, Hélène, comment vous êtes-vous trouvée en mon absence?... Le duc...

— Oh! si vous saviez, Gaston, comme il a été bon pour moi. Chaque soir, il m'est venu voir; que de soins! que de prévenances!

— Et, dit Gaston que le mot jeté au hasard par le faux la Jonquière mordait au cœur en ce moment; et, dans ses soins, dans ses prévenances, rien de suspect?

— Que voulez-vous dire, Gaston? demanda Hélène.

— Que le duc est encore jeune et que, comme je vous le disais tout à l'heure, vous êtes bien belle.

— Oh! grand Dieu! oh! non, non, Gaston; cette fois, il n'y a pas à s'y tromper; et, quand il était là, près de moi, aussi près que vous êtes vous-même en ce moment, eh bien, il y avait des instants, Gaston, où je croyais avoir retrouvé mon père.

— Pauvre enfant!

— Oui, par un hasard étrange et dont je ne puis me rendre compte, il y a, dans la voix du duc et dans celle de cet homme qui est venu me voir à Rambouillet une ressemblance qui tout d'abord m'a frappée.

— Vous croyez? dit Gaston distrait.

— Mais à quoi pensez-vous, mon Dieu? dit

Hélène; il me semble que vous n'écoutez pas ce que je vous dis.

— Moi, Hélène, moi! quand chacune de vos paroles retentit au plus profond de mon cœur.

— Non, vous êtes inquiet. Oh! Gaston, je comprends cela. Conspirer, c'est jouer sa vie. Mais, soyez tranquille, Gaston; je l'ai dit au duc : si vous mourez, je mourrai.

Gaston tressaillit.

— Ange que vous êtes! dit-il.

— Oh! mon Dieu! continua Hélène, comprenez-vous un supplice pareil? Sentir que l'homme qu'on aime court un danger d'autant plus terrible qu'il est inconnu, sentir qu'on ne peut rien pour lui, rien au monde que verser des larmes inutiles, et cela quand on donnerait sa vie pour racheter la sienne!

Le visage de Gaston s'illumina d'un rayon de bonheur : c'était la première fois qu'il entendait de si douces paroles sortir de la bouche de sa bien-aimée, et, sous l'impression d'une pensée qu'il paraissait mûrir depuis quelques instants :

— Si fait, mon Hélène, dit-il en lui prenant les mains; si fait, tu te trompes, car tu peux beaucoup pour moi.

— Et que puis-je donc? mon Dieu!

— Tu peux consentir à devenir ma femme, dit Gaston en regardant Hélène fixement.

Hélène tressaillit.

— Moi votre femme? dit-elle.

— Oui, Hélène; ce projet arrêté pendant que nous étions libres, tu peux le réaliser pendant ma captivité. Hélène, ma femme, ma femme devant Dieu et devant les hommes! ma femme dans ce monde et dans l'autre, dans les temps et l'éternité! Voilà ce que d'un mot tu peux devenir pour moi, Hélène; crois-tu donc que ce ne soit rien?

— Gaston, dit Hélène en regardant fixement le jeune homme, vous me cachez quelque chose.

Ce fut Gaston qui tressaillit à son tour.

— Moi! dit-il; et que voulez-vous que je vous cache?

— Vous m'avez dit vous-même que vous aviez vu M. d'Argenson hier.

— Oui, eh bien?

— Eh bien, Gaston, dit en pâlissant Hélène, vous êtes condamné!

Gaston prit une résolution soudaine.

— Eh bien, oui, dit-il, je suis condamné à la déportation; et je voulais, égoïste que je suis, vous attacher à moi par des liens indissolubles avant de quitter la France.

— Gaston, dit Hélène, est-ce bien vrai ce que vous me dites?

— Oui. Aurez-vous bien le courage de devenir la femme d'un proscrit, Hélène; de vous condamner à l'exil?

— Tu le demandes, Gaston! s'écria Hélène les yeux rayonnant d'enthousiasme. L'exil!... Oh! merci, mon Dieu! Moi, qui eusse accepté avec toi une prison éternelle et qui me serais encore regardée comme trop heureuse! Oh! je vais donc t'accompagner, je vais donc te suivre! Cette condamnation, mais songes-y, c'est un bonheur immense auprès de celle que nous redoutions. Moins la France, le monde tout entier est à nous. Oh! Gaston... Gaston, nous pouvons encore être heureux!

— Oui, Hélène, oui, murmura Gaston avec effort.

— Mais sans doute, reprit Hélène; mais juge donc quel sera mon bonheur! La France, pour moi, c'est le pays où tu seras! Ma patrie, c'est ton amour. J'aurai, je le sais bien, à te faire oublier la Bretagne, tes amis, tes rêves d'avenir; mais je t'aimerai tant, vois-tu, que je te ferai oublier tout cela!

Gaston ne put que prendre les mains d'Hélène et les couvrir de baisers.

— Le lieu de ton exil est-il fixé? reprit Hélène; te l'a-t-on dit? Quand pars-tu? Nous partirons ensemble, n'est-ce pas? Mais réponds donc!

— Mon Hélène, répondit Gaston, c'est impossible; on nous sépare momentanément du moins. Je dois être conduit à la frontière de France, je ne sais encore à laquelle; une fois hors du royaume, je suis libre, et alors tu viens me rejoindre.

— Oh! mieux que cela, Gaston, s'écria Hélène, mieux que cela : par le duc, je sais d'avance dans quel pays ils veulent t'exiler, et, au lieu d'aller te rejoindre, je vais t'y attendre. En descendant de voiture, tu me trouveras là pour adoucir tes adieux à la France; puis il n'y a que la mort qui soit sans retour : plus tard, le roi te fera grâce; plus tard, peut-être même l'action dont aujourd'hui l'on te punit sera une action qui méritera sa récompense. Alors nous reviendrons; alors rien ne nous empêchera plus de retourner en Bretagne, ce berceau de notre amour, ce paradis de nos souvenirs. Oh! reprit Hélène avec un accent d'amour mêlé d'impatience, dis-moi donc que tu partages mon espoir, dis-moi donc que tu es content, dis-moi donc que tu es heureux!

— Oh! oui, oui, Hélène! s'écria Gaston. Oui, je suis heureux, car c'est à cette heure seulement que je sais quel ange m'a aimé. Oh! oui, Hélène! je te le dis, une heure d'un amour pareil au tien et puis mourir, cela vaudrait mieux qu'une longue vie sans être aimé.

— Eh bien, voyons, continua Hélène rattachant toute son âme au nouvel avenir qui se présentait à elle; maintenant que vont-ils faire? me laisseront-ils revenir ici avant ton départ? Quand et comment nous reverrons-nous? Pourras-tu recevoir mes lettres? Te permettront-ils de me répondre? Demain matin, à quelle heure pourrai-je me présenter à ta prison?

— On m'a presque promis que notre mariage aurait lieu ce soir ou demain.

— Ici! dans une prison! dit Hélène en frissonnant malgré elle.

— Quelque part qu'il ait lieu, Hélène, ne me liera-t-il pas à toi pour le reste de ma vie?

— Mais, dit Hélène, si l'on te manquait de parole? si l'on te faisait partir avant que je te revisse?

— Hélas! dit Gaston avec un serrement de cœur terrible, cela est encore possible, ma pauvre Hélène, et voilà ce que je crains.

— Oh! mon Dieu! crois-tu donc ton départ si proche?

— Tu sais, Hélène, répondit Gaston, les prisonniers ne s'appartiennent pas : d'un moment à l'autre on peut les venir prendre, les enlever.

— Oh! qu'ils viennent, qu'ils viennent! s'écria Hélène, plus tôt tu seras libre, plus tôt nous serons réunis. Je n'ai pas besoin d'être ta femme pour te suivre, pour aller te joindre. Je connais la loyauté de mon Gaston, et de ce jour je te regarde comme mon époux devant Dieu. Oh! pars bien vite, au contraire, Gaston, car, tant qu'ils te tiendront sous ces murs épais et lourds, je craindrai pour ta vie; pars, et dans huit jours nous serons réunis, sans absence qui nous menace, sans témoins qui nous épient, réunis pour toujours.

En ce moment on ouvrit la porte.

— Oh! mon Dieu! déjà! s'écria Hélène.

— Mademoiselle, dit le lieutenant, le temps accordé pour votre visite est écoulé et au delà.

— Hélène! dit Gaston en se cramponnant aux mains de la jeune fille avec un frissonnement nerveux dont il n'était pas le maître.

— Eh bien, quoi, mon ami? reprit Hélène en le regardant avec terreur; qu'avez-vous? vous pâlissez?

— Moi!... non, non, rien! reprit Gaston redevenant maître de lui-même à force de volonté, rien...

Et il baisa les mains d'Hélène en souriant.

— A demain, dit Hélène.

— Oui, à demain.

En ce moment, le duc parut à son tour sur le seuil de la porte. Le chevalier courut à lui.

— Monseigneur, lui dit Gaston en lui saisissant les mains, monseigneur, faites tout ce que vous pourrez pour obtenir qu'elle soit ma femme. Mais si vous ne l'obtenez pas, jurez-moi qu'au moins elle sera votre fille.

Le duc serra les mains de Gaston; il était tellement ému qu'il ne pouvait répondre.

Hélène s'approcha; le chevalier se tut, craignant qu'elle n'entendît.

Il tendit une main à Hélène, qui lui tendit son front; de grosses larmes silencieuses coulaient sur les joues de la jeune fille. Gaston fermait les yeux, pour ne pas pleurer en la voyant pleurer.

Enfin il fallut se quitter. Gaston et Hélène échangèrent un long et dernier regard.

Le duc tendit la main à Gaston.

C'était une chose étrange que cette sympathie entre deux hommes dont l'un était venu de si loin pour tuer l'autre.

La porte se referma, et Gaston tomba sur un fauteuil. Toutes les forces du malheureux jeune homme étaient épuisées.

Au bout de dix minutes, le gouverneur rentra. Il venait chercher Gaston pour le ramener dans sa chambre.

Gaston le suivit morne et silencieux, et, lorsque le gouverneur lui demanda s'il ne désirait rien, s'il n'avait besoin de rien, il secoua seulement la tête.

La nuit venue, mademoiselle de Launay fit le signal qui annonçait qu'elle avait quelque chose à communiquer à son voisin.

Gaston ouvrit la fenêtre, et tira à lui une lettre qui en renfermait une autre.

Il se procura de la lumière par ses moyens ordinaires. La première lettre était à son adresse.

« Cher voisin, lut-il.

« Le couvre-pieds n'était pas si méprisable que je le croyais; il contenait un petit papier sur lequel était écrit le mot que m'avait déjà dit Herment : « *Espérez.* »

« De plus, il renfermait cette lettre pour M. de Richelieu. Faites-la passer à Dumesnil, qui la fera passer au duc.

« Votre servante,

« DE LAUNAY. »

— Hélas! dit Gaston avec un triste sourire, quand je ne serai plus là, je leur manquerai bien!

Et il appela Dumesnil, auquel il fit passer la lettre.

XXXII

LES AFFAIRES D'ÉTAT ET LES AFFAIRES DE FAMILLE.

En quittant la Bastille, le duc avait ramené Hélène chez elle en lui promettant de venir la voir, comme d'habitude, de huit à dix heures du soir, promesse dont Hélène lui eût eu une reconnaissance plus grande encore si elle eût su que, le même soir, Son Altesse avait grand bal masqué à Monceaux.

En rentrant au Palais-Royal, le duc demanda Dubois; on lui répondit qu'il était dans son cabinet et travaillait.

Le duc monta lestement les escaliers, selon sa coutume, et entra dans l'appartement sans vouloir qu'on l'annonçât.

En effet, Dubois, assis devant une table, travaillait avec une telle ardeur qu'il n'entendit même pas le duc, qui, après avoir ouvert et refermé la porte, s'avança sur la pointe du pied, et regarda par-dessus son épaule à quelle sorte de travail il se livrait avec tant d'acharnement.

Il écrivait, sur une espèce de tableau, des noms avec des accolades, avec une instruction détaillée en face de chaque nom.

— Que diable fais-tu donc là, l'abbé? dit le régent.

— Ah! c'est vous, monseigneur! pardon. Je ne vous avais pas entendu venir... sans quoi...

— Je ne te demande pas cela, dit le régent; je te demande ce que tu fais là?

— Je signe les billets d'enterrement de nos amis de Bretagne.

— Mais rien n'est décidé encore sur leur sort; tu vas comme un fou, et la sentence de la commission...

— Je la connais, dit Dubois.

— Elle est donc rendue?

— Non, mais je l'ai dictée avant son départ.

— Savez-vous que c'est odieux, l'abbé, ce que vous faites là!

— En vérité, monseigneur, vous êtes insupportable! Mêlez-vous de vos affaires de famille, et laissez-moi mes affaires d'État.

— Mes affaires de famille!

— Ah! pour celles-là, je l'espère, je suis de bonne composition, ou, pardieu! vous êtes bien difficile. Vous me recommandez M. Gaston de Chanlay, et, sur votre recommandation, je lui fais une Bastille à l'eau de rose : des repas succulents, des messes charmantes, un gouverneur adorable; je lui laisse percer des trous dans vos planchers et dégrader vos murs, qui nous coûtent très-cher à réparer. Depuis son entrée, tout le monde est en fête : Dumesnil bavarde toute la journée par sa cheminée, mademoiselle de Launay pêche à la ligne par sa fenêtre, Pompadour boit du vin de Champagne. Il n'y a pas jusqu'à Laval qui ne prenne des lavements à tout rompre : trois par jour. Il n'y a rien à dire à cela, ce sont vos affaires de famille. Mais là-bas, en Bretagne, ah! vous n'avez rien à y voir, monseigneur, et je vous défends d'y regarder, à moins toutefois que vous n'ayez encore semé par là un quart de douzaine de filles inconnues, ce qui est bien possible.

— Dubois, faquin!

— Ah! vous croyez avoir tout dit quand vous m'avez appelé Dubois, et que vous avez ajouté l'épithète de faquin à mon nom; eh bien, faquin, tant qu'il vous plaira. Mais, en attendant, sans le faquin vous étiez assassiné.

— Eh bien, après?

— Après! Ah! l'homme d'État! eh bien, après j'étais pendu moi peut-être; voilà d'abord une considération; ensuite madame de Maintenon était régente de France. Quelle facétie! après!... Et dire que c'est un prince philosophe qui hasarde de pareilles naïvetés! O Marc-Aurèle! n'est-ce pas lui qui a dit cette absurdité, monseigneur : *Populos esse demum felices, si reges philosophi forent, aut philosophi reges?* En voilà un échantillon.

Et, ce disant, Dubois écrivait toujours.

— Dubois, dit le régent, tu ne connais pas ce garçon!

— Quel garçon?

— Le chevalier.

— Vraiment! Vous me le présenterez quand il sera votre gendre.

— Alors ce sera demain, Dubois.

L'abbé se retourna stupéfait, les deux mains appuyées aux bras de son fauteuil, et regardant le régent de ses petits yeux aussi écarquillés que le permettait l'exiguïté des paupières.

— Ah çà! monseigneur, êtes-vous fou? dit-il.

— Non, mais c'est un honnête homme, et les honnêtes gens sont rares; tu le sais mieux que personne, l'abbé.

— Honnête homme! ah! monseigneur, permettez-moi de vous dire que vous entendez singulièrement l'honnêteté.

— Oui; dans tous les cas, je ne crois pas que toi et moi l'entendions de la même manière.

— Et qu'a-t-il fait de plus, l'honnête homme? a-t-il empoisonné le poignard avec lequel il devait vous frapper? En ce cas, il n'y aurait rien à dire; ce serait plus qu'un honnête homme, ce serait un saint. Nous avons déjà saint Jacques Clément, saint Ravaillac; saint Gaston manque à notre calendrier. Vite, vite, monseigneur, vous qui ne voulez pas demander au pape le cardinalat pour votre ministre, demandez-lui la canonisation pour votre assassin, et, pour la première fois de votre vie, vous serez logique.

— Dubois, je te dis qu'il y a peu d'hommes capables de faire ce qu'a fait ce jeune homme.

— Peste! heureusement. S'il y en avait seulement dix en France, je vous déclare, monseigneur, que je donnerais ma démission.

— Je ne parle pas de ce qu'il a voulu faire, dit le régent, je parle de ce qu'il a fait.

— Eh bien, qu'a-t-il fait? Voyons, j'écoute. Je ne demande pas mieux que d'être édifié, moi

— D'abord, il a tenu le serment qu'il a fait à d'Argenson.

— Oh! cela, je n'en doute pas; c'est un garçon fidèle à sa parole; et, sans moi, il tenait aussi celui qu'il avait fait à MM. de Pontcalec, Mont-Louis, Talhouet, etc., etc.

— Oui, mais l'un était plus difficile que l'autre; il avait juré de ne pas parler de sa condamnation à personne, et il n'en a pas parlé à sa maîtresse.

— Ni à vous?

— A moi il m'en a parlé, parce que je lui ai dit qu'il était inutile de nier, et que je la connaissais. Alors il m'a défendu de rien demander pour lui au régent, ne désirant obtenir, m'a-t-il dit, qu'une seule grâce.

— Laquelle, voyons?

— Celle d'épouser Hélène, afin de lui laisser une fortune et un nom.

— Bon! il veut laisser une fortune et un nom à votre fille. Eh bien, mais il est poli, votre gendre!

— Oublies-tu que tout cela est un secret pour lui?

— Qui sait?

— Dubois, j'ignore dans quoi on t'a trempé les mains le jour où tu es venu au monde; mais ce que je sais, c'est que tu salis tout ce que tu touches.

— Excepté les conspirateurs, monseigneur; car il me semble qu'en pareille circonstance, au contraire, je nettoie assez bien. Voyez les Cellamare! hein! comme cela a été lavé! Dubois par ci, Dubois par là! J'espère que l'apothicaire a joliment purgé la France de l'Espagne. Eh bien, il en sera de même de nos Olivarès qu'il en a été de nos Cellamare. Il n'y a plus que la Bretagne d'engorgée; une bonne médecine à la Bretagne, et tout sera fini.

— Dubois, tu plaisanterais avec l'Évangile.

— Pardieu! j'ai commencé par là.

Le régent se leva.

— Allons, allons, monseigneur, dit Dubois, j'ai tort, j'oubliais que vous êtes à jeun. Voyons la fin de l'histoire.

— Eh bien, la fin de l'histoire est que j'ai promis de demander cette autorisation au régent, et que le régent l'accordera.

— Le régent fera une sottise.

— Non, monsieur, il réparera une faute.

— Allons, bien! il ne nous manquait plus que de découvrir que vous deviez une réparation à M. de Chanlay.

— Pas à lui, mais à son frère.

— Encore mieux; mais ce gaillard-là, c'est l'agneau de la Fontaine; et que lui avez-vous fait à ce frère?

— Je lui ai enlevé une femme qu'il aimait.

— Laquelle?

— La mère d'Hélène.

— Eh bien, pour cette fois vous avez eu tort, car si vous la lui aviez laissée, nous n'aurions pas aujourd'hui toute cette mauvaise affaire sur les bras.

— Nous l'avons, il faut nous en tirer du mieux possible.

— C'est à quoi je travaille... Et à quand le mariage, monseigneur?

— A demain.

— Dans la chapelle du Palais-Royal? Vous serez là en costume de chevalier de l'ordre, vous étendrez les deux mains sur la tête de votre gendre; une de plus qu'il n'en voulait étendre vers vous. Ce sera on ne peut plus touchant.

— Non, cela ne se passera pas tout à fait ainsi. Ils se marieront à la Bastille, et je serai dans une chapelle où ils ne pourront me voir.

— Eh bien, monseigneur, je demande à y être avec vous. C'est une cérémonie que je veux voir. On dit ces sortes de choses fort attendrissantes.

— Non pas, tu me gênerais. Ta laide physionomie dénoncerait mon incognito.

— Votre belle physionomie est plus reconnaissable encore, monseigneur, dit Dubois en s'inclinant. Il y a des portraits de Henri IV et de Louis XIV à la Bastille.

— C'est bien flatteur.

— Monseigneur se retire?

— Oui, j'ai donné un rendez-vous à Delaunay.

— Le gouverneur de la Bastille?

— Oui.

— Allez, monseigneur, allez.

— A propos, te verra-t-on cette nuit à Monceaux?

— Peut-être.

— As-tu ton déguisement?

— J'ai mon costume de la Jonquière.

— Chut! il n'est de mise qu'au *Muids-d'Amour*, et à la rue du Bac.

— Monseigneur oublie la Bastille, où il a quelque succès. Sans compter, ajouta Dubois avec son sourire de singe, ceux qu'il y aura encore.

— C'est bien. Adieu, l'abbé.

— Adieu, monseigneur.

Le régent sortit.

Resté seul, Dubois s'agita sur son fauteuil, puis resta pensif, puis se gratta le nez, puis sourit.

C'était signe qu'il prenait une grande résolution.

En conséquence, il allongea la main vers la sonnette et sonna.

Un huissier entra.

— M. Delaunay, le gouverneur de la Bastille, va venir chez monseigneur le régent, dit-il; guettez-le à sa sortie, et amenez-le-moi.

L'huissier s'inclina, et se retira sans répondre.

Dubois se remit à son travail funèbre.

Au bout d'une demi-heure, la porte se rouvrit, et l'huissier annonça M. Delaunay.

Dubois lui remit une note très-détaillée.

— Lisez cela, lui dit Dubois. Je vous donne les instructions écrites, afin que vous n'ayez aucun prétexte pour vous en écarter.

Delaunay lut la note avec tous les signes d'une consternation croissante.

— Ah! monsieur, dit-il lorsqu'il eut fini, vous voulez donc me perdre de réputation?

— Comment cela?

— Demain, lorsqu'on saura ce qui s'est passé...

— Qui le dira? est-ce vous?

— Non, mais monseigneur...

— Sera enchanté. Je vous réponds de lui.

— Un gouverneur de la Bastille!

— Tenez-vous à garder ce titre?

— Sans doute.

— Faites ce que j'ordonne, alors.

— Il est cependant bien dur, quand on est surveillant, de fermer les yeux et de se boucher les oreilles.

— Mon cher gouverneur, allez donc faire une visite dans la cheminée de M. Dumesnil, dans le plafond de M. de Pompadour, et dans la seringue de M. de Laval.

— Que dites-vous, monsieur?... Serait-il possible?... Mais vous me parlez là de choses que j'ignore complétement!

— Preuve que je sais mieux que vous ce qui se passe à la Bastille; et si je vous parlais des choses que vous savez, vous seriez bien plus étonné encore.

— Que pourriez-vous me dire? demanda le pauvre gouverneur tout interdit.

— Je pourrais vous dire qu'il y a aujourd'hui huit jours, un des fonctionnaires de la Bastille, et des plus haut placés même, a reçu, de la main à la main, cinquante mille livres pour laisser passer deux marchandes à la toilette.

— Monsieur, c'était...

— Je sais qui c'était, ce qu'elles allaient faire, et ce qu'elles ont fait : c'étaient mesdemoiselles de Valois et de Charolais. Ce qu'elles allaient faire?... elles allaient voir M. le duc de Richelieu; ce qu'elles ont fait?... elles ont mangé des bonbons jusqu'à minuit dans la tour du Coin, où elles comptent retourner demain, à telles enseignes qu'aujourd'hui mademoiselle de Charolais en a fait donner avis à M. de Richelieu.

Delaunay pâlit.

— Eh bien, continua Dubois, croyez-vous que si je racontais de ces sortes de choses au régent, qui est très-friand de scandale, comme vous savez, certain monsieur Delaunay serait longtemps gouverneur à la Bastille? Mais non, je n'en souffle pas le mot; je sais qu'il faut s'entr'aider les uns les autres. Je vous aide, monsieur Delaunay, aidez-moi donc.

— A vos ordres, monsieur, dit le gouverneur.

— Ainsi, c'est dit, je trouverai toutes choses prêtes?

— Je vous le promets, monsieur; mais pas un mot à monseigneur.

— Allons donc! Adieu, monsieur Delaunay.

— Adieu, monsieur Dubois.

Et Delaunay se retira à reculons en faisant force révérences.

— Bon! dit Dubois, et maintenant, monseigneur, à nous deux; et, quand demain, vous voudrez marier votre fille, il ne vous manquera plus qu'une chose, ce sera votre gendre. . .

. . . .

Au moment même où Gaston venait de faire passer à Dumesnil la lettre de mademoiselle de Launay, il entendit des pas dans le corridor; il se hâta d'inviter aussitôt le chevalier à ne plus prononcer une parole, frappa du pied pour prévenir Pompadour de se tenir sur ses gardes, éteignit sa lumière, et jeta son habit sur une chaise, comme s'il commençait à se déshabiller.

En ce moment, la porte s'ouvrit et le gouverneur entra. Comme il n'avait pas l'habitude de visiter les prisonniers à cette heure-là, Gaston jeta un regard rapide et inquiet sur lui, et crut remarquer qu'il était troublé; de plus, le gouverneur, qui paraissait vouloir rester seul avec Gaston, prit la lampe des mains de celui qui la portait. Le chevalier s'aperçut qu'en la posant sur la table la main du gouverneur tremblait.

Les porte-clefs se retirèrent; mais le prisonnier s'aperçut qu'on avait placé deux soldats à sa porte.

Un frisson lui courut par tout le corps; ces apprêts silencieux avaient quelque chose de funèbre.

— Chevalier, dit le gouverneur, vous êtes un homme, et vous m'avez dit de vous traiter en homme; j'ai appris ce soir que votre arrêt vous avait été lu hier.

— Et vous venez me dire, n'est-ce pas, monsieur, dit Gaston avec cette fermeté qu'il reprenait toujours en face du danger; vous venez me dire, n'est-ce pas, que l'heure de mon exécution est arrivée?

— Non, monsieur; mais je viens vous dire qu'elle s'approche.

— Et quand doit-elle avoir lieu?

— Puis-je vous dire la vérité, chevalier?

— Je vous en serai reconnaissant, monsieur.

— Demain, au point du jour.

— Et où cela?

— Sur la place de la Bastille.

— Merci, monsieur; cependant j'avais un espoir.

— Lequel?

— C'est qu'avant de mourir, je deviendrais l'époux de la jeune fille que vous avez conduite près de moi aujourd'hui.

— M. d'Argenson vous avait-il promis cette grâce?

— Non, monsieur; il s'était engagé seulement à la demander au roi.

— Peut-être le roi aura-t-il refusé?

— N'accorde-t-il donc jamais de pareilles grâces?

— C'est rare, monsieur; cependant la chose n'est point sans exemple.

— Monsieur, dit Gaston, je suis chrétien. J'espère qu'on ne me refusera point un confesseur.

— Il est déjà ici.

— Puis-je le voir?

— Dans quelques instants. Pour le moment, je le crois près de votre complice.

— Mon complice! et quel complice?

— Le capitaine la Jonquière.

— Le capitaine la Jonquière! s'écria Gaston.

— Il est condamné comme vous, et sera exécuté avec vous.

— Le malheureux! murmura le chevalier. Et moi qui le soupçonnais!

— Chevalier, dit le gouverneur, vous êtes bien jeune pour mourir.

— La mort ne compte pas les années, monsieur; Dieu lui dit de frapper, et elle obéit.

— Mais lorsqu'on peut écarter le coup qu'elle vous porte, c'est presque un crime de s'offrir à elle comme vous le faites.

— Que voulez-vous dire, monsieur? je ne vous comprends pas.

— Je veux dire que M. d'Argenson a dû vous laisser espérer...

— Assez, monsieur. Je n'ai rien à avouer, et je n'avouerai rien.

En ce moment on frappa à la porte : le gouverneur alla ouvrir.

C'était le major : il échangea quelques mots avec M. Delaunay.

Le gouverneur revint à Gaston, qui, debout et la main appuyée au dossier d'une chaise, était pâle, mais paraissait tranquille.

— Monsieur, lui dit-il, le capitaine la Jonquière me fait demander la permission de vous voir encore une dernière fois.

— Et vous la lui refusez? répondit Gaston avec un sourire légèrement ironique.

— Non, monsieur, je la lui accorde, au contraire, dans l'espérance qu'il sera plus raisonnable que vous, et qu'il vous fait demander pour s'entendre avec vous sur les aveux que vous devez faire.

— Si c'est dans ce but qu'il désire me voir, monsieur le gouverneur, faites-lui répondre que je refuse de me rendre chez lui.

— Je vous dis cela, monsieur, reprit vivement le gouverneur, mais je n'en sais rien; peut-être sa demande n'a-t-elle d'autre but que de se retrouver avec un compagnon d'infortune.

— En ce cas, monsieur, je consens.

— Je vais avoir l'honneur de vous conduire moi-même, dit le gouverneur en s'inclinant.

— Je suis prêt à vous suivre, monsieur, répondit Gaston.

M. Delaunay marcha le premier. Gaston vint derrière, et les deux soldats, qui étaient à la porte, vinrent derrière Gaston.

On traversa les mêmes corridors et les mêmes cours que la première fois; enfin on s'arrêta devant la tour du Trésor.

M. Delaunay plaça les deux sentinelles devant la porte, puis il monta douze marches, toujours suivi de Gaston. Un porte-clefs, qu'il rencontra sur l'escalier, les introduisit tous deux chez la Jonquière.

Le capitaine avait son même habit en lambeaux, et était couché, comme la première fois, sur son lit.

En entendant ouvrir sa porte, il se retourna, et, comme M. Delaunay marchait le premier, sans doute il ne vit que lui, et reprit sa première position.

— Je croyais M. l'aumônier de la Bastille près de vous, capitaine? dit M. Delaunay.

— Il y était, en effet, monsieur, mais je l'ai renvoyé.

— Et pourquoi cela?

— Parce que je n'aime pas les jésuites. Est-ce que vous croyez, morbleu! que j'ai besoin d'un prêtre pour bien mourir?

— Bien mourir, monsieur, n'est pas mourir bravement; c'est mourir chrétiennement.

— Si j'avais voulu un sermon, j'aurais gardé l'aumônier qui s'en serait tiré aussi bien que vous; mais j'avais demandé M. Gaston de Chanlay.

— Et le voilà, monsieur; j'ai pour principe de ne rien refuser à ceux qui n'ont plus rien à attendre.

— Ah! c'est vous, chevalier! dit la Jonquière en se retournant, soyez le bienvenu.

— Capitaine, dit Gaston, je vois avec douleur que vous refusez les secours de la religion.

— Vous aussi! bon! si vous dites encore un mot là-dessus l'un ou l'autre je vous déclare que je me fais huguenot.

— Pardon, capitaine, dit Gaston; mais j'avais cru de mon devoir de vous donner le conseil de faire ce que je ferai moi-même.

— Aussi je ne vous en veux pas, chevalier; quand je serai ministre, je proclamerai la liberté des cultes. Maintenant, monsieur Delaunay, continua la Jonquière en se grattant le nez, vous devez comprendre que lorsqu'on est sur le point d'entreprendre en tête-à-tête un voyage aussi long que celui que nous allons faire le chevalier et moi, on n'est pas fâché de causer un peu sans témoins.

— Je vous comprends, monsieur, et je me retire. Chevalier, vous avez une heure à rester ici; dans une heure on viendra vous reprendre.

— Merci, monsieur, dit Gaston en s'inclinant en signe de remercîment.

Le gouverneur sortit, et Gaston l'entendit donner, en sortant, des ordres qui avaient sans doute pour but un redoublement de surveillance.

Gaston et la Jonquière se retrouvèrent seuls.

— Eh bien? dit le capitaine.

— Eh bien, reprit Gaston, vous aviez raison, et vous me l'aviez bien dit.

— Oui, dit la Jonquière; mais je suis exactement comme cet homme qui tournait autour de Jérusalem en criant : *Malheur!* Pendant sept jours, il tourna en criant ainsi, et, le septième jour, une pierre lancée des murailles l'atteignit et le tua.

— Oui, je sais que vous êtes condamné aussi, et que nous devons mourir ensemble.

— Ce qui vous contrarie un peu, n'est-ce pas?

— Beaucoup ; car j'avais bien des raisons de tenir à la vie.

— On en a toujours.

— Oui ; mais moi plus qu'un autre.

— Alors, mon cher ami, je ne sais qu'un moyen.

— Faire des révélations? Jamais!

— Non, mais fuir avec moi

— Comment! fuir avec vous!

— Oui, je décampe.

— Mais vous savez que notre exécution est fixée à demain matin.

— Aussi je décampe cette nuit même.

— Vous fuyez, dites-vous?

— Parfaitement.

— Et par où? comment?

— Ouvrez cette fenêtre.

— J'y suis.

— Secouez le barreau du milieu.

— Grand Dieu!

— Est-ce qu'il résiste?

— Non, au contraire, il vient.

— A la bonne heure. Il m'a donné assez de peine, Dieu merci!

— Oh! il me semble que c'est un rêve.

— Vous rappelez-vous que vous m'avez demandé si je ne m'amusais pas aussi à percer quelque chose comme les autres?

— Oui; mais vous m'avez répondu...

— Que je vous répondrais plus tard. Voilà ma réponse; trouvez-vous qu'elle en vaille une autre?

— Excellente! mais comment descendre?

— Aidez-moi.

— A quoi?

— A fouiller dans ma paillasse.

— Une échelle de corde!

— Justement.

— Mais comment avez-vous pu vous la procurer?

— Je l'ai reçue, avec une lime, dans un pâté de mauviettes, le jour même de mon arrivée.

— Capitaine, vous êtes décidément un grand homme.

— Je le sais bien. Sans compter encore que je suis un bon homme; car, enfin, je pourrais me sauver seul.

— Et vous avez pensé à moi!

— Je vous ai fait demander en disant que je voulais m'entendre avec vous pour faire des aveux. Je savais bien qu'en les affriandant, je leur ferais faire quelque sottise.

— Dépêchons-nous, capitaine, dépêchons-nous.

— Chut! au contraire, faisons les choses lentement et sagement; nous avons une heure devant nous, et il n'y a pas cinq minutes que le gouverneur est sorti.

— A propos, mais les sentinelles?...

— Bah! il fait noir.

— Mais le fossé, qui est plein d'eau?...

— L'eau est gelée.

— Mais la muraille?...

— Quand nous y serons, il sera temps de nous en occuper

— Faut-il attacher l'échelle?

— Attendez-moi, je désire m'assurer par moi-même qu'elle est solide. Je tiens à mon échine, si pitoyable qu'elle soit, et ne voudrais pas me casser le cou en tâchant d'empêcher qu'on me le coupe.

— Vous êtes le premier capitaine de l'époque, mon cher la Jonquière.

— Bah! j'en ai bien fait d'autres, allez, dit la Jonquière en faisant le dernier nœud à son échelle.

— Est-ce fini? demanda Gaston.

— Oui.

— Voulez-vous que je passe le premier?

— Comme il vous plaira.

— Cela me plaît.

— Allez, en ce cas.

— Est-ce haut?

— Quinze ou dix-huit pieds.

— Bagatelle!

— Oui, pour vous qui êtes jeune, mais pour moi c'est une affaire; soyons donc prudents, je vous prie.

— Soyez tranquille.

En effet, Gaston descendit le premier, lentement et prudemment, suivi par la Jonquière, qui riait sous cape et maugréait chaque fois qu'il se meurtrissait les doigts ou que le vent balançait l'échelle de corde.

— Quelle besogne pour le successeur des Richelieu et des Mazarin! murmurait Dubois entre ses dents. Il est vrai que je ne suis pas encore cardinal; c'est ce qui me sauve.

Gaston toucha l'eau ou plutôt la glace du fossé. Un instant après, la Jonquière était à ses côtés. La sentinelle, à moitié gelée, était dans sa guérite et n'avait rien vu.

— Maintenant suivez-moi, dit la Jonquière.

Gaston suivit le capitaine. De l'autre côté du fossé, une échelle les attendait.

— Vous avez donc des complices? demanda Gaston.

— Parbleu! croyez-vous que le pâté de mauviettes soit venu tout seul?

— Dites donc qu'on ne se sauve pas de la Bastille! s'écria Gaston tout joyeux.

— Mon jeune ami, dit Dubois en s'arrêtant au troisième échelon, sur lequel il était déjà parvenu, croyez-moi, ne vous engagez pas à vous y faire remettre sans moi; vous pourriez bien ne pas vous en tirer la seconde fois aussi heureusement que la première.

Ils continuèrent de monter au haut du mur, et, sur la plate-forme, se promenait une sentinelle; mais, au lieu de s'opposer à l'ascension des deux fugitifs, cette sentinelle offrit la main à la Jonquière pour l'aider à atteindre la plateforme; puis tous trois, en silence et avec la rapidité de gens qui connaissent la valeur des minutes, ils tirèrent l'échelle à eux et la replacèrent de l'autre côté de la muraille.

La descente se fit avec le même bonheur que s'était faite l'ascension, et la Jonquière et Gaston se retrouvèrent dans un autre fossé gelé comme le premier.

— Maintenant, dit le capitaine, emportons cette échelle pour ne pas compromettre le pauvre diable qui nous a aidés.

— Nous sommes donc libres? demanda Gaston.

— Mais à peu près, répondit la Jonquière.

Cette nouvelle doubla la puissance de Gaston, qui prit l'échelle sur son épaule et l'emporta.

— Peste! chevalier, dit la Jonquière, feu Hercule était peu de chose auprès de vous, ce me semble.

— Bah! dit Gaston, en ce moment j'enlèverais la Bastille.

Ils firent une trentaine de pas en silence, et se trouvèrent dans une ruelle du faubourg Saint-Antoine. Quoiqu'il fût neuf heures et demie à peine, les rues étaient désertes, car la bise soufflait violemment.

— Maintenant, mon cher chevalier, dit la Jonquière, faites-moi l'amitié de me suivre jusqu'au coin du faubourg.

— Je vous suivrais jusqu'en enfer.

— Non, pas si loin, s'il vous plaît; car, pour plus grande sûreté, nous allons tirer chacun de notre côté.

— Qu'est-ce que cette voiture? demanda Gaston.

— La mienne.

— Comment, la vôtre?

— Oui.

— Peste! mon cher capitaine, une voiture à à quatre chevaux! vous voyagez comme un prince.

— A trois chevaux, chevalier, car il y a un de ces chevaux pour vous.

— Comment! vous consentez?

— Pardieu! ce n'est pas le tout.

— Quoi?

— Vous n'avez pas d'argent?

— On m'a fouillé, et l'on m'a pris tout ce que je possédais sur moi.

— Voilà une bourse de cinquante louis.

— Mais, capitaine...

— Allons donc! c'est l'argent de l'Espagne, prenez!

Gaston prit la bourse, tandis qu'un postillon dételait le cheval et l'amenait au chevalier.

— Maintenant, dit Dubois, où allez-vous?

— En Bretagne, rejoindre mes compagnons.

— Vous êtes fou, mon cher. Vos compagnons sont condamnés comme nous, et dans deux ou trois jours peut-être seront-ils exécutés.

— Vous avez raison, dit Gaston.

— Allez en Flandre, dit la Jonquière, allez en Flandre : c'est un bon pays. En quinze ou dix-huit heures vous aurez gagné la frontière.

— Oui, dit Gaston d'un air sombre. Merci, je sais où je dois aller.

— Allons, bon voyage! dit Dubois en montant dans sa voiture; il fait un vent à décorner des bœufs.

— Bon voyage, répondit Gaston.

Et tous deux se serrèrent une dernière fois la main; puis chacun gagna de son côté.

XXXIII

COMMENT IL NE FAUT PAS TOUJOURS JUGER LES AUTRES D'APRÈS SOI-MÊME, SURTOUT LORSQU'ON S'APPELLE DUBOIS.

Le régent, selon son habitude, passait la soirée chez Hélène. Depuis quatre ou cinq jours, il n'y avait jamais manqué, et les heures qu'il donnait à la jeune fille étaient ses heures heureuses. Mais, cette fois, la pauvre Hélène, que cette visite à son amant avait violemment émue, était revenue de la Bastille mortellement triste.

— Mais, disait le régent, rassurez-vous, Hélène, c'est demain que vous l'épouserez.

— Demain est loin, répondait la jeune fille.

— Hélène, reprenait le régent, croyez-en ma parole qui ne vous a jamais manqué. Je vous réponds que demain arrivera fort heureusement pour vous et pour lui.

Hélène poussa un profond soupir.

En ce moment un domestique entra et parla bas au régent.

— Qu'y a-t-il? demanda Hélène que le moindre incident épouvantait.

— Rien, mon enfant, dit le duc; c'est mon secrétaire qui demande à me parler pour affaires pressées.

— Voulez-vous que je vous laisse?

— Oui; faites-moi ce plaisir pour un instant.

Hélène se retira dans sa chambre.

En même temps, la porte du salon s'ouvrit et Dubois entra tout essoufflé.

— D'où viens-tu encore, dit le régent, et dans cet équipage?

— Parbleu! d'où je viens, dit Dubois, de la Bastille.

— Et notre prisonnier?

— Eh bien!

— A-t-on tout commandé pour son mariage?

— Oui, monseigneur, tout absolument, excepté l'heure que vous n'avez pas dite.

— Eh bien, mettons cela à demain huit heures du matin.

— A huit heures du matin, reprit Dubois en calculant.

— Oui. Que calcules-tu?

— Je calcule où il sera.

— Qui?

— Le prisonnier.

— Comment! le prisonnier?

— Oui, demain à huit heures du matin, il sera à quarante lieues de Paris.

— Comment, à quarante lieues de Paris?

— Au moins, s'il court toujours du train dont je l'ai vu partir.

— Que veux-tu dire?

— Je veux dire, monseigneur, qu'il ne manque plus qu'une chose au mariage, c'est le mari.

— Gaston!...

— S'est enfui de la Bastille, il y a une demiheure.

— Tu mens, l'abbé; on ne se sauve pas de la Bastille.

— Je vous demande pardon, monseigneur; quand on est condamné à mort on se sauve de partout.

— Il s'est sauvé sachant qu'il devait épouser demain celle qu'il aimait!

— Ecoutez donc, monseigneur; la vie est une chose friande, et on y tient; puis M. votre gendre a une tête fort agréable, et désire la garder sur ses épaules. Quoi de plus naturel?

— Et où est-il?

— Où il est? Peut-être vous apprendrai-je cela demain soir; mais, à cette heure, tout ce que je puis vous dire, c'est qu'il est bien loin; et tout ce que je puis vous répondre, c'est qu'il ne reviendra pas.

Le régent tomba dans une rêverie profonde.

— Mais, monseigneur, reprit Dubois, en vérité, votre naïveté cause mon éternel étonnement; il faudrait ne pas connaître le cœur humain pour supposer qu'un homme condamné à mort restera en prison quand il peut se sauver.

— Oh! monsieur de Chanlay! s'écria le régent.

— Eh! mon Dieu! ce chevalier, ce héros, a fait comme eût fait le dernier goujat; et, en vérité, il a bien fait.

— Dubois, et ma fille?

— Eh bien, votre fille, monseigneur?...

— Elle en mourra, dit le régent.

— Eh non! monseigneur. En apprenant à connaître le personnage, elle s'en consolera; et vous la marierez à quelque petit prince d'Allemagne ou d'Italie... au duc de Modène, par exemple, dont mademoiselle de Valois ne veut pas.

— Dubois, et moi qui voulais lui faire grâce.

— Il se l'est faite à lui-même, il a trouvé la chose plus sûre; et, ma foi, j'avoue que j'en aurais fait autant.

— Oh! toi, tu n'es pas gentilhomme; toi, tu n'avais pas fait de serment.

— Vous vous trompez, monseigneur, j'avais fait celui d'empêcher Votre Altesse de faire une sottise, et j'y ai réussi.

— Allons, c'est bien, n'en parlons plus; pas un mot de tout cela devant Hélène. Je me charge de lui apprendre la nouvelle.

— Et moi de rattraper votre gendre.

— Non pas! il est sauvé, qu'il en profite!

Au moment où le régent prononçait ces paroles, un bruit étrange retentit dans la pièce voisins, et un huissier, entrant précipitamment, annonça :

— M. le chevalier Gaston de Chanlay.

Cette annonce produisit un effet bien différent sur les deux personnes qui l'entendirent. Dubois devint plus pâle qu'un mort, et son visage se crispa sous une expression de colère menaçante. Le régent se leva dans un transport de joie qui couvrit, au contraire, sa figure d'une vive rougeur. Il y avait autant d'allégresse sur ce visage, rendu sublime par la confiance, que de fureur comprimée sur la fine et astucieuse figure de Dubois.

— Faites entrer, dit le régent.

— Attendez au moins que je sorte, dit Dubois.

— Ah! oui, c'est juste, il te reconnaîtrait.

Dubois se retira à pas lents et avec un grognement sourd, pareil à une hyène que l'on dérange de son festin et de ses amours. Il entra dans la pièce voisine. Là il tomba plutôt qu'il ne s'assit sur un fauteuil placé devant une table éclairée de deux bougies et sur laquelle était tout ce qu'il fallait pour écrire. Cette vue parut faire naître en lui une idée nouvelle et terrible, car sa physionomie s'éclaira, et il sourit.

Il sonna, un huissier entra.

— Allez me chercher le portefeuille qui est dans ma voiture, dit-il.

Cet ordre fut exécuté à l'instant même. Dubois saisit à la hâte quelques papiers, les remplit précipitamment avec une expression de joie sinistre, remit le tout au fond du portefeuille, puis, ayant fait avancer son carrosse, il ordonna de toucher au Palais-Royal.

Pendant ce temps, l'ordre donné par le régent s'exécutait, et les portes étaient ouvertes devant le chevalier.

Gaston entra vivement, et marcha droit au duc qui lui tendit la main.

— Comment! vous voilà, monsieur? dit le duc essayant de donner à sa physionomie l'expression de l'étonnement.

— Oui, monseigneur, dit Gaston, un miracle s'est opéré en ma faveur par l'entremise du brave capitaine la Jonquière : il avait tout préparé pour sa fuite; il m'a fait demander sous prétexte de s'entendre avec moi sur nos aveux; puis, quand nous avons été seuls, il m'a tout dit et nous nous sommes évadés ensemble et heureusement.

— Et, au lieu de fuir, monsieur, de gagner la frontière; de vous mettre en sûreté, vous êtes revenu ici, au péril de votre tête!

— Monseigneur, dit Gaston en rougissant, je dois l'avouer, la liberté m'a d'abord paru la plus belle et la plus précieuse chose de la terre. Les premières gorgées d'air que j'ai respirées m'ont enivré; mais presque aussitôt, monseigneur, j'ai réfléchi.

— A une chose, n'est-ce pas?

— A deux, monseigneur.

— A Hélène que vous abandonniez?

— Et à mes compagnons que je laissais sous le couteau.

— Et vous avez décidé alors...

— Que j'étais lié à leur cause jusqu'à ce que nos projets fussent accomplis.

— Nos projets!

— Oui! ne sont-ce pas les vôtres comme les miens?

— Écoutez, monsieur, dit le régent, je crois que l'homme doit demeurer dans la mesure de sa force. Il y a des choses que Dieu semble lui défendre d'exécuter, des avertissements qui lui disent de renoncer à certains projets. Eh bien, je crois que c'est un sacrilége à lui que de méconnaître ces avertissements, que de rester sourd à cette voix. Nos projets sont avortés, monsieur; n'y pensons plus.

— Au contraire, monseigneur, dit Gaston d'un air sombre et en secouant la tête; au contraire, pensons-y plus que jamais.

— Mais vous êtes donc furieux, monsieur! dit le régent en souriant; à quoi songez-vous de vouloir persister ainsi dans une entreprise devenue si difficile maintenant, qu'elle est presque insensée?

— Je songe, monseigneur, dit Gaston, je songe à nos amis arrêtés, jugés, condamnés, M. d'Argenson me l'a dit; à nos amis qui attendent l'échafaud, et que la mort seule du régent peut sauver; à nos amis qui diraient, si je quittais la France, que j'ai acheté mon salut au prix de leur perte, et que les portes de la Bastille se sont ouvertes devant mes délations.

— Ainsi, monsieur, vous sacrifiez tout à ce point d'honneur, tout, même Hélène?

— Monseigneur, s'ils vivent encore, il faut que je les sauve.

— Mais s'ils sont morts? dit le régent.

— Alors c'est autre chose... répondit Gaston; alors il faut que je les venge.

— Mais, que diable! monsieur, reprit le duc, voilà, ce me semble, une idée un peu exagérée d'héroïsme. Il me semble que vous avez, pour votre compte, assez payé de votre personne. Croyez-moi, croyez-en un homme qui est reconnu pour assez bon juge en matière d'honneur : vous êtes absous aux yeux du monde entier, mon cher Brutus.

— Je ne le suis pas aux miens, monseigneur.

— Ainsi vous persistez?

— Plus que jamais. Il faut que le régent meure; et, ajouta-t-il d'une voix sourde, le régent mourra!

— Mais, auparavant, ne voulez-vous pas voir mademoiselle de Chaverny? dit le duc d'une voix légèrement altérée.

— Oui, monseigneur. Mais auparavant il faut que j'aie votre parole de m'aider dans mon projet. Songez donc, monseigneur, qu'il n'y a pas un instant à perdre; que mes compagnons sont là-bas, jugés et condamnés comme je l'étais. Monseigneur, dites-moi tout de suite, avant que je voie Hélène, que vous ne m'abandonnez pas. Laissez-moi reprendre, en quelque sorte, un nouvel engagement avec vous. Je suis homme, j'aime, et par conséquent je suis faible; je vais avoir à lutter contre les larmes et contre ma faiblesse. Monseigneur, je ne verrai Hélène qu'à la condition que vous me promettrez de me faire voir le régent.

— Et si je refusais de prendre cet engagement?

— Monseigneur, je ne reverrais pas Hélène. Je suis mort pour elle; il est inutile qu'elle revienne à l'espoir pour le reperdre; c'est bien assez qu'elle me pleure une fois.

— Et vous persistez toujours?

— Oui; avec moins de chances seulement.

— Mais alors que feriez-vous?

— J'irais attendre le régent partout où il devrait aller, et je le frapperais partout où je le rencontrerais.

— Encore une fois, réfléchissez, dit le duc.

— Sur l'honneur de mon nom, reprit Gaston, je vous somme de me prêter votre appui, ou je vous déclare que je saurai m'en passer.

— C'est bien, monsieur; entrez chez Hélène, et vous trouverez ma réponse à votre retour.

— Où cela?

— Dans cette chambre même.

— Et cette réponse sera selon mes désirs?

— Oui.

Gaston passa chez Hélène; la jeune fille était agenouillée devant un crucifix, priant Dieu de lui rendre son amant. Au bruit que fit Gaston en ouvrant la porte, elle se retourna.

Elle crut que Dieu avait fait un miracle, et jeta un grand cri en étendant les bras vers le chevalier, mais sans avoir la force de se relever.

— Oh! mon Dieu! dit-elle, est-ce lui? est-ce son ombre?

— C'est moi, Hélène, c'est bien moi! s'écria le jeune homme en s'élançant vers Hélène et en lui saisissant les deux mains.

— Mais comment, toi... toi prisonnier ce matin... toi libre ce soir...

— Je me suis sauvé, Hélène.

— Et alors tu as pensé à moi, tu es accouru à moi, tu n'as pas voulu fuir sans moi... Oh! que je reconnais bien là mon Gaston! Eh bien, me voilà, mon ami, je suis prête; emmène-moi où tu voudras, je suis à toi... je te suis...

— Hélène, dit Gaston, tu n'es pas la fiancée d'un homme ordinaire. Si je n'eusse rien eu de plus que les autres hommes, tu ne m'eusses pas aimé.

— Oh! non, certes.

— Eh bien, Hélène! aux âmes d'élite des devoirs plus grands, et, par conséquent, des épreuves plus grandes sont imposées. J'ai à accomplir encore, avant d'être à toi, la mission pour laquelle je suis venu à Paris. Nous avons tous deux une destinée fatale à subir... Que veux-tu, Hélène? mais il en est ainsi : notre vie ou notre mort ne tient plus qu'à un seul événement, et cet événement s'accomplira cette nuit même.

— Que dites-vous?... s'écria la jeune fille.

— Écoutez, Hélène, répondit Gaston, si dans quatre heures, c'est-à-dire à la pointe du jour, vous n'avez pas de nouvelles de moi, Hélène, ne m'attendez plus. Croyez que ce qui vient de se passer entre nous est un rêve. Et, si vous pouvez en obtenir la permission, venez me revoir à la Bastille.

Hélène pâlit, ses bras retombèrent sans force à ses côtés. Gaston la prit par la main et la reconduisit devant son prie-Dieu, où elle s'agenouilla.

Puis l'embrassant au front comme eût fait un frère :

— Continuez de prier, Hélène, dit-il, car, en priant pour moi, vous priez encore pour la Bretagne et pour la France!

Et il s'élança hors de la chambre.

— Hélas! hélas! murmura Hélène, sauvez-le,

Le Régent.

mon Dieu! sauvez-le! que m'importe le reste du monde!

— En rentrant au salon, Gaston trouva un huissier qui lui annonça que le duc était parti, mais qui lui remit un billet de sa part.

Ce billet était conçu en ces termes :

« Il y a cette nuit bal masqué à Monceaux; le régent y assistera. Il a l'habitude de se retirer seul, vers une heure du matin, dans une serre qu'il affectionne, et qui est située au bout de la galerie dorée. Là, d'ordinaire, personne n'entre que lui, parce qu'on connaît son habitude et qu'on la respecte. Le régent sera vêtu d'un domino de velours noir, sur le bras gauche duquel sera brodée une abeille d'or. Il cache ce signe dans un pli quand il désire rester inconnu. La carte que je joins à ce billet est une carte d'ambassadeur; avec cette carte vous serez admis, non-seulement au bal, mais encore dans cette serre, où vous aurez l'air d'aller chercher une entrevue secrète. Usez-en pour votre rencontre avec le régent. Ma voiture est en bas; vous y trouverez mon propre domino : le cocher est à vos ordres. »

En lisant ce billet, qui lui ouvrait toutes les portes, et qui le conduisait, pour ainsi dire, face à face avec celui qu'il devait assassiner, une sueur froide passa sur le front de Gaston, et il s'appuya au dossier d'une chaise; puis, comme s'il eût pris une résolution violente, il s'élança hors du salon, descendit rapidement l'escalier, et sauta dans la voiture en criant au cocher :

— A Monceaux !

Mais à peine eut-il quitté le salon, qu'une porte cachée dans la boiserie se rouvrit, et que le duc parut : il s'avança lentement vers la porte en face, qui était celle qui conduisait chez Hélène, qui jeta un grand cri de joie en l'apercevant.

— Eh bien, lui dit le régent avec un triste sourire, êtes-vous contente, Hélène?

— Oh ! c'est vous, monseigneur ! dit Hélène.

— Vous voyez, mon enfant, continua le régent, que mes prédictions se sont accomplies. Croyez-en ma parole, espérez !...

— Ah ! monseigneur, vous êtes donc un ange envoyé sur la terre pour me tenir lieu du père que j'ai perdu?

— Hélas ! dit le régent en souriant, je ne suis pas un ange, ma chère Hélène; mais, tel que je suis, je vous tiendrai lieu, en effet, de père, et d'un père bien tendre.

Et, sur ces paroles, le duc prit la main de la jeune fille, et voulut la baiser respectueusement; mais elle leva la tête, et les lèvres du régent effleurèrent son front.

— Je vois que vous l'aimez beaucoup, dit-il.

— Monseigneur, soyez béni.

— Puisse votre souhait me porter bonheur ! dit le régent.

Et, toujours souriant, il la quitta.

Puis, remontant en voiture :

— Touche au Palais-Royal, dit-il au cocher; mais fais attention que tu n'as qu'un quart d'heure pour aller à Monceaux.

Le cocher brûla le pavé.

Au moment où la voiture entrait au grand galop sous le péristyle, un courrier à cheval partait lui-même à fond de train.

Dubois, l'ayant vu partir, ferma sa fenêtre et rentra dans les appartements.

XXXIV

MONCEAUX.

Pendant ce temps, Gaston roulait vers Monceaux.

Comme le lui avait dit le duc, il avait trouvé un masque et un domino dans la voiture : c'était un masque de velours noir et un domino de satin violet. Il mit l'un sur sa figure, l'autre sur ses épaules; mais alors il pensa à une chose : c'est qu'il n'avait point d'armes.

En effet, en sortant de la Bastille, il était accouru dans la rue du Bac, et maintenant il n'osait retourner à son ancien logement, à l'hôtel du *Muids-d'Amour*, de peur d'être reconnu et arrêté. Il n'osait faire lever un coutelier, de peur d'inspirer des soupçons en achetant un poignard.

Il pensa qu'une fois arrivé à Monceaux, une arme quelconque serait facile à se procurer.

Mais, à mesure qu'il approchait, ce qui lui manquait le plus, ce n'était point l'arme, mais le courage. Il se faisait en lui un combat terrible : l'orgueil et l'humanité étaient aux prises, et il fallait qu'il en revînt, de temps en temps, à se représenter ses amis en prison, condamnés, menacés d'une mort cruelle et infamante, pour que, ramené par un retour violent sur lui-même à sa première résolution, il continuât son chemin.

Aussi, quand la voiture entra dans les cours de Monceaux et s'arrêta devant ce pavillon ardemment éclairé, malgré le froid glacial qu'il faisait, malgré la neige qui couvrait les lilas poudreux, si tristes l'hiver, si beaux et si parfumés au printemps, Gaston sentit-il une sueur froide qui perçait sous son masque, et murmura-t-il le mot : « Déjà ! »

Cependant la voiture était arrêtée, la portière venait de s'ouvrir; il fallait descendre. D'ailleurs on avait reconnu le cocher particulier du prince, la voiture dont il se servait pour ses courses secrètes, et chacun s'était élancé silencieux et prêt à obéir au premier ordre.

Gaston ne remarqua point cet empressement. Il descendit d'un pas assez ferme, quoique une espèce d'éblouissement passât sur ses yeux, et présenta sa carte.

Mais les laquais ouvrirent respectueusement

leurs rangs devant lui, comme pour lui dire que cette formalité du billet d'entrée était bien inutile.

C'était alors l'usage de se masquer, hommes et femmes, et, tout au contraire d'aujourd'hui, c'étaient plutôt encore les femmes que les hommes qui allaient à ces sortes de réunions le visage découvert. En effet, les femmes, à cette époque, non-seulement avaient l'habitude de parler librement, mais encore elles savaient parler. Le masque ne servait pas à cacher leur nullité : au dix-huitième siècle, toutes les femmes avaient de l'esprit. Il ne servait pas non plus à cacher l'infériorité du rang; au dix-huitième siècle, quand on était jolie, on était bien vite titrée : témoin la duchesse de Châteauroux, la comtesse Dubarry.

Gaston ne connaissait personne, et, cependant, d'instinct, il devinait qu'il se trouvait au milieu de la plus délicate fleur de la société de cette époque. C'étaient, en hommes, les Noailles, les Brancas, c'étaient les Broglie, les Saint-Simon, les Nocé, les Canilhac, les Biron; c'était, en femmes, société plus mêlée peut-être, mais certes non pas moins spirituelle, non pas moins élégante, à part quelques grands noms qui boudaient à Sceaux et à Saint-Cyr, autour de madame du Maine et de madame de Maintenon, toute l'aristocratie, qui se ralliait autour du prince le plus brave et le plus populaire de la famille royale. Il ne manquait à cette représentation du grand siècle écoulé que les bâtards de Louis XIV et un roi.

En effet, personne au monde, et ses ennemis eux-mêmes lui rendaient cette justice, ne savait ordonner une fête comme le régent. Ce luxe de bon goût, cette admirable profusion de fleurs qui embaumaient les salons, ces millions de lumières que multipliaient les glaces; ces princes, ces ambassadeurs, ces femmes adorablement belles et délicieusement enjouées, que l'on coudoyait; tout cela produisait son effet sur le jeune provincial, qui, de loin, n'avait vu dans le régent qu'un homme, et qui, depuis, le connaissait pour un roi, et pour un roi puissant, spirituel, gai, aimable, aimé, et surtout populaire et national.

Gaston sentit que le parfum de tout ce luxe lui montait à la tête et l'enivrait. Bien des yeux brillants sous le masque le percèrent comme des poignards rougis. Son cœur bondissait par soubresauts, lorsqu'en cherchant, parmi toutes ces têtes, celle à laquelle ses coups étaient destinés, il apercevait un domino noir. Il allait coudoyant et heurtant, se laissant balancer comme une barque sans avirons et sans voiles par ces flots qui roulaient tout autour de lui, s'inclinant et se relevant sous ces souffles de poésie sombre ou joyeuse qui l'enveloppaient, et passant, en une seconde, du paradis à l'enfer.

Sans le masque qui cachait son visage et dérobait aux yeux l'altération de sa physionomie, il n'eût pas fait quatre pas au milieu de ces salles, sans qu'en le montrant du doigt on n'eût dit : « Voilà un assassin! »

C'est qu'il y avait quelque chose de lâche et de honteux, que ne se cachait point Gaston, à venir chez un prince, son hôte, pour changer ces lustres ardents en flambeaux funèbres, pour tacher de sang ces tapisseries éblouissantes, pour éveiller la terreur au millieu des bruissements de la fête : aussi, à cette pensée, son courage l'abandonna-t-il, et fit-il quelques pas vers une porte.

— Je le tuerai dehors, dit-il, mais non pas ici.

Alors il se rappela l'indication que lui avait donnée le duc. Cette carte qui devait lui ouvrir la serre isolée, et il murmura entre ses dents :

— Il avait donc prévu que j'aurais peur du monde; il avait donc deviné que j'étais un lâche!

Cette porte, vers laquelle il s'était avancé, l'avait conduit vers une espèce de galerie où étaient dressés des buffets. Chacun venait à ces buffets boire ou manger.

Gaston s'en approcha comme les autres; non pas qu'il eût faim ou soif : mais, nous l'avons dit, il n'avait pas d'arme.

Il choisit un couteau long et effilé, et, après avoir jeté un coup d'œil rapide autour de lui pour voir si personne ne le regardait, il le mit sous son domino avec un funèbre sourire.

— Un couteau! murmura-t-il, un couteau! Allons, la ressemblance avec Ravaillac sera complète. Il est vrai que c'est un petit-fils de Henri IV.

Cette pensée était formulée à peine dans son esprit, qu'en se retournant Gaston vit s'approcher de lui un masque vêtu d'un domino de velours bleu. A quelques pas derrière cet homme marchaient une femme et un autre homme également masqués. Le domino bleu remarqua alors qu'on le suivait, et fit deux pas au-devant de ces masques, dit quelques mots à l'homme avec un ton d'autorité qui lui fit baisser la tête d'un air respectueux, puis il revint à Chanlay.

— Vous hésitez! dit-il à Gaston d'une voix bien connue.

Gaston entr'ouvrit son domino d'une main, et montra au duc son couteau qui brillait à l'autre

— Je vois le couteau qui brille; mais aussi je vois la main qui tremble.

— Eh bien, oui, monseigneur, c'est vrai, dit Gaston; j'hésitais, je tremblais, je me sentais prêt à fuir. Mais vous voilà, Dieu merci!

— Bon! et ce féroce courage? dit le duc de sa voix moqueuse.

— Ce n'est pas que je l'aie perdu, monseigneur.

— Bon! et qu'est-il donc devenu?

— Monseigneur, je suis chez lui!

— Oui, mais vous n'êtes pas dans la serre.

— Pourriez-vous me le montrer auparavant, que je m'habitue à sa présence, que je m'exalte de la haine que j'ai pour lui; car je ne sais comment le joindre au milieu de cette foule.

— Tout à l'heure, il était près de vous.

Gaston frissonna.

— Près de moi! dit le jeune homme.

— Tout près de vous, comme j'y suis, reprit le duc solennellement.

— J'irai dans la serre, monseigneur, j'irai.

— Faites donc.

— Un moment encore, monseigneur, que je me remette.

— Très-bien; vous savez, la serre est là-bas, au bout de cette galerie; tenez, les portes en sont fermées.

— Ne m'avez-vous pas dit, monseigneur, qu'en montrant cette carte, les laquais me l'ouvriraient?

— Oui, mais mieux vaut encore l'ouvrir vous-même; les laquais qui vous auraient introduit pourraient attendre votre sortie. Si vous êtes agité ainsi avant de frapper, ce sera bien autre chose après; puis le régent ne tombera peut-être pas sans se défendre, sans pousser un cri; ils accourront, vous serez arrêté, et adieu votre espoir d'avenir. Songez à Hélène qui vous attend.

Il est impossible d'exprimer ce qui se passait dans le cœur de Gaston pendant ces paroles du duc, dont celui-ci paraissait suivre l'effet sur le visage et dans le cœur du jeune homme sans perdre un mouvement de l'un, sans perdre un battement de l'autre.

— Eh bien, demanda Gaston d'une voix sourde, que dois-je faire? conseillez-moi.

— Quand vous serez à la porte de la serre, celle qui donne en face de cette galerie tournant à gauche, voyez-vous?

— Oui.

— Cherchez sous la serrure, et vous trouverez un bouton ciselé; poussez-le, et la porte s'ouvrira toute seule, à moins d'être fermée en dedans; mais le régent, qui ne se doute de rien, n'aura pas pris cette précaution. Je suis entré vingt fois ainsi en audience particulière. S'il n'y est pas quand vous entrerez, attendez-le; s'il y est, vous le reconnaîtrez bien à son domino noir et à l'abeille d'or.

— Oui, oui, je sais, monseigneur, dit Gaston sans savoir ce qu'il disait.

— Je ne compte pas beaucoup sur vous ce soir, reprit le duc.

— Ah! monseigneur, c'est que le moment approche, et qu'en une minute, je vais avoir changé toute ma vie passée en un avenir bien douteux, un avenir de honte peut-être, de remords au moins.

— De remords! reprit le duc; lorsqu'on accomplit une action que l'on croit juste, une action que commande la conscience, on n'a pas de remords. Doutez-vous donc de la sainteté de votre cause?

— Non, monseigneur; mais il vous est facile de parler ainsi à vous. Vous n'en êtes qu'à l'idée, moi j'en suis à l'exécution; vous n'êtes que la tête, moi je suis le bras. Croyez-moi, monseigneur, ajouta Gaston d'une voix sombre et avec un accent étouffé, c'est une chose terrible que de tuer un homme qui se livre à nous sans défense et qui sourit à son meurtrier. Tenez, je me croyais courageux et fort; mais il doit en être ainsi de tout conspirateur qui a pris l'engagement que j'ai pris. Dans un moment d'effervescence, de fierté, d'enthousiasme ou de haine, on a fait le serment fatal; on a, entre soi et sa victime, tout l'espace du temps qui doit s'écouler. Puis, le serment prêté, la fièvre se calme, l'effervescence décroît, l'enthousiasme s'éteint, la haine diminue. On voit apparaître de l'autre côté de l'horizon celui auquel on doit aller, et qui vient à vous; chaque jour vous en rapproche; et alors on frémit, car seulement alors on comprend à quel crime on s'est engagé. Et cependant le temps inexorable s'écoule, et, à chaque heure qui sonne, on voit la victime qui fait un pas, jusqu'à ce qu'enfin l'intervalle disparaisse, et l'on se trouve alors face à face. Alors, alors, croyez-moi, monseigneur, les plus braves tremblent; car un assassinat est toujours un assassi-

Le Pala s royal.

nat, voyez-vous! Alors on s'aperçoit qu'on n'est pas le ministre de sa conscience, mais l'esclave de son serment. On est parti le front haut, en disant : « Je suis élu; » on arrive le front courbé, en disant : « Je suis maudit! »

— Il est encore temps, monsieur, dit vivement le duc.

— Non, non, monseigneur; vous savez bien, vous, qu'il y a une fatalité qui me pousse en avant. J'accomplirai ma tâche, quelque terrible qu'elle soit; mon cœur frémira, mais ma main restera ferme. Oui, je vous le dis, s'il n'y avait pas là-bas mes amis qui attendent la vie du coup que je vais frapper, s'il n'y avait pas ici Hélène que je couvre de deuil si je ne la couvre de sang, oh! j'aimerais mieux l'échafaud, l'échafaud avec son appareil et même sa honte; car il ne punit pas : il absout.

— Allons! dit le duc, c'est bien, je vois que vous tremblerez, mais que vous agirez.

— N'en doutez pas, monseigneur; priez pour moi, car, dans une demi-heure, tout sera fini.

Le duc fit un mouvement involontaire, en approuvant cependant du geste, et il se perdit dans la foule.

Gaston trouva une fenêtre entr'ouverte; elle

donnait sur un balcon. Il sortit, et s'y promena un instant pour éteindre, par le froid, la fièvre qui faisait battre ses artères et refouler le sang qui l'aveuglait. Mais la flamme intérieure qui le consumait était trop vive, et elle continua de le dévorer. Il rentra alors dans la galerie, fit quelques pas, s'avança vers la serre, puis revint, puis s'approcha de la porte, et mit la main sur le bouton ciselé; mais il lui sembla que plusieurs personnes, réunies en groupe à quelque distance, le regardaient; il revint sur ses pas, retourna à son balcon, et entendit sonner une heure à l'église voisine.

— Cette fois, murmura-t-il, le moment est venu, et il n'y a pas à reculer. Mon Dieu! je vous recommande mon âme. Adieu, Hélène, adieu!

Alors, d'un pas lent mais ferme, il fendit la presse, arriva droit à la porte, pressa le ressort, et la porte s'ouvrit silencieusement devant lui. Un nuage passa sur ses yeux : il se crut dans un nouveau monde. La musique n'arrivait plus à lui que comme une mélodie lointaine pleine de charmes; aux parfums factices des essences avait succédé le parfum si doux des fleurs; au jour éblouissant de mille bougies, le délicieux crépuscule de quelques lampes d'albâtre perdues dans le feuillage; puis, à travers les feuilles luxuriantes des plantes des tropiques, on apercevait, au delà du vitrage de la serre, les arbres mornes et dépouillés, et la neige couvrant au loin la terre comme un grand linceul.

Tout était changé, jusqu'à la température. Gaston s'aperçut seulement alors qu'un frisson parcourait ses veines. Il attribua cette impression soudaine à la hauteur des frises sous lesquelles montaient, auprès des plus magnifiques orangers en fleur, les magnolias aux disques veloutés, les érables roses et les aloès pareils à des lances, tandis que les larges feuilles des plantes aquatiques dormaient dans des bassins d'eau si limpide qu'elle semblait noire partout où ne tremblaient pas les reflets d'une douce lumière.

Gaston avait d'abord fait quelques pas, puis il était resté immobile. Le contraste de cette verdure avec ces salons dorés l'avait consterné. Il lui semblait plus difficile encore d'allier ses pensées de meurtre avec cette suavité d'une nature enchantée bien qu'artificielle. Le sable mollissait sous ses pieds, doux comme le plus doux tapis, et les jets d'eau, élancés jusqu'au sommet des plus grands arbres, faisaient entendre leur monotone et plaintive harmonie.

Cependant il continua d'avancer, suivant une espèce d'allée qui faisait des retours sur elle-même, comme fait un chemin tracé au milieu d'un parc anglais. Gaston ne voyait que confusément, car son œil trouble craignait d'y voir. Son regard interrogeait les massifs, craignant d'y distinguer une forme humaine. Parfois, au bruit que faisait derrière lui une feuille qui, se détachant de sa tige, tombait en tournoyant, il se retournait saisi d'une vague terreur du côté de la porte, et croyait voir entrer la majestueuse figure noire dont ce rêve lui promettait la fatale visite.

Rien. Il avançait toujours.

Enfin, sous un catalpa aux larges feuilles, tout entouré de rhododendrons luxuriants de fleurs adossés à des buissons où s'épanouissaient, en jetant leurs parfums, des milliers de roses, il aperçut le fantôme noir assis sur un siége de mousse et le dos tourné au côté d'où il venait.

Aussitôt, le sang, après lui avoir fait d'un coup bondir violemment le cœur, monta à ses joues et bourdonna autour de ses tempes, ses lèvres tremblèrent, sa main s'imprégna d'une sueur froide, et il chercha machinalement un appui qu'il ne trouva point.

Le domino demeurait immobile.

Gaston recula malgré lui. Sa main gauche s'éloigna du manche du couteau, qu'il serra avec le coude de son bras gauche. Tout à coup, il fit un effort désespéré, força ses jambes rebelles à marcher, comme s'il eût voulu rompre une entrave. Ses doigts crispés ressaisirent et enveloppèrent de nouveau le manche du couteau, et il fit plusieurs pas vers le régent, en étouffant un gémissement tout prêt à s'échapper.

En ce moment, la figure fit un léger mouvement, et, sur son bras gauche, Gaston vit, non pas reluire, mais flamboyer l'abeille d'or, qui lui sembla un foyer brûlant, un soleil de flammes.

Puis, à mesure que le domino se tournait vers Gaston, les bras du jeune homme se roidissaient, l'écume montait à ses lèvres, ses dents s'entre-choquaient, car un vague soupçon commençait à lui serrer le cœur. Soudain, il poussa un cri déchirant. Le domino s'était levé. Il n'avait pas de masque sur le visage, et ce visage était celui du duc d'Olivarès.

Gaston, foudroyé, demeura livide et muet. Le régent! car il n'y avait plus à en douter, le duc et le régent ne faisaient qu'un même homme; le régent gardait son attitude majestueuse et calme. Il regardait fixement la main qui tenait le poignard, et le poignard tomba. Alors il regarda Gaston avec un sourire doux et triste à la fois, et Gaston s'affaissa sur ses genoux comme un arbre tranché par la hache.

Ni l'un ni l'autre n'avait parlé. On n'entendait que le sourd gémissement qui brisait la poitrine de Gaston, et l'eau, qui, près d'eux, retombait uniformément dans l'eau.

XXXV

LE PARDON.

— Relevez-vous, monsieur, dit le régent.

— Non, monseigneur! s'écria Gaston en frappant la terre de son front. Oh! non, c'est à vos pieds que je dois mourir!

— Mourir! Gaston; vous voyez bien que vous êtes pardonné!

— Oh! monseigneur, par grâce, punissez-moi; car il faut que vous me méprisiez bien fort pour me pardonner.

— Mais n'avez-vous pas deviné? demanda le duc.

— Quoi?

— La cause pour laquelle je vous pardonne.

Gaston, d'un coup d'œil en arrière, repassa toute sa vie : sa jeunesse triste et isolée, la mort désespérée de son frère, son amour pour Hélène, ces jours si longs séparés d'elle, ces nuits si courtes passées au-dessous de la fenêtre du couvent, le voyage à Paris, la bonté du duc pour cette jeune fille, enfin cette clémence inespérée; mais, dans tout cela, il ne voyait rien, ne devinait rien.

— Remerciez Hélène, dit le duc, qui vit que le jeune homme cherchait inutilement la raison de ce qui lui arrivait; remerciez Hélène, c'est elle qui vous sauve la vie.

— Hélène! monseigneur... murmura Gaston.

— Je ne puis punir le fiancé de ma fille.

— Hélène est votre fille, monseigneur, et moi j'ai voulu vous tuer!

— Oui. Songez à ce que vous avez dit tout à l'heure : on part élu, on revient assassin, et quelquefois même on revient plus qu'assassin : vous le voyez, on revient parricide, car je suis presque votre père, lui dit le duc en lui tendant la main.

— Monseigneur, ayez pitié de moi!

— Vous êtes un noble cœur, Gaston.

— Et vous un noble prince, monseigneur! aussi je vous appartiens désormais corps et âme : tout mon sang pour une larme d'Hélène, pour un vœu de Votre Altesse.

— Merci, Gaston, dit le duc en souriant; je vous rendrai ce dévouement en bonheur.

— Moi, heureux par Votre Altesse! Ah! monseigneur, Dieu se venge en permettant que vous me rendiez tant de biens en échange du mal que j'ai voulu vous faire.

Le régent souriait à cette effusion de joie naïve, quand la porte s'ouvrit et donna passage à un domino vert. Le masque s'avança lentement, et comme si Gaston eût deviné qu'il lui apportait la fin de son bonheur, il se recula devant lui; à l'expression du visage du jeune homme, le duc devina qu'il se passait quelque chose de nouveau, et se retourna.

— Le capitaine la Jonquière! s'écria Gaston.

— Dubois! murmura le duc, et son sourcil se fronça.

— Monseigneur, dit Gaston en laissant tomber sa tête pâle d'effroi dans ses deux mains, monseigneur, je suis perdu! Monseigneur, ce n'est plus moi qu'il faut sauver; j'oubliais ici mon honneur, j'oubliais le salut de mes amis!

— De vos amis, monsieur! dit froidement le duc; je croyais que vous ne faisiez plus cause commune avec de pareils hommes?

— Monseigneur, vous m'avez dit que j'étais un noble cœur; eh bien, croyez-en ma parole : Pontcalec, Mont-Louis, Talhouet et du Couëdic sont de nobles cœurs comme moi.

— De nobles cœurs! reprit le duc d'un air de mépris.

— Oui, monseigneur, je répète ce que j'ai dit.

— Et savez-vous ce qu'ils ont voulu faire, pauvre enfant, qui fus leur mandataire aveugle, qui fus le bras qu'ils ont mis au bout de leur pensée? Eh bien, ils ont voulu, ces nobles cœurs, livrer leur patrie à l'étranger, ils ont voulu rayer la France du nombre des nations souveraines. Gentilshommes, ils devaient l'exemple du courage et de la loyauté; ils ont donné celui de la lâcheté et de la trahison! — Eh bien, vous ne répondez pas, vous baissez les yeux. Si c'est votre poignard que vous cherchez, il est à vos pieds; ramassez-le, il est encore temps.

Cependant Gaston courait sur la route de Nantes. — Page. 185.

— Monseigneur, dit Gaston en joignant les mains, je renonce à mes idées d'assassinat, j'y renonce en les détestant; je vous demande pardon, à genoux, de les avoir eues. Mais si vous ne sauvez mes amis, je vous en prie, monseigneur, faites-moi mourir avec mes complices. Si je vis et qu'ils meurent, mon honneur meurt avec eux; songez-y, monseigneur, l'honneur du nom que votre fille allait porter.

Le régent baissa la tête, et répondit :

— C'est impossible, monsieur; ils ont trahi la France, ils mourront.

— Je mourrai donc avec eux, reprit Gaston; car, moi aussi, j'ai trahi la France comme eux, et, de plus, j'ai voulu assassiner Votre Altesse.

Le régent regarda Dubois; le regard qu'ils échangèrent n'échappa point à Gaston : Dubois souriait, le jeune homme comprit qu'il avait eu affaire à un faux la Jonquière comme à un faux duc d'Olivarès.

— Non, dit Dubois en s'adressant à Gaston, vous ne mourrez pas pour cela, monsieur; seulement vous comprendrez qu'il y a des crimes auxquels le régent a le pouvoir, mais n'a pas le droit de pardonner.

— Mais il me pardonnait bien, à moi! s'écria Gaston.

— Mais vous êtes l'époux d'Hélène, vous, dit le duc.

— Vous vous trompez, monseigneur, je ne le suis pas, je ne le serai jamais; et, comme un pareil sacrifice entraîne la mort de celui qui le fait, je mourrai, monseigneur.

— Bah! dit Dubois, on ne meurt plus d'amour; c'était bon du temps de M. d'Urfé et de mademoiselle de Scudéri.

— Oui, monsieur, peut-être avez-vous raison; mais, en tout temps, on meurt d'un coup de poignard.

Et à ces mots, Gaston se baissa et ramassa le couteau qui était à ses pieds avec une expression à laquelle il n'y avait point à se tromper.

Dubois ne bougea point, le régent fit un pas.

— Jetez cette arme, monsieur, dit-il avec hauteur.

Gaston en posa la pointe sur sa poitrine.

— Jetez! vous dis-je, répéta le régent.

— La vie de mes amis, monseigneur! dit Gaston.

Le régent se tourna vers Dubois, qui souriait toujours de son sourire moqueur.

— C'est bien, dit le régent, ils vivront.

— Ah! monseigneur! s'écria Gaston en saisissant la main du régent et en essayant de la porter à ses lèvres; monseigneur, vous êtes l'égal de Dieu sur la terre.

— Monseigneur, vous faites une faute irréparable, dit froidement Dubois.

— Quoi! s'écria Gaston étonné, monsieur est donc...

— L'abbé Dubois, pour vous servir, dit le faux la Jonquière en s'inclinant.

— Oh! monseigneur, dit Gaston, n'écoutez que la voix de votre cœur, je vous en supplie.

— Monseigneur, ne signez rien, reprit Dubois.

— Signez, monseigneur, signez! répéta Gaston; vous avez promis leur grâce, et, je le sais, votre promesse est sacrée.

— Dubois, je signerai, dit le duc.

— Votre Altesse l'a décidé?

— J'ai engagé ma parole.

— C'est bien; comme il plaira à Votre Altesse.

— Tout de suite, n'est-ce pas, monseigneur? tout de suite! s'écria Gaston. Je ne sais pourquoi je suis épouvanté malgré moi, monseigneur; leur grâce! leur grâce! je vous en supplie.

— Eh! monsieur, dit Dubois, puisque Son Altesse l'a promise, qu'importent cinq minutes de plus ou cinq minutes de moins?

Le régent regarda Dubois d'un air inquiet.

— Oui, vous avez raison, dit-il; à l'instant même... Ton portefeuille, l'abbé, hâtons-nous, le jeune homme est impatient.

Dubois s'inclina en signe d'assentiment, alla vers la porte de l'orangerie, appela un laquais, prit son portefeuille, et présenta au régent une feuille de papier blanc, sur laquelle celui-ci écrivit un ordre qu'il signa.

— Et maintenant un courrier, dit le duc.

— Un courrier! s'écria Gaston; oh! non, monseigneur, c'est inutile.

— Et comment cela?

— Un courrier n'irait jamais assez vite; j'irai moi-même, si Votre Altesse le permet: chaque instant que je gagnerai sauvera un siècle d'angoisses à ces malheureux.

Dubois fronça le sourcil.

— Oui, en effet, vous avez raison, dit le régent, partez vous-même.

Il ajouta à voix basse:

— Et que cet ordre, surtout, ne vous quitte pas.

— Mais, monseigneur, dit Dubois, vous y mettez plus d'empressement que M. de Chanlay lui-même: vous oubliez, que s'il part ainsi, il y a quelqu'un, à Paris, qui va le croire mort.

Ces mots frappèrent Gaston, et ils lui rappelèrent Hélène, Hélène qu'il avait laissée inquiète dans la crainte d'un grand événement, Hélène, qui l'attendrait de minute en minute, et qui ne lui pardonnerait jamais d'avoir quitté Paris sans la voir.

Aussi, en un instant, sa résolution fut prise; il baisa la main du régent, prit l'ordre sauveur, salua Dubois, et allait sortir, lorsque le régent lui dit:

— Pas un mot à Hélène du secret que je vous ai dévoilé, n'est-ce pas, monsieur? Laissez-moi le plaisir de lui apprendre moi-même que je suis son père: c'est la seule récompense que je vous demande.

— Votre Altesse sera obéie, dit Gaston ému jusqu'aux larmes.

Et, saluant de nouveau, il se précipita hors de la serre.

— Par ici, dit Dubois. Vous êtes tellement défait, qu'on croirait que vous venez réellement d'assassiner quelqu'un, et que l'on vous arrêterait. Traversez ce bosquet; au bout, vous trouverez une allée qui vous conduira à la porte de la rue.

— Oh! merci. Vous comprenez que tout retard...

— Certainement, peut être fatal. C'est pourquoi, ajouta-t-il tout bas, je vous indique le plus long. Allez.

Gaston sortit. Dubois le suivit quelque temps des yeux; puis, lorsqu'il eut disparu, il se retourna vers le duc :

— Qu'avez-vous donc, monseigneur? demanda-t-il. Vous me paraissez inquiet.

— Je le suis effectivement, Dubois, répondit le duc.

— Et pourquoi?

— Tu n'as pas mis trop de résistance à cette bonne action; cela me tourmente.

Dubois sourit.

— Dubois! s'écria le duc, tu trames quelque chose!

— Non, monseigneur, c'est tout tramé.

— Voyons, qu'as-tu fait encore?

— Monseigneur, je connais Votre Altesse.

— Eh bien?

— Je savais ce qui allait se passer.

— Après?

— Qu'elle n'y tiendrait pas, tant qu'elle n'aurait pas signé la grâce de tous ces drôles-là.

— Achève.

— Eh bien, j'ai envoyé de mon côté aussi un courrier.

— Toi?

— Oui, moi. Est-ce que je n'ai pas le droit d'envoyer des courriers?

— Si fait, mon Dieu! Mais de quel ordre était porteur ton courrier?

— D'un ordre d'exécution.

— Et il est parti?

Dubois tira sa montre :

— Voilà bientôt deux heures.

— Misérable!

— Ah! monseigneur, toujours des gros mots. Chacun ses affaires, que diable! Sauvez M. de Chanlay, s'il vous plaît, c'est votre gendre; moi, je vous sauve.

— Oui, mais je connais Chanlay; il arrivera avant ton courrier.

— Non, monseigneur.

— Deux heures ne sont rien pour un homme de cœur comme lui, qui dévorera l'espace, et il les aura bientôt regagnées.

— Si mon courrier n'avait que deux heures d'avance, dit Dubois, M. de Chanlay le devancerait peut-être; mais il en aura trois.

— Pourquoi cela?

— Parce que le digne jeune homme est amoureux, et qu'en lui donnant une petite heure pour prendre congé de mademoiselle votre fille, je ne lui donne pas trop.

— Serpent!... Je comprends alors le sens de tes paroles de tout à l'heure.

— Il était dans un moment d'enthousiasme, il aurait pu oublier son amour. Vous connaissez mon principe, monseigneur : il faut se défier des premiers mouvements, ce sont les bons.

— C'est un principe infâme!

— Monseigneur, on est diplomate ou on ne l'est pas.

— C'est bien, dit le régent en s'avançant vers la porte, je vais le faire prévenir.

— Monseigneur, dit Dubois en arrêtant le duc avec un accent de fermeté extrême, et en tirant un papier tout préparé de son portefeuille, si vous faites cela, ayez la bonté d'accepter auparavant ma démission que voici. Plaisantons, je le veux bien; mais Horace a dit : *Est modus in rebus*. C'était un grand homme qu Horace, sans compter encore que c'était un galant homme. Allons, monseigneur, assez de politique pour ce soir. Rentrez au bal, et, demain soir, tout sera parfaitement arrangé; la France sera débarrassée de quatre de ses ennemis les plus acharnés, et il vous restera à vous un gendre fort gentil, que j'aime bien mieux que M. de Rion, foi d'abbé.

Et, à ces mots, ils rentrèrent tous deux dans le bal : Dubois joyeux et triomphant, le duc triste et pensif, mais convaincu que c'était son ministre qui avait raison.

XXXVI

DERNIÈRE ENTREVUE.

Cependant Gaston était sorti de la serre le cœur épanoui par la joie : ce poids immense, qui l'oppressait depuis le commencement de la conspiration, et que l'amour d'Hélène avait tant de peine à soulever de temps en temps, venait de disparaître comme si un ange l'eût enlevé de dessus sa poitrine.

Puis, aux rêves de vengeance, rêves terribles et sanglants, succédaient les rêves d'amour et de gloire. Hélène n'était pas seulement une femme de qualité charmante et pleine d'amour, c'était une princesse du sang royal, une de ces divinités dont les hommes payeraient la tendresse du plus pur de leur sang, si, faibles comme des mortelles, elles ne donnaient pas leur tendresse pour rien.

Et puis Gaston, non-seulement sans le vouloir, mais encore malgré lui, sentait se réveiller dans un coin de son cœur, qu'il croyait tout à l'amour, les instincts endormis de l'ambition. Quelle brillante fortune que la sienne, et comme elle allait, en éclatant, faire envie aux Lauzun et aux Richelieu! Plus de Louis XIV, imposant, comme à Lauzun, l'exil ou l'abandon de sa maîtresse; plus de père irrité, combattant les prétentions d'un simple gentilhomme; mais, au contraire, un ami tout-puissant, avide de tendresse, ayant soif d'aimer une fille si pure et si noble; puis une sainte émulation entre la fille et le gendre pour se rendre plus dignes l'un et l'autre d'appartenir à un si grand prince, à un vainqueur si clément.

Il semblait à Gaston que son cœur ne pouvait contenir tant de joie : ses amis sauvés, son avenir assuré, Hélène fille du régent. Il pressa tellement chevaux et cocher, qu'en moins d'un quart d'heure, il était à la maison de la rue du Bac.

La porte s'ouvrit devant lui : un cri se fit entendre. Hélène, à la fenêtre du pavillon, attendait son retour; elle avait reconnu la voiture, et s'élançait, joyeuse, à la rencontre de son ami.

— Sauvés! s'écria Gaston en l'apercevant; sauvés! mes amis, moi, toi!

— Oh! mon Dieu! dit Hélène en pâlissant, tu l'as donc tué?

— Non, non, Dieu merci! Oh! Hélène, quel cœur que le cœur de cet homme, et quel homme que ce régent! Oh! aime-le bien, Hélène. Tu l'aimeras aussi, n'est-ce pas?

— Explique-toi, Gaston.

— Viens, viens, et parlons de nous. Je n'ai que quelques instants à te donner, Hélène; mais le duc te dira tout.

— Une chose avant toutes choses, dit Hélène. Quel est ton sort à toi, Gaston?

— Le plus beau du monde, Hélène : ton époux, riche, honoré, Hélène! Je suis fou de bonheur.

— Et tu me restes enfin?

— Non, je pars, Hélène.

— Mon Dieu!

— Mais pour revenir.

— Encore séparés!

— Trois jours au plus, trois jours seulement. Je pars pour aller faire bénir ton nom, le mien, celui de notre protecteur, de notre ami.

— Mais où vas-tu?

— A Nantes.

— A Nantes?

— Oui, cet ordre renferme la grâce de Pontcalec, de Mont-Louis, de Talhouet et du Couëdic; ils sont condamnés à mort, comprends-tu? et ils me devront la vie. Oh! ne me retiens pas, Hélène, et songe à ce que tu as souffert tout à l'heure en m'attendant.

— Et, par conséquent, à ce que je vais souffrir encore.

— Non, mon Hélène; car, cette fois, aucun obstacle, aucune crainte; cette fois, tu es sûre que je reviendrai.

— Gaston, ne te verrai-je donc jamais qu'à de rares intervalles et pour quelques minutes! Ah! Gaston, j'ai cependant bien besoin d'être heureuse, va!

— Tu le seras, sois tranquille.

— J'ai le cœur serré.

— Oh! quand tu sauras tout!...

— Mais alors, dis-moi tout de suite ce que je dois apprendre plus tard...

— Hélène, c'est la seule chose qui manque à mon bonheur, que de tomber à tes pieds et de tout te dire... Mais j'ai promis... j'ai fait plus, j'ai juré.

— Toujours des secrets!

— Celui-là, du moins, est plein de bonheur.

— Oh! Gaston!... Gaston!... je tremble.

— Mais regarde-moi donc, Hélène; regarde, et, en voyant tant de joie dans mes yeux, ose me dire encore que tu as peur!

— Pourquoi ne m'emmènes-tu pas avec toi, Gaston?

— Hélène!

— Je t'en prie, partons ensemble.

— Impossible.

— Pourquoi?

— D'abord, parce qu'il faut que, dans vingt heures, je sois à Nantes.

— Je te suivrai, dussé-je mourir de fatigue.

— Ensuite, parce que ton sort ne t'appartient

plus. Tu as ici un protecteur à qui tu dois le respect et l'obéissance.

— Le duc?

— Oui, le duc. Oh! quand tu sauras ce qu'il a fait pour moi... pour nous...

— Laissons-lui une lettre, et il nous pardonnera.

— Non, non, il dirait que nous sommes deux ingrats, et il aurait raison; non, Hélène, tandis que je vais en Bretagne, rapide comme un ange sauveur, toi, tu resteras ici; tu hâteras les préparatifs de notre mariage; et moi, tout à coup, j'arriverai, je t'appellerai ma femme, et, à tes pieds, je te remercierai alors à la fois du bonheur et de l'honneur que tu me fais.

— Tu me quittes, Gaston! s'écria la jeune fille d'une voix déchirante.

— Oh! pas ainsi, Hélène, pas ainsi! car je ne te quitterais pas. Oh! bien au contraire, sois joyeuse, Hélène, souris-moi, et dis-moi, en me tendant ta main si pure et si loyale : « Pars, pars, Gaston; c'est ton devoir de partir. »

— Oui, mon ami, dit Hélène; peut-être devrais-je te dire cela; mais, en vérité, je n'en ai pas la force; pardonne-moi.

— Oh! Hélène, c'est mal, quand moi je suis si joyeux.

— Que veux-tu, Gaston? c'est plus fort que ma volonté. Gaston, tu emportes la moitié de ma vie avec toi, songes-y bien.

Gaston entendit sonner trois heures, et tressaillit.

— Adieu! dit-il, adieu!

— Adieu! murmura Hélène.

Et il lui serra encore une fois la main, qu'il baisa une dernière fois; et, s'élançant hors de la chambre, courut vers le perron, au bas duquel hennissaient les chevaux refroidis par le vent glacé du matin.

Mais, au moment où il venait de descendre, il entendit les sanglots d'Hélène.

Il remonta rapidement et courut à elle; elle était sur la porte de la chambre qu'il venait de quitter. Gaston l'enlaça dans ses bras, et elle se suspendit toute défaillante à son cou.

— Oh! mon Dieu! s'écria-t-elle, tu me quittes donc, tu me quittes donc, Gaston! Écoute bien ce que je te dis : nous ne nous reverrons plus!

— Pauvre amie! pauvre folle! s'écria le jeune homme, le cœur serré malgré lui.

— Oui, folle... mais de désespoir, répondit Hélène.

Et ses larmes inondèrent le visage de Gaston.

Tout à coup, comme après un combat intérieur, elle colla ses lèvres aux lèvres de son amant en l'étreignant avec ardeur; puis, le repoussant doucement :

— Va, dit-elle, va, Gaston; maintenant je puis mourir.

Gaston répondit à ce baiser par des caresses passionnées. Mais en ce moment trois heures et demie sonnèrent.

— Encore une demi-heure qu'il faudra regagner! dit-il.

— Adieu! adieu, Gaston! pars, tu as raison; tu devrais déjà être parti.

— Adieu, et à bientôt.

— Adieu, Gaston!

Et la jeune fille rentra silencieuse dans le pavillon, comme une ombre rentre dans son tombeau.

Quant à Gaston, il se fit conduire à la poste, demanda le meilleur cheval, le fit seller, s'élança dessus, et sortit de Paris, franchissant cette même barrière par laquelle il était entré quelques jours auparavant.

XXXVII

NANTES.

La commission nommée par Dubois s'était constituée en permanence. Investie de pouvoirs illimités, ce qui, dans certains cas, veut dire fixés d'avance, elle siégea au château, soutenue par de forts détachements de troupes, qui s'attendaient à chaque instant à être attaqués par les mécontents.

Depuis l'arrestation des quatre gentilshommes, Nantes, terrifiée d'abord, s'était émue en leur faveur. La Bretagne entière attendait un soulèvement; mais, en attendant, elle ne se soulevait pas.

Cependant les débats approchaient. La veille de l'audience publique, Pontcalec eut avec ses amis une conversation sérieuse.

— Voyons, dit Pontcalec, avons-nous fait, en paroles ou en action, quelque imprudence?

— Non! dirent les trois gentilshommes.

— L'un de vous a-t-il fait l'aveu de nos projets à sa femme, à son frère, à un ami! Vous, Mont-Louis?

— Non, sur l'honneur.

— Vous, Talhouet?

— Non.

— Vous, du Couëdic?

— Non.

— Alors ils n'ont contre nous ni preuves ni accusations. Personne ne nous a surpris, personne ne nous veut du mal.

— Mais, dit Mont-Louis, en attendant on nous juge.

— Sur quoi? demanda Pontcalec.

— Sur des renseignements cachés, reprit Talhouet en souriant.

— Et bien cachés, ajouta du Couëdic, puisqu'on n'en articule pas un seul mot.

— Ils en seront pour leur courte honte, reprit Pontcalec; et eux-mêmes, une belle nuit, nous forceront de nous évader pour n'être pas forcés de nous libérer un beau jour.

— Je n'en crois rien, dit Mont-Louis, qui était celui des quatre amis qui avait toujours vu l'affaire sous son jour le plus sombre, peut-être parce qu'il avait le plus à perdre d'eux tous, ayant une jeune femme et deux enfants qui l'adoraient; je n'en crois rien : j'ai vu Dubois en Angleterre, j'ai causé avec lui. C'est une figure de fouine qui se lèche le museau quand elle a soif; Dubois a soif, et nous sommes pris, messieurs : Dubois se désaltérera dans notre sang.

— Mais, répliqua du Couëdic, le parlement de Bretagne est là, ce me semble.

— Oui, pour nous regarder trancher la tête, répondit Mont-Louis.

Mais, à tout cela, il y avait un des quatre amis qui souriait toujours : c'était Pontcalec.

— Messieurs, disait-il, messieurs, tranquillisez-vous. Si Dubois a soif, tant pis pour Dubois, il deviendra enragé, voilà tout; mais, cette fois encore, je vous en réponds, Dubois ne goûtera pas de notre sang.

Et, en effet, dès l'abord, la tâche de la commission parut difficile : pas d'aveux, pas de preuves, pas de témoignages; la Bretagne riait au nez des commissaires, et, quand elle ne riait pas, c'était encore pis, elle menaçait.

Le président expédia un courrier à Paris pour exposer l'état des choses et demander de nouvelles instructions.

« Jugez sur les projets, répondit Dubois; on peut n'avoir rien fait, parce qu'on a été empêché, mais avoir projeté beaucoup : l'intention, en matière de rébellion, est réputée pour le fait. »

Armée de ce levier terrible, la commission renversa bientôt toute l'espérance de la province. Il y eut une séance terrible, dans laquelle les accusés passèrent tour à tour de la raillerie à l'accusation; mais une commission bien composée, comme Dubois les savait faire quand il voulait s'en mêler, est cuirassée contre les rieurs et les gens fâchés.

En rentrant dans la prison, Pontcalec se félicitait des vérités que lui surtout avait dites aux juges.

— N'importe, dit Mont-Louis, nous sommes dans une mauvaise affaire : la Bretagne ne se révolte point.

— Elle attend notre condamnation, répondit Talhouet.

— Alors elle se révoltera trop tard, dit Mont-Louis.

— Mais notre condamnation ne peut avoir lieu, dit Pontcalec. Voyons, franchement, pour nous, nous sommes coupables; oui, mais sans preuves; qui osera porter un arrêt contre nous? la commission?

— Non pas la commission, mais Dubois.

— Moi, j'ai grande envie de faire une chose, dit du Couëdic.

— Laquelle?

— C'est, à la première séance, de crier : « A nous, Bretons! » J'ai, chaque fois, vu dans la salle bon nombre de figures amies. Eh bien, nous serons délivrés ou tués, mais, au moins, tout sera fini. J'aime mieux la mort qu'une pareille attente.

— Mais pourquoi risquer de se faire blesser par quelque sbire? dit Pontcalec.

— Parce qu'on guérit de la blessure que fait un sbire, dit du Couëdic, et qu'on ne guérit pas de celle que fait le bourreau.

— Bien dit, du Couëdic! s'écria Mont-Louis, et je me range à ton avis.

— Mais, soyez donc tranquille, Mont-Louis, dit Pontcalec, vous n'aurez pas plus affaire au bourreau que moi.

— Ah! oui, toujours la prédiction, reprit Mont-Louis. Vous savez que je ne m'y fie pas, Pontcalec.

— Et vous avez tort.

Mont-Louis et du Couëdic hochèrent la tête, mais Talhouet approuva.

—Mais cela est sûr, mes amis, continua Pontcalec. On nous condamnera à l'exil; nous serons forcés de nous embarquer, et je ferai naufrage en chemin. Voilà mon sort, mais le vôtre peut être différent; demandez à faire la traversée sur un autre bâtiment que moi. Ou bien encore vous avez une autre chance, c'est que je tomberai du pont ou que je glisserai en montant un escalier. Bref, je périrai par la mer, vous le savez, voilà ce qui est positif; et je serais condamné à mort, on me conduirait à l'échafaud, que, si l'échafaud est dressé en terre ferme, vous me verrez, au pied de l'échafaud, aussi tranquille que me voilà.

Ce ton d'assurance donnait à penser aux trois amis; on est superstitieux quand on espère : l'espoir n'est qu'une superstition.

Ils en vinrent à rire de l'effroyable rapidité avec laquelle on poussait les débats. Ils ne savaient pas que Dubois expédiait de Paris courrier sur courrier pour presser la marche de la procédure.

Enfin le jour vint où le tribunal se déclara suffisamment éclairé.

Cette déclaration redoubla la belle humeur des amis, qui, ce jour-là, furent plus mordants, plus railleurs et plus spirituels qu'ils n'avaient jamais été.

La commission se retira en séance secrète pour délibérer.

Jamais débat ne fut plus orageux; l'histoire a pénétré les secrets de ces délibérations : quelques-uns des conseillers, moins hardis dans le mal ou moins ambitieux, se révoltèrent à l'idée de condamner des gens sur des présomptions; car, à part les révélations transmises par Dubois et de la véracité desquelles ils pouvaient douter, aucune révélation n'avait été faite; ceux-là exprimèrent hautement leur avis, mais la majorité était dévouée à Dubois, et l'on en vint, dans le sein du comité, à des querelles, à des injures, presque à un combat. Les débats durèrent onze heures, au bout desquelles la majorité prononça.

La veille du jugement, une commission des notables habitants, des officiers bretons, des membres du parlement, était allée trouver le bureau de la commission ministérielle, et développa devant elle des conclusions tendant à prouver que les Bretons ne s'étaient pas révoltés de fait, que le choix du roi d'Espagne au préjudice du duc d'Orléans était un droit ressortant de la constitution même de l'État, qui préfère le petit-fils du roi au parent collatéral, et que la province, en matière de régence, avait plus de droit de prononcer qu'un simple parlement.

La commission ministérielle, qui sentait qu'elle n'avait point de bonne réponse à donner, ne répondit pas, et les députés se retirèrent pleins d'espoir.

Mais le jugement n'en fut pas moins rendu, non pas sur l'instruction faite à Nantes, mais sur les instructions reçues de Paris. Les commissaires joignirent, aux quatre chefs emprisonnés, seize autres gentilshommes contumaces, et déclarèrent :

« Que les accusés, reconnus coupables de projets de crimes et de lèse-majesté et de plans de félonie, seraient décapités, les présents de fait, les absents en effigie; que les murailles et fortifications de leurs châteaux seraient démolies, leurs marques de seigneurie abattues, et leurs bois de haute futaie et avenues taillées à la hauteur de neuf pieds. »

Une heure après que cette sentence fut rendue, on donna au greffier l'ordre de la signifier aux condamnés.

L'arrêt avait été rendu à la suite de cette séance si orageuse dont nous avons parlé, et où les accusés avaient trouvé de si vives marques de sympathie dans le public. Aussi, ayant battu les juges en brèche sur tous les points de l'accusation, jamais n'avaient-ils eu si bon espoir.

Ils étaient assis dans la chambre commune et soupaient, se rappelant tous les détails de la séance, lorsque tout à coup leur porte s'ouvrit, et que, dans l'ombre, se dessina la figure pâle et sévère du greffier.

L'apparition solennelle changea au même instant les propos plaisants en battements de cœur.

Le greffier s'avança lentement, tandis que le geôlier se tenait à la porte, et que, dans l'ombre du corridor, on voyait étinceler les canons des mousquets.

— Que nous voulez-vous, monsieur, demanda Pontcalec, et que signifie ce sinistre appareil?

— Messieurs, dit le greffier, je suis porteur de la sentence du tribunal; agenouillez-vous pour l'entendre.

— Mais ce sont des sentences de mort seulement qu'on écoute à genoux, dit Mont-Louis.

— Agenouillez-vous, messieurs, répondit le greffier.

— C'est bon pour des coupables et des gens de peu de s'agenouiller, dit du Couëdic. Nous sommes gentilshommes et innocents, nous entendrons la sentence debout.

— Comme vous voudrez, messieurs ; seulement découvrez-vous, car je parle au nom du roi.

Talhouet, le seul qui eût son chapeau sur la tête, se découvrit.

Tous quatre se tinrent debout et découverts, appuyés les uns aux autres, le front pâle, mais le sourire sur les lèvres.

Le greffier lut toute la sentence sans qu'un seul murmure, un seul geste d'étonnement, le vînt interrompre.

Quand il eut fini :

— Pourquoi m'a-t-on dit, demanda Pontcalec, de déclarer les desseins de l'Espagne contre la France, et qu'on me laisserait aller ? L'Espagne était pays ennemi, j'ai déclaré ce que je croyais savoir de ses projets, et voilà qu'on nous condamne. Pourquoi cela ? La commission n'est donc composée que de lâches qui tendaient des piéges aux accusés ?

Le greffier ne répondit pas.

— Mais, ajouta Mont-Louis, le régent a épargné tout Paris, complice de la conspiration de Cellamare. Pas une goutte de sang n'a coulé. Cependant ceux qui voulaient enlever le régent, le tuer peut-être, étaient aussi coupables, au moins, que des gens contre lesquels aucune accusation sérieuse n'a pu être articulée. Nous sommes donc choisis pour expier cette indulgence envers la capitale ?

Le greffier ne répondit rien.

— Comprends donc une chose, Mont-Louis, dit du Couëdic ; il y a là-bas une vieille haine de famille contre la Bretagne, et le régent, pour faire croire qu'il est de la famille, veut donner la preuve qu'il nous hait. Ce n'est pas nous personnellement que l'on frappe, c'est une province qui, depuis trois cents ans, réclame inutilement ses droits et ses priviléges, et que l'on veut faire coupable pour se débarrasser d'elle une bonne fois.

Le greffier gardait toujours le silence.

— Voyons, finissons-en, dit Talhouet. Nous sommes condamnés, c'est bien. Maintenant, y a-t-il ou n'y a-t-il pas l'appel ?

— Il n'y en a pas, messieurs, dit le greffier.

— Alors vous pouvez vous retirer, dit du Couëdic.

Le greffier salua et se retira, suivi des gardes qui l'escortaient, et la porte de la prison se referma, lourde et bruyante, sur les quatre gentilshommes.

— Eh bien, dit Mont-Louis lorsqu'ils se retrouvèrent seuls.

— Eh bien ! nous sommes condamnés, dit Pontcalec. Je n'ai jamais dit, moi, qu'il n'y aurait pas arrêt, j'ai dit qu'il n'y aurait pas exécution, voilà tout.

— Je suis de l'avis de Pontcalec, dit Talhouet ; ce qu'ils en ont fait, c'est pour effrayer la province et mesurer sa patience.

— D'ailleurs, dit du Couëdic, ils ne nous exécuteront pas sans que le régent ait ratifié la condamnation. Or, à moins de courrier extraordinaire, il faut deux jours pour aller à Paris, un jour pour examiner l'affaire et deux jours pour revenir, cela fait cinq jours. Nous avons donc cinq jours devant nous ; en cinq jours, il arrive bien des choses : la province, en apprenant notre arrêt, se soulèvera.

Mont-Louis hocha la tête.

— Puis il y a Gaston, continua Pontcalec, que vous oubliez toujours, messieurs.

— J'ai bien peur que Gaston ne soit arrêté, messieurs, dit Mont-Louis. Je connais Gaston, et, s'il était en liberté, nous aurions déjà entendu parler de lui.

— Tu ne nieras pas au moins, prophète de malheur, dit Talhouet, que nous n'ayons quelques jours devant nous.

— Qui sait encore ? dit Mont-Louis.

— Et puis la mer, dit Pontcalec ; la mer, que diable ! messieurs, vous oubliez toujours que je ne dois périr que par la mer.

— Eh bien, donc, messieurs, remettons-nous à table, dit du Couëdic, et un dernier verre à notre santé.

— Nous n'avons plus de vin, dit Mont-Louis, c'est mauvais signe.

— Bah ! il en reste encore dans la cave, dit Pontcalec.

Et il appela le geôlier.

Celui-ci, en entrant, trouva les quatre amis à table. Il les regarda d'un air étonné.

— Eh bien, qu'y a-t-il donc de nouveau, maître Christophe ? dit Pontcalec.

Maître Christophe était de Guer et avait une vénération toute particulière pour Pontcalec, son oncle Crysogon ayant été son seigneur.

— Rien autre chose que ce que vous savez, messieurs, dit-il.

— Alors va nous chercher du vin.

— Ils veulent s'étourdir, dit le geôlier en sortant. Pauvres gentilshommes!

Mont-Louis seul entendit ce que venait de dire Christophe, et sourit tristement.

Un instant après, ils entendirent des pas qui se rapprochaient vivement de leur chambre. La porte s'ouvrit, et Christophe reparut sans aucune bouteille à la main.

— Eh bien, dit Pontcalec, le vin que nous t'avons demandé, où est-il?

— Bonne nouvelle! s'écria Christophe sans répondre à l'interpellation de Pontcalec. Bonne nouvelle, messieurs!

— Laquelle? dit Mont-Louis en tressaillant.

— Le régent est mort?

— La Bretagne se révolte? ajouta du Couëdic.

— Non, messieurs, non; car je n'oserais point appeler cela de bonnes nouvelles.

— Eh bien, qu'y a-t-il donc? dit Pontcalec.

— Il y a que M. de Châteauneuf vient de décommander cent cinquante hommes qui stationnaient en armes sur la place du Marché, ce qui avait effrayé tout le monde; mais ces cent cinquante hommes viennent de recevoir contre-ordre et rentrent dans leur caserne.

— Allons! dit Mont-Louis, je commence à croire que ce ne sera pas pour ce soir.

En ce moment, six heures sonnaient.

— Eh bien, dit Pontcalec, une bonne nouvelle n'est pas une raison pour que nous restions sur notre soif. Retourne nous chercher du vin.

Christophe sortit, et revint, dix minutes après, une bouteille à la main.

Les amis, qui étaient restés à table, remplirent les verres.

— A la santé de Gaston! dit Pontcalec en échangeant un regard d'intelligence avec ses amis, pour lesquels ce toast seul était compréhensible.

Et ils vidèrent leurs verres, excepté Mont-Louis, qui, au moment où il portait le sien à sa bouche, s'arrêta.

— Eh bien, demanda Pontalec, qu'y a-t-il?

— Le tambour! dit Mont-Louis en étendant la main dans la direction où il entendait le bruit.

— Eh bien! dit Talhouet, n'as-tu pas entendu ce qu'a dit maître Christophe? Ce sont les troupes qui rentrent.

— Non pas, au contraire, ce sont les troupes qui sortent; ce n'est pas la retraite, c'est la générale.

— La générale! dit Talhouet; que diable cela veut-il dire?

— Rien de bon, reprit Mont-Louis en secouant la tête.

— Christophe? dit Pontcalec en se tournant vers le geôlier.

— Oui, messieurs, vous allez savoir ce que c'est, répondit celui-ci; dans un instant je reviens.

Il s'élança hors de la chambre, non pas cependant sans avoir soigneusement fermé la porte derrière lui.

Les quatre amis demeurèrent dans le silence de l'anxiété. Au bout de dix minutes, la porte s'ouvrit et le geôlier reparut pâle de terreur.

— Un courrier vient d'entrer dans la cour du château, dit-il; il arrivait de Paris, il a remis ses dépêches, et aussitôt les postes ont été doublés, et le tambour a battu dans toutes les casernes.

— Oh! oh! dit Mont-Louis, cela nous regarde.

— On monte l'escalier, dit le geôlier, plus tremblant et plus effrayé que ceux auxquels il s'adressait.

En effet, on entendit la crosse des mousquets retentir sur les dalles du corridor, et, en même temps, les voix de plusieurs personnes empressées se firent entendre.

La porte se rouvrit et le greffier reparut.

— Messieurs, dit-il, combien de temps désirez-vous pour mettre ordre à vos affaires en ce monde et subir votre condamnation?

Une profonde terreur glaça jusqu'aux assistants.

— Je veux, dit Mont-Louis, le temps que l'arrêt aille à Paris et en revienne avec l'approbation du régent.

— Moi, dit Talhouet, je ne veux que le temps nécessaire à la commission pour se repentir de son iniquité.

— Quant à moi, dit du Couëdic, je voudrais qu'on laissât au ministre de Paris le temps de commuer cette peine en celle de huit jours de détention, que nous méritons pour avoir agi un peu légèrement.

— Et vous, monsieur, dit gravement le greffier à Pontcalec qui gardait le silence, que demandez-vous?

— Moi, dit Pontcalec parfaitement calme, je ne demande absolument rien.

— Alors, messieurs, dit le greffier, voici la réponse de la commission : « Vous avez deux heures à vous pour songer à vos affaires spirituelles et temporelles; il est six heures et demie, il faut, dans deux heures et demie, que vous soyez rendus sur la place du Bouffay, où aura lieu l'exécution.»

Il se fit un grand silence; les plus braves sentaient la terreur les prendre à la racine des cheveux.

Le greffier sortit sans que personne ait eu un mot à lui répondre; seulement, les condamnés se regardèrent et se serrèrent la main.

Ils avaient deux heures.

Deux heures, dans le cours ordinaire de la vie, semblent parfois des siècles; dans d'autres moments, deux heures semblent une seconde.

Les prêtres arrivèrent, puis les soldats, puis les bourreaux.

La situation devenait terrible. Pontcalec seul ne se démentait pas, non que les autres manquassent de courage, mais ils manquaient d'espoir; cependant Pontcalec les rassurait par le calme avec lequel il répondait, non-seulement aux prêtres, mais encore aux exécuteurs, qui s'étaient déjà saisis de leur proie.

On régla les préparatifs de cette terrible chose qu'on appelle la toilette des condamnés. Les quatre patients devaient aller à l'échafaud vêtus de manteaux noirs, pour qu'aux yeux du peuple, dont on craignait toujours la rébellion, ils demeurassent confondus parmi les prêtres chargés de les exhorter.

Puis on agita la question de leur lier les mains; question suprême!

Pontcalec répondit avec son sourire de sublime confiance:

— Eh! pardieu! laissez-nous les mains libres, nous irons sans nous révolter.

— Cela ne nous regarde pas, répondit l'exécuteur qui avait affaire à Pontcalec; à moins d'ordre particulier, toutes les dispositions sont les mêmes pour tous les condamnés.

— Et qui donne ces ordres? demanda Pontcalec en riant; est-ce le roi?

— Non, monsieur le marquis, répondit l'exécuteur étonné d'un pareil sang-froid dont jamais il n'avait vu d'exemple, ce n'est pas le roi, c'est notre chef.

— Et où est votre chef?

— C'est celui qui cause là-bas avec le geôlier Christophe.

— Faites-le venir alors, dit Pontcalec.

— Eh! maître Lamer, cria l'exécuteur, voulez-vous passer de ce côté? il y a un de ces messieurs qui vous demande.

La foudre tombant au milieu des quatre condamnés n'eût pas produit un effet plus terrible que ce nom.

— Que dites-vous? s'écria Pontcalec palpitant de terreur; comment avez-vous dit? quel nom avez-vous prononcé?

— Lamer, monsieur, c'est notre chef.

Pontcalec, pâle et glacé, tomba sur une chaise, en attachant un indicible regard sur ses compagnons atterrés; personne, autour d'eux, ne comprenait rien à ce muet abattement qui succédait si rapidement à cette grande confiance.

— Eh bien! dit Mont-Louis s'adressant à Pontcalec avec un accent de doux reproche.

— Oui, messieurs, vous aviez raison, dit Pontcalec; mais moi j'avais raison de croire à cette prédiction, car cette prédiction s'accomplira comme les autres. Seulement, cette fois, je me rends, et j'avoue que nous sommes perdus.

Et, par un mouvement spontané, les quatre condamnés s'embrassèrent en priant Dieu.

— Qu'ordonnez-vous? demanda l'exécuteur.

— Inutile de lier les mains à ces messieurs, s'ils veulent donner leur parole; ils sont soldats et gentilshommes.

XXXVIII

LE DRAME DE NANTES.

Cependant Gaston courait sur la route de Nantes, laissant derrière lui le postillon chargé, alors comme aujourd'hui, de retenir les chevaux au lieu de les faire avancer. Malgré ces deux forces contraires, il faisait trois lieues à l'heure. Il avait ainsi traversé Sèvres et Versailles.

En arrivant à Rambouillet, et comme le jour commençait à paraître, il vit le maître de poste et les postillons empressés autour d'un cheval qu'on venait de saigner. Le cheval était étendu au milieu de la rue, couché sur le flanc, et soufflant avec peine.

Gaston n'avait point fait d'abord attention à ce cheval, à ce maître de poste et à ces postillons.

Mais, en se mettant en selle lui-même, il entendit un des assistants qui disait :

— Au train dont il y va, il en tuera plus d'un d'ici à Nantes.

Gaston allait partir; mais, frappé d'une réflexion subite et terrible, il s'arrêta et fit signe au maître de poste de lui venir parler.

Le maître de poste s'approcha.

— Qui donc est passé, demanda Gaston, allant si grand train qu'il a mis ce pauvre animal en cet état?

— Un courrier du ministère, répondit le maître de poste.

— Un courrier du ministère! s'écria Gaston; et venait-il de Paris?

— Venant de Paris.

— Depuis combien de temps, à peu près, est-il passé?

— Voilà tantôt deux heures.

Gaston poussa un cri sourd qui ressemblait à un gémissement. Il connaissait Dubois... Dubois, qui l'avait joué sous le costume de la Jonquière. La bonne volonté du ministre lui revint alors à l'esprit et l'épouvanta. Pourquoi ce courrier expédié en toute hâte juste deux heures avant lui!

— Oh! j'étais trop heureux, pensa le jeune homme, et Hélène avait bien raison de me dire qu'elle pressentait quelque grand malheur. Oh! je rattraperai ce courrier, et je saurai ce qu'il porte, où j'y laisserai ma vie.

Et il s'élança comme une flèche.

Mais, dans tous ces doutes et dans toutes ces interrogations, il avait encore perdu dix minutes, de sorte qu'en arrivant à la première poste, il était toujours de deux heures en arrière. Cette fois, le cheval du courrier avait résisté, mais c'était celui de Gaston qui était prêt à tomber. Le maître de poste voulut faire quelques observations, mais Gaston laissa tomber deux ou trois louis, et repartit au galop.

A la prochaine poste, il avait gagné quelques minutes, mais voilà tout. Le courrier qui le précédait ne ralentissait pas sa course; Gaston pressait la sienne, voilà tout. Cette effrayante rapidité doublait la défiance et la fièvre du jeune homme.

— Oh! si! dit-il, j'arriverai en même temps que lui, si je ne parviens pas à le devancer.

Et il redoublait de vitesse, et il pressait son cheval, qui, à chaque poste, s'arrêtait, ruisselant de sueur et de sang, quand il ne tombait pas. A chaque poste, il apprenait que le courrier était passé presque aussi rapide que lui; mais il gagnait toujours quelques minutes sur lui, et cela soutenait ses forces.

Les postillons, laissés bien loin derrière lui, plaignaient, malgré eux, ce beau jeune homme, au front pâle et à l'œil terne, qui courait ainsi sans prendre ni repos ni nourriture, tout ruisselant de sueur, malgré le froid, et n'ayant que ces paroles à la bouche :

— Un cheval! un cheval! vite, un cheval!

Et, en effet, épuisé, sans autre force que celle du cœur, de plus en plus enivré par la rapidité de sa course et le sentiment du danger, Gaston sentit sa tête tourner et son front se fendre; la sueur de ses membres était mêlée de sang.

Étranglé par la soif et l'aridité de son gosier, il but un verre d'eau froide à Ancenis. Depuis seize heures, c'était la première fois qu'il perdait une seconde.

Et, cependant, le courrier maudit avait encore une heure et demie d'avance sur lui. En quatre-vingts lieues, Gaston n'avait gagné que quarante ou cinquante minutes.

La nuit venait rapidement, et Gaston, croyant toujours voir apparaître quelque chose à l'horizon, essayait de percer l'obscurité avec son regard sanglant; il s'avançait comme au milieu d'un rêve, croyant entendre les cloches tinter, les canons rouler, et les tambours bruire. Il avait la tête pleine de chants lugubres et de bruits sinistres. Il ne vivait plus de la vie des hommes; sa fièvre le soutenait, il volait dans les airs.

Cependant il avançait toujours. Vers les huit heures du soir, il aperçut enfin, à l'horizon, Nantes, comme une masse au milieu de laquelle quelques lumières brillaient comme des étoiles.

Il essaya de respirer, et, croyant que c'était sa cravate qui l'étouffait, il la dénoua et la jeta par le chemin.

Ainsi monté sur un cheval noir, enveloppé d'un manteau noir, nu-tête depuis longtemps, — son chapeau était tombé, — Gaston ressemblait à un cavalier fantastique se rendant à quelque sabbat.

En arrivant à la porte de Nantes, son cheval s'abattit, mais Gaston ne perdit pas les étriers; à l'aide de la bride, avec laquelle il lui donna une violente secousse, à l'aide des éperons qu'il lui enfonça dans le ventre, le cheval se releva.

La nuit était noire, personne ne paraissait sur les remparts, les sentinelles disparaissaient elles-mêmes dans l'obscurité; on eût dit une ville déserte.

Pas plus de bruit que de monde. Nous avons

dit que Nantes avait l'air d'une ville déserte, nous nous trompions, Nantes avait l'air d'une ville morte.

Cependant, en passant sous la porte, une sentinelle jeta à Gaston quelques mots qu'il n'entendit pas.

Il continua son chemin.

A la rue du Château, son cheval s'abattit une seconde fois; mais, cette fois, pour ne plus se relever

Qu'importait à Gaston, cette fois, il était arrivé !

Il continua sa course à pied; ses membres étaient brisés, et cependant il ne sentait pas la fatigue. Il tenait à la main le papier qu'il froissait.

Une chose l'étonnait cependant, c'était, dans ce quartier si populeux, de ne rencontrer personne.

Mais, à mesure qu'il avançait, il entendait comme une rumeur sourde venant de la place du Bouffay, en passant devant une longue rue dont l'extrémité donnait sur cette place.

Des lumières flamboyaient, éclairant une mer de têtes; mais Gaston passa. C'était au château qu'il avait affaire, et la vision s'éteignit.

Enfin Gaston aperçut le château; il vit le porche qui s'ouvrait béant devant lui. La sentinelle placée sur le pont-levis voulut l'arrêter; mais Gaston, son ordre à la main, l'écarta violemment et entra sous le guichet.

Des hommes causaient tristement, et, tout en causant, l'un d'eux essuyait des larmes.

Gaston comprit tout.

— Ordre de surseoir ! cria-t-il, ordre de...

La parole s'éteignit dans sa gorge; mais les hommes avaient entendu mieux que cela, ils avaient vu le geste désespéré de Gaston.

— Allez donc ! allez donc ! crièrent-ils en lui montrant le chemin. Allez ! et peut-être arriverez-vous encore à temps.

Aussitôt eux-mêmes se dispersèrent dans toutes les directions.

Gaston poursuivit sa route. Il traversa un corridor, puis des appartements vides, puis la grande salle, puis un autre corridor.

De loin, à travers les barreaux, à la lueur des torches, il découvrait cette grande réunion d'hommes qu'il avait déjà entrevue.

Il venait de traverser le château tout entier; il était arrivé sur une terrasse. De là il découvrait l'esplanade, un échafaud, des hommes; tout autour, de la foule.

Gaston veut crier, on ne l'entend pas; il agite son mouchoir, on ne le voit pas. Un homme de plus monte sur l'échafaud : Gaston jette un cri et se précipite.

Il a sauté du haut en bas du rempart; une sentinelle veut l'arrêter, il la renverse; une espèce d'escalier conduisait à la place, il prend cet escalier.

Au bas est une espèce de barricade en charrettes : Gaston se courbe, se glisse et passe entre les roues.

Au delà de la barricade, tous les grenadiers de Saint-Simon sont disposés en haie. Gaston fait un effort désespéré, il enfonce la haie, et se trouve dans l'enceinte.

Les soldats qui voient un homme, pâle, haletant, un papier à la main, le laissent passer.

Tout à coup, il s'arrête comme frappé de la foudre.

Talhouet, il l'a reconnu, Talhouet vient de s'agenouiller sur l'échafaud.

— Arrêtez ! arrêtez ! crie Gaston avec l'énergie du désespoir.

Mais, en même temps, l'épée de l'exécuteur en chef flamboie comme un éclair, puis on entend un coup sourd et mat, et un grand frissonnement court par toute la foule.

Le cri du jeune homme s'est perdu dans le cri général, sorti de vingt mille poitrines à la fois.

Gaston est arrivé une seconde trop tard. Talhouet est mort, et, lorsqu'il lève les yeux, il voit la tête de son ami à la main du bourreau.

Alors, noble cœur qu'il est, il comprend que, puisqu'un seul est mort, tous doivent mourir; que nul n'acceptera une grâce arrivée trop tard d'une tête. Il regarde autour de lui : du Couëdic monte à son tour; du Couëdic est vêtu d'un manteau noir, il a la tête nue et le cou nu.

Gaston songe que lui aussi a un manteau noir, le cou nu et la tête nue; il se met à rire convulsivement.

Il voit ce qu'il lui reste à faire, comme on voit un paysage sinistre à la lueur de la foudre qui tombe.

C'est affreux, mais c'est grand.

Du Couëdic s'incline; mais, avant de s'incliner, il crie :

— Voilà comment on récompense les services des soldats fidèles; voilà comment vous tenez vos promesses, ô lâches Bretons !

Deux aides le font plier sur ses genoux. L'épée du bourreau tournoie et étincelle une seconde fois, et du Couëdic roule près de Talhouet.

Le bourreau ramasse la tête, la montre au peuple, puis la place à l'un des angles de l'échafaud en face de celle de Talhouet.

— A qui, maintenant? demanda maître Lamer.

— Peu importe! répondit une voix, pourvu que M. de Pontcalec passe le dernier; c'est porté dans son arrêt.

— A moi alors, dit Mont-Louis, à moi!

Et Mont-Louis s'élance sur l'échafaud.

Mais, arrivé là, il s'arrête, ses cheveux se hérissent : en face de lui, à une fenêtre, il a vu sa femme et ses deux enfants.

— Mont-Louis! Mont-Louis! crie sa femme avec cet accent déchirant d'un cœur qui se brise; Mont-Louis, nous voilà, regarde-nous!

Au même instant, tous les yeux se concentrent vers cette fenêtre. Soldats, bourgeois, prêtres, bourreaux, regardent du même côté. Gaston profite de cette liberté de la mort qui règne autour de lui, s'élance vers l'échafaud et se cramponne à l'échelle, dont il monte les premiers degrés.

— Ma femme! mes enfants! crie Mont-Louis en se tordant les bras de désespoir; oh! retirez-vous, ayez pitié de moi!

— Mont-Louis! crie sa femme en lui présentant de loin le plus jeune de ses fils; Mont-Louis, bénis tes enfants, et peut-être que l'un deux te vengera un jour.

— Adieu, mes enfants, je vous bénis! crie Mont-Louis en étendant les mains vers la fenêtre.

Ces adieux funèbres percent la nuit, et retentissent comme un effroyable écho dans le cœur des assistants.

— Assez, dit Lamer au patient, assez!

Puis, se retournant vers ses aides :

— Hâtez-vous, dit-il, ou le peuple ne nous laissera pas achever.

— Soyez tranquille, dit Mont-Louis; le peuple me sauvât-il, je ne leur survivrais pas!

Et, du doigt, il montrait les têtes de ses compagnons.

— Ah! je les avais donc bien jugés! s'écria Gaston qui avait entendu ces paroles. Mont-Louis, martyr, prie pour moi!

Mont-Louis se retourna : il lui semblait avoir entendu une voix connue; mais, au moment même, les bourreaux s'emparèrent de lui, et presque aussitôt un grand cri apprit à Gaston qu'il en était de Mont-Louis comme des autres, et que son tour était arrivé.

Gaston s'élança : en un instant, il fut au sommet de l'échelle, et plana à son tour, du haut de la plate-forme infâme, sur toute cette foule. Aux trois angles de l'échafaud étaient les trois têtes de Talhouet, de du Couëdic et de Mont-Louis.

Il y avait alors dans le peuple une émotion étrange. L'exécution de Mont-Louis, accompagnée des circonstances que nous avons rapportées, avait bouleversé la foule. Toute cette place mouvante, et de laquelle s'élevaient des murmures et des imprécations, sembla à Gaston une vaste mer dont chaque vague était vivante. A ce moment, l'idée lui vint qu'il pouvait être reconnu, et que son nom, poussé par une seule bouche, pouvait l'empêcher d'exécuter son dessein. Aussitôt il tomba à genoux, et, saisissant lui-même le billot, il y posa sa tête.

— Adieu, murmura-t-il, adieu, ma pauvre amie! adieu, ma douce et chère Hélène! Mon baiser nuptial va me coûter la vie, mais il ne me coûtera pas l'honneur. Hélas! ce quart d'heure perdu dans tes bras aura fait tomber cinq têtes. Adieu, Hélène! adieu!

L'épée du bourreau étincela.

— Et vous, mes amis, pardonnez-moi! ajouta le jeune homme.

Le fer s'abattit; la tête roula d'un côté et le corps de l'autre.

Alors Lamer prit la tête et la montra au peuple.

Mais aussitôt un grand murmure monta de la foule : personne n'avait reconnu Pontcalec.

Le bourreau se trompa à ce murmure. Il posa la tête de Gaston à l'angle qui était demeuré vide; et, poussant du pied le corps dans le tombereau où l'attendaient ceux de ses trois compagnons, il s'appuya sur sa longue épée en criant à haute voix :

— Justice est faite!

— Et moi donc! s'écria une voix tonnante, et moi donc, est-ce qu'on m'oublie?

Et Pontcalec s'élança à son tour sur l'échafaud.

— Vous! s'écria Lamer en se reculant comme s'il eût vu apparaître un fantôme! Vous! qui, vous!

— Moi, Pontcalec; allons, me voilà, je suis prêt.

— Mais, dit le bourreau tout tremblant, en regardant l'un après l'autre les quatre angles de son échafaud; mais j'ai mes quatre têtes!

— Je suis le baron de Pontcalec, entends-tu? c'est moi qui dois mourir le dernier, et me voilà.

— Comptez, dit Lamer, aussi pâle que le baron, en lui montrant du bout de son épée les quatre angles de l'échafaud.

— Quatre têtes! s'écria Pontcalec; impossible!

En ce moment, dans l'une des quatre têtes, il reconnut la noble et pâle figure de Gaston, qui semblait lui sourire jusque dans la mort.

Et, à son tour, il recula d'effroi.

— Oh! tuez-moi donc bien vite! s'écria-t-il avec des gémissements d'impatience. Voulez-vous donc me faire mourir mille fois!

Pendant ce temps, un des commissaires avait monté l'échelle à son tour, appelé par l'exécuteur en chef. Il jeta un coup d'œil sur le patient.

— Monsieur est bien le baron de Pontcalec, dit le commissaire; faites votre besogne.

— Mais, s'écria le bourreau, vous le voyez bien, les quatre têtes sont là.

— Eh bien, cela en fera cinq; ce qui abonde ne nuit pas.

Et le commissaire descendit les degrés en faisant signe aux tambours de battre.

Lamer chancelait sur les planches de son échafaud; la rumeur grossissait. C'était plus d'horreur que n'en pouvait supporter cette foule. Un long murmure courut sur la place; des lumières s'éteignirent; les soldats, repoussés, crièrent aux armes; il y eut un instant de bruit et de confusion, pendant lequel plusieurs voix retentirent.

— A mort les commissaires! à mort les bourreaux! criaient-elles.

Alors les canons du fort, chargés à mitraille, inclinèrent leurs gueules vers le peuple.

— Que ferai-je? dit Lamer.

— Frappez! répondit la même voix qui avait toujours pris la parole.

Pontcalec se jeta à genoux. Les aides fixèrent sa tête sur le billot. Alors les prêtres s'enfuirent avec horreur, les soldats tremblèrent dans les ténèbres, et Lamer frappa en détournant les yeux pour ne pas voir la victime.

Dix minutes après, la place était vide, et les fenêtres fermées et éteintes. L'artillerie et les fusiliers campaient autour de l'échafaud démoli, et regardaient en silence les larges taches de sang qui rougissaient le pavé.

Les religieux, auxquels on rapporta les corps, reconnurent avec effroi qu'il y avait effectivement, comme l'avait dit Lamer, cinq cadavres au lieu de quatre. Un de ces cadavres tenait encore dans sa main un papier froissé.

Ce papier était la grâce des quatre autres!

Alors seulement tout fut expliqué, et le dévouement de Gaston, qui n'avait pas eu de confidents, fut deviné.

Les religieux voulurent célébrer une messe; mais le président Châteauneuf, qui craignait quelques troubles à Nantes, leur ordonna de la célébrer sans ornement et sans pompe.

Ce fut le jour du mercredi saint que les corps des suppliciés furent ensevelis. Le peuple fut écarté de la chapelle où reposent leurs corps mutilés, dont la chaux, assure-t-on, conserva la majeure partie.

Ainsi finit le drame de Nantes.

XXXIX

CONCLUSION.

Quinze jours après les événements que nous venons de raconter, un carrosse vert, le même que nous avons vu arriver à Paris au commencement de cette histoire, sortait par la même barrière qu'il était entré, et cheminait sur la route de Paris à Nantes. Une jeune femme, pâle et presque mourante, y était assise aux côtés d'une sœur augustine, qui, chaque fois qu'elle tournait les yeux vers sa compagne, poussait un soupir et essuyait une larme.

Un homme à cheval guettait cette voiture un peu au delà de Rambouillet. Il était enveloppé d'un grand manteau qui ne laissait voir que ses yeux.

Près de lui, était un autre homme enveloppé d'un manteau comme lui.

Quand la voiture passa, il poussa un profond soupir, et deux larmes silencieuses tombèrent de ses yeux.

— Adieu, murmura-t-il; adieu toute ma joie, adieu tout mon bonheur! adieu, Hélène; adieu, mon enfant!

— Monseigneur, dit l'homme qui était près de lui, il en coûte pour être un grand prince, et celui qui veut commander aux autres doit d'abord se vaincre lui-même. Soyez fort jusqu'au bout, monseigneur, et la postérité dira que vous avez été grand.

— Oh! jamais je ne vous pardonnerai, monsieur, dit le régent avec un soupir si profond qu'il ressemblait à un gémissement, car vous avez tué mon bonheur.

— Eh bien! travaillez donc pour les rois! dit en haussant les épaules le compagnon de cet homme affligé : *Noli fidere principibus terræ nec filiis eorum.*

Les deux hommes restèrent là jusqu'à ce que la voiture eût disparu à l'horizon, puis ils reprirent le chemin de Paris.

Huit jours après, la voiture entrait sous le porche des Augustines de Clisson; à son arrivée, tout le couvent s'empressa auprès de la voyageuse souffrante, pauvre fleur brisée au vent du monde.

— Venez, mon enfant, venez vivre avec nous, dit la supérieure.

— Non pas vivre, ma mère, dit la jeune fille; mais mourir.

— Ne pensez qu'au Seigneur, mon enfant, dit la bonne abbesse.

— Oui, ma mère, au Seigneur, qui est mort pour le crime des hommes, n'est-ce pas?

La supérieure la reçut dans ses bras sans lui faire d'autre question; elle était habituée à voir passer les souffrances de la terre, et à les plaindre sans leur demander qui les avait fait souffrir.

Hélène reprit sa petite cellule dont elle avait été absente un mois à peine; tout y était encore à la même place et comme elle l'avait laissé. Elle alla à la fenêtre ; le lac dormait tranquille et morne, seulement la glace qui le couvrait avait disparu sous les pluies, et, avec elle, la neige où, avant de partir, la jeune fille avait revu l'empreinte des pas de Gaston.

Le printemps vint; tout se reprit à la vie, excepté Hélène. Les arbres qui formaient l'enceinte du petit lac verdirent; les larges feuilles des nymphéas flottèrent encore à la surface de l'eau; les roseaux se redressèrent, et toute la peuplade des oiseaux chantants revint les habiter.

Il n'y eut point jusqu'à la grille qui ne se rouvrit pour donner passage au jardinier.

Hélène traversa encore l'été; puis, au mois de septembre, elle mourut.

Le matin même de sa mort, la supérieure reçut une lettre qui arrivait de Paris par un courrier. Elle porta à l'agonisante cette lettre qui contenait ces seuls mots ;

« Ma mère, obtenez de votre fille qu'elle pardonne au régent. »

Hélène, implorée par la supérieure, pâlit à ce nom; mais elle répondit :

— Oui, ma mère, je lui pardonne! Mais c'est parce que je vais rejoindre celui qu'il a tué.

A quatre heures du soir, elle expira.

Elle avait demandé à être ensevelie à l'endroit même où Gaston détachait la barque avec laquelle il la venait voir.

Ses derniers vœux furent exaucés.

TABLE DES MATIÈRES

I. — Une abbesse au dix-huitième siècle. 1
II. — Décidément la famille se range. 7
III. — Le rat et la souris. 13
IV. — Ce qui se passait trois nuits après à cent lieues du Palais-Royal. 18
V. — Comment le hasard arrange quelquefois les choses de manière à faire honte à la Providence. 24
VI. — Le voyage. 27
VII. — Une chambre de l'hôtel du Tigre-Royal, à Rambouillet. 36
VIII. — Un piqueur à la livrée de Son Altesse Royale monseigneur le duc d'Orléans. 39
IX. — De l'utilité des cachets. 42
X. — La visite. 46
XI. — Où Dubois prouve que sa police particulière était mieux faite pour cinq cent mille livres que notre police générale pour trois millions. 51
XII. — Encore Rambouillet. 55
XIII. — Le capitaine la Jonquière. 59
XIV. — M. Moutonnet, marchand drapier à Saint-Germain-en-Laye. 63
XV. — Fiez-vous aux signes de reconnaissance. . . 66
XVI. — Son Excellence le duc d'Olivarès. 71
XVII. — Monseigneur, nous sommes Bretons. 75
XVIII. — M. André. 78
XIX. — La petite maison. 83
XX. — L'artiste et le politique. 86
XXI. — Le sang se révèle. 89
XXII. — Ce qui se passait à la maison de la rue du Bac en attendant Gaston. 94
XXIII. — En Bretagne. 112
XXIV. — La sorcière de Savenay. 115
XXV. — L'arrestation. 119
XXVI. — La Bastille. 124
XXVII. — Quelle vie on menait à la Bastille en attendant la mort. 130
XXVIII. — Comment on passait la nuit à la Bastille en attendant le jour. 135
XXIX. — Un compagnon de Bastille. 139
XXX. — L'arrêt. 144
XXXI. — Une haine de famille. 150
XXXII. — Les affaires d'État et les affaires de famille. 159
XXXIII. — Comment il ne faut pas toujours juger les autres d'après soi-même, surtout lorsqu'on s'appelle Dubois. 165
XXXIV. — Monceaux. 170
XXXV. — Le pardon. 175
XXXVI. — Dernière entrevue. 178
XXXVII. — Nantes. 180
XXXVIII. — Le drame de Nantes. 185
XXXIX. — Conclusion. 189

www.ingramcontent.com/pod-product-compliance
Lightning Source LLC
Chambersburg PA
CBHW070408090426
42733CB00009B/1580

9782011868558